Après l'Abandon
de la Revanche

A LA MÊME LIBRAIRIE

DU MÊME AUTEUR

MES SOUVENIRS :

I. Le Roman de mon Enfance et de ma Jeunesse. 1 vol. in-18. . . . . 3 50
II. Mes Premières Armes Littéraires et Politiques (1855-1864). 1 vol. in-18. . . . . . 3 50
III. Mes Sentiments et nos Idées avant 1870 (1865-1870). 1 vol. in-18. . . . . 3 50
IV. Mes Illusions et nos Souffrances pendant le Siège de Paris. 1 vol. in-18. . . . . 3 50
V. Mes Angoisses et nos Luttes (1871-1873). . 3 50
VI. Nos Amitiés Politiques avant l'Abandon de la Revanche (1873-1877). 1 vol. in-18. . 3 50
VII. Après l'Abandon de la Revanche (1877-1880). 1 vol. in-18. . . . . 3 50

Non! l'Alsace-Lorraine n'est ni germaine ni germanisée. 1 vol. in-18. . . . . 1 »
Païenne. — Un Rêve sur le Divin. 1 vol. in-18. 3 50
Jean et Pascal. 1 vol. in-18. . . . . 3 50
Laide. 1 vol. in-18. . . . . 3 50

Tous droits de reproduction et de traduction réservés pour tous les pays, y compris la Suède et la Norvège.

MADAME JULIETTE ADAM

(JULIETTE LAMBER)

Après l'Abandon de la Revanche

PARIS

ALPHONSE LEMERRE, ÉDITEUR

23-33, PASSAGE CHOISEUL, 23-33

PREFACE[*]

Ma chère et très chère amie,

Je viens de fermer votre livre : **Avant l'Abandon de la Revanche.** *C'est vécu, c'est vous-même, c'est archi-français, et je vous avoue que, pour qui retrouve au fond de son cœur les sentiments que vous y avez fait naître, c'est un retour au printemps, un regain de jeunesse; c'est une joie et un bien-être inexprimables. Je crois bien que je suis le seul, à cette heure, qui puisse ressentir tout cela quand je vous lis. Vous vous montrez, dans ce volume, entourée d'hommes dans lesquels vous voyez des compagnons et pour l'un d'eux un chef dans la lutte entre-*

---

[*] Je n'ai fait aucune dédicace à mes précédents volumes, parce qu'il m'a semblé qu'ils s'offraient d'eux-mêmes à chacun de mes amis encore vivants. Mais la lettre de M. de Marcère sur *Nos Amitiés politiques avant l'Abandon de la Revanche* me paraît avoir sa place en tête de mon dernier volume. Elle est une sorte de certificat de la vérité de mes récits signé par l'un de mes plus honorés compagnons de route politique.

prise pour atteindre un idéal si beau, si pur, si noble, qui ferait une France sublime, un type merveilleux et achevé d'une race humaine, supérieure à toutes les autres. Eh bien, vous et moi, ma chère amie, nous étions emportés par notre rêve, et nous avions foi non seulement dans nos idées, mais dans nos compagnons, tandis qu'au fond ils travaillaient à une autre œuvre que la nôtre. Savez-vous la faute que je leur reproche et que je juge sévèrement? C'est qu'ils nous ont trompés, et cela, voyez-vous, c'est irrémissible. Je ne veux pas le qualifiier, par respect pour vos souvenirs.

Savez-vous que je suis vraiment heureux de me trouver associé à votre vie par vous-même? Cela au moins ne peut être brisé. Tel j'étais, tel je suis, et vous je vous revois toujours avec les mêmes yeux qu'autrefois. Merci de m'avoir mêlé à votre vie sociale comme un familier de votre esprit et de votre cœur.

Il y a une certaine lettre, en quelques lignes, d'Adam, qui parle des miens : elle m'a fait pleurer. Cet homme avait un véritable esprit politique, un grand cœur et l'âme noble.

Votre ami de tout temps et immuable,

DE MARCÈRE.

Après l'Abandon de la Revanche

Depuis la mort de celui qui était pour moitié dans tous mes actes, je me répétais : « Ma vie est brisée, » et je m'étonnais d'agir maintenant seule, dans le renouvellement routinier des mêmes occupations.

C'est qu'à ce renouvellement banal s'ajoutaient des responsabilités nouvelles : le souci de faire aussi bien que celui qui m'avait quittée. Je me questionnais sans cesse, j'évoquais le passé, je retrouvais une indication dans un souvenir, une approbation dans un mot.

« Si je meurs, m'avait dit un jour Adam, ne me pleure pas, mais fais revivre ma vie dans la tienne ! »

. . . .

Je m'applique à le faire, et mes amis, un à un, m'y aident. Ils sont pour moi d'une bonté qui me touche au profond du cœur. A tout ce qu'ils me conseillent ou dont ils me prient, ils mêlent le nom de mon mari.

Et les paroles d'Adam, durant sa maladie, me reviennent sans cesse en mémoire :

« Il ne faut pas de « manque » dans l'action de notre parti, à une heure de crise comme celle que nous traversons. Le devoir pour toi est en tout, partout, de combler le vide causé par mon immobilité passagère. »

Et maintenant, après sa mort, mon devoir a doublé, mais comment pourrais-je à la fois tenir sa place et occuper la mienne ?

*
* *

Je n'ai pas lu un journal depuis la mort d'Adam, depuis huit longs jours, mais peu à peu mes amis me remettent au courant de la politique.

Le 16 juin qui a suivi le coup d'État du 16 mai a ramené les députés à Versailles.

Tandis que M. de Broglie lisait au Sénat le message du maréchal de Mac-Mahon demandant la dissolution, M. de Fourtou défendait ce message à la Chambre.

« Le conflit est de telle sorte entre la Chambre et la nation, dit M. de Fourtou, que la nation seule peut en décider. »

La tempête éclate. M. de Fourtou, qu'on accuse, devient accusateur. Il se déclare indigné par « l'ingratitude envers des ministres ayant fait partie de la Chambre libératrice ».

« Le libérateur, c'est M. Thiers ! » crient d'une seule voix toutes les gauches solidarisées.

Gambetta succède à M. de Fourtou à la tribune. Il parle durant trois heures au milieu des hurlements de la droite.

Pour la première fois, Grévy résiste à tous les assauts et lui maintient la parole.

Gambetta en appelle au jugement du pays et termine par ces mots :

« Nous partons 363, nous reviendrons 400! »

Quoique les gauches aient voté le 18 juin un ordre du jour de méfiance contre le ministère, et que se soient trouvés unis au scrutin des noms comme ceux de M. Thiers, de Louis Blanc, du duc d'Audiffret-Pasquier, de M. de Marcère, d'Horace de Choiseul, du colonel d'Andlau, de Raoul Duval, de Spuller, de Laussedat, etc., etc., le Sénat, ne tenant aucun compte d'une pareille manifestation, vote, le 22, la dissolution, « la mort dans l'âme », bien entendu.

Sauf les candidats parisiens, tous nos amis se dispersent, mais tous promettent de m'écrire, de me tenir au courant des mouvements de l'opinion en province, de continuer par lettres les conversations tant de fois reprises.

Gambetta, Challemel, Spuller, Laurent-Pichat, Duclerc, Louis Blanc, Edmond de Lafayette, Schœlcher, Paul de Rémusat, Jules de Lasteyrie, M. Thiers, prennent un intérêt journalier à ma vie.

Ceux qui nous ont quittés pour leur réélection en province s'appliquent à me renseigner. Tous me demandent d'intervenir quand il s'agit de ralliement. Je m'y emploie et j'y réussis.

Gambetta et M. Thiers, d'accord en cela, me prient de faire tous mes efforts pour fixer définitivement dans notre milieu Girardin, que M. de Broglie s'efforce, de son côté, d'attirer à lui.

On se rappelle le billet que m'avait écrit Girardin à la mort d'Adam :

> Il ne permettait pas que je l'aime vivant, permettez que je l'aime mort.

Gambetta me répète que trois hommes seraient seuls capables de donner une issue favorable, une force victorieuse à l'aventure du 16 Mai, et qu'il faut les arracher à l'ordre moral : Girardin, Raoul Duval et Galliffet.

« Si vous nous aidiez à les conquérir, — et vous seule le pouvez, — ne cesse de me redire notre chef, tout danger pour la République serait conjuré. »

J'ai la conviction que je puis avoir assez d'influence sur l'esprit des deux premiers pour les empêcher d'aller à nos ennemis politiques, alors même qu'ils refuseraient de s'associer à notre lutte.

Je vois Girardin, qui vient mettre à ma disposition complète sa vieille amitié. Je lui redis les paroles que m'a dites M. Thiers la veille :

« Si Girardin combat avec nous sans défaillance, les derniers survivants du *National* viendront chez vous l'absoudre de la mort d'Armand Carrel. »

Girardin s'émeut à un souvenir qui lui reste

douloureux, et j'apprends de lui qu'il n'a cessé de faire servir une rente à la veuve d'Armand Carrel. A demi absous par là, il sera, me dit-il, heureux d'avoir par moi son absolution entière.

Girardin a pu être détesté et parfois détestable, mais je n'ai jamais connu d'amitié plus courageuse et plus sûre que la sienne.

Durant toute la campagne du 16 Mai, il ne cessera de me tenir jour par jour au courant de ses projets d'articles, de s'inquiéter de mon approbation.

Je vois souvent Raoul Duval. Il ne peut être avec nous, me dit-il, mais il a rompu avec nos adversaires. Le « preux normand », comme l'appelait Adam, ajoute : « Ils achèvent de discréditer l'esprit de modération qui doit être la première vertu conservatrice. »

Raoul Duval verra le général de Galliffet, qu'il connaît intimement, et me renseignera sur l'état de son esprit.

« Lui seul, me dit-il, est assez audacieux pour faire leur coup ; s'ils ne l'ont pas avec eux, ils rateront tous leurs effets d'intimidation. »

Gambetta me raconte qu'il a posé à Galliffet la question suivante :

« Si la Chambre réélue avec une majorité républicaine allait à Dijon où vous commandez, serait-elle défendue par vous ? »

Galliffet a répondu nettement :

« Ce que je défendrai dans le gouvernement, c'est la majorité. »

Edmond About, lui aussi, revient à moi avec

ses vieux sentiments d'il y a quelque vingt ans. « Le bon jeune homme », comme nous l'appelions autrefois, a retrouvé toute sa verve. Il reprend ses brillantes polémiques de l'Empire au profit de notre cause. About et Girardin sont nos recrues les plus influentes. Ils donnent le ton au journalisme de l'opposition.

Gambetta vient d'organiser un comité général de résistance et de propagande composé de tous les directeurs des grands journaux républicains de Paris, puis un deuxième comité composé de fonctionnaires destitués dont le nombre s'accroît chaque jour, MM. de Broglie et de Fourtou balayant impitoyablement les républicains de toutes les administrations.

De jeunes avocats en groupements dévoués distribuent et expédient dans tout le pays des brochures et des journaux. Tout député faisant partie des 363 est tenu de former dans chaque chef-lieu de canton des comités républicains chargés d'instruire les électeurs de leurs droits.

Nous discutons à perte de vue sur les impulsions et les résolutions provoquées dans les esprits par le complot de Mai. Nous jugeons tous de la même façon ledit complot; nous nous disons que les ambitions monarchiques n'y sont pour rien, puisque les trois partis restent divisés et qu'aucune entente n'a pu se faire entre eux. Seule la haine commune les rapproche, sitôt qu'ils nous voient nous grouper pour tirer profit de leurs divisions.

Cependant, il est clair pour nos ennemis politiques eux-mêmes qu'ils ne peuvent fonder rien de durable dans les conditions où ils se trouvent. Le maréchal, tiraillé en tous sens, s'ahurit.

M. Thiers répète à ceux qui, comme le duc d'Audiffret-Pasquier, M. Wallon, etc., refusent de suivre M. de Broglie dans son aventure :

« Ce n'est pas moi qui ai apporté la République à la France. Je l'ai reçue sanglante et mutilée. Je l'ai rendue possible. En dehors d'elle, et d'elle sage et modérée, il n'y a que le gâchis. »

Mais M. Thiers lui-même a ses fluctuations. Adam lui manque pour lui traduire certains états d'âme du parti républicain.

M. Thiers, à sa chute, était convaincu que, Mac-Mahon renversé, il redeviendrait président de la République, et il manœuvrait exclusivement dans ce sens. Adam, qui s'inquiétait de ces manœuvres égoïstes, n'avait cessé de travailler à parfaire les bons rapports entre Gambetta et M. Thiers. Avant de mourir il y était parvenu, et certains conflits purent être évités, mais Gambetta resta quand même pour M. Thiers l'homme jeune forcé au respect, tandis qu'Adam pouvait conseiller et dire avec son expérience :

« Ne vous trompez-vous pas comme à tel moment? »

Plus d'une fois Gambetta me prie d'écrire à M. Thiers ou de lui parler au nom d'Adam. Je le fais avec toute l'habileté possible. Mais M. Thiers est trop rusé pour ne pas deviner en partie d'où vient l'inspiration.

Victor Hugo me fait une visite, et je puis enfin le remercier de vive voix de ce qu'il a dit sur la tombe d'Adam.

Il me parle de ses résistances à la dissolution, et me répète les paroles qu'il a prononcées au Sénat :

« Les vieillards sont des avertisseurs. Écoutez l'homme aux cheveux blancs qui a vu ce que vous allez voir. N'entrez pas dans une aventure. Écoutez celui qui en revient. Je vote contre la catastrophe. »

Mais la droite ne voit la catastrophe que dans la République.

L'un de ses membres influents disait ces derniers jours à Girardin :

« Nous irons à l'assaut de la République, les uns avec le coq, les autres avec l'aigle, les troisièmes avec les lys.

— Vous aurez coq contre coq, répondit Girardin, tous deux picoteront le lys, et l'aigle ne peut planer qu'au-dessus du charnier de Sedan. »

La veille du jour où la Chambre siégeait pour la dernière fois, Gambetta a prononcé l'un de ses meilleurs discours. Il est plus que jamais en possession de son éloquence et de toutes ses facultés combatives.

Avant de quitter Paris pour Amiens, son siège électoral, René Goblet est venu me voir. Il aime à me redire en quelle estime haute il tenait Adam. C'est qu'il avait avec lui des qualités communes de droiture, de loyauté, et une honnêteté « à crête », comme disait Adam lorsqu'il parlait de Goblet.

Le « petit coq » — c'est ainsi qu'on désigne Goblet — ne refuse jamais un combat, quel que soit le géant qui le lui propose. On ne peut le vaincre, car il a des ripostes d'une énergie, d'un imprévu qui déroutent ses adversaires.

Nous sommes tous pleins d'espoir. Gambetta n'a-t-il pas dit :

« Nous partons 363, nous reviendrons 400 ! »

Et Grévy :

« Les membres de cette Assemblée qui vont retourner devant le pays n'ont pas cessé un seul instant, dans leur courte carrière parlementaire, de bien mériter de la France et de la République. »

Louis Jourdan, Cernuschi, viennent souvent causer avec moi. Peyrat, qui a eu un réel chagrin de la mort d'Adam, s'excuse sans cesse de son semblant d'abandon. Par le riche mariage de sa fille, la fortune gâte notre ami Peyrat dans les deux sens du mot.

La princesse Lise Troubetzkoï, à laquelle je suis très reconnaissante de l'intérêt journalier qu'elle a manifesté durant la maladie d'Adam, me fait une longue visite. Elle quitte Paris prochainement. On dit qu'elle a dépensé sans compter près de cinq millions. De graves intérêts, peut-être un ordre, la font rentrer en Russie. Son hôtel de la rue de Courcelles est en vente.

La pauvre princesse a poussé trop loin le désir

de jouer un rôle politique. Amie de Gortschakoff, elle a servi d'intermédiaire, durant de longues années, entre le vieux chancelier de l'empire russe et M. Thiers.

L'image de Mme de Lieven, dont la princesse Lise Troubetzkoï peut se dire la petite-nièce, l'a hantée.

Comme le docteur Maure avait toujours une lettre nouvelle de M. Thiers à lire, la princesse Lise a toujours sa lettre de Gortschakoff.

De haute lignée, fille de la princesse Kotchoubey née Bibikoff et de son premier mari le prince Belosselsky, la princesse Lise aime à rappeler qu'elle descend du fondateur de l'autocratie russe.

Elle conte joliment, avec des minauderies qui seraient presque ridicules chez toute autre. Je lui ai, pour ma part, durant nos longs rapports d'amitié, redemandé plusieurs fois le récit de son premier bal, qu'elle ouvrit chez sa mère avec l'immense empereur Nicolas Ier, alors qu'elle était tout enfant.

Pas jolie, mais originale, la princesse Lise a une taille charmante, de menus pieds, des mains exquises, des cheveux blonds très légers, des yeux très bleus. Elle est petite, mais porte fièrement sa taille ; sa démarche, ses gestes sont d'une très grande dame.

Son salon réunit les hommes les plus influents de tous les partis, et chez elle seulement ils consentent à se rencontrer.

On y a vu et revu tour à tour :

M. de Bulow, le comte et la comtesse Apponyi, le comte Duchatel, Berryer, Larochejacquelein, Dupin, le duc de Gramont, le baron de Barante, Ricord, Caro, Calmon, Léon Renault, etc., etc.

Adam y allait au moins une fois chaque semaine. Il y rencontrait M. Thiers assis dans le salon blanc, toujours à la même place, sous un haut palmier.

Le coudoiement de tous les partis chez la princesse Lise amuse chacun de ses invités. Elle excelle dans l'art de faire des présentations inattendues. Délicieuse dans la conversation, alerte, spirituelle, avec un sourire contourné, indéfinissable et captivant, elle apporte à toute causerie son avidité de savoir, ses questions parfois stupéfiantes, et, dit-on, une singulière aptitude à faire des impairs pour les réparer sur l'heure avec une habileté surprenante.

M. Thiers, son hôte en Russie pendant l'année terrible, a été, prétend-on, à la fois servi et desservi par la princesse. Un ami russe très informé m'a conté que le lendemain du jour où Lise Troubetzkoï avait donné à M. Thiers les nouvelles les plus rassurantes sur les intentions d'Alexandre II, nouvelles que M. Thiers s'était empressé de communiquer à Tours, parut le télégramme du tzar nommant Frédéric-Charles et le kronprinz maréchaux de camp de l'armée russe.

En revanche, M. Thiers a dû à la princesse Lise l'inappréciable service de lui avoir enlevé sa foi en

Bazaine, sur lequel, très renseignée, elle put l'éclairer.

Il est vrai d'ajouter qu'elle a trompé M. Thiers, tous nos amis, Adam et moi, sur le prince Orloff et sur les sentiments sympathiques que, selon elle, il éprouvait pour la France.

Le prince Orloff était entièrement dévoué à M. de Bismarck. Sa correspondance avec d'Arnim, durant le fameux procès, l'a prouvé plus tard.

La princesse Lise me parle de Gambetta, qu'elle reçoit dans l'intimité, le matin du dimanche. Il lui a demandé ces derniers jours si l'empereur de Russie le verrait sans déplaisir devenir président de la République.

Elle lui a répondu crûment :

« Non. L'arrivée au pouvoir du député de Belleville, du chef de la démagogie, ne peut plaire à un autocrate. »

Gambetta, que j'ai interrogé sur cette confidence, m'a répondu avec mauvaise humeur :

« Si cette histoire était vraie, la princesse serait une étourdie et Alexandre II un imprévoyant. »

※

« Les conditions de la lutte contre le maréchal sont bien autrement favorables aujourd'hui qu'au 24 mai, me dit Gambetta. La gauche tout entière se fond de plus en plus dans l'opportunisme, et, quant à vos amis du centre gauche, vous m'aiderez, comme Adam l'a fait tant de fois, à leur persuader que leurs intérêts sont identiques aux nôtres, ce qui est la vérité pure.

« Et puis, ajoutait-il en me voyant sourire, j'ai, grâce à l'habileté financière d'Adam, de par la vente de la *Petite République,* le nerf de la guerre. Or nos amis riches, depuis qu'ils me savent de l'argent, — coïncidence ou logique singulière, — m'en offrent et m'en donnent davantage pour ma propagande électorale. »

Gambetta m'envoie, à la fin de juin, une caricature italienne qui représente le maréchal avec un sabre terrifiant. L'effroi est général, mais des petits cailloux, dont l'un sous la figure de Gambetta, le font trébucher et tomber, lui et son grand sabre.

Nous avons tous cru que le rêve de Girardin était la députation, et c'est à qui lui proposera un siège ; mais il les refuse, disant qu'il est plus utile dans le journalisme qu'à la Chambre. C'est vrai, car il apporte à l'attaque, à la lutte, une énergie, une combativité, une vaillance extraordinaires.

Le 1er juillet, le maréchal, à la fin d'une revue, parlant de sa mission, a dit :

« Je la remplirai jusqu'au bout. »

S'adressant aux soldats :

« Vous m'aiderez, j'en suis certain, à maintenir le respect de l'autorité et des lois, » a-t-il ajouté

Dans les premiers jours de juillet a lieu une importante réunion de députés chez Emmanuel

Arago. Gambetta, Louis Blanc, Ferry, Tirard, Spuller, etc., etc., y assistent. Les vieux de 1848 et les opportunistes sont, chose qui a paru longtemps irréalisable, en accord parfait. Les députés que je viens de nommer, représentant les bureaux des quatre groupes de gauche de la Chambre dissoute, « déclarent que les 363 qui ont voté l'ordre du jour de défiance contre le ministère, restés unis dans une pensée commune, se présenteront collectivement et au même titre devant le suffrage universel lorsque les électeurs seront convoqués dans leurs comices ».

C'est avec cette déclaration que vont se faire les élections. C'est elle qu'adopteront certainement les groupes de gauche du Sénat en engageant le pays à voter pour les 363.

*
* *

Girardin m'amène M. de Lesseps, qui devient bien vite un ami, et quel ami! d'une fidélité, d'une sûreté de relations rare. Girardin et lui viennent souvent dîner avec moi. M. de Lesseps, lui aussi, a pris parti contre le 16 Mai. C'est un conteur, un causeur incomparable. Il dit avoir prononcé plus de discours que M. Thiers, et rédigé plus de mémoires que les plus vieux diplomates. Quelles heures inoubliables, lorsqu'il parle des circonstances qui lui ont permis d'entreprendre le canal de Suez! C'est un récit des *Mille et une Nuits*.

Girardin est résolument russophile, comme

moi. Nous nous entendons complètement à ce sujet. Depuis l'entrée en campagne des Russes, depuis que la division Dragomiroff a, le 27 juin, traversé le Danube, nous suivons pas à pas chaque mouvement des troupes.

Je voudrais que les Grecs aient l'habileté de prendre parti pour les Russes, afin de bénéficier d'une victoire qui nous paraît certaine finalement, mais je crains d'être bien tiraillée plus tard dans mon double amour des Grecs et des Slaves.

Nous avons, Gambetta et moi, au sujet des Russes, l'une de nos premières graves discussions.

Depuis longtemps déjà, sans qu'il en convienne et sans permettre qu'on soupçonne quelles influences modifient — Spuller et moi nous disons altèrent — ses sentiments et ses idées sur la politique extérieure, nous ne pouvons plus employer devant notre chef les mêmes formules, affirmer les mêmes espoirs. Il fréquente trop les agents de Bismarck et voit secrètement le prince de Galles. Il m'a conté, non sans orgueil, sa première entrevue avec « Son Altesse Impériale ».

Les conceptions de notre grand chef sur nos revendications nationales changent de forme sans certainement changer de but.

Il me semble, à moi, que la France ne comprendra rien à des combinaisons trop compliquées, et qu'elle courra le risque de perdre dans leurs dédales sa passion patriotique, cette admirable passion qui la détourne et la sauve de la lâche acceptation de la défaite.

On ne peut imaginer mon chagrin, mes terreurs de l'avenir, car je connais mon adoré pays Je sais que, quand une grande idée nationale ne le dirige ou ne l'attire plus, il s'égare ou s'abaisse dans la jouissance.

Si, d'autre part, j'escompte nos victoires politiques certaines, si je parle des devoirs et des générosités qu'elles vont nous imposer, mes amis se moquent de mon « libéralisme à tous crins », comme dit Challemel.

On me répète qu'une république qui veut s'imposer doit être autoritaire.

***

Le prince de Galles a persuadé à Gambetta qu'il faut que les Grecs se tiennent cois, que leur politique doit se résumer d'un mot : la circonspection. L'Angleterre leur interdit de songer à tirer profit de la lutte turco-russe. Cela me désole. Il me semble, à moi, que l'occasion perdue pour les Grecs ne se retrouvera plus !

Tout concourt au succès des Russes dans la première quinzaine de la guerre. Gourko fait des prodiges. Une brigade de cavalerie enlève d'assaut Tirnovo, la ville sainte, la capitale légendaire de la Bulgarie.

Mais bientôt, hélas ! les chances tournent. Osman ramène vers Tirnovo 40.000 hommes et occupe Plewna, sous les murs de laquelle les

Russes se font écraser. Leur marche en avant est arrêtée.

Skobeleff m'a raconté plus tard ses craintes, ses angoisses, en voyant les Turcs reprendre une à une toutes les positions russes et menacer jusqu'au défilé de la Schipka, sans cesse en danger sous les attaques répétées de Suleïman.

« Quelques bataillons russes isolés défendaient seuls les hauteurs des Balkans, me disait-il. Si tout à coup, inquiets d'être à 200 kilomètres du gros de l'armée, ils avaient abandonné leur poste, tout le profit de la marche de Gourko était perdu et le passage des Balkans rendu impossible. »

Skobeleff admirait sincèrement Osman-Pacha et en des termes si flatteurs que l'héroïque défenseur de Plewna, à qui j'eus l'occasion un jour de les répéter par lettre, en fut profondément touché.

Mais, dès le début de la guerre turco-russe, Skobeleff avait deviné l'ennemi plus invincible qu'Osman-Pacha, ennemie que les victoires ne désarment jamais : l'Angleterre.

Moi aussi, à ce début de la campagne russo-turque, j'avais peur de l'Angleterre. Gambetta subissait de plus en plus l'emprise dangereuse, sous une apparence festoyante, du prince de Galles. Cette emprise me faisait craindre de voir la Russie sacrifiée un jour, et la Grèce influencée en sens contraire de ses véritables intérêts.

∗∗∗

Se rappelle-t-on l'affaire Philippart, la banque franco-hollandaise?

Philippart était alors jugé à Bruxelles, comme Belge. Sa fortune, son audace, avaient été extraordinaires.

Constructeur de centaines de kilomètres de chemin de fer, il les revendait avec force bénéfices aux grandes compagnies. A travers des intrigues stupéfiantes, il était parvenu à se faire nommer président du conseil du Crédit mobilier.

On se déclarait, dans notre milieu, « philippart » ou « antiphilippart ».

Adam avait toujours prédit sa chute.

Guyot Montpayroux s'était laissé compromettre par Philippart. On prétendait qu'il servait d'intermédiaire entre certains députés, pour les acheter, et Philippart.

Ces derniers temps, fin juillet, on a mêlé à ces intrigues Ordinaire, qu'Adam, sur la prière instante de Gambetta, a sauvé un jour de la disqualification en payant ses différences à la Bourse. Par Ordinaire, on veut atteindre Gambetta, le mêler à des tripotages d'argent.

Gambetta vient me parler de ces bruits qui l'irritent. Guyot Montpayroux, Ordinaire, s'agitent autour de lui pour qu'il les conseille dans cette désagréable affaire à laquelle il est forcé de s'intéresser. Je m'étonne de ce qu'il décide. Il fait écrire à « l'accusé » pour qu'il démente ces rumeurs.

Mais Gambetta m'apporte quelques jours après deux lettres autographes de Philippart à Guyot Montpayroux et à Ordinaire. L'une avec « Mes chers amis », et l'autre, pour la publicité, avec « Cher monsieur ». Dans la première, Philippart affirme avec tranquillité qu'il ne sera pas condamné, qu'il plaide (cet homme a remué plus d'un milliard) son innocence, et prouve l'acharnement qu'on a mis à ruiner son crédit.

La seconde lettre à Guyot Montpayroux, seule, doit être publiée pour le dégager, pour dégager Ordinaire, et par conséquent Gambetta. Une note volante, curieuse, est jointe à cette lettre :

Si vous pouvez attendre mon acquittement, mes affirmations en votre faveur auront plus de poids ; cependant, si ma lettre est votre dernière planche de salut, publiez-la.

Bruxelles, 2 août 1877.

Cher monsieur,

J'avais déjà eu connaissance par les journaux belges de tout le vacarme qu'on fait autour d'une correspondance qui ne me regarde en aucune façon quoique mon nom s'y trouve sans cesse mêlé. Tout cela m'avait paru tellement puéril que j'avais jugé un démenti inutile, mais je reconnais qu'en présence des affirmations et insinuations que vous me signalez, et par lesquelles on met méchamment en avant des personnalités les plus honorables, il convient de rétablir la vérité. Je le fais volontiers.

Il est parfaitement exact que je n'ai jamais dîné chez vous avec M. Ordinaire. Je me suis rencontré une seule fois avec lui. C'était au Grand-Hôtel, à un dîner où assistaient une douzaine de députés particulièrement avisés dans des questions de chemin de fer, mais il ne fut pas dit un mot de la banque franco-hollandaise ou de spéculations quelconques ; ce sont là des allégations mensongères et méprisables qui, s'adressant à des hommes honorables et éminents comme ceux qui assistaient à ce dîner, ne méritent pas même l'honneur d'une réponse.

Que vous dirai-je encore ? Jamais je n'ai eu avec M. Gambetta aucun rapport d'affaires d'aucune sorte, et par conséquent vous n'avez pas pu en être l'intermédiaire.

Philippart finit par des sentiments distingués à Guyot Montpayroux, qu'il traite d'ami dans sa lettre d'envoi, et il ne faudrait pas mettre la main au feu que Guyot Montpayroux et Ordinaire n'aient « jamais eu de rapports d'affaires » avec Philippart.

Quant à Gambetta, il n'a été mêlé qu'à une affaire, celle de la *Petite République* fondée par lui, vendue par Adam à Donon, et dont Adam lui a remis le prix en chèques sur la Banque d'Angleterre.

Gambetta me donne les lettres de Philippart. Je ne sais si l'une d'elles a été publiée.

« Vous les aurez pour me défendre, me dit-il. J'ignore ce que devient ma correspondance. Tout le monde se documente autour de moi. »

*
* *

Gambetta m'amène un soir le commandant Gougeard, que je l'ai prié de me faire connaître. Spuller me dit que Gougeard est la forte influence à cette heure sur l'esprit du grand chef. Plusieurs de nos amis trouvent cette influence inquiétante.

« Il est remarquable comme réformateur de la marine, me confie tout bas mon ami Billot, mais il connaît mal l'armée et s'en mêle trop. »

Le commandant Gougeard peut cependant revendiquer sa part d'héroïsme durant la défense nationale. Il avait, avant la révision des grades, le titre de général, titre cent fois mérité.

En 1871, le général de Colomb lui ayant donné l'ordre de reprendre coûte que coûte le plateau d'Auvours, il entraîne les zouaves pontificaux, franchit avec eux, sous le feu, un pont encombré de fuyards qu'il ramène, et reprend la position au cri de :

« Pour Dieu et pour la Patrie ! »

Le commandant Gougeard est une nature très complexe. Chrétien et radical à la fois, sa conversation serait paradoxale si le patriotisme n'en dominait les contradictions.

Je n'ai pas osé parler à Gambetta d'une lettre que j'ai reçue de sa mère. Fils adoré et jusque-là très tendre, il subit des influences qui le détachent d'elle. La pauvre mère souffre cruellement. Elle m'écrit qu'elle arrive, n'ayant plus de nouvelles directes de son « Léon », qu'elle n'y tient plus.

Lui, cruel, m'envoie le billet suivant :

Paris, 29 juillet 1877.

Chère amie, grande nouvelle ; maman est arrivée ce matin de Lyon. Je suis aux champs. Je pense que ce séjour sera court. Elle viendra vous voir. Dites-lui *doucement* qu'il ne faut pas trop s'attarder.

Bien et toujours à vous,

LÉON GAMBETTA.

Pauvre « maman ». Je lui dis le plus doucement du monde qu'il ne faut pas « trop s'attarder ». Elle comprend, elle devine que son adoré fils désire son départ. Elle éclate en sanglots.

Mᵐᵉ Gambetta croit m'apprendre ce que je sais, que depuis la maladie et le départ de la « Tata » son fils s'écarte de plus en plus de sa famille.

Elle se lamente et me répète qu'elle a consacré sa vie entière au futur « grand homme », qui, devenu grand, se détache d'elle.

Je lui dis que c'est le sort commun, que les enfants font leur vie à eux. Mais elle refuse de comprendre. Son fils est à elle, elle l'a enfanté, elle l'a fait ce qu'il est, elle en veut sa part !

Je propose à Gambetta de prendre sa mère chez moi plutôt que de lui conseiller de retourner à Nice après un aussi court séjour; mais il me supplie de lui faire entendre qu'il ne peut travailler quand elle est là, qu'il faut qu'elle se sacrifie à ce travail, lequel est le sauvetage de la France !

C'est scrupuleusement que je répète à Mᵐᵉ Gambetta ce que m'a dit son fils.

« Je sais ce que les grands mots signifient, me répond-elle, et je pars blessée au cœur, mais je n'aurai que vous pour confidente de mon chagrin. »

⁂

Spuller vient souvent passer une heure avec moi. L'un de ces jours, comme nous parlions de Girardin, le loup est entré. A peine réunis, Spuller et Girardin discutent. Ils n'ont pas une seule forme d'idée commune.

Spuller croit à la très grande influence de la presse, il s'inquiète des résultats d'une liberté trop complète. Girardin a toujours nié l'influence de la presse; il répète que cette influence n'existe pas, et il est partisan de la liberté absolue.

« Un homme, dit Girardin, n'a pas le droit d'empêcher un autre homme de penser, même s'il pense mal; la société n'a pas plus de droits contre le mal pensant que contre le mal parlant.

— Caro, réplique Spuller, vous a bien défini un jour en disant que pour vous le bien et le mal ne sont que des mots.

— Certainement. Il n'existe ni bien ni mal dans les sociétés, mais des risques dont l'homme cherche à se garer pour vivre. Les risques de la nature sont : la grêle, l'incendie, le naufrage, la foudre; ceux de la société : le vol, la fraude, la guerre, la piraterie. La science combat les risques de la nature; l'expérience par les lois combat les risques sociaux. Si le voleur pouvait impunément voler, il serait volé à son tour, le tueur tué. Il n'y a pas de droit absolu de l'homme sur l'homme, il n'y a qu'un droit empirique, conséquence d'un fait ; l'unique sanction est la réciproque. Ce sont des choses que j'ai cent fois écrites. »

Girardin ne reçoit ses idées que du choc. Il ne pense pas seul. Il n'a pour principes que ses griefs. Brillant, courageux, combatif, remuant, nul n'est plus dangereux pour ses ennemis.

Spuller, Girardin et moi, nous nous communiquons nos nouvelles, les nombreuses lettres que nous recevons. La victoire, dans tous les départements, s'annonce certaine.

J'ai une lettre de Chanzy. Il ne doute pas de son élection dans les Ardennes.

Boysset est sûr du succès.

J'ai vu, le matin, Garnier-Pagès et son gendre Dréo, qui m'ont parlé de leur « activité triomphante ».

Tirard travaille notre arrondissement, le deuxième. Il y a peu de « seize Mai », rue Montmartre, mes fournisseurs me le répètent, mais l'un d'eux, mon boulanger, se plaint de la « solennité » de M. Tirard.

« On ne le croirait pas, avec son air morne, si proche du boulevard, ajoute le boulanger. Ce n'est pas comme dans l'arrondissement d'en face, le neuvième : ils ont le petit père Thiers, qui ne craint pas la « gaillardise ».

*
* *

Quoiqu'il fasse très chaud à Paris, je n'en

bouge pas. Ailleurs, je souffrirais trop de mon isolement.

L'amiral Pothuau vient me parler longuement de son ami Adam, avec lequel, au Sénat, il était toujours en accord parfait sur toutes les questions.

L'événement dont nous causons ce jour-là, et qui nous passionne, nous et tous nos amis restés à Paris, c'est le discours prononcé à Lille par Gambetta, dans lequel se trouve cette phrase que nous nous redisons avec le pays entier :

« Quand la France aura fait entendre sa voix souveraine, il faudra se soumettre ou se démettre. »

Nous nous demandons si le ministère va poursuivre Gambetta.

M. de Broglie, ministre de la justice, mais peu au courant des us et coutumes de la basoche, est, paraît-il, fort embarrassé. Il a fait venir le procureur général de Douai.

Au bout de dix jours de conciliabules, on décide qu'on poursuivra Gambetta, pour le maréchal et pour les ministres en même temps; si l'on sépare les deux causes on court plus de dangers d'acquittement.

La lutte s'engage ardente de part et d'autre. M. de Fourtou répète haut qu'il poussera l'énergie aussi loin qu'elle peut être poussée.

Gambetta prépare contre le maréchal et son gouvernement la « résistance révolutionnaire ». Il groupe ceux qui sont prêts à risquer leur vie. Je reçois toutes ses confidences. Il est souvent désolé de certaines couardises...

Mais les amis de M. de Fourtou, sont encore plus défaillants que les nôtres.

Raoul Duval m'a donné à ce sujet des détails curieux. Tout l'écœure, au point qu'il part pour un grand voyage, ne voulant ni suivre ses amis ni se battre contre eux.

Gambetta est de plus en plus rejeté sur les radicaux, qui seuls consentent à organiser la résistance révolutionnaire.

Autour de nous, on ne l'admet pas. Spuller, Challemel, Scheurer-Kestner, Allain Targé, Lepère, About, Cochery, etc., la plupart des opportunistes purs, ne paraissent pas trouver « opportun » de risquer leur vie.

Fourtou le savait bien lorsqu'il leur disait plus tard :

« Si j'avais fait ce que j'aurais dû faire après les élections d'octobre, vous ne seriez pas là ! »

Les qualités de l'opportuniste n'ont rien de commun avec l'emportement révolutionnaire. C'est Gambetta lui-même qui a donné à ses amis leur modération, leur souci du résultat, l'horreur du risque-tout.

Gambetta le comprend et me répète souvent : « Ah ! si j'avais Ranc ! »

La grande habileté de Gambetta, manœuvrier incomparable, est de faire croire aux radicaux que les opportunistes sont prêts à entrer en ligne, et aux opportunistes qu'ils trouveront à la dernière extrémité des cadres tout prêts chez les radicaux! Il répète « que les comités centraux, régionaux, que Paris, que l'armée n'attendent qu'un signal pour marcher ».

Le Sénat seul est résolu à résister à un coup de force du gouvernement. Teisserenc de Bort, aussi courageux qu'il est pontifiant, Testelin, Billot, Pothuau, Jules de Lasteyrie, viennent me redire combien, à ce tournant dangereux, Adam leur manque...

L'erreur de M. de Fourtou est de croire que le Sénat acceptera le fait accompli.

Or, les conservateurs eux-mêmes ne toléreront pas, disent-ils, un *pronunciamento*.

Les comités centraux électoraux créés par Gambetta durant l'automne de 1873 servent encore aujourd'hui de noyau à la nouvelle organisation.

Chaque groupe des comités centraux élit un chef « militaire » dont chaque votant s'engage à ne jamais révéler le nom. Ce chef, sitôt nommé, se trouve instantanément mis en rapport avec un seul membre du grand comité directeur, duquel il reçoit les ordres. Il ne connaît pas les autres membres de ce comité, mais il sait que Gambetta y commande.

Chaque chef « militaire » a sous ses ordres deux ou trois cents citoyens dévoués, et chacun de ceux-là dirige un groupe de quinze à vingt hommes.

Il n'y a pas eu de programme en 1873; on défendait la souveraineté nationale escamotée par les « Versaillais ». La République ne devait pas capituler devant eux comme la France avait capitulé devant les Prussiens dans ce même Versailles. La formule du groupement était : « Union de toutes les gauches pour l'action par la révolution. »

Tout mot d'ordre devait être donné en allemand ou en grec, et sous forme de citations.

Au 16 Mai, non plus, pas de programme, mais une simple formule : « Renvoyer les 363. » Le comité directeur se réunit chez Mme Arnaud de l'Ariège, dans le fastueux hôtel Dubochet, rue de Surène.

Les citoyens qui viennent de Belleville, de Montmartre, sont reçus par d'impeccables valets de pied en culotte courte, habit à boutons d'or. Ils traversent le grand escalier monumental, puis une enfilade de salons superbes, et sont conduits vers Gambetta. La plupart semblent prendre plaisir à être reçus aussi « chiquement », c'est le mot qu'ils emploient.

La lutte contre nos ennemis est vraiment noble, le dévouement paraît désintéressé, l'amour des principes sincère.

M. de Fourtou persécute, révoque. Partout les maires, les conseils municipaux sont suspendus. La candidature officielle s'étale cyniquement.

Rouher, aussitôt après la dissolution, est parti pour Chislehurst. Il a, dit-on, reçu du prince impérial pleins pouvoirs de régler à son gré l'action du parti bonapartiste dans les élections.

Rouher, président de l'Appel au peuple, s'entend avec Fourtou et fait protéger les listes bonapartistes par les organes du 16 Mai !

Une chose nous ravit : c'est la polémique engagée entre Rouher et Cassagnac et les aménités dont ils se bombardent.

.

Dans les derniers jours d'août, Gambetta vient me raconter en détail son entretien avec Crispi. L'anticléricalisme les a rapprochés.

Crispi répète à Gambetta ce qu'il dit lui-même sans cesse, que « le clergé et l'armée sont les ennemis des gouvernements démocratiques ».

« Vous qui avez retrouvé Milan et Venise, lui répond Gambetta, vous pouvez combattre l'esprit militaire, mais nous qui avons perdu l'Alsace et la Lorraine, nous ne le pouvons pas.

— Le militarisme ne nous séparerait pas, réplique Crispi, si vous admettiez un désarmement général. Je vais voir Bismarck pour lui en parler.

— Et qu'avez-vous répliqué ? demandai-je avec angoisse.

— Mais j'ai dit à Crispi que Bismarck seul pouvait imposer le désarmement. »

Je m'indigne. Comment, lui, Gambetta, lui, notre défenseur national, admet qu'on parle de désarmement général avant que nous ayons repris par les armes notre Alsace et notre Lorraine !

« Ma chère amie, me répond Gambetta, le désarmement général est impossible, et il serait agréable, puisque Crispi est féru de cette idée, de voir comment lui et le chancelier de fer s'embarrasseraient dans les fils de cette quenouille. En bonne diplomatie opportuniste, il faut savoir se servir de ce qui vous vient sous la main.

— On ne se sert pas d'un Bismarck !

— Qui sait? c'est peut-être lui qui nous donnera la République.

— C'est qu'alors il serait certain qu'elle doit nous être fatale.

— Non, car il ne se doute pas de ce que serait une république comme nous pouvons la faire. Il croit — je le sais — que la France en république se dévorerait elle-même, détruirait aveuglément toutes ses forces vives, livrée aux appétits du socialisme révolutionnaire.

— Et si c'était vrai?

— En France, je vous l'ai dit déjà, il n'y a que des questions républicaines et religieuses; les questions sociales sont des mots dont les vocabulaires cléricaux ou anarchistes se servent parallèlement. On peut feindre d'avoir peur des questions sociales, mais ce sont feux de paille.

— J'ai l'opinion absolument contraire.

— Parce que vous avez vécu avec tous les illuminés de 1848 qui jetaient leurs dernières étincelles sur votre jeunesse. Ayons la République d'abord, même avec des compromissions. Je suis de force à les endosser toutes.

— A la condition de n'en avoir que de politiques ! Jamais, à aucun prix, de nationales... »

Gambetta me répondit avec humeur :

« Ma chère amie, continuez à me croire aussi patriote que vous, et gardez-moi jalousement toute votre confiance, j'en ai besoin... »

.˙.

Cette conversation avec Gambetta me laisse une impression pénible. La politique, les luttes du présent dominent en lui les souvenirs ardents du passé. Il songe uniquement à vaincre les gens du 16 Mai, « les ennemis de la République ». Dans la bataille, j'ai peur qu'il accepte toutes les alliances et toutes les neutralités.

Mon très noble ami, le prince Georges Bibesco, qui comme moi aime la France, qui hait nos ennemis comme les siens, m'arrive un matin, très indigné de l'importance que prend à Paris Henckel de Donnersmarck; on va chez la Païva, chez l'agent de Bismarck. Notre ami de Reims y a conduit sa fille !

Georges Bibesco se désole de voir en France certaines choses devenues possibles si peu de temps après la guerre. Les Henckel, les Bleichrœder, les deux hommes à tout faire de Bismarck, sont chez eux à Paris, comme y était chez lui Louis Bamberger avant la guerre.

Georges Bibesco me répète une conversation du prince de Hohenlohe, qui aurait dit :

« Si les conservateurs et Mac-Mahon, c'est-à-dire l'armée, prennent une trop grande place dans ce pays, l'Allemagne fera la guerre. »

Quoi! M. de Bismarck va recommencer vis-à-vis de nous, comme avant 1870, sa comédie du libéralisme, et nous nous laisserions prendre une seconde fois à ce piège grossier!

Ma tristesse est profonde quand je vois nos amis menacer les électeurs de la guerre s'ils votent pour la réaction. L'Empire ne s'y est pas pris autrement pour le plébiscite. Obtenir une victoire politique au prix d'une lâcheté nationale, c'est la déchéance pour un parti. Jules Ferry, plus que tout autre, abuse de l'argument.

Nous qui avons servi et servons aveuglément Gambetta parce qu'il a été l'homme de la guerre à outrance, nous avons parmi nos amis de soi-disant patriotes qui accusent les hommes du 16 Mai d'être belliqueux! Alors nos ennemis politiques veulent la revanche que nous ne voulons plus, et Bismarck veut la République! J'en suis affolée.

Joseph Reinach, qui malgré sa jeunesse a parmi nous une sérieuse influence, vient de faire une brochure : *La République et le gâchis*. Je ne l'ai pas lue encore, mais le titre est juste, pour nous comme pour nos adversaires.

Mon ami le docteur Clavel est dans la béatitude. Le grand Architecte de l'univers est chassé de la franc-maçonnerie, « qu'il surplombait de voûtes ténébreuses, » me dit-il.

⁂

M. Thiers, apprenant que je vais quitter Paris à la fin d'août, me fait prier de venir le voir. Il est inquiet, lui aussi, des menées d'Henckel de Donnersmarck. Il a fait parler à de Reims, il a vu Decazes. Il se trame quelque chose pour circonvenir Gambetta, le compromettre et le briser.

« M. de Bismarck se mêle trop de nos affaires, répète le duc Decazes.

— Bismarck fait jouer à son ami Gortschakoff un rôle de dupe, » me dit M. Thiers, et les nouvelles que j'ai par Lise Troubetzkoï m'inquiètent au delà de toute expression. Des traîtrises se préparent contre la Russie.

M. Thiers, non seulement ne fait plus de réserves sur la situation prépondérante que prend Gambetta, mais il est préoccupé, comme Adam n'avait cessé de l'être, d'empêcher qu'on ne le diminue, qu'on ne « nous l'abîme ».

« Il faut garer « le dauphin », dis-je à M. Thiers, non seulement d'Henckel, l'homme de Bismarck, mais du prince de Galles.

— Il faut, me répond-il, que vos amis l'entourent chez vous comme lorsque Adam vivait. Il faut recommencer à les réunir tous, à jour fixe, dès votre retour.

— Je n'en aurai pas la force encore.

— La force, non peut-être, mais le courage,

vous l'aurez. Vous n'allez pas à Bruyères, je suppose, pour nous lâcher?

— Non, je pars pour Nohant. Mme Sand avait, au moment de sa mort, dit à ses enfants qu'il faudrait fermer un an son cabinet de travail, et le rouvrir avec moi.

— Allez, et revenez pour resserrer les liens qui se desserrent entre les opportunistes et le centre gauche, me dit M. Thiers, je vous en prie au nom d'Adam. Si vous tardiez, il serait trop tard pour retrouver le milieu créé par lui et par vous. Réalisez le dernier vœu d'Adam, que vous m'avez confié vous-même : « Si je mourais, vous a-t-il dit, je veux que tu t'efforces de doubler ton action pour compenser la perte de la mienne. »

Je répète à Gambetta la fin de ma conversation avec M. Thiers.

« Je n'aurais jamais osé vous adresser une pareille prière, me répond-il, mais M. Thiers a des droits sur vous; il est un « ancien d'Adam », et tous deux, bien souvent, ont échangé des conseils dont chacun tenait compte. A votre retour de Nohant, recevez-nous tous à jour fixe, comme par le passé. Adam sera au milieu de nous. »

*
* *

J'arrive à Nohant le 31 août. Que dire de mon émotion quand Maurice et Lina rouvrent le cabinet de travail de George Sand? Un manuscrit inachevé est là, qui a pour titre : *Légendes rustiques*.

Une page est à demi écrite sur le buvard; ici, des lettres sont ouvertes; un volume est à moitié coupé; le fauteuil, un peu tourné, a été déplacé par Mme Sand lorsqu'elle l'a quitté pour ne plus s'y rasseoir.

Enfermée là, aux heures où elle travaillait, je crois entendre le vol de son âme, car elle non plus n'est pas morte, et, comme Adam, je sens qu'elle est présente pour moi.

Le lendemain, je parcours le grand jardin. Voilà les plates-bandes où George Sand acclimatait les plantes curieuses ramassées dans les champs au cours de ses promenades. Maurice les soigne comme les soignait sa mère.

Au théâtre, les marionnettes sont accrochées, inertes sur leur perchoir. Elles ont quelque chose de lamentable. Balandard, Coq-en-bois, tous, toutes ont perdu la raison de leur vie endiablée. Créées pour amuser George Sand par un fils incomparable, elles sont mortes avec elle.

Maurice est accablé de douleur. Il revoit sa mère partout, il ne la retrouve nulle part qu'au petit cimetière près de la maison, où tous les morts de Nohant reposent.

Eugène Pelletan m'écrit à Nohant. Il y a habité plusieurs années comme précepteur de Maurice.

Il me cite un mot du cocher paysan qui a conduit l'un de ses amis à l'enterrement de George Sand :

« Sûr, monsieur, que vous aurez lu les livres

de la bonne dame qui a si longtemps *régné* dans le pays. »

Eugène Pelletan me prie d'apprendre à Maurice que l'Académie française vient de couronner la réédition de son *Pasteur du désert,* ainsi que son dernier volume : *Élysée, voyage d'un homme à la recherche de lui-même.*

*
* *

Une affreuse nouvelle ! M. Thiers est mort hier, 3 septembre, à Saint-Germain-en-Laye. Je l'ai vu, avant mon départ, si vivant ! Je me sens frappée coup sur coup, car M. Thiers fait encore un vide dans ma vie. Je pouvais, sans qu'il s'en lasse, lui parler d'Adam.

. . . .

Il avait donné rendez-vous à Gambetta et à plusieurs hommes politiques place Saint-Georges, pour leur lire le manifeste qu'il adressait à la France, en vue des élections.

Tandis que Gambetta arrivait place Saint-Georges, M. Thiers mourait au pavillon Henri IV.

M. de Fourtou suggère au maréchal l'idée de faire à M. Thiers des funérailles nationales, mais Mme Thiers refuse. Elle veut régler seule l'ordre des préséances. Les 363 et les sénateurs républicains viendront après la famille.

Les discours ne seront soumis au contrôle de personne.

Mme Thiers a demandé la Madeleine à l'archevêché, l'église Notre-Dame-de-Lorette étant trop petite pour contenir la foule qui assistera aux obsèques.

Mgr Guibert refuse pour M. Thiers ce qu'il a accordé pour Déjazet. Voilà qui ne calmera pas les passions anticléricales, car M. Thiers a toujours défendu et protégé la religion.

J'apprends tous ces détails par mes lettres et par les journaux.

Gambetta m'écrit le 4 septembre à Nohant.

Ma chère amie,

Pendant que vous alliez courir les champs, la mort qui nous poursuit si cruellement depuis quelque temps nous enlevait M. Thiers. A la première nouvelle de cette catastrophe la stupeur s'est emparée de Paris. On s'abordait dans les rues sans presque se connaître pour commenter la lugubre nouvelle. Aujourd'hui les esprits ont repris un peu plus de calme et on attend la suite des événements. Pour moi, qui le voyais tous les jours s'affaiblir un peu plus, je n'ai été ni surpris ni décontenancé.

Je suis d'ailleurs trop sûr de l'organisation électorale et trop avancé dans les mille détails de cette opération pour en éprouver le moindre découragement. Rien ne sera changé à mes prévisions. Partout les positions sont prises et bien occupées. Les candidats et les électeurs sont à l'abri de toute réaction. Vous pouvez donc continuer à espérer avec confiance la victoire du parti républicain sur le champ de bataille du suffrage universel, mais, si je suis intimement convaincu de ce triomphe au point de vue électoral, je ne suis pas sans appréhension pour le lendemain de la victoire sur le terrain parlementaire.

A la réunion des Chambres nous sentirons, je le crains vivement, l'absence de M. Thiers. Il ne sera plus là pour maintenir la résolution et l'énergie toujours vacillantes du centre gauche; d'un autre côté les ambitieux, les impatients, les timides, les inconscients se prêteront aisément aux compromissions et au replâtrage. La difficulté sera d'avoir un candidat unique pour le pouvoir, le maréchal se soumettra à moitié et le tour sera joué jusqu'en 1880. Ce sont mes craintes.

Vous devez penser si, sans aucun motif d'intérêt personnel, je m'efforcerai de déjouer les intrigues, et le plus sûr moyen de s'y préparer est certainement de les prévoir.

Pour le moment, il n'y a qu'à serrer les rangs, à battre le rappel et à conduire les troupes au scrutin de la délivrance.

Peut-être qu'à force de volonté et de vigilance nous éviterons les dissidences et les ruptures, mais il faudra bien du bonheur et beaucoup de ménagements pour les vanités et les appétits surexcités.

Enfin nous aurons le loisir d'en causer, et comme toujours vous pourrez exercer une bienheureuse influence sur certains hommes que vous connaissez et dont vous pourrez, si vous le voulez bien, rectifier les vues et modérer les ardeurs.

A votre retour! Jusque-là jouissez du soleil, des fleurs, de vos amis, et n'oubliez pas ceux que vous avez laissés à Paris, livrés à tous les mauvais hasards de la fortune sans compter les caprices de dame justice.

Toujours tout à vous,

Léon Gambetta.

Toute la France suit en pensée le convoi de M. Thiers. Tous les faux amis du « petit bourgeois » sont d'accord pour enterrer sous les fleurs celui qu'ils détestaient ou craignaient. C'est une apothéose.

La mort de M. Thiers, m'écrit confidentiellement un ami du centre gauche, empêchera Gambetta d'arriver de longtemps au pouvoir. Thiers président de la République,

Gambetta était ministre. Ce n'eût été alors, ni trop tôt, ni trop tard ! Depuis le vote de la constitution il est vraiment le chef de la démocratie, il en a fait un parti de gouvernement. Il mène à sa suite les nouvelles couches sociales, piliers de la République de l'avenir. Il est devenu l'homme d'État d'une grande partie de la bourgeoisie, des classes laborieuses, des jeunes.

M. Thiers le jugeait mûr pour le pouvoir avec lui. Le maréchal, M. Thiers le savait, préférerait se démettre si la France était contre lui. La victoire des 363, c'était Thiers, Gambetta, la République sage. Aujourd'hui, nous seuls, le centre gauche, nous aurons en main la situation toute différente, nous aurions été conduits à Gambetta par M. Thiers. Gambetta sans lui sera conduit à nous.

o
o o

« C'est moi qui présenterai Gambetta à l'Europe, nous avait dit M. Thiers durant son séjour à Cannes. J'en ferai mon ministre des affaires étrangères, président du conseil. »

L'entente était complète entre Gambetta et M. Thiers. La composition du cabinet était arrêtée : Campenon à la guerre, Ferry à l'intérieur, Léon Say aux finances, Giraud, de l'Institut, à la justice, Pothuau à la marine, Krantz aux travaux publics, etc.

Au programme, le scrutin de liste. M. Thiers disait n'en pas être effrayé, car il débarrasserait Gambetta d'une trentaine de journalistes provinciaux et parisiens qui eussent été dangereux à la Chambre, et avec lesquels Gambetta s'était engagé. L'amnistie plénière, la liberté de la presse, la réforme sur l'état de siège et le colportage, l'instruction gratuite et obligatoire, la revision des traités de commerce, l'extension des chemins de fer, trouvaient place dans ce programme.

Le maréchal Canrobert devenait grand-chancelier de la Légion d'honneur, les grandes ambassades étaient données au centre gauche.

Avec M. Thiers, tout était faisable, les chambres rentraient à Paris; on aurait eu aisément raison d'une minorité, encore forte sans doute, mais qui se serait laissée aller à toutes les suggestions de la haine, la pire des inspirations pour durer en politique. Il y aurait eu entre les gauches une union véritable, les amis de Gambetta ne pouvant pas être dans l'opposition, lui au pouvoir, pas plus que le centre gauche n'eût pu faire opposition à M. Thiers.

Gambetta et M. Thiers étaient aussi utiles l'un que l'autre à l'un et à l'autre. Ils s'appuyaient sur deux extrémités mobiles qui trouvaient un point d'appui dans leur juxtaposition.

La presse réactionnaire ne cesse d'entonner des hymnes en l'honneur de M. Thiers. Elle accorde toutes ses lyres. Lui n'avait pas de queue, il ne traînait pas à sa suite des besogneux, des déclassés et leurs appétits inquiétants; au contraire, les conquêtes de M. Thiers se faisaient parmi les gens arrivés qui sentaient la nécessité du libéralisme.

L'écœurement nous vient de voir chanter les louanges de M. Thiers par des gens qui l'ont traîné honteusement dans la boue.

* * *

Laurent Pichat m'écrit de Beuzeval :

Ma lettre vous suivra si vous n'êtes pas revenue à Paris. A propos de la mort de M. Thiers, ma pensée a été vers vous avec plus d'intensité, car j'ai pensé au chagrin qu'Adam aurait éprouvé.

Cette mort est un relais à doubler. Je suis recueilli comme ceux qui, dans les deuils de ce genre, se conforment aux nécessités de la patrie. Je ne me couvre pas la tête de cendres. C'est inutile d'être aveuglé par les larmes. Je crois que la situation de Gambetta va être rehaussée par cet événement. Les faits nous le prouveront bientôt. L'important pour moi est là. Je veux et je poursuis la République sérieuse, et nous l'aurons.

* * *

Maurice Sand et moi, nous nous passionnons également pour la guerre turco-russe. Nous en parlons tous les soirs longuement, après avoir lu les journaux. Skobeleff est notre héros. Nous fêtons le jour où il parvient, sous un feu terrible, à s'emparer de la grande redoute de Grivitza.

Le lendemain, Osman-Pacha reprend l'offensive, repousse les Russes des positions qu'ils ont conquises, sauf de Grivitza. Skobeleff n'est pas entamé. Maurice et moi nous nous en félicitons comme d'un succès français.

Une lettre de Flaubert à Maurice nous fait discuter presque violemment. Flaubert, qui se moquait cruellement du « petit bourgeois » et me faisait enrager à son propos en toute occasion, le regrette aujourd'hui, et il espère que, par crainte de Gambetta, on ne va pas voter pour Mac-Mahon, « celui-là d'une bêtise qui dépasse la mesure humaine ».

Maurice a l'horreur de la République et surtout de Gambetta, comme George Sand, et il faut l'entendre juger mes amis !

Gambetta, le 10 septembre, est traduit devant ce qu'il appelle « dame justice », à la 10ᵉ chambre du tribunal de la Seine, pour son discours de Lille : « Offense au président de la République et offense aux ministres. » Il trouve inutile de comparaître, et il est condamné par défaut à trois mois de prison et 4.000 francs d'amende.

○
○ ○

Quand je revois Gambetta, à ma rentrée, je le félicite de sa condamnation. Il en est d'ailleurs très fier.

Nous parlons de M. Thiers, et je lui dis qu'une dernière victoire avant sa mort l'eût ravi et lui eût fait oublier les défaites dont il avait, ces derniers mois, beaucoup souffert.

« Moi, me dit Gambetta, je suis fait pour jouir plus du succès que pour souffrir de l'insuccès. Après cette *persécution* gouvernementale, le succès dans la bataille que nous livrons sera pour moi, et l'insuccès serait pour tous. »

Le succès! Déjà certains de mes amis font leurs réserves.

Le centre gauche commence à se cabrer lorsque Gambetta tient trop visiblement les rênes.

L'un des membres influents du centre gauche me dit que « M. Thiers représentait la nation française, tandis que Gambetta ne représente que le peuple ».

Les modérés de tous les groupes sont inquiets, beaucoup de choses les froissent. Il y a décidément, répètent-ils, un vide à la place de M. Thiers, et ce vide attire la poussée du radicalisme.

Mes amis du centre gauche sont soucieux de la forme. Ce sont des opposants, non des lutteurs. Certaines façons « forcenées » les blessent. Plus d'un suffoque des emportements du « grand tribun ».

J'ose le dire à Gambetta, qui me répond avec quelque impatience :

« Alors, c'est le jour des quatre vérités. »

Dieu sait si je le défends; je répète sans cesse :

« Celui qui a ébranlé l'Empire avec la philippique Baudin, qui a fait de nouveau claquer le drapeau après Sedan, ne peut, du jour au lendemain, être et surtout paraître le plus pondéré de nous tous. Il y tâche cependant; ne m'a-t-il pas dit ces derniers jours :

« L'opinion réclame une liberté sage, une loi juste, une protection sensée pour le travail, c'est tout! Les paysans et les petits bourgeois détestent les empereurs et les rois autant que les démagogues. Ils aiment la gravité, la solennité, l'apparence de l'austérité. Nous leur donnerons Grévy ! »

Par cette résolution désintéressée, Gambetta déjoue tous les calculs de nos ennemis. La mort de Thiers a mis en danger le succès des élections, elle a détruit toutes les combinaisons gouvernementales dont il était le pivot. Mais, en désignant Grévy comme successeur de Thiers, Gambetta sauve ce succès.

Comme insuccès, par exemple, il n'en est pas de plus complet que celui du manifeste de Mac-Mahon. Les commentaires de la presse du 16 Mai en achèvent l'effet.

Le maréchal n'acceptera les élections que si elles sont à la convenance du gouvernement, lequel exerce, en vue de ces élections, la plus formidable pression qui se soit jamais vue.

Plusieurs maires de grandes villes donnent leur démission.

Notre ami Rameau, maire de Versailles, a ouvert la série.

*
* *

Hetzel m'a amené John Lemoinne dès mon retour. Il l'a converti aux deux tiers. Je fais le reste. Il va être des nôtres et l'une de nos plus importantes recrues.

Le manifeste Mac-Mahon le met hors de lui.

« Les hommes au pouvoir, me dit-il, ont trouvé

le moyen de réhabiliter l'Empire en le dépassant. »

On fait courir le bruit que Grévy aurait dit en quittant Paris, pour aller dans le Jura défendre sa candidature très attaquée par ses ennemis :

« Les républicains n'ont qu'une chose à faire : s'entendre avec le maréchal. »

Grévy, furieux, répond de Mont-sous-Vaudrey à Girardin :

« L'attitude et le langage qu'on me prête sont une calomnie ! »

Grévy s'emportant, quelle meilleure preuve de notre exaspération à tous !

Le 19 septembre nous apprenons que 490 candidatures officielles ont l'affiche blanche. Rouher, Granier de Cassagnac, Jérôme David, le duc de Padoue, Prax-Paris, Janvier de La Motte, Haussmann, de Maupas, préfet de police au 2 décembre, toute la lyre bonapartiste.

« Pour déjouer les « artifices » des ennemis de mon gouvernement, nous a dit le maréchal, nous vous désignerons parmi les candidats « ceux qui seuls peuvent s'autoriser de mon nom ».

C'est complet !

*
* *

Mais voilà que le 24 septembre paraît le manifeste de M. Thiers aux électeurs du IXe. Répandu dans toute la France il produit une impression énorme.

La mort contribue à donner aux conseils de M. Thiers une élévation suprême.

Il examine de très haut la situation, et ses paroles ont une autre envergure que la circulaire de Broglie-Fourtou, violente et menaçante.

Qui prend la succession de M. Thiers comme candidat du IXe?

Celui-là même qui devient candidat à la présidence de la République, Grévy. Dans un très émouvant appel aux électeurs du IXe, Grévy commente l'appel de M. Thiers : « Électeurs, voulez-vous conserver le gouvernement existant, celui qui a libéré votre territoire, payé votre rançon, rétabli l'ordre, la liberté, assuré la paix, relevé votre crédit, ramené la confiance, le travail, le seul gouvernement qui puisse vous préserver de nouvelles révolutions, parce qu'il est aujourd'hui le seul possible, le seul durable? Écartez ses mortels ennemis, votez pour des républicains ! »

Girardin m'apporte une lettre de Gladstone, enthousiasmé de la campagne qu'il fait dans *la France*. Gladstone se dit émerveillé de notre relèvement depuis 1870.

« Si Gladstone admire notre relèvement, dis-je à Girardin, il peut se vanter d'avoir contribué à notre abaissement. Je lui en voudrai toujours de la façon dont il nous a sacrifiés en 1871. Il est vrai que si Jules Favre avait consenti à user du sauf-conduit que Gambetta lui avait procuré et s'était rendu en Angleterre durant le siège, bien des choses se fussent discutées et conclues autrement. »

Paul Bert promet à ses électeurs l'abolition du budget des cultes, il exalte la haine du cléricalisme. Parmi mes amis, même ceux du centre gauche, la plupart sont convaincus que le complot du 16 Mai et le coup d'État dont on nous menace sont purement cléricaux. Je partage leur opinion.

Spuller me prêche : « Pourquoi vous laisser influencer par Paul Bert et par Ranc et croire à la nécessité de la haine du cléricalisme dans l'amour de la République? Paul Bert et Ranc sont des destructeurs, et vous êtes foncièrement constructrice. Vous n'entrevoyez pas le danger que cet assaut à la croyance peut faire courir un jour à la liberté. Allez-vous encourager Gambetta à faire, sur les conseils de Paul Bert et de Ranc, la politique anticléricale léguée par les *Mystères de Paris*? Séparons calmement et libéralement l'Église de l'État. Tous les deux y gagneront, l'un en ressources pour l'instruction, l'autre en dignité, les évêques étant devenus des fonctionnaires rétribués et serviles ; mais ne lançons pas la masse contre le prêtre. Les violences de Paul Bert contre le « phylloxera noir », celles de Ranc qui devient féroce lorsqu'il parle de « calotins » sont insensées. Je ne démêle que trop qui inspire ces fureurs, je suis terrifié de ce que j'entrevois. Si je disais ce que je soupçonne, on me rirait au nez ; mais vous, qui êtes femme, vous avez le droit de parler sentiment, de défendre la « croyance » qui est la base morale des sociétés. Vous êtes païenne, mais vous croyez. N'avez-vous pas remarqué que quand il s'agit de cléricalisme

Gambetta perd sa modération, son sang-froid, qu'il abandonne son programme, qu'on ne l'entend plus fulminer contre aucun abus, même celui du fonctionnarisme qui nous ruine ? »

Ah ! que Spuller connaissait bien mes révoltes contre l'abus du fonctionnarisme, mon antipathie pour les doctrines politiques de Paul Bert, ma crainte de l'influence de Ranc dont les lettres devenaient un code pour Gambetta.

Cependant, à la commission du budget, Gambetta avait chaque jour la preuve des abus du fonctionnarisme.

« Il nous dévore, nous avait-il souvent répété. On crée constamment de nouvelles fonctions pour caser les protégés des membres du parlement, et nous allons droit à la catastrophe financière. Sus à la bureaucratie ! »

A ces paroles, nous applaudissions sans distinction de nuance de parti. Nous entrevoyions une France allégée de ses plus lourdes charges, trouvant des ressources pour parfaire ses moyens de développement économique, les éléments de sa force militaire, etc., etc. Chacun de nous avait sa marotte d'amélioration, de perfectionnement ; on rêvait, mais avec la certitude de saisir avant peu la réalité. Demain était si proche.

Mais Spuller avait raison. Gambetta, maintenant, parlait beaucoup plus de la lutte contre le cléricalisme que des réformes urgentes à faire aussitôt après la victoire.

*
* *

Gambetta me dit un soir :

« Vous nous avez amené Girardin, vous avez éloigné de l'influence ennemie Raoul Duval, vous nous gardez la fidélité de tant d'amis hésitants, vous nous enrôlez tant de recrues que je vous demande encore une chose difficile : d'attirer Galliffet au milieu des nôtres. Il vient à la République, et n'oublions jamais que c'est au moment même où l'on comptait sur lui chez nos adversaires pour « faire le coup ».

Nous connaissons tous la carrière militaire du général de Galliffet, ses actes d'audace et de bravoure. Mais, durant la Commune, à la pensée de combattre des Français sous l'œil goguenard des Prussiens, lui, le, ou l'un des héros de la charge de Sedan, il a vu rouge ! Combien l'ont-ils absous autour de moi ?

La Commune vaincue, Galliffet a demandé à retourner en Algérie. Le voilà revenu et se rapprochant de nous.

Le général Billot, son camarade, nous avait raconté plus d'un de ses mots avant que nous-mêmes les entendions :

« J'aimerais mieux être caporal et commander à quatre hommes que d'être président de la République et ne commander à personne.

« Pour commander, il faut avoir appris à obéir,

et il faut posséder santé, énergie, capacité. Jamais, quelque titre qu'on possède, on n'est un chef sans ces qualités intégralement réunies. »

Gambetta me demande de reprendre mes dîners du vendredi, et mes invitations sont faites, d'accord avec lui, pour mettre en contact les influences nécessaires à notre cause.

Teisserenc de Bort, M. de Marcère, John Lemoinne, Martel, sont mêlés à Claude des Vosges, à Testelin, à Le Royer; Galliffet l'est à Billot, à Spuller, à Challemel.

On parle volontiers à M. de Marcère de son Bulletin vert qu'il fait avec Hector Pessard. Ce Bulletin a une véritable influence. Ce qui l'a lancé du jour au lendemain, c'est qu'on l'a cru inspiré par M. Thiers. Un projet de constitution, qui a paru au début de la publication, a semblé fait par M. Thiers, qui ne l'a pas désavoué et même a fini par s'en croire le père.

Les journaux de province dévoués aux 363 s'inspirent de ce Bulletin vert.

Challemel-Lacour, invité à mon second dîner du vendredi, me répond :

M. Dubochet a justement fixé pour un dîner chez lui vendredi. Franchement, je le regrette, car j'avais à cœur de vous remercier de votre délicieuse lettre; mais pourquoi, de grâce, mêler les dieux à vos aimables métaphores? vous savez bien que je n'aspire pas à en être un, vous savez que je me moque de tous les dieux, qu'ils aient des pieds d'argile ou des pieds d'airain.

J'en ai connu dans ma vie une demi-douzaine, et pas un parmi eux qui supportât l'examen, qui ne fût à le regarder de près fort ridicule et souvent moins qu'un homme. Cela m'a guéri à tout jamais, non de l'admiration, mais de l'adoration.

En fait d'apothéose, je n'en connais qu'une d'amusante. C'est *l'Encitrouillisation* du bonhomme Claude, le vieil empereur qui sentait le bouquin. Lisez cette folie de Sénèque. Elle en vaut la peine.

Je me mets à vos genoux.

P. Challemel-Lacour.

On parle rarement, chez moi, d'autre chose que de politique. Un soir, cependant, Antonin Proust, d'accord avec Gambetta, soutient, non sans emportement, les impressionnistes, et surtout Manet. Malheur aux classiques. J'en suis, et nous sommes malmenés de la belle façon. C'est à peine si le galant Antonin ménage ses termes. L'encroûtement, dit-il, nous menace.

Mais quelqu'un mêle Zola, dont j'ai l'horreur, à la discussion. Je déclare que ses livres me donnent des nausées véritables. Girardin me soutient avec énergie. Proust et Gambetta défendent Zola mollement. Joseph Reinach l'exalte avec l'enthousiasme que mettait Proust à exalter Manet et en des termes presque identiques. Zola, c'est l'école littéraire du réel, du document précis. C'est un observateur sincère de la nature et de l'homme.

« Il a le courage de peindre ce qu'il voit, ajoute Joseph Reinach.

— C'est un chercheur du laid que tout ce qui est bas attire, qui va le nez au vent pour humer, dans des lieux empestés et choisis tels, les mauvaises odeurs. Il suffit de voir l'homme et les plis pachydermiques de sa nuque pour comprendre que jamais rien de pur ne hantera son cervelet. »

Joseph Reinach est presque seul, chez moi, à glorifier Zola. Il le fait avec des arguments qui ne convainquent aucun de nous, mais qui intéressent, car il a une verve et un tempérament de polémiste curieux à son âge.

Un vieil ami d'Adam, journaliste angevin, de passage à Paris, me demande qui est ce monsieur parlant avec une telle autorité et quel âge il a.

Le nom lui est inconnu, mais l'âge le stupéfie : vingt et un ans.

Girardin fait cesser notre discussion sur Zola en nous parlant du livre de Victor Hugo : l'*Histoire d'un crime*. Ce livre sensationnel devient une arme puissante au moment des élections. Aussi MM. de Fourtou et de Broglie voulaient-ils que, quoique sénateur, Victor Hugo fût poursuivi pour excitation à la haine des citoyens entre eux.

Le duc d'Audiffret-Pasquier, affirme-t-on, s'est opposé aux poursuites.

Notre discussion sur Manet et Zola laisse à plusieurs d'entre nous, enragés classiques et idéalistes, une impression de tristesse.

Eugène Pelletan et moi, nous en causons un autre soir avec inquiétude. Hélas! trois fois hélas! l'idéalisme dans l'art est repoussé par les « nouveaux ». La chaîne est brisée des enseignements de nos grands anciens que nous ambitionnons de continuer. Nous nous désolons de voir cent choses, parmi les plus nobles et les plus hautes, se désagréger.

Eugène Pelletan se lamente, entre autres sur les singuliers abus qu'on fait du sens de la justice et du mot loi. Qu'est-ce donc que ce mot quand il recouvre l'injustice sous prétexte de sauver la société au nom de l'ordre et parfois au nom de la liberté? On abuse de la loi, on proscrit, on persécute, on tue.

Allain-Targé m'amène Denfert-Rochereau. On imagine comment j'accueille le héros de Belfort. C'est un timide, mais chaque mot de lui est à recueillir.

Décidément, M. Rouher gouverne. Il a fait accepter 270 candidats bonapartistes sur les 500 officiels du maréchal. Il adresse aux électeurs de Riom, sa circonscription, une circulaire qui complète celle que Mac-Mahon a adressée au pays. Le gouvernement favorise cyniquement les bonapartistes. Qu'en pensent les orléanistes et les légitimistes? Nous tirons profit, on l'imagine, de la gloutonnerie d'un parti à qui nous devons la guerre, la perte de deux provinces!

*
* *

Nos amis provinciaux ou mondains sont souvent étonnés quand nous parlons du grand U.

Le grand U est un café. Des divans, une table de marbre pour le domino, meublent un salon à part.

Dès quatre heures, les bocks succèdent aux bocks. On s'y retrouve pour parler des faits du jour.

« On fera de vous des Allemands, dis-je à mes amis. Vous modifiez vos mentalités et les alourdissez par l'abus de la bière, tandis que les Germains affinent la leur avec notre champagne. »

Au grand *U*, on fume la pipe : Gambetta, Spuller, Hébrard, Floquet, Lockroy, About, Peyrat, etc. sont des habitués; les uns y viennent de temps en temps, les autres tous les jours.

On respire, au grand *U*, une atmosphère surchauffée le jour par le tabac, auquel, le soir, s'ajoute le gaz.

Les deux piliers en sont Spuller et Hébrard. Ce dernier y dépense une somme d'esprit jamais épuisée; Spuller son savoir intarissable. Tous se disputent aux dominos, tandis qu'à la Régence Grévy fait, silencieux, sa partie d'échecs.

Spuller dit en riant que la seule concurrence à mon salon est le grand *U*.

La guerre russo-turque intéresse peu nos amis, sauf Duclerc et Maurice Sand, qui m'en écrivent. Elle continue de me passionner. Totleben, devant Plewna, propose d'investir la place pour l'héroïque résistance de laquelle Osman vient de recevoir le titre de « ghazi » : le victorieux.

Skobeleff, qui ne se lasse pas d'attaquer, grandit en même temps que celui qui se défend.

Nous ne parlons qu'élections, que candidature, que pression électorale. Il nous arrive de tous côtés des nouvelles de faits scandaleux. Nos amis nous écrivent des choses invraisemblables. Jamais l'Empire, avec le même personnel administratif, d'ailleurs réintégré partout, n'a osé se permettre de telles violations des lois.

Le 9 octobre, Gambetta prononce un grand et beau discours au Château-d'Eau. Il met en accusation le gouvernement du maréchal, avec preuves indéniables, écrasantes! Il exalte les services rendus par M. Thiers, et fait un superbe éloge de Grévy, de la justesse de son esprit, de la hauteur de sa conscience. Il le désigne comme le futur président de la République.

Moi, j'ai mes réserves. Je connais Grévy de longue date, mieux que Gambetta. Son austérité est fausse. Il a une grande valeur de tenue, je le reconnais, il est fort habile, et j'admets que ses opinions républicaines sont sincères. Depuis 1857, je ne lui ai pas connu comme républicain une défaillance. Mais il en a d'autres...

Si heureux, si fiers que nous soyons des succès de Gambetta, nous sommes inquiets. Qu'est-ce que cette affaire de la rue Roquépine dont le *Figaro* nous menace? J'interroge Spuller. Il est navré et me confie qu'une ancienne amie de Gambetta, en possession de lettres et de papiers compromettants qu'il oubliait dans ses poches, trouve l'heure favorable pour se venger de lui et de la façon humiliante dont il l'a quittée après des années d'absolu dévouement, prétend-elle.

Cette personne aurait échangé lesdits papiers contre une forte somme d'argent.

Un soir, Girardin me prend à part et me dit :

« J'ai vu chez Esther Guimont la dame de la rue Roquépine. Elle se nomme Jeanne-Marie T...; connue dans le monde de la galanterie sous le nom de comtesse de Sainte-M.... Voici son histoire :

« Elle avait une douzaine de mille livres de rente et voulait quitter sa vie mouvementée lorsque, vers 1869, elle s'éprit de la gloire de Gambetta. Elle alla chez lui, sous prétexte de procès à plaider, l'attira chez elle. Leurs relations durèrent jusqu'en 1876. Sacrifiée à Mlle X..., elle veut faire un coup de tête et vendre les papiers qu'elle possède à Rouher !

— Empêchez-la ! Achetez lesdits papiers.

— J'ai essayé en vain. Et la Guimont, qui est l'amie de cette grande T..., a échoué comme moi.

— Alors, ajouta Girardin hésitant, comme cette personne a pour vous une sorte de culte...

— Pas d'injures, s. v. p.

— Je parle sérieusement, hélas ! Cette grande T..., naturellement, exècre celle qui lui a pris Gambetta. Elle dit même à son sujet des choses inquiétantes, entre autres que c'est elle qui influence notre ami en faveur d'un rapprochement avec l'Allemagne. La grande T... affirme que nous aurons un jour de douloureuses surprises, nous les ennemis de Bismarck.

— Tout cela est triste, triste ! Mais qu'y faire ?

— Pour aller plus vite au but, ajouta Girardin, mon avis est que vous interrogiez Gambetta aujourd'hui même sur cette affaire, et que vous sachiez de lui si elle est véritablement dangereuse. Le temps presse : c'est demain que cette femme menace de livrer les papiers à Rouher. Elle veut vous voir auparavant...

— Moi?

— Vous! Peut-être vous proposera-t-elle ces papiers. Il faut, je vous le demande au nom du parti tout entier, que vous les achetiez, bien entendu pour notre compte à tous. J'attendrai ce soir chez la Guimont votre réponse. La grande T... y sera, elle aussi. »

J'envoie un mot pressant à Gambetta. On le trouve, et il vient.

« De quoi s'agit-il, grands dieux? me demande-t-il non sans impatience.

— De vous seul, et de façon bien désagréable, je vous assure. »

Je dis la communication de Girardin.

L'agitation de Gambetta est grande.

« Oui, me dit-il nerveusement, cette femme a été ma maîtresse durant plusieurs années. Elle était avec moi à Bordeaux. Elle m'a accompagné à Saint-Sébastien. Rien que de très simple à cela, mais elle m'a volé des papiers d'État, des lettres de femme. Elle a, entre autres, une photographie de moi, sur laquelle j'ai écrit un mot fou d'amoureux, mot qui prendrait aujourd'hui une signification fatale dans les mains de Rouher. J'ai envoyé un à un tous mes amis à cette femme. Ou elle les attendrissait, comme Spuller, ou les éconduisait insolemment, comme deux autres. Elle en a séduit un quatrième. Je vous le confesse, ma chère amie, cette histoire m'affole. En ce moment, mes ennemis peuvent en tirer contre moi, contre notre cause, un parti inquiétant. Puisque cette femme demande à vous voir, voyez-la, je vous en supplie... Peut-être pourrez-vous me sauver de cette aventure. »

Et, comme j'hésitais :

« Essayez, je vous en conjure. Si Adam vivait, il m'eût tiré de ce guêpier.

— Vous me feriez faire là une besogne...

— Je vous le demande au nom d'Adam, qui, j'en suis certain, vous en eût priée.

— Eh bien ! je verrai cette femme. »

J'avertis aussitôt Girardin.

A peine suis-je levée le lendemain qu'on m'apporte le billet suivant :

Madame de Sainte-M... demande à Mme Adam l'honneur d'un instant d'entretien. Elle attend.

Je me hâte, et bientôt je suis en présence d'une personne très grande, quelque peu marquée, « qui le jour, m'avait dit Gambetta, avait l'air de ma mère, et le soir de ma sœur ».

Elle est embarrassée, malgré son regard habitué à la hardiesse. Je suis forcée de parler la première, et j'aborde bravement le sujet :

« Madame, M. de Girardin m'a dit que vous étiez en possession de papiers compromettants pour M. Gambetta, et que vous les avez fait proposer à M. Rouher.

— Lequel M. Rouher m'a fait répondre par un député de son parti qu'il était prêt à payer ces papiers le prix de leur valeur, et que je les lui apporte demain à dix heures.

— Et, madame, que sont ces papiers?

— Des papiers d'État, des lettres de femme de votre monde, une photographie dont M. Gambetta doit regretter amèrement la dédicace...

— Madame! vous allez livrer ces papiers, dont la plupart ont été soustraits par vous, au plus cruel ennemi de celui dont vous avez partagé la vie?

— Je me venge! Moi, la compagne des premiers et des mauvais jours, j'ai été chassée comme une servante.

— Vous avez aimé M. Gambetta?

— Avec toute ma passion, tout mon dévouement.

— Eh bien, madame, respectez en vous ce sentiment qui vous a relevée, ne vous laissez pas dominer aujourd'hui par les instincts les plus bas de la haine.

— C'est celle qui me l'a pris que je veux atteindre à travers lui!

— Madame, M. de Girardin me dit que vous avez pour moi une sorte de... Comment dire?

— Ne le disons pas, madame, je n'ai pas le droit de le formuler en face de vous.

— Eh bien, madame, faisons toutes deux un pacte. Vendez-moi les papiers que vous vouliez vendre à M. Rouher, papiers qui ne sont pas à vous... sauf la photographie. Combien en voulez-vous ?

— 30.000 francs ; ils les valent et au delà pour M. Rouher. Je voudrais, à vous, madame, les donner pour rien, mais il me faut 6.000 francs ce soir pour une échéance, et je vous les demande. D'ailleurs c'est un compte entre M. Gambetta et moi. Il m'a fait proposer plusieurs fois ces 6.000 fr., que j'ai toujours refusés, en échange de sa photographie et de papiers qu'on m'accuse d'avoir volés, mais que j'ai seulement recueillis quand d'autres que moi pouvaient les ramasser. M. Gambetta n'avait aucun ordre. Depuis il a dû comprendre la nécessité de ranger ou de détruire.

— Madame, quand voulez-vous ces 6.000 fr. ?

— Puis-je venir les chercher à cinq heures ?

— Venez ! et en m'apportant ces papiers, la photographie avec sa dédicace, dites-vous que vous faites une chose estimable qu'une autre ne ferait peut-être pas à votre place. »

Je lui tendis la main. Elle la prit, la garda longuement et répéta :

« Je ferai cette chose estimable. »

*
* *

J'envoie sur l'heure acheter un portefeuille élégant. J'y place dans l'après-midi les 6.000 francs.

Mme de Sainte-M..., la grande T..., est exacte. La voilà en toilette sombre comme le matin. Elle tient à la main une grande enveloppe et un gros paquet ficelé. Dès son entrée je vais à elle et lui remets mon portefeuille d'où sortent les billets.

Elle pose le paquet sur un fauteuil puis déchire brusquement l'enveloppe, en tire une photographie qu'elle place devant mes yeux et au bas de laquelle il m'est impossible de ne pas lire cette dédicace signée Léon Gambetta :

« *A ma petite Reine que j'aime plus que la France.* »

Je ferme les yeux, mais les larmes en débordent. Je répète en moi le nom d'Adam.

Celui que nous avons servi avec tant d'abnégation, croyant servir la France elle-même, a aimé cette fille plus que la France ! Il l'a écrit et signé.

La grande T... a un sourire triomphant.

« Vous voyez, madame, » commence-t-elle.

Je l'arrête. J'en veux finir sur l'heure avec cette histoire. Un doute me vient. La grande T... me livre-t-elle tout ce qui peut compromettre celui dont elle a été aimée à ce point ?

« Madame, lui dis-je, je suis certaine que vous m'avez remis tous les papiers en votre possession. »

Je lui désigne le paquet posé sur le fauteuil. Et j'ajoute en la voyant un peu émue :

« On peut avoir cessé d'être une femme honnête et être resté un parfait honnête homme. »

Elle me regarde. Je sens qu'un combat se livre en elle, puis tout à coup elle sort fébrilement d'une poche de seconde jupe un nouveau paquet en disant :

« Je savais bien que je ne pourrais jamais ne

pas vous donner tout. J'agis en honnête homme. Je vous jure qu'il ne me reste pas une ligne compromettante pour M. Gambetta. Sauvez-le des autres, madame, comme vous l'avez sauvé de moi. Le souffle de votre bonté a fait tomber mes rancunes. Mais je vous demande de vouloir bien remettre ce dernier paquet à M. Gambetta comme je l'ai fait, un peu après la photographie et le premier paquet, et d'y joindre cette lettre de moi. »

J'écris à Gambetta qu'il peut venir le soir après son dîner.

Son premier mot en entrant dans le cabinet de travail où je le reçois :

« Vous avez la photographie?

— J'ai la photographie.

— Les lettres?

— Je les ai.

— Celles de Mme X... de...?

— Arrêtez! Voici le paquet.

— Vous ne l'avez pas ouvert?

— Monsieur Gambetta?

— Pardon, pardon, mais alors elle ne vous a sûrement pas tout donné...

— Voyez vous-même. D'ailleurs, comment aurais-je su? En tout cas la photographie me paraît ce qu'il y a de plus grave, puisque la France est en cause.

— Et, me dit Gambetta très ému, elle a prétendu sans doute que j'ai écrit cette insanité pendant la guerre, comme elle l'a affirmé à d'autres.

— Ne parlons jamais de cela, je vous en prie. »

*
o o

J'avais fait faire du feu, pensant que Gambetta désirerait brûler tous ces papiers.

Il jette dans la cheminée la photographie, s'assied auprès d'une petite table, déficelle le gros paquet et fiévreusement, un à un, après un regard, lance dans la flamme les lettres, les papiers...

« C'est l'un de vos miracles, dit-il toujours déchirant et brûlant. Tout à l'heure vous me raconterez comment vous avez cette photographie... ces lettres, ces papiers, quand personne jusqu'ici n'avait pu les obtenir. »

Mais tout à coup, le paquet épuisé, Gambetta s'écrie avec colère :

« Il manque des lettres très importantes ; elle s'est moquée de vous !

— Ah ! dis-je, blessée. Vous oubliez déjà ce que vous avez brûlé. Quand je ne vous aurais délivré que de l'odieuse dédicace !... Vos autres amis l'avaient-ils fait ?

— Non, non, pardon, pardon ! Oui, vous m'avez aux deux tiers délivré, mais j'aurais tant voulu vous devoir, à vous ! ma délivrance complète. Si vous saviez, au milieu de ma marche, combien ces cailloux m'entrent dans les pieds.

— Eh bien! ajoutai-je, j'en aurai écarté jusqu'au dernier, car, avec un mot, voici ce que j'ai finalement obtenu. »

Et je lui donne le second paquet qu'il ouvre tout tremblant.

Au bout de quelques minutes, à nouveau, déchirant une à une, brûlant des lettres, il s'écrie, en me baisant les mains :

« Tout y est. Merci, merci! »

Et il ajoute :

« Depuis que j'ai quitté cette femme et qu'elle me menace, je ne garde plus quoi que ce soit de compromettant. »

« Mme de Sainte-M..., dis-je, m'a priée de vous remettre cette lettre. » Il la lit, me la donne :

« Gardez-la, elle est la preuve de l'une de vos meilleures actions. »

Après m'avoir demandé le récit détaillé de mes deux entrevues avec la grande T..., Gambetta me quitte.

Je lis alors la lettre qu'il m'a laissée. La voici :

Léon, je remets les lettres tant désirées de tous entre les mains de Mme Adam, qui aura l'extrême obligeance de te les faire parvenir, aussi la dédicace de mon cher portrait que j'aimais tant.

Maintenant, adieu! Qu'une autre conserve ta vie et ta santé comme je l'ai fait avec tant de dévouement et de désintéressement, et encore adieu.

MARIE-JEANNE.

Le lendemain je reçois un pot de fleurs avec ce mot :

De la rue Roquépine.

Madame,

Que ces fleurs vous disent ma gratitude et mes remerciements, et permettez-moi aussi de vous confondre dans mon cœur avec celui que j'ai tant aimé.

Croyez, madame, à ma vive reconnaissance pour avoir bien voulu terminer cette triste affaire.

MARIE DE M...

Un mois après je reçus encore ce billet avec des fleurs :

Il y a un mois, madame, qu'un ange m'a conduit vers vous. Depuis je fais chaque jour des vœux les plus sincères pour la réussite de ce que vous entreprenez de grand et de beau.

Permettez-moi aussi de vous offrir ces quelques fleurs qui vous diront toute ma gratitude.

MARIE DE M...

Je montrai cette lettre à Gambetta et j'ajoutai :

« Cette femme méritait d'être aimée, pas autant cependant que notre... »

Je m'arrêtai.

« Merci, ma sœur, de votre absolution, me dit en riant Gambetta, qui avait fait un geste douloureux au début de ma seconde phrase, ce qui n'empêche que sans vous elle eût commis l'acte d'une misérable et m'eût, je ne dis pas brisé, mais bel et bien diminué. »

On imagine comment, après cette affaire, Girardin exalta mes facultés diplomatiques !

○
○ ○

Rochefort ne cesse de me témoigner dans ses lettres sa grande amitié pour Adam. Tous deux ont eu l'un pour l'autre une affection d'une fidélité rare. Adam grave, mais très parisien, a toujours su gré à Rochefort de le distraire des ennuis solennels de la politique. Il s'est bien emporté parfois contre notre ami, mais il l'a toujours fait après avoir ri.

« L'esprit de Rochefort, répétait Adam, il faut en prendre une bonne fois son parti, sera toujours, quoi qu'il advienne, un esprit d'opposition. Les têtes qui dépassent attireront toujours sa passion du jeu de massacre. »

○
○ ○

Le 14 octobre plusieurs hauts personnages politiques étaient réunis au ministère de l'intérieur. Convaincus du succès des élections, ils en attendaient avec confiance les résultats. Lorsque les attachés apportèrent les télégrammes annonçant coup sur coup la victoire écrasante des républicains et la défaite des conservateurs, ce fut de la stupeur, de la déroute.

M. de Fourtou, dont toutes les prévisions croulaient, s'emportait, éclatait en reproches contre ses agents, tandis que M. de Broglie restait muet et calme.

« Tout est fini, s'écria M. de Fourtou, je n'ai plus qu'à me retirer. J'envoie ma démission. J'ai, d'ailleurs, un impérieux besoin de repos.

— Pardon, repartit M. de Broglie, moi aussi j'ai besoin de repos, mais nous avons accepté une tâche, il nous est interdit d'en esquiver les responsabilités, il faut l'accomplir jusqu'au bout. »

Deux amis d'Adam sont réélus en Normandie : Papon et le comte d'Osmoy ; il en eût été heureux.

J'étais à la *République française*, dans le salon des tapisseries, le soir du 14 octobre ; Gambetta, de son cabinet, dont les portes étaient ouvertes, jetait les noms des réélus ; Joseph Reinach, ardent et agissant, venait nous confirmer l'appel des noms.

C'est la victoire complète, absolue !

Lepère, Henri de Lacretelle, Cochery, Georges Périn, Méline, Allain-Targé, Mestreau, Édouard Millaud, Testelin, etc., etc., sont réélus.

Paul de Rémusat a échoué à Muret, mais une dépêche m'annonce qu'il y a dans l'élection de M. Niel, son concurrent, de telles fraudes qu'elle sera invalidée.

Je reçois de Gambetta, le lendemain matin, la lettre suivante :

Le 15 au soir, octobre 1877.

Résultats connus : 321 républicains.
— — 168 coalisés.
— — 12 ballottages.
Le reste inconnu.

VIVE LA RÉPUBLIQUE !

Chère amie,

La pression horrible de ces derniers jours, la fraude, la menace et jusqu'à l'écrasement, — un homme tué, — les urnes renversées, tout est mis en œuvre, et ils sont vaincus, outrageusement vaincus! Ils gagnent 33 sièges sur nous, mais nous gardons toujours 120 voix de majorité absolue, de quoi les étouffer sous nos étreintes et nous compléter par les réélections aux 400 annoncés.

Il faut marcher sur l'ennemi l'épée haute et le drapeau déployé. Nous culbuterons tout. D'autant mieux que les pertes ne portent que sur les inertes, les couards, les impuissants; les 330 qui reviennent resteront unis, disciplinés, compacts, et je me charge de les conduire au centre de la citadelle.

Où donc est le pays, le parlement, où l'opposition dispose de 120 voix de majorité? Donc, loin de concevoir la moindre hésitation sur le succès, il faut rendre hommage à cette noble France qui, sous cet ouragan de violence, n'a pas faibli, n'a pas ployé, est restée ferme et vaillante. Nous lui devons la victoire. *Elle* l'aura.

A vous.

Léon Gambetta.

Tous mes amis parisiens sont chez moi les soirs qui suivent le 15. Déjà, de province, plusieurs élus nous arrivent. Clavel est entré en coup de vent, suivi de Brisson dans l'enthousiasme.

J'aime surtout les vieux amis d'Adam qui me parlent de la joie qu'il eût éprouvée d'une telle victoire.

L'un d'eux, parmi les fidèles attardés à la campagne, notre vieux et cher Hetzel, m'écrit :

15 octobre 1877.

Ma chère amie,

Je ne sais ce que nos amis penseront de nos 25 ou 30 voix perdues, mais ce que je sais, c'est que je suis, moi, plein d'admiration pour les pauvres gens des campagnes et des villes qui ont résisté à tout : menaces, persécutions, tentatives de corruption, et n'ont cédé que dans cette mesure. La question est nette. La France est le plus honnête et le plus courageux pays qui se puisse rêver. Cette épreuve ajoute à mon amour pour elle. Aucun autre ne l'aurait subie avec aussi peu de défaillance. On ne dira pas qu'elle n'est pas républicaine. Cette affirmation sous la plus formidable des pressions est péremptoire. C'est le rejet le plus éclatant, le plus convaincu de toutes les formes de monarchie. Sans doute une victoire plus grande eût encore mieux valu ; il eût été plus facile de réduire le maréchal ; il lui eût été moins possible de chercher à rester. Mais sa défaite l'accule à cette nécessité qu'il lui faut accepter le gouvernement parlementaire avec toutes ses libertés, avec toutes ses conséquences, ou se démettre.

Tout à vous.

J. Hetzel.

La condamnation de l'entreprise du 16 Mai est éclatante. Rouher, qui parlait déjà en maître, s'efface dans le désarroi général, quoiqu'il soit renommé à Riom. Nous marchons aux victoires définitives. Nous pouvons enfin nourrir tous les espoirs pour notre adoré pays et pour notre tant désirée République.

Comme Grévy opte pour Dôle, Girardin accepte la candidature du IX°. Il m'écrit :

L'amitié que j'ai trouvée dans un salon du *National* et peut-être le siège de Thiers dans quelques semaines, je suis content et mon sort est rempli.

Je ne puis dire à quel point Spuller, Challemel, Peyrat, Testelin, Billot, Cochery, Allain-Targé, Girardin, qui avaient tous l'angoisse de la rue Roquépine et qui savent comment j'en ai détourné le danger, me sont reconnaissants.

Chiris nous raconte que les conservateurs sont terrifiés. Ils croient « la révolution rouge » très prochaine.

Autour du maréchal, on accuse les ministres d'avoir été lâches, de s'être trop « entichés de légalité » !

Le mot est presque cynique !

o
o o

Mais le 18 octobre, je ne puis en oublier la date, Spuller m'arrive dans un état d'agitation extrême avec des phrases comme celle-ci : « J'hésite à vous dire, je n'ai pas le courage de vous dévoiler les graves choses que je ne puis cependant confier qu'à vous seule. »

Je suis forcée de lui arracher une à une ses confidences.

Gambetta a vu d'abord la Païva à Pontchartrain. La drôlesse l'a flatté. Il a été ébloui par le luxe de l'habitation. « Pour ne pas marquer son âge par sa démarche, disait-il, cette femme glisse sur les parquets. » Depuis il voit fréquemment Henckel de Donnersmarck. Il s'entend avec lui. Il lie partie avec la politique de Bismarck, notamment à propos d'anticléricalisme.

Gambetta voit aussi le prince de Hohenlohe. Ces derniers jours il a passé toute une soirée à l'ambassade d'Allemagne !

Lui, Spuller a dîné avec Gambetta chez la Païva !

Le Henckel a trouvé de bon goût, vers la fin du repas, de dire à ses invités, tous français, d'un air dégagé :

« Nous vous avons si joliment brossés en 1871. »

Spuller s'est levé pour fuir l'odieuse maison. Gambetta d'un regard et d'un geste l'a forcé à se rasseoir.

Je n'en puis douter, ce ne sont plus des on dit, des insinuations d'adversaires. Je l'entends de mes oreilles affirmer par Spuller : Gambetta dîne chez la Païva. Il dîne à la table du plus violent des germanisateurs de l'Alsace-Lorraine.

« Oui, reprend Spuller, cet Henckel s'est vanté à Gambetta d'avoir fait répandre des bruits de menace de guerre par les journaux allemands, et par là d'avoir apporté l'appoint de M. de Bismarck au succès des élections; c'est encore le même Henckel qui prétend avoir eu l'idée du projet de désarmement préconisé par Crispi, auquel Gambetta se serait, paraît-il, rallié après des échanges de vues avec Bismarck par l'entremise d'Henckel !

— Impossible, impossible, répétai-je, atterrée. Gambetta ne peut avoir renié sa proclamation du 3 février 1871. Je la sais par cœur ! « L'insolente « prétention qu'affiche le ministre prussien d'in- « tervenir dans la constitution d'une assemblée

« française est la justification la plus éclatante des
« mesures prises par le gouvernement de la Répu-
« blique!

« L'enseignement ne sera pas perdu pour ceux
« qui ont le sentiment de l'honneur national.

« Le ministre de l'intérieur et de la guerre,

« Léon Gambetta. »

« Voyons, Spuller, mon ami, se peut-il, après cela, que l'homme de la revanche, le héros de la défense nationale négocie avec Bismarck, à moins qu'une hallucination l'égare et lui fasse entrevoir la possibilité de retrouver l'Alsace-Lorraine... par Bismarck.

— Non, non, s'écrie Spuller, le sacrifice est consommé dans l'esprit de notre chef. La politique en lui domine le patriotisme à cette heure. « L'opportunisme » a présidé à ces négociations. Gambetta veut à tout prix arracher la République des mains de nos adversaires, oui, à tout prix! et Bismarck croit avoir intérêt à nous donner la république, puisqu'il a la possibilité par là de désarmer la défense nationale. La politique « des résultats immédiats », la voilà! Bismarck, je l'ai entendu de la bouche de Gambetta, veut la république en France! Je sais que le chancelier de fer a brisé d'Arnim parce que celui-ci travaillait au retour de la monarchie avec les gens du 24 mai. Bismarck est logique : il vient aux républicains anticléricaux qui feront, il n'en doute pas, la besogne qu'il a faite si mal avec son Kulturkampf. Et puis il juge d'autre part que les républiques, en ce siècle, sont des gouvernements de paix extérieure et de luttes intérieures qui passionnent les partis et les neutralisent.

« La politique qui pourrait devenir celle des Danicheff, dit Henckel, accepter l'entente avec l'autocratie russe, la politique mijotée par Decazes et rêvassée dans certains salons républicains, c'est ce que M. de Bismarck ne peut admettre. Oui, ma chère amie, continua Spuller, voilà le poids que je ne pouvais porter seul sans hurler. D'ailleurs, mon devoir d'ami fraternel m'obligeait à vous dire ce que nous ne devons à aucun prix, ni vous ni moi, révéler aux autres, ce dont vous ne pouvez parler à Gambetta lui-même, sous peine de me briser. »

Après le départ de Spuller j'ai un accès de véritable désespoir, quelque chose agonise en moi.

* * *

Lorsque je vois Gambetta, que puis-je dire? sinon insister sur ma préoccupation de la guerre turco-russe, sur mon intérêt pour tout ce qui touche à la Russie, « notre seule alliée possible », ajoutai-je.

Gambetta m'appelle en riant : « Cosaque ! » de plus belle et me dit :

« Il n'y a rien à faire avec la Russie; battue ou victorieuse, c'est une défaite qui l'attend. Gortschakoff est trop vieux, Alexandre II trop hésitant. A mesure que l'Allemagne monte, la Russie baisse.

— Et, alors, à mesure que l'Allemagne devient plus forte, il faut ajouter à sa force par notre soumission à ses projets.

— Nous en recauserons. »

* * *

Je reçois de la sœur de Gambetta, que j'aime tendrement, la lettre suivante :

Nice, 18 octobre 1877..

Chère madame,

Jules, votre filleul, a eu sa première dent le jour des élections. Cette dent, je l'espère, lui sera une défense contre la réaction et pour notre République.

Quand revenez-vous au golfe Juan? Ce jour-là sera un beau jour pour moi. Quel bonheur de vous revoir, de vous entendre après tant de douleurs, de déchirements, de cruelles séparations que votre cœur subit à tout instant !

Benedetta me renseigne sur les scandales électoraux de Nice. Elle a une façon originale et imprévue de peindre les choses qui m'amuse toujours. Benedetta ajoute à son « rapport sur les élections niçoises » :

Ma mère est admirable de santé, le peu de temps qu'elle a passé près de *son fils* lui a donné dix ans de vie. Elle a vécu sous le même toit, elle a respiré le même air que lui. Elle aspirait tant à ce bonheur. Et puis vous, la Providence de la famille, vous l'avez souvent réunie à vos amis, aux amis de son fils.

Vous l'unique, je vous embrasse.

BENEDETTA LÉRIS.

On ne peut imaginer la vitalité, le bon sens, le prime saut d'esprit de la sœur de Gambetta. Elle fait vivre tout ce qu'elle raconte. Elle est la gaîté, la joie de tous les siens.

*
* *

Le vieux Dubochet vient de mourir. C'est Mme Arnaud de l'Ariège et son frère, M. Guichard, qui héritent de l'immense fortune de leur oncle.

D'un libéralisme ardent, M. Dubochet disait volontiers :

« Je suis un vieux carbonaro, un complice des sergents de la Rochelle. »

M. Dubochet avait accepté d'être le trésorier du comité électoral républicain, dont le siège était chez lui, rue de Surène. Le secrétaire de ce comité était Joseph Arnaud, son petit-neveu.

M. Dubochet répétait souvent :

« Puissé-je voir se lever, avant de mourir, l'aurore du triomphe de mes idées. »

Il a pu croire à cette aurore.

Spuller revient me voir.

« Le cauchemar dure, me dit-il. Croiriez-vous que ce n'est pas Gambetta qui a peur de se compromettre dans les pourparlers qu'il a sous le patronage d'Henckel avec Bismarck, c'est Bismarck ! Je me suis révolté, mais, comme il me parlait de brisure d'amitié si je ne me sentais plus en accord avec lui, j'ai dû l'entendre me dire des choses que je n'ai pas la force de vous répéter, qu'il ferait rappeler Gontaut-Biron dès qu'il serait en possession de son influence. Et encore, et encore...

« Je vous le répète, c'est Bismarck qui impose le secret de ses relations, disant que, les patriotes étant les premiers partisans de Gambetta, il perdrait leur appui et le bénéfice de leur dévouement s'il avouait son abandon de la revanche, et Bismarck ajoute que Gambetta ne peut trouver ailleurs la contre-partie de cette influence.

« Ah! ma chère amie, ajoute Spuller, combien de fois vous ai-je dit et répété de ne pas applaudir dans les discours de Gambetta ses sorties anticléricales; vous le voyez aujourd'hui : l'anticléricalisme le conduisait à Bismarck et Bismarck à lui. Vous avez votre part des responsabilités actuelles; je ne l'ai pas. Certes, je suis passionnément républicain, mais recevoir la république de la Prusse, cela m'épouvante. Et quant à l'anticléricalisme, ma chère amie, prenons-y garde, il est prussien*! »

Cet Henckel était lié avec Girardin avant la guerre, comme Louis Bamberger l'était avec Adam ; il a poussé Girardin à commettre des imprudences, exploitées par les journaux reptiliens avant et après la déclaration de la guerre.

Girardin avait parié avec Henckel 15,000 fr. que les Français entreraient à Berlin. Le jour du départ des troupes prussiennes campées aux

---

* *Les Mémoires du prince de Hohenlohe*, publiés en 1908, confirment les confidences de Spuller.

Champs-Élysées, Girardin a fait verser les 15.000 francs chez Henckel.

Je demeure accablée ! Ma passion pour la république est faite de ma passion pour la France. J'ai vu ma république à travers la République de 92 faisant sortir de terre des armées héroïques et victorieuses; mais si cette république devient l'alliée des Prussiens, si le défenseur de notre cause s'entend avec l'homme dont les griffes ont arraché notre cœur national, l'Alsace-Lorraine, alors je n'ai plus rien à faire au milieu de mes amis, j'irai dans mon Bruyères m'enfermer avec mes morts.

.*.

Nos amis sont absorbés par une pensée unique : la lutte politique. Gambetta est d'une activité dévorante. Il rallie ses troupes, il commande, il dirige tous les groupes républicains.

Girardin nous dit un soir :

« Fourtou prépare son coup d'État. Voisin[*] m'a confié qu'il pouvait, d'un moment à l'autre, recevoir l'ordre de nous arrêter tous. Il ne le fera pas et donnera sa démission, mais, le jour où il donnera cette démission, attendons-nous tous à être arrêtés. On choisira un « soir de Mme Adam pour nous rafler ».

« Eh bien ! réplique l'amiral Jauréguiberry, pré-

---

[*] Préfet de police.

parons-nous, en prévision de ce cas, à nous défendre !

— Avec des armes ? demanda Girardin.

— Mais, sans doute, » répond simplement l'amiral.

Alors on discute le cas, et j'ai le chagrin de constater le peu de bravoure d'un certain nombre de nos amis.

Je m'emporte et à un moment je m'écrie :

« Après tout, en se défendant, on ne risque que la mort ! »

Mes deux mains sont saisies par le général Billot, qui les secoue fortement avec un : « Bravo, camarade ! » dont je suis très fière.

C'est probablement cette scène, amplifiée, qui a inspiré à un journal un article en première page ayant pour titre : « L'Attaque de la maison Sallandrouze. »

L'attaque était racontée dans les plus minutieux détails, et avec un tel sérieux que les deux tiers des lecteurs y ont ajouté foi.

*
* *

Je dîne chez Victor Hugo avec Girardin, Boysset, Schœlcher, Louis Blanc.

La politique de Victor Hugo est extraordinaire. Il nous dit ce qu'il ferait s'il était comme Gambetta (qu'il admire d'ailleurs, ajoute-t-il) chef du parti républicain : il agirait !

« Comment agir, répond Girardin, pourquoi ?

Laissons les gens qui nous gouvernent s'empêtrer. Ils ne demandent que l'occasion de faire un coup d'État, ne la leur fournissons pas. Combattons-les par l'opinion, par la presse. Les élections prouvent que quand on veut on peut.

— Mais, Girardin, vous n'avez cessé d'affirmer que la presse n'a aucune influence.

— Quand elle va à contre courant, mais quand elle est entraînée, qu'elle exprime mot pour mot la pensée générale, elle est le poteau qui indique la route tracée, on la suit parce qu'elle est dans la direction qu'on a décidé par avance de suivre.

Ce soir-là Victor Hugo et moi nous avons une conversation sans fin sur les petits-enfants. Il a le plus profond mépris pour ceux qui ne sont pas grand-père ou grand-mère. Son éloquence, habituellement solennelle, devient simple, familiale, douce et d'une adorable bonhomie quand il parle des petits. Notre discussion porte sur ce point :

« Aime-t-on plus ou aime-t-on moins ses enfants que ses petits-enfants? »

« Si les enfants vivent, me dit Victor Hugo, on ajoute les petits aux grands pour élargir, augmenter ses tendresses; s'ils sont morts on croit les retrouver, on aime doublement les petits, on veut se persuader qu'ils remplacent les autres. »

« Quand vos petits-enfants sont nés, me demande l'auteur de *l'Art d'être Grand-Père*, quand les avez-vous aimés? à six mois, à un an?

— J'ai follement aimé ma première petite-fille, tout de suite, en la recevant dans mon tablier.

— Quelle supériorité ont les grand'mères de recevoir les nouveau-nés dans leur tablier ! Moi aussi j'ai aimé Georges tout de suite, à son premier cri. Tenez, voyez les deux portraits qu'on a faits de Georges et de Jeanne, me dit Victor Hugo en me montrant les photographies des deux enfants. J'en suis si fier que j'ai envie de les mettre dans un cadre à ma porte, comme chez les photographes, avec cette inscription : « les petits-enfants de Victor-Hugo », pour que tous les admirent en passant. »

Jeanne et Georges viennent auprès de Victor Hugo. Il les attire à lui en me disant :

Mon âme, de leur âme enfantine, est l'aïeule.

Et encore :

Seigneur ! préservez-moi, préservez ceux que j'aime
. . . .
De voir jamais...
  La maison sans enfants.

Parfois, lorsque les enfants étaient là, au salon, et qu'une discussion s'élevait, Victor Hugo résumait le débat en quelques mots clairs et disait :

« Qu'en pensent Jeanne et Georges ? »

Tantôt l'un, tantôt l'autre, répondait :

« Je n'ai pas écouté, papapa, » — c'est ainsi qu'ils l'appelaient. — Invariablement Victor Hugo ajoutait : « Tu as bien fait. »

Je ne connais rien de plus beau que ces vers :

La douleur est un fruit. Dieu ne le fait pas croître
Sur la branche trop faible encor pour le porter.

Combien de fois ai-je vu Victor Hugo, une page blanche devant lui, un crayon à la main, Jeanne et Georges grimpés sur ses genoux, sur son épaule, sur la table, le harcelant pour qu'il leur dessine quelque chose !

« Papapa, une maison, un château, une rivière avec un grand pont. » Et, sous leurs yeux ravis, un dessin fantastique surgissait en quelques traits.

Quand Jeanne et Georges étaient plus jeunes encore, j'aperçus un jour aux Champs-Élysées Victor Hugo allant à Guignol avec ses petits-enfants. Jeanne avait une cage à la main dans laquelle était un serin. Le grand homme s'assit entre son petit-fils et sa petite-fille. On jouait : *le Drame des sept Portes*. Je lui demandai, le soir même, s'il s'était intéressé au *Drame des sept Portes*.

« Follement, me répondit-il.

— Et le serin de Jeanne ?

— Jeanne l'ayant mené à Guignol pour qu'il s'amuse comme elle, je suis certain que son serin s'est amusé. »

Lorsque chaque année Jeanne et Georges donnaient une matinée à leurs petits amis, Victor Hugo n'était plus qu'un grand enfant, le plus ravi de tous. Il riait des réflexions naïves, les recueillait pour les redire, guettait celui qui pleurait, le calmant, le consolant.

« Est-ce que je suis bien ce qu'il faut pour vos invités ? demandait-il un jour à Jeanne.

— Oui, papapa, tu es très comme il faut, » répondit Jeanne.

Et il était plus fier de ce compliment que de toutes les flatteries sur son œuvre, me disait-il.

*
* *

Les bruits de coup d'État courent toujours, et de plus en plus on précise. C'est sur le général Ducrot que compte M. de Fourtou. Je suis sûre, alors, de n'être pas épargnée.

Mais d'autres bruits circulent les premiers jours de novembre. On dit maintenant que tout s'arrange, que le duc d'Audiffret a persuadé au maréchal de reprendre Dufaure, que le ministère a donné sa démission.

Autre son de cloche entre le 4 et le 7 novembre. On lit à l'*Officiel :* « Sur la demande qui leur en a été faite par le maréchal, les ministres ont retiré leur démission qu'ils avaient eu l'honneur de déposer entre ses mains. »

Dès l'ouverture de la session de la nouvelle Chambre, les comités des gauches nomment un comité directeur composé de 18 membres chargés de faire triompher le pays des résistances du gouvernement et d'abord de le défendre des abus de pouvoir chaque jour plus criants.

Le comité des 18 est une sorte de conseil de guerre concentrant toutes les forces d'action des gauches. Ses résolutions doivent être transmises au parlement et ses décrets être acceptés militairement comme un mot d'ordre.

Lepère devient l'un des membres les plus actifs de ce comité, et je suis tenue très au courant par lui et par d'autres membres de toutes les résolutions prises. Nommé le 6 novembre, le comité des 18 est composé ainsi :

LEPÈRE.	LOCKROY.
GAMBETTA.	JULES FERRY
GOBLET.	ANTONIN PROUST.
LOUIS BLANC.	TIRARD.
ALBERT GRÉVY.	FLOQUET.
PAUL BETHMONT.	GERMAIN CASSE.
DE MARCÈRE.	HORACE DE CHOISEUL.
CLEMENCEAU.	HENRI BRISSON.
MADIER DE MONTJAU.	LÉON RENAULT.

On se réunit chez ce dernier tous les jours, boulevard Malesherbes.

Aucune décision ne peut être prise sans qu'elle ait été soumise à Grévy, qui doit être élu président de l'Assemblée, et cette décision lui est communiquée par Lepère, qui sera vice-président.

C'est ainsi que le comité des 18 décida la nomination d'une commission parlementaire pour juger les actes du ministère Fourtou-de Broglie. La proposition fut faite dès l'ouverture de l'Assemblée par Albert Grévy et votée à une forte majorité. Le manifeste des 363, à leur départ, se trouva ainsi réalisé.

Durant les débats qui eurent lieu à propos de

la nomination de la commission parlementaire des 33, Gambetta fit l'un de ses plus beaux discours.

Grévy, aussitôt nommé président de la Chambre, s'empressa d'obtenir d'elle un règlement qui lui permettait de maîtriser les emportements des groupes hostiles à la majorité, entre autres celui de l'Appel au Peuple.

Dans l'une des premières séances du comité des 18, m'avait raconté Lepère, l'un des membres proposa un appel au pays. La proposition fut repoussée par Gambetta, soutenu par lui, Lepère. De l'avis de Gambetta, on devait se montrer sobre de protestations retentissantes, et, tout en maintenant l'action parlementaire, organiser la résistance.

« Ces moyens de résistance, quels sont-ils ? demanda Bethmont à Gambetta.

— Je consens à vous les faire connaître si vous vous prononcez en majorité pour la résistance, » répondit Gambetta.

Comme il en était convenu, Lepère fut chargé de soumettre la question à Grévy.

Celui-ci répondit qu'il ne consentirait en aucun cas, quel qu'il fût, à déchaîner la guerre civile.

Les partisans de la non-résistance, forts de la réponse de Grévy, déclarèrent que Gambetta était dupé par la faconde de quelques officiers en sous-ordre.

« Gambetta, me dit Lepère, n'abandonne pas son plan de résistance. Plusieurs, parmi les 18, initiés comme moi à ce plan, sont résolus à le suivre, d'autant qu'il est fort sérieux, quoi qu'en disent les ... pas braves... Nous avons d'ailleurs remplacé ceux qui nous lâchent par des membres du parlement qui marchent avec nous les yeux fermés. »

Au cas où un coup de force eût été tenté par Mac-Mahon, Gambetta, en dehors du comité des 18, d'accord avec les chefs de groupe des partis avancés, eût résisté à la réaction par la révolution. Clemenceau fut l'un de ceux qui acceptèrent avec Gambetta la responsabilité d'une action révolutionnaire.

Bientôt, dans la Chambre, il n'y eut plus d'opportunistes, de radicaux, de modérés, d'avancés. On fut classé par le courage. Les 363 n'eurent plus qu'une formule : vaincre le 16 Mai, empêcher ses directeurs de faire un coup d'État.

La conviction qu'eurent par leurs informations les ministres du 16 Mai, qu'ils se trouveraient en face d'une force de résistance supérieure à celle dont ils disposaient, les fit capituler et achemina le maréchal vers la soumission.

La lutte nous tenait en haleine heure par heure. Par Lepère, par Spuller, membres de la commission des 33, par M. de Marcère, influent dans le comité des 18, je suivais avec fièvre la marche des événements.

*
* *

Il m'était impossible d'avoir un entretien, que

je sentais devoir être suprême, avec Gambetta sur l'affolante question bismarckienne. Je lui en avais, un soir, au milieu de nos amis, dit un mot.

« Je vous en conjure, m'avait-il répondu. Il s'agit, en ce moment, de sauver la République : ne nous divisons pas, ce serait un crime. Nous avons tous les atouts en mains, n'en jetons pas un par-dessus votre bonnet, ajouta-t-il en riant.

— C'est bien, répliquai-je, puisque tous vos plans sont arrêtés, fixés, que le comité des 18, dans lequel je pouvais vous ramener des influences qui se cabrent, n'est plus pour vous qu'un comité décoratif, je vais à mon deuil sacrifié, à la continuation de l'œuvre de celui que je pleure, je pars pour Bruyères. »

Dans une soirée d'adieu, où tous mes amis accourent, Gambetta vint avec M. de Chaudordy, alors ambassadeur à Madrid, et me dit en me le présentant :

« En 1871, au ministère des affaires étrangères, à Bordeaux, M. de Chaudordy a plus d'une fois embarrassé M. de Bismarck lorsque celui-ci essayait de tromper l'Europe sur la conduite des troupes prussiennes dans les départements envahis.

— Monsieur, votre opinion sur la duplicité, sur le cynisme de M. de Bismarck, s'est-elle modifiée depuis? dis-je à M. de Chaudordy devant Gambetta.

— Elle s'est fortifiée, madame. Je n'ai foi dans le relèvement de la France que par une entente avec l'Angleterre, et j'y travaille de toutes mes forces. L'Angleterre ne pourra supporter un jour la prépondérance européenne de l'Allemagne, et, ce jour-là, il y aura de la grande politique à faire.

— Il y aurait, à mon humble avis, dès aujourd'hui, dis-je, de la politique française à faire à l'étranger, et non de la politique étrangère à faire en France. L'Angleterre, nous ayant laissé réduire à l'impuissance, croit qu'elle fera de l'Europe, avec l'Allemagne, part à deux. Lorsqu'elle s'apercevra qu'elle est dupe, nous verrons bien si sa rancune peut nous être profitable. Ne nous livrons pas à la perfide Albion auparavant, pour l'amour du ciel! jusqu'au jour où nous pourrons faire des conditions léonines. L'Angleterre et l'Allemagne sont également nos ennemies. Je me sens de taille, en bonne Française, à porter le poids de deux inimitiés destinées à me donner le spectacle de deux haines entre elles.

— Les rancunes de Mme Adam, dit en riant Gambetta, sont poussées jusqu'à la férocité.

— Ou jusqu'à une prévoyance qui devient manifestement insupportable, » ajoutai-je sur le même ton.

Parler de façon plaisante de ce dont je souffrais à tel point, je ne pouvais plus! Le dévouement d'Adam, le mien, à la cause républicaine, le don entier de nous-mêmes à la cause de la revanche, tout cela livré à Bismarck, c'était trop.

Spuller seul comprenait l'étendue de ma souffrance, il la partageait.

Duclerc est plus amical encore avec moi. Il semble deviner mes angoisses.

Gambetta cherche à me donner mille preuves de son amitié la plus fraternelle, mais sa *combinazione*, les influences qui agissent sur son esprit et aussi sur ses sentiments l'attirent de plus en plus en sens contraire des idées qui nous avaient été si passionnément communes.

Mes amis regrettent mon départ. Duclerc vient de la part du duc Decazes me supplier de rester, de combattre l'entraînement fatal de Gambetta pour l'Allemagne. Lui-même va quitter le ministère avant peu. Son élection à Puget-Théniers sera sûrement invalidée. Il ne pourra plus rien pour maintenir nos relations sympathiques avec la Russie, qui pourtant devient de plus en plus sensible à cette sympathie au moment de la tragique épreuve d'une guerre si meurtrière.

Le grand-duc Nicolas a envoyé un parlementaire à Osman-Pacha, qui ne peut tenir longtemps, mais dont la résistance épuise l'armée russe. Osman refuse de sortir de Plewna.

Je ne m'étonne plus de la façon d'être si particulièrement affectueuse de Duclerc avec moi. Il est, par de Reims l'ami de la Païva, au courant du chemin fait par Gambetta dans le sens de l'entente bismarckienne.

Duclerc en veut mortellement à de Reims d'avoir conduit Gambetta à Henckel, et il accuse de Reims, instrument actif des princes d'Orléans, de commettre, pour les servir, le crime de dépouiller Gambetta de sa puissance comme défenseur national, de son prestige comme héros de la revanche.

Président de la commission de l'armée depuis 1871, Duclerc a fait pour sa reconstitution tout ce qu'un patriote passionné peut faire. Trois ou quatre années au plus lui paraissent nécessaires pour que nous soyons en état de nous mesurer à nouveau, cette fois victorieusement, avec l'Allemagne prussifiée.

Oh ! cette conversation avec Duclerc, nos confidences, notre chagrin, notre terreur de voir l'adorée patrie arrachée à son relèvement par un ennemi diabolique.

Mais Gambetta est triomphant. Lequel de nous pourrait le détourner de ses tactiques, discuter ses plans? Et qui nous croirait si nous disions : « Gambetta s'entend avec Bismarck, et il devient un agent du Kulturkampf lorsqu'il fait de l'anticléricalisme » ?

Dans tous les salons réactionnaires, on gémit sur la faiblesse du maréchal. Beaucoup s'indignent. La presse européenne tout entière grossit chaque jour ses reproches contre son entêtement.

L'armée seule soutient Mac-Mahon. Il la garde complètement en mains.

« J'arracherai les premières pages de l'annuaire, » nous a dit Gambetta chez moi l'autre soir.

Raoul Duval rentre de son grand voyage. Il sait

par Hetzel que je pars, et il vient me dire au revoir. Il passe une après-midi presque entière à causer avec moi de sa conversion : il me la doit. Il servira la République, parce que « la République seule peut nous donner la revanche ».

Comment ai-je pu ne pas crier à Raoul Duval :

« Je vous ai trompé ! La République, c'est la revanche livrée à Bismarck. »

J'apprends qu'Allain-Targé s'est battu en duel le 14 novembre avec Robert Mitchell, et qu'il a blessé son adversaire.

⁂

J'emporte à Bruyères, pour les lire, *Raymonde* d'André Theuriet, le *Nabab* d'Alphonse Daudet, les *Souvenirs* de Daniel Stern, qui m'intéresseront plus que personne.

Mais des affaires personnelles m'obligent à retarder mon départ de quelques jours.

J'emporterai aussi un manuscrit à revoir, le premier de la trilogie dont j'ai parlé un jour, à Bruyères, à Gambetta et à Spuller. Il a pour titre : *Laide*; les autres seront : *Grecque* et *Païenne*, eux aussi presque achevés.

Une après-midi, à deux heures, qui m'annonce-t-on, insistant pour me voir? Jérôme David !

« Que me veut-il ?

— Causer.

— Eh bien, monsieur, causons.

— J'ai eu pour Edmond Adam, me dit Jérôme David, la plus haute estime. Je me suis souvent et fructueusement, aux assemblées, entretenu avec lui. Je viens m'entretenir avec vous en évoquant son souvenir. Vous avez, madame, le culte de votre œuvre commune, vous tenez à la continuer, votre compagnon de luttes étant mort, et pour cela je crois devoir, par sympathie pour M. Adam, vous avertir de bien des choses.

« Madame, le maréchal n'est pas un homme inférieur, comme vous et vos amis le pensez. Il se désespère noblement. Il croit que la République opportuniste-radicale serait la mort de l'armée, de la revanche et la désagrégation sociale. *L'ordre moral* lui apparaît sincèrement comme une résistance aux éléments anarchistes qui sont au fond des revendications sociales de vos amis et de leur haine contre les chefs de l'armée.

« M. Gambetta n'est pas du tout l'homme de la revanche que vous croyez, et vous serez un jour douloureusement surprise d'apprendre qu'il subit ou plutôt recherche ce que le maréchal a refusé d'accepter : une entente avec Bismarck! Sachez qu'il fréquente Henckel-Païva, qu'il va fumer son cigare à l'ambassade d'Allemagne, et qu'il est, par Henckel et par Herbert de Bismarck, en correspondance avec notre plus cruel ennemi. Ce que je vous dis n'est pas une dénonciation, c'est un avertissement.

« Croyez-moi, madame, j'ai étudié sans passion politique les lois qui président à l'équilibre moral des sociétés. S'il ne faut pas refouler brutalement ce qui vient d'en bas, ce qui subsiste en haut est encore nécessaire. Les ministres du 16 Mai n'ont malheureusement pas le courage de faire ce qui serait de leur devoir de faire pour sauver la France de plaies encore guérissables; si le maréchal hésite à arrêter vos amis et à liquider en même temps le bloc communard, c'est une faute que vous-même regretterez dans l'avenir.

— Est-ce la conclusion de votre visite, monsieur?

— J'ai voulu vous dire, par une sympathie haute, madame, que vous ne pourrez suivre vos amis, parce que vous êtes une vraie libérale, une passionnée patriote, et qu'un jour, dans l'une des tentatives que vous ferez pour résister aux entraînements inévitables des vôtres, vous pourrez m'appeler, je viendrai causer sauvetage de la France avec vous.

— Merci, monsieur, des sentiments auxquels je dois votre démarche, » dis-je à Jérôme David.

Étrange visite dont je m'explique mal encore le motif dominant, si ce n'est pas celui d'aider à mon détachement de la politique gambettiste.

M. de Broglie a dit plus tard que j'avais été, au 24 et au 16 Mai, « l'âme de la résistance ». Pouvoir jeter le doute dans cette âme était une première satisfaction, à l'heure de la défaite, pour nos adversaires.

J'avais toujours la même croyance dans les bienfaits des principes de la République. Elle restait pour moi l'idéal gouvernemental destiné à rehausser le niveau moral des classes supérieures, à élever le peuple jusqu'à nous, à faire entrer la France dans la voie de tous les progrès.

Seules mes chères espérances, comme la statue de Strasbourg, s'enveloppaient de voiles de deuil plus épais...

* * *

Je m'étais crue plus forte. A Bruyères, le passé, la douceur des choses, tout ce que ce coin béni me rappelait, font de mon séjour une épreuve que j'ai peine à supporter. Je songe, aussitôt arrivée, à repartir.

La sœur de Gambetta m'écrit, en réponse à l'une de mes lettres :

Nice, 19 novembre.

Chère amie, votre lettre m'a fait mal. Il me semble qu'une partie de votre être a passé en moi. Je souffre pour vous, la meilleure, la bienfaitrice de toute la famille. Je regarde du côté du golfe, je vous vois et je pleure.

A bientôt, chère désolée. Au nom de tous.

BENEDETTA LÉRIS.

Ils viennent, ils m'entourent : Benedetta, son cher mari, la mère de Gambetta, si tendre, le père, avec les rondeurs de sa philosophie, quelque peu égoïste mais robuste, Miette, la servante digne de tous les prix Monthyon, et le petit Léon, qui croit m'apporter une consolation en me disant qu'il a été douzième sur trente, enfin Jules, mon filleul, qui me tend les bras.

Comme l'affection de ces braves cœurs me fait du bien !

Lepère m'écrit que le maréchal est au bout de ses forces, qu'il parle de sa démission à tout instant. On lui donne pour successeurs Grévy, Gambetta, le duc d'Aumale, d'Audiffret-Pasquier, Dufaure...

Le ministère cherche une issue pour se retirer honorablement.

Il voudrait obtenir un vote favorable et démissionner après.

Gambetta est renommé président de la commission du budget. Il m'en fait part par dépêche, et ajoute qu'il se rappelle à chaque nomination les conseils d'Adam.

Le 21 novembre, le cabinet Fourtou-de Broglie démissionne, et, le 23, le ministère Rochebouët le remplace. C'est un défi. Les bruits de coup d'État reviennent, menaçants, mais l'attitude de la Chambre, les pétitions qui pleuvent de tous les coins du pays, un revirement de l'armée, arrêtent les plus résolus et font reculer la coalition.

Elle piétine sur place. On lui prête cent projets, celui, entre autres, de percevoir les impôts sans que la Chambre ait voté le budget que le ministère ne peut obtenir.

On dit que Batbie fait une propagande acharnée en faveur de cette solution.

Duclerc m'écrit que M. Bocher, l'ami fidèle des princes d'Orléans, résiste à tous les projets extra-parlementaires. Le duc d'Aumale dit très haut qu'on trompe le maréchal. Pouyer-Quertier s'est refusé à s'embarquer sur une mer aussi peu sûre.

« La maréchale a fait appeler M. de Lareinty, qui l'a trouvée avec le préfet de police, ajoute Duclerc. Elle veut résister, Voisin l'en décourage. »

Les journaux m'apprennent que, le 29 novembre, Grévy se rend auprès du maréchal et lui tient un langage très ferme. Il lui conseille de mettre fin à la crise qu'il a fait naître, de s'incliner devant les règles du gouvernement parlementaire et de prendre un ministère dans les rangs de la majorité.

Une lettre de Spuller m'apprend que, parmi nos amis, plusieurs voulaient poursuivre les ministres tombés. Il y a eu discussion à ce sujet dans la commission des 33.

Gambetta s'est écrié, lorsqu'on lui a parlé de ce projet :

« Poursuivre l'auteur du *Secret du roi* ferait de nous la risée de l'Europe. »

Spuller ajoute :

M. de Broglie est rendu « à ses chères études ». Il vaut mieux pour lui consulter les belles archives de Broglie que les dossiers du ministère de la justice. Il peut, dans de magistrales études, faire preuve d'une autre valeur que dans la tâche, si difficile pour un aristocrate, de gouverner une démocratie.

Parfait honnête homme, courageux, chrétien convaincu, trop homme du monde pour rendre les coups de boutoir, trop délicat pour les compromis brutaux ou les finasseries parlementaires, on croyait M. de Broglie méprisant lorsqu'il n'était que très réservé. Il eût été mieux à sa place dans une assemblée de pairs d'un royaume que dans un parlement nouvelles couches sociales.

M. de Broglie ne savait pas haïr ses adversaires. A l'Académie, cependant, il se montra toujours passionné contre les candidatures qui lui paraissaient ennemies de son drapeau. Les hommes l'intéressaient moins que les principes.

L'un de mes amis de Cannes, grand admirateur de Saint-Saëns et qui vient me voir dans les tout premiers jours de décembre, gémit avec moi sur ce fait que *Samson et Dalila,* un chef-d'œuvre, a été joué à Weimar, en Allemagne !

⁂

Les délégués de la grande industrie et du grand commerce de Paris ont essayé de faire passer au maréchal une adresse, dans laquelle ils le suppliaient de mettre fin à la crise dont ils souffrent. Le président de la République ayant refusé de les recevoir, ils publient leur adresse, qui fait grand effet à Paris et en province.

La majorité de la Chambre, la commission du budget sont d'accord, l'une pour ne pas présenter le rapport sur les quatre contributions directes, l'autre pour ne pas les voter. Rouher insiste pour obtenir le vote, mais il n'y réussit pas.

Il semble, à ceux qui sont dans la mêlée parlementaire, que de graves événements sont proches.

Paul de Cassagnac dénonce le comité des 18, comité directeur extra-parlementaire.

Gambetta nie l'importance de ce comité, qui, cependant, depuis ces dernières semaines, a repris de l'autorité.

Girardin m'écrit que sa candidature a été présentée, le 5 décembre, dans le IXe, par Gambetta, que notre ami a fait appel à la sagesse calme et à l'énergie des républicains, et que le maréchal, après les démarches de Grévy, de Duclerc, du duc d'Audiffret-Pasquier, a été très impressionné de la modération du discours de Gambetta aux électeurs du IXe.

Gambetta, depuis longtemps, désire voir le maréchal. Duclerc était chargé de faire des démarches à ce sujet, et il m'en conta plus tard les détails.

« En dix minutes de conversation, le maréchal et moi nous serions d'accord, répétait Gambetta. Je le verrais aussi secrètement que possible. »

Un soir, enfin, Duclerc réussit à décider le maréchal à prendre rendez-vous pour l'importante entrevue qui devait avoir lieu le lendemain soir.

Gambetta en reçut la nouvelle secrète au sortir d'un dîner mensuel chez Mme de Beaumont, sœur de la maréchale, à laquelle Duclerc avait présenté le grand tribun, dont elle se disait « follement enthousiaste ».

Tout fut arrêté, convenu, Gambetta répétait à Duclerc, qui le reconduisait à la *République Française*, à quel point il lui était reconnaissant.

Mais la malchance fit que, le lendemain matin, le maréchal rencontra, dans une allée solitaire du bois, sa belle-sœur, Mme de Beaumont, et Gambetta se promenant et paraissant en grande intimité.

Il prévint immédiatement Duclerc que l'entrevue ne pouvait avoir lieu.

A l'Elysée on projette cent combinaisons pour la résistance. On cherche à grouper les influences, on consulte un à un des hommes comme Pouyer-Quertier, Béhic, Daru et la mouche du coche, Batbie. On discute sur l'état de siège, sur la dissolution pour refus par la Chambre du vote de l'impôt. Le maréchal hésite, traîne les choses, ne décide rien.

．•．

Le 10 décembre un suprême effort est tenté par Osman-Pacha, l'héroïque défenseur de Plewna, pour traverser les lignes ennemies. Il a réussi pendant cinq mois entiers dans une forteresse improvisée, avec 30,000 hommes, une artillerie inférieure de cent canons, à tenir en échec l'armée russe. L'Europe l'a vu sur des ruines comme sur un piédestal. C'est l'homme de guerre dans toute sa puissance d'autorité.

Jamais Osman-Pacha ne porte de signe de commandement, mais il obtient une obéissance absolue. Il affronte les balles tous les jours, fait relever sous ses yeux les fortifications détruites, veille lui-même aux approvisionnements, aux distributions, rationne ses troupes, qui acceptent tout de lui.

Après avoir refusé les armistices proposés par le grand-duc Nicolas, et dans le suprême effort qu'il fit pour briser le cercle de fer qui l'enserrait, un obus le renversa de son cheval, la cuisse fracassée. Ses lieutenants l'ayant ramassé ensanglanté arborèrent le drapeau blanc, placèrent le héros sur une charette de paille et se rendirent avec lui.

Skobeleff me raconta plus tard avec émotion la scène finale.

Le grand-duc Nicolas alla au-devant d'Osman-Pacha, et, l'ayant salué, lui dit :

« Je vous fais mon compliment de la défense de Plewna, c'est le plus beau fait d'armes que l'histoire ait eu à enregistrer. »

Et il lui tendit la main.

Le blessé la prit en murmurant le mot qu'il répétait sans cesse :

« Dieu seul est puissant ! »

∗

Je reçois de Girardin la lettre suivante :

10 décembre 1877.

Chère et vaillante amie,

J'avais convié au dîner de vendredi dernier (Girardin avait pris mon jour jusqu'à ce que je revienne) tout le comité de la rue Chauchat. Il a été terne. Vous étiez absente et le dictateur* a été retenu. Vendredi prochain dînera-

---

* Gambetta.

t-on? Je ne sais rien encore. J'attends demain ou après-demain. Il plane au-dessus de cette semaine des nuages si épais, si chargés d'électricité, que nous sommes à la merci d'un coup de foudre et que l'élection de dimanche prochain * pourrait bien n'avoir pas lieu.

Ce jour-là, où serons-nous tous? Serons-nous jugés ou serons-nous juges? Tout est possible.

Si l'on se revoit, quel beau jour et quel bon dîner !

Du fond du cœur.

E. DE GIRARDIN.

Une sorte de panique s'empare à la fois des gouvernants et des gouvernés. On croit à un coup de force, surtout après la déclaration du major Labordère à son colonel : « Un coup d'État est un crime, je n'en serai pas le complice. »

o
o o

Mais brusquement le ciel se dégage. Les appels faits à la conscience du maréchal n'ont pas été vains. Nous avons depuis le 14 décembre un cabinet libéral, ainsi composé :

Présidence du Conseil et Justice	MM. DUFAURE.
Affaires étrangères.	WADDINGTON.
Intérieur	DE MARCÈRE.
Finances	LÉON SAY.
Guerre	Le Général BOREL.
Marine	L'Amiral POTHUAU.
Instruction publique et Cultes.	BARDOUX.
Travaux publics.	DE FREYCINET.
Agriculture et Commerce. .	TEISSERENC DE BORT.

---

* Celle de Girardin lui-même au IX°.

Sauf le général Borel, que je ne connais pas, M. Dufaure, que je connais peu, sauf *M. Waddington* que je considère à la fois comme un Anglais et comme un *bismarckien,* tous les ministres sont les hommes les plus honorés de notre milieu et de plus mes meilleurs amis.

Le pays accueille avec enthousiasme le ministère Dufaure, qui rassure les apeurés. Beaucoup de gens se disent que, si M. Thiers vivait, le maréchal lui eût rendu le pouvoir. On répète : « C'est un ministère de M. Thiers. »

Non. M. Thiers eût été plus loin.

Cependant la situation politique de Gambetta grandit. C'est comme président de la commission du budget, en refusant le rapport sur l'impôt, qu'il a obligé les ennemis de la République à capituler. Aussi commence-t-on à parler du « pouvoir occulte ».

Le 14 décembre, le message du président de la République satisfait les plus exigeants d'entre mes amis. Il y est enfin parlé, sans réserve, de la constitution, des institutions républicaines. Une phrase produit un grand effet : « Le pays exige que la crise que nous traversons soit apaisée, il exige avec non moins de force qu'elle ne se renouvelle pas. »

On applaudit à cet autre passage : « La Chambre des députés est assurée désormais d'arriver régulièrement au terme de son mandat. »

．
．．

L'exposition universelle occupe les esprits, on la croyait en danger, elle ne l'est plus. M. de Marcère, Krantz, Alphand se préparent aux miracles pour la rendre digne de notre Paris.

Qui songe alors au programme de Belleville? la magistrature élective, une convention permanente, les milices nationales! On en sourit.

Seul l'anticléricalisme surgit. Les cléricaux sont accusés avec raison d'avoir mené toute la campagne du 16 Mai, et on prépare, m'écrit Clavel, dans les « convents » une campagne mortelle contre les « couvents ». Il ajoute : « Maintenant que Massol, comme je vous l'ai dit chez vous un soir, a fait, après dix ans de luttes, rayer de nos loges le grand Architecte, on va manger du prêtre à bouche que veux-tu. »

Une lettre de Spuller datée du 15 décembre :

Chère madame,

Votre bon souvenir m'a profondément touché, et je ne sais comment vous exprimer toute ma reconnaissance pour ce témoignage si délicat de votre bienveillance, qui de loin comme de près est si ingénieuse à se révéler.

Vous avez bien raison de penser que la nomination de mon frère comme préfet du département de Vaucluse a dû me causer la satisfaction la plus vive. Songez que depuis six ans je savais qu'il désirait passionnément rentrer dans l'administration, qu'il avait hâte de prouver par son travail, par ses services, par ses capacités, qu'il n'est point cet homme étourdi, écervelé, sans règle ni mesure, que la réaction nous représente, qu'il souhaitait pour sa famille plus encore que pour lui d'occuper un poste où viendraient le trouver l'estime, la considération, la faveur de ses amis, qu'il ne demandait enfin qu'à tenir son rang, qu'à cesser d'être un désœuvré, un déclassé; vous voyez combien je l'aime. Je ne puis pas plus vous dire pour *lui que pour d'autres* ce que c'est que de se donner et se reprendre.

Toute ma vie s'est passée au service de ceux à qui j'ai livré mon intelligence et mon cœur. Je ne me repens pas d'avoir eu ce caractère et cet instinct. Tout est venu me trouver à cet arrière-plan où j'aime à me tenir : la notoriété, les sympathies publiques, un peu d'influence et de crédit, une situation pécuniaire relativement heureuse et qui me suffit. J'avais à côté de moi ce frère à qui j'ai toujours porté affection et respect, et je le voyais dans une situation bien inférieure à la mienne sous tous les rapports. Je souffrais de cette comparaison inévitable qui s'imposait à moi comme aux autres. Je trouvais le sort injuste. Je me plaignais souvent comme je sais me plaindre, en m'accusant de n'avoir pas su faire tout ce qu'il aurait fallu pour effacer des préventions, de faux jugements, avec fausse légende... et j'attendais.

Enfin, c'est fini, du moins, je le crois, car y a-t-il rien de fini pour des hommes comme nous? Le voilà placé. Je sais bien qu'il est dans un poste particulièrement difficile. Gambetta, qui a si bien et si haut l'instinct des choses du cœur, m'a dit quand je lui ai appris cette nomination dans Vaucluse : « Ah! j'aurais mieux aimé autre chose! » Moi aussi, sans doute, mais c'est notre lot à nous de faire les choses difficiles et dont les autres ne se soucient point. Je ne suis pas fâché, d'ailleurs, que mon frère ait à déployer son activité trop longtemps contenue. Et puis, vous le dirai-je? nous ne sommes, ni lui ni moi, de ceux qui se logent dans quelque trou pour s'y faire oublier; nous avons besoin de justifier par les œuvres accomplies et les services rendus l'élévation dont on nous trouve dignes. Il y a dans

Vaucluse beaucoup à faire pour ramener l'ordre dans les idées et la paix dans les cœurs. On ne sait guère en ce pays-là, on ne sait pas ce que c'est que la modération dans la conduite, qui vous rend maître de soi comme des autres. On a besoin aussi d'y apprendre les avantages de la politique de conquêtes lentes et régulières obtenues par l'ascendant de la raison pratique. C'est cette politique à laquelle, mon frère et moi, nous sommes dévoués, qu'il va tâcher d'appliquer dans Vaucluse. Puisse-t-il réussir! Le succès même viendrait-il à trahir ses efforts que je ne renoncerais pas à l'aider encore et toujours, car je l'aime : j'ai confiance et je suis déjà heureux qu'il lui ait été donné de faire ses preuves.

Mais c'est trop longtemps vous entretenir de ce sujet. Vous voilà repartie. Vous jetez à la fin de votre lettre un cri qui m'émeut. Non, vous ne serez pas seule! vos amis vous écriront et je veux être de ceux-là. A vous qui êtes si bonne, on vous doit tous les bons offices, et que pourrait-il y avoir de plus charmant que de converser avec vous pour vous aider à tromper votre solitude et votre douleur?

Je ne vois rien à vous mander qui en vaille la peine. Noël est pluvieux et triste à mourir. Je ne sais si Paris se reprend à sa vie habituelle. Il me semble que la crise s'est dénouée trop tard. Le jour de l'an pourrait bien être manqué. Néanmoins le soulagement est extrême, et c'est déjà beaucoup. On pense toutefois qu'il ne faut pas cesser de veiller. Les rumeurs qui circulent avec persistance au sujet de certains chefs militaires, dont l'hostilité ne désarme pas envers la République, entretiennent partout la défiance. Vous en trouverez un écho dans mon article, car nous sommes un peu comme les harpes éoliennes du télégraphe dans la campagne, nous gémissons sous le moindre vent qui passe.

Je me doute que cette affreuse année 1877 vous pèse et qu'il vous tarde qu'elle soit finie. Elle s'en va au grand galop. Laissez-la partir. 1878 nous sera plus clémente à tous; qu'elle soit la bienvenue, qu'elle vous apporte les consola-

tions que souhaitent pour vous tous ceux qui vous aiment et dont je suis l'un des plus respectueux et des plus dévoués.
E. Spuller.

Le 16, M. de Freycinet me répond à une lettre de l'avant-veille :

Chère madame,

Merci de vos félicitations. C'est une des meilleures récompenses de mes efforts. Vous avez raison, nous rêvons de faire de grandes choses pour cette chère Patrie que vous aimez si bien et pour la cause républicaine désormais inséparable de la France.

Votre respectueux et dévoué,
De Freycinet.

M. de Freycinet passe au milieu de nous pour un habile. Je le défends, car on veut que cette habileté soit ondoyante.

Je conviens que la nature de M. de Freycinet est complexe. Il est à la fois très brave dans le danger et très raisonneur en face d'une résolution à prendre. Il y a cent preuves qui constatent son courage et cent autres ses hésitations.

Un trait de lui en février 1848 :

Polytechnicien, il conduit son régiment désarmé; arrivé à une barricade, les insurgés, croyant à une attaque, tirent sur les soldats. M. de Freycinet monte tranquillement sur la barricade pour expliquer aux insurgés que ce régiment est désarmé.

Dans plusieurs accidents graves, lorsqu'il était au chemin de fer du Midi, il donnait souvent des preuves de courage et de sang-froid.

Comme délégué de la Défense nationale, quand il est allé seul mettre en cause le général d'Aurelle de Paladines, il savait bien que le général ne demandait qu'à le faire fusiller.

S'il a des oscillations en politique, c'est qu'il la croit destinée à osciller indéfiniment entre la gauche radicale et la gauche modérée. Il sait ce qu'on dit de lui, de quoi on l'accuse, mais calme, sans parti pris, sans recherche de l'absolu, consciencieux opportuniste, il louvoie entre des possibilités qu'il a dégagées des deux extrêmes. Il observe, il analyse, il ne dédaigne aucun des éléments qu'il rencontre, et, quand il a choisi, il ne manque pas de fermeté.

« Avec l'âge, dit Peyrat, l'heure de l'expectative deviendra plus lente pour Freycinet, et durant cette heure le renard lui passera entre les jambes. »

Ce moment-là ne me paraît pas encore très proche, et l'on peut prévoir pour M. de Freycinet une fortune qui le conduira aux situations les plus hautes.

J'ai de Girardin cette dépêche, le 17 au matin :

> Onze mille voix, mille moins que Grévy, mille plus que Thiers. Amitiés. GIRARDIN.

La veille, avant de connaître le résultat de son élection, Girardin m'avait écrit une lettre que je reçois après sa dépêche :

Paris, 16 décembre 1877.

Chère vaillante,

Le panier de fleurs m'arrive. Grand merci des vingt convives, mais pas un des vôtres ! notre grand ami ayant demandé la remise à... Sera-ce vendredi prochain? Je ne le saurai que demain si je le trouve à la Chambre où j'irai faire mon entrée... malheureuse! car je ne puis penser à cette nécessité d'aller à Versailles et de perdre un temps si précieux à mon âge — sans regretter d'avoir dit *oui!* A tout autre que lui j'eusse dit *non*. — Il* a décidément une influence irrésistible sur moi.

J'enrage!

Aller à Bruyères! Ah! je le voudrais bien, mais impossible cette année avec tout ce que j'ai à faire et à continuer. Ce que je voudrais, ce serait qu'*Il* se donnât et se fît donner un congé de deux mois. *Lui* en a besoin, moi je puis m'en passer.

Vendredi prochain, j'espère qu'*Il* pourra venir dîner. J'inviterai mon bureau électoral du 9° dont il est le président s'il ne s'est pas abusé et si je suis élu ce soir.

En toute hâte et en toute affection.

E. DE GIRARDIN.

Gambetta ne m'écrit pas. C'est pour moi la preuve qu'il poursuit sa politique bismarckienne, car je ne puis douter de son amitié. Rien n'entravera notre fraternité de cœur, mais nos esprits deviennent ennemis. Une partie de notre affection très grande était scellée par la passion de ressouder les membres arrachés à notre France. Gambetta poursuit un autre rêve, il croit à d'autres compensations et comprend autrement que moi notre relèvement. Il accepte pour nous de passer d'abord, comme l'Autriche, par l'humiliation de la soumission au vainqueur; c'est une politique! Mais moi, plus Française que lui, je sens que ce

---

* Gambetta.

que le vaincu peut toujours défendre contre le vainqueur, c'est sa dignité.

Lui écrire ! Non, je souffre trop ; mes arguments seraient accusateurs. Si Gambetta n'avait comme moi dans le sang que l'atavisme de la vieille France, il n'aurait pu trouver en lui des raisons pour aller à Bismarck par Henckel de Païva ! ! !

Mais sa mentalité, je ne la changerai pas... L'opportunisme, c'est la *combinazione* italienne, la possibilité perçue dans ses avantages, non dans ses répulsions violentes « et aveugles », dit Gambetta.

Mon vieux docteur Maure vient passer une journée avec moi. Il n'a plus sa lettre de Thiers.

Jean Reynaud, Cousin, Mérimée, Thiers, Adam, nous ont quittés.

C'est avec des larmes que nous évoquons nos morts. Nous parlons de politique. Le docteur Maure n'admettait Gambetta que soumis aux conseils de Thiers. Idéaliste, comme tous les hommes de 1848, il s'inquiète de voir le côté utilitaire prédominer dans les préoccupations de la politique opportuniste.

« On y abuse du côté pratique, déclare-t-il. Certes, ajoute mon vieil ami, il ne faut pas dédaigner les résultats matériels d'une politique, mais il faut en même temps initier la nation aux idées de sacrifice à sa grandeur et à sa fierté. La paraphrase de l' « enrichissez-vous » de Guizot est à tout instant en vedette dans les discours opportunistes. Je préfère presque les « avancés » qui parlent de réformes, de questions sociales. Et puis, voyez-vous, ajoute le docteur Maure, Gambetta change trop souvent d'alliés. Il s'est uni à Thiers par opportunisme, il l'eût combattu s'il avait vécu ; il s'est allié aux légitimistes contre les bonapartistes, aux bonapartistes pour écarter les orléanistes. Quand il sera au pouvoir, il aura contre lui la coalition de tous ceux dont il aura usé au profit de sa politique personnelle. Il s'allierait à Bismarck, c'est-à-dire au diable, si cela pouvait être utile à ses combinaisons !... »

***

Avons-nous enfin l'apaisement que donne la victoire? Non. La majorité s'emballe follement. Tous les candidats qui ont usé des affiches blanches du maréchal sont invalidés. On les harcèle. Les radicaux trouvent que la part qui leur est faite dans la distribution des situations est par trop maigre.

« Quand la République était en péril, vous nous portiez aux nues, nous, les radicaux, disent ceux-ci, et maintenant nous n'existons plus. »

L'apaisement ne se fait nulle part, les Cunéo d'Ornano, les Cassagnac, les Baudry d'Asson, deviennent plus violents que jamais.

Cependant la France a besoin de calme, de confiance, pour travailler. Le ministère le comprend, et, en vérité, chaque ministre s'efforce d'intéresser le pays à ses vitalités économiques.

Teisserenc de Bort, ministre du commerce, fixe la date de l'ouverture de l'exposition universelle au 1er mai 1878.

On discute M. Krantz comme commissaire général, mais le choix d'Alphand est unanimement approuvé.

Eugène Pelletan, dont j'aime la fidélité, la grâce d'amitié, l'esprit généreux et l'âme haute, m'écrit :

Que faites-vous, chère madame et amie? Vous avez dû rentrer bien triste et avec bien des tristesses dans votre paradis terrestre de Bruyères. Il y avait là tant de souvenirs que vous ne pardonnerez pas à vos rosiers de continuer de fleurir.

Et puis, en regardant votre ciel bleu, vous songiez à l'horrible brouillard qui pesait sur Paris. Le voilà dissipé en partie du moins. Je regrette que vous ne soyez plus là. Sans fadaise, vous nous manquez. Il faut toujours une femme à la politique par cela seul qu'elle a de l'esprit, du cœur, du tact, du coup d'œil et du désintéressement. Tant pis pour vous si vous passez à ce moment devant une glace et si elle vous renvoie votre figure. Quand une femme a tout cela, dis-je, elle rend des services qu'un homme ne pourrait rendre : elle apaise, elle inspire, elle adoucit, elle rapproche, elle réconcilie, elle verse enfin la goutte d'huile qui empêche la machine de grincer ou de rompre.

Vous avez été bien étonnée du revirement de l'Élysée. C'est la première fois que la République fait une omelette sans casser d'œufs. Elle peut aujourd'hui en revendre, en fait de miracle, à Notre-Dame de Lourdes.

Croiriez-vous que j'ai eu assez d'esprit d'à-propos pour aller vous voir vingt-quatre heures après votre départ? Je reconnais bien là un certain guignon attaché à ma poursuite.

Vous êtes sans doute au travail, et c'est le vrai Paraclet de l'âme.

Pensez, sentez et ensuite écrivez pour sentir et penser en commun. Vous le devez à vos amis qui, comme moi, vous admirent à fond de train pour tout ce qu'il y a en vous de sérieux et de rayonnant, de noble et de délicat.

Toute la smala du Cherche-Midi vous envoie ses meilleures sympathies. Les miennes ne font que croître en vieillissant.

Eugène Pelletan.

Maurice Sand vient habiter à la Muette pour échapper à sa douleur. La tristesse de Nohant est trop cruelle.

C'est pour moi une grande joie de penser que j'aurai Maurice et Lina plus près de moi. Mme Sand aimait notre amitié.

Elle me disait un jour :

« Vous êtes ma fille choisie, la sœur de Maurice, la mère de Lina, la grand'mère, avec moi, d'Aurore et de Gabrielle. »

*
* *

Une lettre de Spuller m'arrive sous une double enveloppe. Sur la seconde, je lis, avant de l'ouvrir :

« A me retourner ».

Il s'agit, j'en suis certaine, de Gambetta et de Bismarck.

Paris, 23 décembre 1877.

Chère, chère madame,

Je souffre en vous écrivant ce que vous souffrirez en me lisant, car, alors même qu'on prévoit la suite logique des choses, on s'encourage cependant à en douter, si elles doivent vous être infiniment douloureuses. Or que pourrai-je vous confier qui vous affecte davantage que ce qui suit?

Vous n'avez pu vous expliquer pourquoi le maréchal s'était enfin décidé à rester après avoir répété bien haut qu'il n'en pouvait plus, et, en restant, à prendre un ministère de gauche quand jusque-là il croyait « perdre la France en le faisant ».

Il est resté parce qu'il a reçu de l'empereur d'Autriche une lettre qui lui en faisait un devoir, François-Joseph ajoutant que la crainte d'être forcé lui-même de prendre part à la guerre d'Orient, et par suite de laisser à la Prusse la liberté de recommencer la lutte avec la France, obligeait le maréchal à rester au pouvoir et à se mettre d'accord avec sa majorité parlementaire. Voilà pour le maréchal l'explication que m'a donnée Gambetta, la tenant d'Henckel.

Henckel est, paraît-il, satisfait de la nomination de Waddington, d'un protestant au poste des affaires étrangères, en remplacement de Decazes, « féru d'alliance russe », cela même aurait été inspiré par Bismarck!

Faut-il vous dire ce qu'Henckel a osé ajouter?

« Il vous reste maintenant, mon cher Gambetta, à aller à Varzin! »

. . . .

Et Gambetta m'a dit qu'il a répondu :

« Pourquoi pas? »

Ah! madame, je le sais, vous avez des larmes dans les yeux et vous pouvez pleurer. Moi, il m'a fallu une force au delà de ce que je croyais possible pour entendre de telles paroles d'une telle bouche.

Henckel a ajouté :

« Ce n'est que dans une conversation que vous pourrez

établir solidement les conditions du rétablissement d'un régime de confiance entre nos deux pays sur la base d'une politique commune de la France et de l'Allemagne contre la Papauté. »

Gambetta en me le répétant m'a regardé dans les yeux et m'a dit avec brusquerie :

« Tu as aujourd'hui une figure d'enterrement.

— C'est qu'aussi tu enterres quelque chose.

— En tous cas, pas la République !

— Oh ! non.

— Alors ? Du reste si ça ne te va pas que je te prenne pour confident…?

— Rien ne m'enorgueillit et ne me touche plus que ta confiance.

— Eh bien ? assouplis-toi aux choses dans la forme si tu es assoupli au fond. »

Ah ! chère madame, lui voir un autre confident qui peut-être le trahirait, jamais ! Mon seul espoir est maintenant d'empêcher Gambetta d'aller à Varzin !

Déjà notre ami est écœuré du lendemain de son triomphe. Ceux qui ont contribué à la victoire électorale ont des exigences et des appétits que vous ne pouvez imaginer.

« La curée des récompenses, » dit Gambetta.

« La République aux républicains ! » répète-t-on autour de nous.

Votre ami sans boussole que ses fidélités d'amitié.

E. Spuller.

Je renvoie cette lettre à Spuller, et lui dis que j'en ai pris une copie en forme de notes. Je rétablis cette lettre aujourd'hui, les mémoires du prince Clovis de Hohenlohe ayant été publiés, ceux du docteur Büsch, ceux de Gontaut-Biron confirmant ce que m'écrivait Spuller, et me permettant de parler de négociations qui de secrètes sont devenues publiques.

De Paul de Rémusat une réponse à une lettre de moi qui le félicitais de sa promotion de ministre à la Haye.

26 décembre 1877.

Madame.

Je suis très touché de votre lettre et de vos aimables compliments, et je les sens d'autant plus que je ne les mérite pas. Quant à aller véritablement à la Haye, je n'y ai point pensé. Je n'ai pas d'autre ambition que de me présenter de nouveau aux électeurs, et je ne demande à la Chambre que de m'envoyer à Muret pour recommencer la lutte dans des conditions d'honnêteté et d'impartialité que mon département n'a jamais connues.

J'ai peu de nouvelles à vous donner de Paris, car sans doute vous en avez plus que moi. On est toujours dans la joie du succès et l'on a confiance dans sa durée. Le président de la République a l'air d'avoir pris son parti de présider véritablement la République, et il paraît hors d'état de refaire un 16 ou un 24 Mai ou tout autre acte de ce joli mois de mai qui semble destiné à toute autre chose que la politique et qui maintenant réveille les plus mauvais souvenirs.

Veuillez agréer, etc.,

PAUL DE RÉMUSAT.

En même temps je reçois de Jules de Lasteyrie une lettre datée de son conseil général.

Melun, le 27 décembre.

Madame,

Je ne saurais vous dire combien je vous suis reconnaissant de votre aimable souvenir et de l'intérêt que vous voulez bien me porter.

Vous êtes restée auprès de vos amis dans la mauvaise fortune, ils espèrent que le soleil et les fleurs du golfe Juan ne vous retiendront pas éternellement loin d'eux dans leur prospérité.

En attendant, madame, daignez agréer l'hommage de la reconnaissance et du respect du plus humble d'entre eux.

Jules de Lasteyrie.

M. de Freycinet, qui, avec M. Thiers, est le civil qui a le mieux parlé des questions militaires, qui les a le mieux étudiées et comprises, est, selon moi, le futur ministre de la guerre. Je le lui ai répété plus d'une fois, et il en a ri volontiers, prétendant que mon insistance est une gageure. Le début de M. de Freycinet au Sénat a été un rapport sur l'administration de l'armée d'une clarté sans égale malgré ses termes techniques.

Je lui écris en le priant d'adresser pour moi une requête à son collègue de la guerre, le seul ministre que je ne connaisse pas.

M. de Freycinet me répond :

Paris, 31 décembre.

Chère madame,

Vous me demandez, sans vous en douter, la chose la plus difficile du monde, mais pour vous complaire je tenterai l'impossible.

Agréez, avec mes vœux du nouvel an, l'expression de mes sentiments respectueux et dévoués.

C. de Freycinet.

Mes amis du centre gauche reprochent à M. de Freycinet de saisir toutes les occasions, soit dans l'intimité, soit dans ses discours parlementaires, de témoigner de son profond respect pour le suffrage universel. Il obéit volontiers à l'opinion de la masse et subit sans révolte, quel qu'il soit, ce qu'il appelle le verdict populaire.

Le contraste est curieux entre l'allure peu démocratique de M. de Freycinet et son respect de la démocratie et de ses volontés.

* * *

Janvier 1878.

J'apprends par une lettre de souhaits tendres, pleine de cœur comme toujours, de la famille de Gambetta, qu'il a quitté Paris dans la première quinzaine de décembre, qu'il a passé par Nice pour aller à Rome, et qu'il doit revenir à Nice et à Bruyères, a-t-il dit, du 3 au 6.

Pourquoi lui-même ne m'a-t-il pas écrit un mot m'annonçant sa visite? Je remercie les siens de m'avoir prévenue, leur disant que je serai heureuse de revoir leur « Léon » à l'époque où il venait chaque année. Je l'attends avec tous les siens.

De Ronchaud m'écrit la mort de Courbet et me rappelle le jour où, avec Mme de Charnacé et Daniel Stern, nous avons été visiter son atelier. Mme de Charnacé, qui est un critique d'art remarquable, a été l'une des premières admiratrices de Courbet.

Je suis retournée plusieurs fois chez Courbet ensuite, soit avec de Ronchaud, soit avec Hetzel.

Je m'explique très bien comment ce rusé, très naïf au fond, a pu être entraîné à *manifester* contre la colonne Vendôme.

« Entre deux pipes, au café, on pouvait le monter à tous les diapasons, » disait Hetzel.

Il est mort au village de la Tour de Peilz, en Suisse. « La cause de sa mort, ont dit les journaux suisses, est une trop grande absorption de liquide ». Voilà une façon polie de parler d'ivrognerie.

*
* *

Depuis Jean Dacier, je suis liée avec Coquelin. Gambetta a pour lui une amitié dont il s'enorgueillit parfois outre mesure, mais à laquelle il est sincèrement dévoué.

Dans ses rapports avec Gambetta, il joue au vrai les rôles de confident, et il y est très « comédie française ».

Il m'écrit le 1ᵉʳ janvier.

Comment vous remercier, chère madame, de votre amical souvenir? Je travaille en ce moment pour aller vous voir et vous saluer au commencement de février, ce me sera une vraie fête de vous serrer la main.

Notre grand ami se fait honorer en Italie. Il est satisfait de la situation, il doit avoir raison, mais que de choses restent à désirer!

Êtes-vous satisfaite du dénouement? Grévy n'eût pas été aussi... que le maréchal? En tous cas nous n'avons que trois ans à attendre avec ce dernier, tandis qu'il aurait fallu en attendre sept avec le premier. Ne croyez-vous pas que d'ici là ce sera chose faite?

Êtes-vous plus satisfaite de votre santé. J'espère que oui, et c'est un de mes grands souhaits pour l'année qui commence. Vos amis ne peuvent vous aimer à moitié, chère madame, et soyez bien assurée que vous n'en avez pas un seul à qui vous inspirez de plus hauts sentiments qu'à votre dévoué.

C. COQUELIN.

Gambetta s'annonce, et il vient à Bruyères seul.

Il a passé par Nice, et les siens ne le rejoindront que demain soir.

Adam n'est plus là pour amener le grand ami impatiemment attendu. A leur arrivée, Bruyères était en joie sans réserve. Spuller, Challemel, ajoutaient à notre gaîté celle de véritables écoliers en vacances.

Le « gros », comme l'appelait Adam, est très ému de ne plus voir celui qu'il nommait de façon si amusante, à cause de sa haute taille : « Mon petit ».

Mais il y a entre Gambetta et moi et de sa part une négligence d'amitié que je ne m'explique pas. Je lui en demande la cause avec reproche :

« Pourquoi ne m'avez-vous pas écrit une seule fois, mon cher ami?

— Pourquoi m'avez-vous écrit? me répond-il sur le même ton.

— Moi!!! Je ne vous ai pas écrit la moindre lettre!

— Pardon, vous m'en avez écrit trois!

— C'est trop fort! »

Gambetta place devant moi les trois lettres...

Voilà mon papier de deuil avec l'en-tête de Bruyères gravé par Stern; voilà bien mon écriture, ma signature !...

Je crois perdre la tête ! Ces lettres ont été mises toutes trois à la poste de Cannes, seul point particulier, car toutes les miennes partent de Vallauris.

Je parcours la première... Elle commence par ces mots : « Mon cher ami ». La lettre est une série d'ironiques conseils, de conditions posées. Il y a une certaine imitation de ma manière d'écrire, mais, en vérité, il est facile de voir, de sentir, de comprendre que je n'ai pu écrire une telle lettre ni les suivantes, qu'il me suffit de parcourir, de lire haut, pour prouver à Gambetta qu'elles ne peuvent être de moi.

« Comment avez-vous cru que je vous écrivais de pareilles stupidités, mon grand ami? Mais vous ne connaissez donc rien de mon esprit, de ma façon d'être, de mon caractère? Vous n'avez donc jamais eu de preuves d'une amitié qui ne peut être à la merci d'un dissentiment d'opinion? Je puis souffrir de vous croire trompé, égaré, séduit par ceux que je considère comme nos ennemis, déplorer que vous n'ayez pas mes atavismes nationaux, discuter violemment, vous injurier même, refuser de continuer à vous reconnaître comme mon chef, mais rester votre amie !

— Comment expliquez-vous ce papier, cette écriture?

— Je les trouve effrayants ! Dans quelles mains

suis-je? Que va être ma vie, mes relations d'amitié les plus chères, avec cette menace de lettres de moi? Mais, que vous ayez pu croire à l'une de ces lettres sans songer à me répondre, à m'interroger, puis-je vous le pardonner?

« Adam a été poursuivi toute sa vie et parfois *torturé par un faussaire qui imitait son écriture, sa signature, et qui portait le même nom et le même prénom que lui* : Edmond Adam. Vais-je donc avoir à subir une torture analogue à celle que j'ai plus d'une fois soufferte avec lui? Car ce faussaire me mêlait à ses forfaitures. C'est à cause de lui qu'Adam avait fini par signer : Antoine-Edmond Adam.

— Pardon, ma pauvre amie, ma sœur, me dit Gambetta désolé, d'avoir cru à de telles lettres de vous, et bien plus d'avoir parlé à nos amis de notre amitié dans des termes dont j'ai le remords. Adam vivant, une telle aberration de ma part eût été impossible. Je lui aurais montré la première lettre, et nous aurions ensemble compris qu'elle était fausse. Surmené comme je le suis, je me suis laissé prendre à ce piège grossier. Je vous demande encore une fois pardon !

— Et moi, je vous demande de chercher avec moi, jusqu'à ce que nous l'ayons découvert, qui tient en mains une pareille arme me visant.

— Cela, je vous le jure. »

* * *

Ce jour-là, je n'ai pas le courage de parler à Gambetta de sa politique bismarckienne. Je ne puis d'ailleurs trahir ni Duclerc ni Spuller.

Nous parlons d'Adam, nous revivons le Bruyères heureux des dernières années. Les dominos sont là, rappelant à Gambetta les injures comiques qu'Adam et lui se prodiguaient, aussi bons à la fois et aussi mauvais joueurs l'un que l'autre.

Je conduis Gambetta, le lendemain après déjeuner, à la pointe du cap d'Antibes.

La famille de Gambetta tout entière n'arrivant que le soir pour dîner, nous nous promenons à l'extrémité du cap, nous admirons la baie des Anges, et, las, tous deux nous nous asseyons, adossés à l'un des rochers qui surplombent la mer. Tandis que la vague gémit à nos pieds et s'en retourne, repoussée par le rocher, je dis, moitié sérieuse, à Gambetta :

« La vague gémissante et que repousse le rocher, c'est moi.

— Qui est le rocher?

— Vous et votre entêtée politique extérieure.

— Quelle politique? »

Pour ne pas répondre crûment à la question de Gambetta, j'ajoute :

« Qu'êtes-vous allé faire à Rome, sinon contresigner votre politique crispinienne et bismarckienne ?

— J'ai choisi entre deux maux : celui de l'effacement, qu'on appelait recueillement, et celui de la participation à l'action diplomatique européenne. Oui, j'ai choisi l'action, parce qu'elle m'apportait un appoint colossal dont vous ne pouvez soupçonner l'importance pour ma politique intérieure.

— Je le devine. Je sais trop de choses par mes amis russes pour ne pas conclure. Mais, mon cher ami, en vous entendant avec Bismarck, — Gambetta a un sursaut, et je feins de ne pas m'en apercevoir, — vous prenez à votre compte, certainement, la politique du Kulturkampf, dont Bismarck lui-même est las, car elle désagrège tous les partis. Certes, avec le Kulturkampf français, vous servez l'Italie et sa vendetta contre la papauté, et Victor-Emmanuel a dû vous accueillir en ami. Mais aussi vous grandissez Paul Bert, Ranc, Ferry, Brisson, Clemenceau. Or ceux-là, même ceux qui se disent vos amis, mais surtout les deux derniers, n'ont qu'une idée : quand vous aurez brisé l'obstacle à la démagogie, ce sera de vous briser vous-même.

— Vous me croyez donc bismarckien parce que je suis anticlérical ?

— Certaines de vos restrictions, votre changement de langage à propos de nos provinces perdues, m'ont angoissée. Dès que vous ne faisiez aucun geste de sympathie envers la Russie au début de la guerre turco-russe, j'en ai conclu que vous abandonniez l'idée de revanche, car le seul moyen de reconquérir un jour l'Alsace-Lorraine, c'était d'entrer, par quelques paroles sympathiques, au moment de ses épreuves, dans le cœur du peuple dont les intérêts sont ennemis des intérêts de l'Allemagne et de l'Angleterre comme le sont les nôtres.

— Ma chère amie, vous savez bien que nous ne pouvons sans folie songer à reprendre l'Alsace-Lorraine.

— A cette heure, je le sais, mais plus tard. Duclerc, dont vous-même avez admiré devant moi la compétence et le dévouement à la présidence de la commission de l'armée, me répète que nous serons prêts en 1880. »

Gambetta haussait les épaules.

« Il faut, me dit-il avec impatience, tâter d'une politique d'expansion, conquérir ou gagner par d'habiles neutralités l'équivalent de ce que nous avons perdu. On verra après. Quant à mon anticléricalisme à l'intérieur, tant mieux s'il est un appoint pour ma politique au dehors, mais, rassurez-vous, il ne m'aveuglera pas au point de faire courir à la France le risque de perdre le bénéfice de notre action et de nos traditions catholiques à l'étranger.

— Faire une double politique au dedans et au dehors dans une question qui passionne à ce point, est-ce possible?

— J'en suis sûr. Quand la liberté religieuse

sera complète, le catholicisme n'étant plus religion d'État, rien e nous empêchera d'encourager comme par le passé ce que j'appelle le « commerce moral de la France », si utile à l'autre commerce. Que de choses, que d'ententes se feront entre l'Église libre dans l'État libéré de l'Église. La grande affaire est de dégager l'État de ses liens cléricaux et de délier l'Église de son fonctionnarisme. Tant que nous resterons « fille aînée de l'Église », la papauté comptera sur nous comme soutiens, et, par cela même, logiquement, nos rapports avec l'Italie demeureront instables. Il faut dénouer nos attaches papistes et renouer nos liens avec la royauté italienne.

« Nous avons eu notre grandeur comme soutiens de la papauté, nous serons plus grands encore devenant le champion de la liberté des cultes. La politique du Kulturkampf a changé le principe des luttes anticléricales. Elle en a fait une question de politique européenne, nous ne pouvons plus ne pas en tenir compte. Dans le voyage que je viens de faire à Rome, je me suis entretenu de cette question avec tous les chefs de parti, Depretis, Cairoli, Crispi, etc., nous nous sommes entendus et compris.

« Le roi Victor-Emmanuel, je tiens à vous le dire, m'a beaucoup frappé. Je croyais voir un roi constitutionnel, par conséquent soumis, j'ai vu un roi supérieurement habile à *soumettre* les autres. »

Curieuse, j'interrogeai Gambetta sur sa conversation avec le roi d'Italie.

« J'ai l'expérience de vingt ans de gouvernement, lui a dit Victor-Emmanuel, et je sais le parti qu'on peut tirer de la lutte des individualités. Gouverner à l'intérieur est l'A B C D. Mais la politique extérieure, ses inconnues sont parfois angoissantes. Jusqu'à ces derniers jours j'ai été fort inquiet de votre pays. Le succès de votre politique, votre visite, vos affirmations me rassurent. Dès que la France ne veut pas le rétablissement du pouvoir temporel, qu'il est bien prouvé qu'elle ne fera jamais rien pour le rétablir, nous ne pouvons être que les amis de la France. »

« J'ai lié partie avec Victor-Emmanuel, me dit Gambetta. Nous sommes entrés en confiance, et il peut résulter de l'échange de nos idées de très bonnes choses pour notre pays. Je n'exagère pas en vous disant que Victor-Emmanuel est un politique de la trempe d'Henri IV. Il a ressoudé tant de choses que l'Italie est presque à cette heure, comme l'était autrefois la France, un organisme parfait.

— Tandis que chez nous, dis-je, les deux organes qui nous manquent nous déséquilibrent de façon tous les jours plus inquiétante. Le Midi prédomine avec ses excitations, ses impatiences, et jamais nous ne retrouverons notre pondération nationale que quand nous aurons reconquis l'Alsace-Lorraine comme l'Italie a reconquis la Lombardie et la Vénétie. Ah! mon grand ami, comment vous peindre mon chagrin de vous deviner de plus en plus engagé avec l'Allemagne. Vous, notre défenseur national, vous, dont la parole, les actes galvanisaient la France abaissée, à qui vous affirmiez qu'elle verrait le jour de son relèvement, vous faussez votre mission ! Pardon, pardon du mot cruel mais je le dis : « Vous trahissez votre « destinée. » Jamais Bismarck ne vous fera aussi grand que vous faisait votre fidélité à l'Alsace-Lorraine. Mais je vous blesse.

— Vous ne pouvez me blesser, ma chère amie, car vous me parlez comme vous devez me parler, vous, femme, vous, idéaliste, que les réalités ne peuvent acculer à des résolutions contradictoires.

— Mon cher grand ami, considérez les instruments démoniaques dont le « malin » se sert pour vous livrer à l'ennemi prussien. C'est le rebut social ! un Henckel qui a épousé une Païva, pour rentrer en possession d'une fortune que ses vices lui avaient livrée.

— Par qui êtes-vous renseignée? me demanda Gambetta avec colère.

— Je suis Parisienne, mon cher ami, j'ai des amis de mes amis. N'oubliez pas que j'ai été la femme d'un préfet de police, et surtout sachez qu'il y a des espions français espionnant les espions de Bismarck.

— C'est Decazes qui vous a renseignée?

— Non, mais vous prenez si peu de précaution. Vous dînez chez Henckel où il y a des domestiques français. Qu'importe d'ailleurs d'où je sais. Le chagrin que j'en ai m'a fait quitter Paris. Vous êtes Prussien! Je reste Cosaque. Nos deux buts sont aux deux extrémités de l'opinion française. Maintenant que vous êtes victorieux, je vous combattrai. J'essaierai de vous barrer le chemin chaque fois que vous vous approcherez de Bismarck. Je n'ai cessé d'être l'ennemie de votre protégé Waddington, choisi par vous, non dans l'intérêt strict de notre France, mais pour complaire à l'homme de Varzin. Dieu veuille que notre république, qui déjà m'inquiète, protégée qu'elle est par notre plus cruel ennemi, n'aille pas s'abaissant au lieu de s'élever. »

Gambetta m'avait écoutée sans impatience.

« Vous êtes d'accord avec vos sentiments, moi avec ma raison, me dit-il. Allons donc chacun notre chemin.

— Mon chemin à moi, répliquai-je, c'est la route nationale, tracée par le grand, le fier passé de ma race, le vôtre est une *combinazione* et un casse-cou.

— Quels que soient nos combats, reprit en souriant Gambetta, promettons-nous de rester fidèles à notre amitié.

— J'en fais le serment, » répondis-je.

*
* *

La famille de mon grand ami nous arrive heureuse d'être à Bruyères avec celui qu'entre nous nous appelons simplement Léon.

Gambetta reste encore, après le départ des siens, une journée avec moi, me parlant de ses projets de réforme de l'armée qu'il aime malgré certaines réserves ne concernant que les personnes.

Il s'intéresse à mon roman de *Laide,* premier volume de la trilogie dont lui et Spuller ont connu le projet deux ans auparavant.

Le jour de son départ, Gambetta me dit adieu avec une tristesse qu'il avoue excessive « sans pouvoir en comprendre la raison, ajoute-t-il, puisque nous sommes en complet accord sur nos désaccords.

— Gare à votre chemin de casse-cou, » lui dis-je en riant.

Une demi-heure après l'un des chevaux qui conduisait Gambetta au train à Cannes tomba mort.

Superstitieux comme je suis superstitieuse, Gambetta m'a depuis avoué qu'il avait eu l'envie de revenir à Bruyères me dire : « Je reprends l'ancien chemin » et d'abandonner la politique d'entente bismarckienne !

Que ne l'a-t-il fait !

Mais les influences qui l'avaient engagé dans ce « chemin de casse-cou » et parmi lesquelles j'aurais pu reconnaître sûrement les auteurs de mes trois lettres fausses, le reprirent, appuyées par d'autres influences d'ordre intime.

*
* *

Après le départ de Gambetta, dont l'amitié ne pouvait malgré ses résolutions que s'entamer à l'avenir, j'attachai plus de prix au témoignage d'affection de mes vieux amis.

Hetzel m'écrit qu'il serait bien heureux d'être auprès de moi s'il pouvait me faire quelque bien, et il ajoute :

Notre ami, celui qui a été à Rome, si j'en crois les journaux, repassera sans doute par le golfe Juan. Il me paraît que cela est élémentaire. Eh bien! je voudrais que vous lui disiez ceci :

L'*Officiel* convoque les électeurs de toutes les circonscriptions vacantes pour le 29 janvier. Il m'est revenu que Joseph Garnier, sénateur des Alpes-Maritimes, songe à engager notre ami Raoul Duval à se présenter dans l'arrondissement de Castellane, qui l'avait pour député dans la dernière chambre. Arthur Picard, qui est candidat à Castellane, est étranger au pays, et nous n'avons que très peu de raisons d'y tenir, mais Garnier voudrait être sûr que sa combinaison Raoul Duval serait acceptée par Gambetta.

La position de Raoul Duval est celle-ci : pour rien au monde il ne veut entrer en lutte avec un candidat soutenu par le parti républicain et agréable à Gambetta.

D'autre part il a refusé péremptoirement de se laisser porter par les bonapartistes dans toute autre circonscription où on lui offrait de lui faire faire une place.

Il veut entrer à la Chambre libre de son passé et libre de suivre la politique qui l'a fait se montrer d'accord avec Gambetta dans toutes les questions importantes.

Il veut, en un mot, aider à la constitution du gouvernement que par deux fois le suffrage universel a désigné à la France.

Je crois qu'il nous importe qu'il puisse entrer à la Chambre dans ces dispositions et dans ces vues.

Si vous voyez Gambetta, faites-lui lire ce mot, et, si cela peut lui convenir, qu'il profite de son voisinage avec les Basses-Alpes pour donner la première impression aux influences qui lui obéissent et les prévienne contre tout engagement avec Arthur Picard.

    Tout à vous.
        Hetzel.

L'une de mes connaissances assez intime de Cannes, raspailliste enragée qui vit dans l'odeur du camphre et dont le prosélytisme excessif est parfois du plus haut comique, est dans un chagrin noir. Elle vient m'en faire part. Son héros est mort avant-hier, le 8 janvier.

« Comment le camphre ne l'a-t-il pas sauvé, pauvre chère madame? »

Elle a de l'accent et me répond :

« Je me le demande! »

Catholique, voire pratiquante, ma visiteuse gémit parce que Raspail a été enterré civilement.

Pourtant elle se rassure.

« Il a fait tant de bien, conclut-elle toujours avec accent, que le bon Dieu, quand même, le recevra dans son sein. »

C'est jour de deuil! Les journaux apportent la nouvelle de la mort presque subite de Victor-Emmanuel.

N'est-il pas mort le même jour que Napoléon III, le 9 janvier?

Le voyage de Gambetta aura été inutile. Grosse déconvenue, car il en paraissait très fier. J'ai su plus tard que les Italiens l'avaient accusé d'être *jettatore* et d'avoir eu pour le roi le mauvais œil.

La sœur de Gambetta m'écrit qu'elle viendra passer la journée de dimanche avec moi :

Avec toute ma maisonnée, dit-elle, la poule, les poussins, le coq et le tout suivi de Miette.

Je suis heureuse de vous voir, de vous entendre. Je crois que mon mari vous aime autant que moi. Je n'en suis pas jalouse parce qu'il vous est surtout reconnaissant d'avoir fait de moi... sa femme. Laissez-nous donc tous deux vous adorer.

Brisson, à qui je demande ce qui se cache sous l'affaire du catalogue des lots de la loterie nationale me répond ceci :

Paris, 16 janvier 1878.

C'est une affaire bien bizarre et bien étrangement grossie, je vous assure ; voilà à quoi elle se réduit :

Vous admettez bien que pour assurer la coïncidence exacte entre les lots tirés et les lots gagnés il fallait une publication officielle. En l'abandonnant au hasard, étant donné un tirage de 6000 lots par jour, on s'exposait à de nombreuses erreurs. Tel journal eût publié le numéro 2397, un autre le numéro 2297, un troisième le numéro 2837 et ainsi de suite.

Le ministère eût été assailli de réclamations, et l'on eût compté par centaines les personnes qui, croyant avoir gagné et se trouvant déçues, auraient exigé la communication du procès-verbal authentique du tirage où les numéros tirés au sort seront écrits en toutes lettres. Et alors que de criailleries, en partie légitimes, sur l'imprévoyance ministérielle, que de soupçons absurdes aussi.

Il fallait donc une publication officielle. La première idée du ministère a été de la confier au *Journal Officiel*. Wittersheim a demandé une somme énorme. Un autre imprimeur a fait un rabais, un autre a offert de faire pour rien, un autre encore de payer une petite somme, un dernier enfin une somme plus forte. C'est ce dernier qui a eu l'entreprise, tout cela est constaté par lettres.

Le malheur est que ce dernier est un nommé Piégut,

gérant de la société des publications périodiques, adressé au ministère et recommandé par un de nos meilleurs amis. (Oh! les recommandations des républicains!) Piégut cachait Dalloz. Je crois qu'on ne l'a pas su tout de suite au ministère.

De là, fureur, car Dalloz a dû conclure l'affaire, moins pour elle-même que pour montrer au gouvernement la supériorité de son outillage et ravoir par là le *Journal officiel*, s'il se peut.

Vous êtes assez Parisienne pour que je n'aie pas besoin d'en dire plus long; vous connaissez suffisamment les hommes et les choses.

Au ministère on n'était pas assez Parisien, sans quoi l'on eût confié l'impression du catalogue à l'Imprimerie nationale. Elle y eût mis le temps et la chose eût coûté gros, mais on aurait clos tous les becs de plume et autres. Le ministère a voulu réaliser une économie, et il a soulevé un orage; orage risible lorsque l'on compare ceux qui tonnent et ceux qui sont foudroyés.

Le meilleur, c'est que même les journaux du plus fort tirage disent qu'ils se seraient bien gardés de publier un tel fatras.

En fait, je crois qu'il y aura publication avant le tirage d'un catalogue officiel et que toute cette mousse tombera, mais si l'on voulait en parler à la Chambre les mordeurs seraient mordus.

Dans une heure, nous aurons le programme ministériel, le mien serait : « Plus de loteries! »

Je vous prie de croire, madame, à mon sérieux attachement, et j'ai l'honneur d'être votre très humble et très obéissant serviteur.

HENRI BRISSON.

Meissonier est à Antibes. Il peint sur la plage. Nous sommes brouillés depuis le siège. Je l'aperçois un jour en me promenant. Nous nous regardons chacun avec l'envie de voir l'autre faire la première avance, mais ni l'un ni l'autre nous ne la faisons.

Hetzel vient passer quelques jours avec moi à Bruyères. Il va voir son ami Meissonier qui lui dit :

« Malgré le plein soleil qu'il faisait le jour où Mme Adam a passé près de moi, elle m'a glacé. Demandez-lui si c'est pour toujours qu'elle est aussi réfrigérante? »

Girardin m'écrit :

> Vous m'avez bien légué vos vendredis, mais à l'exception de deux tous ont manqué, d'abord par votre présence réelle, ensuite par l'impossibilité d'avoir régulièrement l'homme le plus occupé de France.
>
> J'avais voulu arranger, hier vendredi, un grand dîner pour son retour. Impossible même de trouver le temps de me répondre ; cependant il a trouvé le temps de venir hier déjeuner et causer longuement et librement.
>
> A vous de tout cœur.
>
> GIRARDIN.
>
> P.-S. — Le 1er février, comme vous me le promettez, je déposerai entre vos mains, avec joie, le jour que vous m'avez confié.

Je rentrerai à Paris pour le 1er février. J'aurai le courage d'y reprendre mes soirs et mes dîners du vendredi. Jusque-là, Bruyères me garde.

* * *

Le 21 janvier, une séance de la Chambre a un grand retentissement. Gambetta y attaque la proposition de l'amiral Touchard demandant des modifications au règlement pour la validation des pouvoirs des députés. Il flétrit violemment les candidatures officielles faites sous le coup d'une pression administrative.

« J'ai l'horreur des représailles politiques, » dit-il.

Et il est sincère, car je n'ai connu personne qui ait moins de rancune que Gambetta.

Hetzel, qui arrive à Bruyères, est le plus intéressant des causeurs. Nos conversations ne s'interrompent que pour recommencer à table, en nous promenant, ou à la veillée du soir.

Je lui ai lu *Laide,* qui est achevée. Il me dit avec chaleur le plaisir que lui a fait cette lecture.

« Voyez-vous, ajoute Hetzel qui n'est plus l'éditeur mais P.-J. Stahl, il faut aimer ses héros, les faire siens, s'émouvoir des aventures ou des sentiments qu'on leur prête, les haïr de toute la haine qu'on a du mal si on leur donne des laideurs morales, et les faire servir à la démonstration du bien. Il faut se respecter dans son œuvre comme dans sa vie. Ce qui m'indigne, c'est l'indifférence que certains romanciers ont pour leurs héros, et, qui plus est, le plaisir que quelques-uns prennent à ne les faire que laids, gangrenés jusqu'aux moelles par tous les vices ignobles, comme Zola. Les romantiques s'étaient passionnés pour leurs héros au point de les vouloir hors nature, invraisemblables; les Parnassiens frisent le doute, le scepticisme, nous ramenant aux vraisemblances, mais Daudet, Banville, Coppée, Heredia, Leconte de Lisle, Louis Ménard, Augier, Dumas fils, About, et tant d'autres, ont des poussées d'idéal au milieu de leurs préoccupations d'être vrais. M. Zola n'a que des poussées vers la bassesse. Avilir est son but. Ses phrases coulantes me rappellent les ruisseaux dont le cours aboutit à l'égout. Et l'odieux, c'est qu'à l'étranger, nous, vaincus, nous sommes méprisés à travers l'œuvre calomniatrice de Zola !

« Ce qui console, c'est que l'homme des *Rougon-Macquart* aura cessé d'être quand seront encore ceux dont je vous parlais tout à l'heure, et qui font cortège à Chateaubriand, à Lamartine, à Hugo, à Sand... »

Hetzel reçoit d'Aurélien Scholl sur le *Petit Duc*, de Meilhac et Halévy, une lettre qui nous fait assister avec un fou rire à la première représentation.

« Tu crois peut-être que cette lettre est pour toi, mon vieux, dit Scholl en terminant. Eh bien, non ! Elle est pour que tu la lises à ton hôtesse. Ma récompense sera qu'elle te montre ses dents. »

De mon côté, je lis à Hetzel une lettre d'Edmond About, datée du 21 janvier, et qui ne m'arrive que le 27. Elle est allée en Bretagne, où il y a un Bruyères, paraît-il.

Depuis un mois j'ai passé ma vie à lutter contre une série de maladies plus sottes et plus ridicules les unes que les autres. Après huit jours de grippe, je recevais sur l'œil droit un choc qui a failli me rendre aveugle pour mes étrennes, car l'œil gauche s'était pris par sympathie, et mon médecin ne riait pas en m'inondant, tantôt de morphine pour contracter l'iris, tantôt de belladone pour le dilater. De ces misères il me reste un état qui est très malingre, qui s'est manifesté par un commencement d'anthrax à la nuque, et la pudeur me défend d'énumérer les artifices renouvelés de M. Purgon qui ont écarté ce nouveau péril. Je n'en parle que pour excuser un silence impardonnable en soi et qui vous eût scandalisée si vous n'étiez la bonne grâce en personne.

Figurez-vous que je n'ai même pas vu les belles fleurs et les belles oranges que vous avez envoyées à mes fillettes. J'avais sur les yeux un bandeau bien plus laid et plus incommode que le bandeau mythologique de l'amour, et je n'ai pu que flairer en aveugle les délices du golfe Juan.

Enfin la grosse bête est sur pied en médiocre état, mais prête à renaître sous l'influence du soleil qui reviendra bientôt dans vos bagages. Je n'aurais jamais eu l'impertinence de vous donner un conseil, même bon, mais votre retour sera, je puis vous l'affirmer, un événement heureux pour tout le monde, non seulement pour nous qui vous aimons, mais pour le parti républicain qui s'est un peu éparpillé !

Les anciens petits comités du *Siècle* sont finis, à mon grand regret, depuis que la République est sauvée. On ne se rencontre plus qu'à la Chambre, dans les couloirs, à bâtons rompus, sans possibilité d'une conversation suivie. La discipline n'est pas en péril et la bonne harmonie se maintient ; mais il y a eu des écarts, des erreurs, des fautes que vous auriez pu prévenir si vous aviez été à Paris.

Vous faites donc un acte de sagesse en ramenant ici le bon génie de notre parti, et vous serez accueillie à bras ouverts. Je n'ai pas besoin de vous dire que vous pouvez compter absolument sur moi ; oui, certes, je serai des vôtres jusqu'au jour où le médecin m'enverra dans ces jolis climats que vous quittez.

Il me tarde de vous revoir et de vous baiser les mains en nature comme je le fais en intention dans la fidèle humilité de mon cœur.   EDMOND ABOUT.

« Il ne dit que ce que nous pensons tous, ajouta Hetzel. Vous manquez! Il n'y a que vous qui ayez pu attirer chez vous, convaincre, unir, fixer d'irréconciliables adversaires. Votre dernière conquête, Raoul Duval, sera l'un de ceux qui feront le plus d'honneur à la République, et il dit haut que c'est vous et votre milieu qui l'y ont le plus attiré. »

Pas un de mes amis qui n'accueille mon invitation de rentrée avec joie. Je les ai envoyées de Bruyères. J'y reçois des réponses de M. de Marcère :

Madame, votre grand ami est aussi joyeux de vous revoir que vous pourrez l'être de revenir au milieu de votre cour. J'irai vendredi, 1ᵉʳ février, mettre mon excellence au pied de votre souveraineté.

De Marcère.

Et M. de Freycinet, invité pour le 8 :

Paris, 25 janvier.

Chère madame,

J'apprends avec bien du plaisir votre prochaine rentrée à Paris. J'accepte votre dîner d'amis et tâcherai de vous le répéter de vive voix le 1ᵉʳ.

Agréez mon respectueux dévouement.

De Freycinet.

Je suis à Paris le 31 janvier au matin. Le 1ᵉʳ février, pas un ami ne manque soit à ma table, soit dans la soirée. Je suis profondément touchée de l'expression si chaleureuse de « la joie du revoir ». Tous me répètent que j'ai manqué, que je manque à l'union de notre parti.

Gambetta est des nôtres. Je le trouve plus irritable, de moins belle humeur qu'à mes dîners d'autrefois. Ce titre de président, que tous lui donnent maintenant qu'il s'est fait à la commission du budget une situation un peu dictatoriale, met dans les rapports que ses amis les plus intimes ont avec lui quelque chose de soumis que je n'ai pas la moindre envie d'imiter.

« Mes chers amis, dis-je à un moment, permettez à une personne qui vient de prendre du recul pour vous juger de vous dire que maintenant que la forme du gouvernement n'est plus en cause, que la défense de la République vous a conduits à la victoire, il semble que vous ne devez plus songer qu'à la défense nationale.

— Moi, je ne pense qu'à cela ! » répond Duclerc avec un regard significatif.

Girardin, de Marcère, About, Billot et tous, Spuller même, crânement me répondent comme Duclerc.

Gambetta, qui est à ma droite, me dit tout bas :

« Déjà la Fronde ! Aux réformes ! Des réformes, ajoute-t-il tout haut, voilà surtout ce que la France réclame hautement.

— Elle vous fera crédit durant un quart de siècle pour les accomplir, répliquai-je. Vous pouvez donc les étudier longuement et sagement.

— Savez-vous, Billot, dis-je, ce que je demande à Gambetta ? C'est que nos instituteurs deviennent un peu sous-officiers et nos officiers un peu instituteurs, que nos petits soldats arrivent à l'armée dégrossis militairement et qu'ils en sortent plus instruits des grands faits de notre histoire. »

Gambetta, comme tous, me répond :

« Mais, sûrement ! L'armée d'abord, l'instruction ensuite, les travaux publics en troisième lieu, et les réformes promises. Nous sommes au travail, et rien ne peut plus nous arrêter. »

Le « président de la commission du budget » parle avec magnificence des projets de M. de Freycinet destinés à compléter « l'outillage industriel et commercial de la France ».

About, qui a toujours le mot à l'emporte-pièce, ajoute :

« Avec un inspirateur comme M. Pâris, qui a tracé tous les plans des chemins de fer, des canaux, des ponts à construire, des travaux à exécuter ; avec un amorceur comme Philippart, et leur patatras à tous deux, M. de Freycinet peut faire de belle besogne déjà mâchée.

— Pâris a rêvassé, Philippart a fait banqueroute, répliqua Gambetta un peu agacé, mais parlons sérieusement et disons qu'épaulé par Léon Say et par le président de la commission du budget, votre serviteur, M. de Freycinet fera de grandes choses pour la France redevenue grandissante.

— Ainsi soit-il, dit About avec onction. Vous voyez que je connais les formules de la foi ! »

Je constate avec joie qu'à la fin du dîner la cordialité est redevenue complète entre mes amis ; quelques griffes un peu sorties sont rentrées, l'atmosphère amicale de la maison se recrée.

Gambetta m'exprime cette impression ressentie par tous avec un élan de cœur sincère.

« Il n'y a que chez Adam, chez vous, ajoute-t-il, qu'on jouisse d'une amitié supérieure à toute divergence d'idées. »

Je n'abandonne pas l'espérance de rattacher Gambetta de nouveau à ce milieu dans lequel il a grandi et qu'il aime, et de l'arracher à ses relations prussiennes. Je l'envelopperai de telle sorte par nos amis, tous passionnés de revanche, fidèles à l'Alsace-Lorraine, qu'il repoussera comme un crime la pensée qu'il a eue d'aller à Varzin ou à Berlin.

Spuller vient me voir le lendemain et me dit qu'à aucun moment Gambetta n'a cessé d'aller chez la Païva à Paris et à Pontchartrain. Je lui parle des trois fausses lettres et lui confie mes soupçons.

« Elles viennent de là, lui dis-je. On a voulu détourner mon influence pendant les pourparlers bismarckiens.

— Interrogez Girardin, me dit Spuller : il voit encore Henckel, quoiqu'ils aient été au plus mal après la guerre. Il connaît le caractère de l'homme, il vous renseignera. »

Je vais le jour même voir Girardin, et je lui narre l'histoire des trois lettres, lui disant que je soupçonne Henckel du méfait pour brouiller Gambetta avec une revancharde passionnée.

« Henckel est un cynique, un cruel, un inconscient lorsqu'il s'agit de moralité, un criminel possible au cas où quelqu'un essaierait de lui barrer le chemin. Cependant, je ne le crois pas homme à faire des faux, même pour servir Bismarck. Mais Bismarck, il est vrai, a donné l'exemple. Et la dépêche d'Ems...

« Si ce n'est pas Henckel, qui est-ce? ajoute Girardin. Cherchons la femme, et nous trouverons. »

Et nous croyons avoir trouvé!

*
* *

M⁽ᵐᵉ⁾ Thiers, ne me sachant pas encore à Paris, m'écrit à Bruyères.

Paris, 1ᵉʳ février.

Madame,

Malade depuis un mois, puis très préoccupée de la santé de ma sœur atteinte d'une rougeole très grave, je n'ai pu vous remercier encore de la lettre que vous avez bien voulu m'écrire. J'espère que le ciel du Midi vous sera comme toujours favorable, mais je n'espère pas qu'il agisse sur les peines morales, bien plus redoutables et désespérantes que les maux physiques. Plus le temps s'écoule, plus elles accablent.

Agréez, je vous prie, madame, l'expression de mes plus distingués sentiments.   E. Thiers.

Le vendredi 8 est le dîner que j'appelle dans mes souvenirs la soirée Freycinet. Ce soir-là j'ai souffert dans mes sentiments républicains presque autant que j'avais souffert dans mes sentiments nationaux lorsque j'avais appris par Spuller les relations de Gambetta et de Henckel-Païva.

Avant l'arrivée de Freycinet pour le dîner, Spuller, le bon Spuller, et plusieurs autres avaient grogné — c'est le mot — contre le discours de Nantes. A table, je m'efforçai de mettre M. de Freycinet sur le chapitre de ses travaux. Je le questionnai, et le charme de sa parole endormit un instant les griefs. Nul n'a plus que lui le don de dire clairement les choses techniques. Il est à la fois éloquent et sobre. Il a toujours l'air résolu dans ce qu'il expose, mais, à une observation contradictoire, il est prêt à faire des concessions flatteuses pour son auteur, cela sans apparence d'habileté, comme par bonne grâce, par désir d'être éclairé.

Aussi on devine mon ahurissement lorsque dans le fumoir d'où j'étais sortie, laissant M. de Freycinet répondre avec sa douceur habituelle aux observations sur son discours de Nantes, j'entendis des vociférations.

Un certain nombre de députés et de sénateurs arrivant s'étaient engouffrés dans le fumoir.

J'entrai et je vis une scène lamentable : M. de Freycinet entouré de gens qui lui reprochaient avec une violence inouïe les termes de son discours et surtout cette phrase impardonnable pour laquelle plusieurs lui montraient le poing : « La République est ouverte à tous les hommes sincères. »

Jamais je n'oublierai cette scène. Elle marque une étape dans les premiers effondrements de ma croyance à la générosité, au désintéressement républicains, vertus de tous ceux avec lesquels j'avais pensé et vécu intimement : mon père, nos vieux amis de 1848, Adam et les « National », vertus que j'attribuais aussi à ceux que je croyais sentir et penser comme eux, les lutteurs du 24 et du 16 Mai.

Mais ces derniers entendaient unanimement ne pas céder les bénéfices de la victoire à de nouveaux venus. Lesdits bénéfices appartenaient aux combattants vainqueurs, à eux seuls. On songerait à ceux du lendemain quand tous ceux de la veille seraient pourvus!

M. de Freycinet se débattait à la lettre. A un moment, l'un de nos amis lui tenait l'épaule, qu'il secouait. Très ému d'une scène aussi violente, M. de Freycinet répétait :

« Je n'ai fait que redire les paroles de Gambetta, la porte ouverte! »

Gambetta regardait comme moi la scène avec un mépris...

« Intervenez, lui dis-je, c'est scandaleux.

— Je suis le berger, cria-t-il, et j'ai le droit de dire les paroles de paix. J'ai protégé mon troupeau durant le combat. Mon devoir est aujourd'hui de pourvoir à son abri, à son entretien et à sa nourriture.

— Bravo! bravo!

— M. de Freycinet a prononcé les paroles d'apaisement nécessaires à Nantes, dis-je à mon tour. Prenez garde, mes amis, au spectacle que vous me donnez, à moi, qui suis de la veille, qui ne veux rien aujourd'hui, mais que vos appétits quelque peu brutaux pourraient bien rejeter parmi les républicains du surlendemain. »

On rentra au salon, et là, peu à peu, M. de Freycinet, entretenant un à un ceux qui l'avaient le plus violemment interpellé, calma leurs craintes de n'avoir qu'une part médiocre d'influence dans la distribution des bienfaits des travaux départementaux et communaux.

Toute la soirée on discute sur la conduite à tenir vis-à-vis des « ralliés ». Voilà la grande préoccupation, ces ralliés deviennent légion ! Girardin, à un moment où j'étais seule à soutenir la discussion en faveur des « ralliés », s'écria :

« Moi aussi je suis un rallié... par Mme Adam !

— C'est moi qui suis en cause ce soir plus peut-être que M. de Freycinet, dis-je, c'est moi que vous condamnez ! Qu'est-ce donc que nous avons fait, Adam et moi, si ce n'est de vous recruter des « ralliés » ? D'ailleurs, combien étions-nous de républicains de la veille sur les 1.500.000 « *non* », du plébiscite ? En a-t-il fallu des « ralliés » pour vos élections à tous ?

— Les ralliés du jour, dit Spuller, nous de la veille, nous songeons à eux, mais franchement qu'on ne nous parle pas de ceux du lendemain ! »

Spuller m'étonne, et je lui dis très haut :

« Voyons, Spuller, quelle importance ont donc pour vous quelques places données aux ralliés du lendemain ?

— Pour moi, personnellement, aucune. Seulement je pense aux victimes de l'Empire, à celles du 16 et du 24 mai.

— Ah! si ce n'est toi! s'écrie About, c'est donc ton frère ! »

On rit et l'on fait de l'esprit sur une porte ouverte ou fermée.

Bien souvent j'ai rappelé à Gambetta cette soirée. Dans notre programme, nous devions délivrer la France d'un tiers de ses fonctionnaires. Il fut facile de prévoir, ce soir-là, que non seulement on n'en supprimerait pas, mais qu'on y ajouterait.

« C'est la curée, me dit Girardin quelques jours plus tard; ma pauvre amie, comme nous allons souffrir ! »

Quand M. de Freycinet alla à Bordeaux faire un autre discours, plusieurs de nos amis lui dirent :

« Si vous continuez à ouvrir à deux battants la porte de la République, nous deviendrons vos ennemis. »

*
* *

A partir de ce mémorable soir, j'eus le désir de mitiger mon salon politique et j'y attirai des artistes, tout d'abord des peintres, des sculpteurs : Henner, Alsacien, Detaille, si militairement patriote, Mercié, auteur du *Quand même*, Falguière Guillaume, Heilbuth, Carolus Duran, Jules Breton, Chapu, qui disaient penser comme nous.

Après le dîner du 15 février, on parla peu de politique, mais beaucoup de la première de *Niniche*. About, qui a de l'esprit comme huit, répète les mots qui font rire.

Le succès de Millaud m'est une véritable joie. Je n'oublierai jamais que c'est grâce à sa rencontre avec lui à Marseille qu'Adam a vécu six années de plus.

Au milieu de février, dans une conversation, Gambetta me parle longuement du prince de Galles, qu'il défend de n'être qu'un festoyeur.

« La politique européenne et mondiale l'intéresse autant qu'elle nous intéresse, vous et moi, me dit Gambetta, et l'on ne perd pas son temps à causer avec lui, je vous assure, même quand on le passe à un souper joyeux au café Anglais.

« Il aime la France à la fois gaiement et sérieusement, et son rêve d'avenir est une entente avec nous.

— On sait ce que les ententes anglaises apportent aux pays qui ont la naïveté de les accepter, dis-je.

— On sait ! Vous tenez donc bien à ce que nous soyons mal avec l'univers ?

— Je rêve que nous n'ayons d'entente ni avec un ennemi ni avec un autre, et que nous soyons résolument les amis de ceux qui ont les mêmes ennemis que nous.

— C'est l'amphigourisme au superlatif.

— Il m'est facile de me résumer clairement. Soyons dignes avec l'Allemagne comme une vaincue qui en appelle sans cesse de sa défaite, soyons méfiants avec la perfide Albion et sympathiques à la Russie.

— C'est de l'enfantillage !

— La Russie est la seule qui puisse faire de nous autre chose que des vaincus sans dignité ou des dupes.

— Ils sont jolis, vos Cosaques ! Osman-Pacha, avec 35.000 hommes, leur a tenu près d'une année toute une armée en échec.

— Ils sont jolis, vos Turcs, dont quelques Russes arrêtent une armée aux gorges de la Chipka ; les Turcs dont je ne nie pas le beau courage ont Osman le Ghazi, mais les Russes ont Skobeleff et Dragomiroff.

— Allons-nous vous voir avant peu partir comme infirmière chez les Cosaques? » me dit Gambetta en riant.

*
* *

La Russie est victorieuse. Ignatieff signe le traité de San-Stefano. Mais je ne puis m'expliquer pourquoi le grand-duc Nicolas n'est pas entré à Constantinople alors qu'il était aux portes. Quel jeu diplomatique a pu arrêter l'action militaire?

La Russie triomphante ! c'est l'Allemagne et l'Angleterre unies pour lui arracher le bénéfice de sa victoire.

∗
∗ ∗

L'un de mes protégés est menacé de destitution « pour avoir, est-il dit dans un rapport, donné des gages à M. Batbie ». C'est un vieux républicain, père de famille, que je voudrais faire réintégrer dans son emploi et qui ne sait comment se défendre. J'en parle à Bardoux, qui me dit que le dossier est précis, que mon protégé a écrit à Batbie pour solliciter ses faveurs, que Bouton ne veut rien entendre.

Je demande qu'on attende un peu avant d'informer ce malheureux qu'on refuse de lui rendre son emploi, me chargeant de faire une contre-enquête, d'éclairer l'affaire, et j'écris, moi, Juliette Adam, ô scandale !... à Batbie !

Je reçois par retour du courrier la réponse suivante :

Sénat. Paris, le 6 mars 1878.

Madame,

M. Edmond Adam était un parfait gentleman avec lequel nous avions tous les plus agréables relations, je trouve donc tout naturel — et point du tout original — l'appel que vous faites à mon concours en invoquant ce souvenir. Ce qui sera extraordinaire, c'est mon intervention en faveur d'un fonctionnaire que les amis de M. Adam, aujourd'hui tout-puissants, refusent de réintégrer. Voilà certainement une situation invraisemblable et un changement de rôle presque comique. Le doge à Versailles ne fut pas plus étonné que je ne le serai au ministère quand je m'y présenterai en solliciteur.

Je me bornerai à en parler à M. Bouton et n'irai point jusqu'à M. Bardoux. Il y a dans le cabinet actuel des membres qui croient de très bonne foi que j'avais avant le 14 décembre dressé des listes de proscription et que je les avais mis sur mes tablettes. Tous n'ont pas cette croyance, et je suis persuadé que M. Bardoux n'est pas homme à se faire des idées aussi noires et aussi singulières. Cependant, comme je ne connais pas entièrement ceux qui m'accusent et ceux qui ne m'accusent pas, je m'abstiens de rien demander aux ministres en fonctions, craignant de mal tomber et de m'entendre traiter de triumvir, mais je ferai ce qui dépendra de moi auprès de M. Bouton.

Agréez, madame, l'expression de mon respect.

A. Batbie.

Allain-Targé, un soir, discute avec Georges Perin sur une proposition qu'il doit faire de rachat des chemins de fer. Ils sont d'accord au fond et se disputent comme s'ils étaient l'un et l'autre aux antipodes de l'idée du rachat.

Ce même soir, Le Royer, toujours si maître de lui, s'emporte dans un débat avec le même Allain-Targé sur la réforme de la magistrature.

Quand les deux tempêtes se sont calmées, une autre recommence... avec moi. La bête noire d'Allain-Targé est le scrutin d'arrondissement. Je défends ce mode de scrutin qui vient de nous donner la victoire.

Je déploie mes arguments, trouvant plus moral que le député connaisse ses électeurs et vice-versa qu'il soit en rapport avec eux plutôt que d'être choisi par un comité de journalistes, ne voyant dans le candidat que le représentant politique et non l'homme au courant des besoins, des intérêts de son arrondissement.

J'aime beaucoup Allain-Targé, mais il est violent et goguenard à la fois, de sorte qu'on se fâche en discutant avec lui. Je lui dis des injures et il me les retourne, me faisant l'honneur, dit-il, de s'aligner contre moi.

Mon volume qui vient de paraître dans les premiers jours de mars, *Laide,* s'annonce comme un succès. Gambetta, qui en avait entendu lire une grande partie à Bruyères, m'a beaucoup flattée en le relisant au milieu de tant d'occupations.

Il me parle de *Grecque,* dont il connaît la trame, mais pour laquelle je n'ai pas trouvé de cadre. Je voudrais aller dans une île grecque appartenant encore aux Turcs. Le pourrai-je, avec tout ce qui m'attache à Paris et à Bruyères?

Le 13 mars, Andrieux se bat avec Cassagnac. Passionnés tous deux, ils s'interpellent à la Chambre et s'injurient parfois durement. Ils échangent plusieurs balles sans résultat. Très bons tireurs, ils ne veulent pas se tuer.

Lorsqu'on parle chez moi d'amnistie plénière, question brûlante à cette heure, Andrieux est l'un des plus violents contre cette amnistie. Il crie haut qu'il s'y opposera de toutes ses forces lorsque la question viendra en séance.

« Ce serait fou, dit-il, de faire rentrer dans une république à peine assise tant d'exaltés incorrigibles. »

Je vois beaucoup Raoul Duval dans l'intimité.

Il me témoigne une confiance qui me touche. Normand comme Adam, courageux et loyal comme lui, je trouve tant d'affinités entre lui et mon cher mort que mes conseils me semblent dictés par l'évocation d'Adam.

Il sourit quand je lui répète : Adam vous aurait dit, vous aurait averti, vous aurait conseillé ceci.

Il m'écrit du Vaudreuil :

13 mars 1878.

Chère madame et amie,

Je me vois obligé d'ajourner l'espèce de manifestation oratoire dont je croyais avoir trouvé dans la lutte électorale où je me trouve engagé l'occasion toute naturelle.

Les républicains du canton ne me laissent pas la faculté de le faire sans avoir l'air de commettre une platitude pour quêter des suffrages. Ils sont tous après moi comme si j'étais le Croque-mitaine de la République et se préparent intelligemment à voter pour l'orléaniste Chenevières, le caudataire de M. de Broglie.

Vous pensez bien que la bêtise de ces quelques centaines d'imbéciles n'exerce pas la moindre influence sur ma manière de voir, mais elle entrave ma liberté de parole.

Je tiens trop à conserver toute votre estime et à gagner votre affection pour n'avoir pas tenu à vous mander l'état des choses qui me ferme la bouche.

Permettez, chère madame et amie, de baiser la main que vous m'avez si cordialement et si gracieusement tendue. Votre ami respectueux et dévoué.

RAOUL DUVAL.

De Gambetta malade ces derniers jours :

Paris, le 15 mars 1878.

Chère amie,

Merci de votre printanière « Diane ». Je vais un peu mieux ; malheureusement je suis forcé d'aller à Versailles, où les fils du budget menacent de casser aux mains de Léon Say.

Je compte bien être assez fort pour aller jouir de votre renaissance et de vos triomphants mercredis*. Vous savez combien j'ai de plaisir à vous sentir heureuse et fêtée.

Une soirée près de vous, et je serai probablement tout à fait guéri, mais le diable est de s'y rendre.

Je vous offre mes impatiences en holocauste et je suis vôtre.

Gambetta.

P.-S. — A combien d'éditions tirera-t-on *Laide?*

Je dîne chez Victor Hugo, le 23 mars, lendemain de la reprise des *Misérables,* qui a donné lieu à une manifestation extraordinaire. J'ai regretté de ne pouvoir aller applaudir le maître qu'Adam admirait, comme moi, avec tant d'enthousiasme, mais il me serait impossible d'entrer dans un théâtre même pour y pleurer à un drame.

Victor Hugo nous raconte les détails de cette inoubliable soirée qui l'a beaucoup ému Mme Drouet, elle aussi, est radieuse et elle dit, « monsieur » avec un accent plus respectueux et plus tendre encore qu'à l'ordinaire. Le culte de la belle Juliette, belle encore sous ses cheveux blancs, pour le Maître, est sans limites.

Victor Hugo me dit en me conduisant de la table au salon :

« Ce dont j'ai été le plus fier, c'est que mes petits-enfants aient entendu de leurs oreilles les ac-

---

* Mes amis m'avaient demandé de changer pour mes dîners le vendredi en mercredi à cause des chambres qui ne siégeaient pas ce jour-là.

clamations dont leur « papapa » était l'objet. Vous verrez, on est comme ça, le succès dont les petits enfants sont témoins a deux fois plus de valeur à nos yeux. »

Tandis que les opportunistes demandent une large part des situations secondaires pour leurs amis, les radicaux réclament l'expulsion des jésuites.

Mais Paul Bert nous dit un soir :

« Je ne suis pas d'avis qu'on la leur accorde. Les jésuites expulsés, et la loi nous permet de le faire en vingt-quatre heures, le pays sera calmé; or, si nous attendons quelque temps avec patience, ce sont toutes les congrégations que nous expulserons à la fois. Les congrégations expulsées, le clergé séculier qui les déteste sera dans nos mains, nous en ferons ce que nous voudrons. »

L'avis de Paul Bert est qu'il ne faut briser à aucun prix le concordat. Ce serait, répète-t-il, la plus lourde faute que puisse commettre le parti républicain.

J'ai entendu Paul Bert dire :

« S'il se trouvait une majorité d'imbéciles pour briser le concordat et faire la séparation, pas un de ceux qui l'auraient votée ne reviendrait au parlement huit ans après. »

Jules Ferry est d'un avis contraire.

« La République est perdue, dit-il, si l'État ne se débarrasse pas de l'Église, s'il ne désenténèbre pas à tout jamais l'esprit français du dogme. »

Victor Lefranc intervient :

« Prenez garde, mes amis! Je vous vois bien plus occupés à détruire qu'à reconstruire. Il y a des destructions dont les décombres empêchent les reconstructions, méfiez-vous! »

Paul de Rémusat, comme il le désirait, a vu son adversaire invalidé. Il s'en va recommencer sa campagne électorale. Pour séduire les Gascons, il emmène Emmanuel Arène; c'est le seul parmi les jeunes qui ait de la verve. Il a le genre d'esprit d'About au point que nous l'appelons « l'adoptif ».

Emmanuel Arène m'écrit quelques jours après son départ :

Oui, madame, je suis à Toulouse. Je suis à Toulouse dans la grande salle de rédaction du *Progrès libéral*, journal quotidien que je dirige, s'il vous plaît, dans l'intérêt de la candidature Rémusat. Je vous écris par un beau soleil un peu chaud, au milieu d'un tas de fleurs qui entrent par la fenêtre et qui grimpent le long des murs, dans un ciel bleu de Prusse... C'est charmant, et pourtant je regrette Paris. J'y suis plus souvent qu'à Toulouse. J'y pense le jour, j'en rêve la nuit. Tout le monde ici est aimable, on me reçoit très gracieusement partout. Je suis mon propre patron, et je n'en suis pas plus fier pour cela.

C'est aujourd'hui mercredi, madame, votre jour de réception. Je devais venir ce soir chercher mon exemplaire de *Laidé*. Je n'y viendrai pas, hélas! et le plus triste, c'est que vous ne vous en apercevrez pas. Je tenais néanmoins à m'en excuser. Qui sait? vous vous êtes peut-être dit encore que mon absence *était calculée*. La drôle d'idée! comment avez-vous pu me soupçonner de rester chez moi pour me faire regretter? Le calcul suppose toujours une chance de gain, et vous savez mieux que moi que je n'en avais aucune.

Excusez-moi de vous ennuyer de mon bavardage, laissez-moi vous faire ma visite à distance et lisez-moi sans impatience comme vous savez écouter.

Ah! si vous vouliez être exceptionnellement bonne et charmante, comme vous m'enverriez l'une de ces lettres que vous écrivez si bien et que l'on lit si volontiers. Vos amis en province ne sont-ils pas toujours vos amis, et ne devez-vous pas adoucir leur exil?

Vous ne me refuserez pas en tous cas de vous écrire au moins le mercredi. Allons, madame, un bon mouvement. Que risquez-vous à cette correspondance? Moi j'y mets tout mon cœur et vous n'y mettez que votre esprit!

Bien respectueusement et bien affectueusement à vous.

EMMANUEL ARÈNE.

La Thessalie et l'Épire sont en pleine insurrection, on se bat à Lycoursi et à Macrinitza. Le gouvernement d'Athènes, confiant dans les promesses de l'Europe, était parvenu à calmer les Grecs de Turquie.

Mais, les puissances ne faisant rien en faveur des Grecs d'Épire et de Thessalie, force fut en mars au gouvernement d'Athènes de donner l'ordre à ses troupes d'entrer en Thessalie pour soutenir les populations révoltées. L'Angleterre intervint alors et fit de nouveau promesse sur promesse.

Le gouvernement d'Athènes rappela ses troupes; ah! les promesses de l'Angleterre! J'ai peur que les Grecs aient à tout jamais perdu l'occasion de reprendre l'Épire et la Thessalie.

Je reçois de Gambetta ce mot douloureux :

Chère madame et amie,

Tout est consommé. Ma pauvre tante n'est plus...

Je vais lui rendre les derniers devoirs. Je ne peux rien ajouter.
Votre triste ami.
Léon Gambetta.

Ce vendredi, 29 mars 1878.

Benedetta m'écrit que « tata » ne s'est pas vue mourir, que c'est leur seule consolation, qu'elle, Benedetta, ne l'a pas quittée une minute durant sa crise dernière. Pauvre tata ! sa vie n'a été que dévouement, que sacrifice. Elle n'a vécu que pour le « grand homme », auquel elle a cru alors qu'il n'était encore que prédit par une somnambule avant sa naissance.

*
* *

Spuller arrive tremblant chez moi, quelques jours après le départ de Gambetta. Un ami d'Henckel est venu lui demander s'il savait l'adresse de Gambetta. L'aurait-il sue qu'il ne l'aurait pas donnée.

J'apprends par Duclerc, qui le tient de de Reims, qu'Henckel est triomphant, que M. de Bismarck n'hésite plus à recevoir Gambetta.

Henckel répète :

« Je conduirai Gambetta moi-même à Berlin, dès son retour. »

Et Spuller conclut :

« Dieu seul peut empêcher le crime de se commettre. Qu'allons-nous faire?

— Rien, dis-je désespérée. N'en avez-vous pas

assez de mentir, de laisser jouer la comédie de la revanche! Il faut que la France sache qu'on la trompe. Moi, je n'en puis plus de dire et d'écrire que Gambetta n'a pas de pensée plus constante que la reprise de nos provinces perdues. Tenez-moi au courant, mon pauvre et cher ami. Je ne veux pas serrer la main de Gambetta après qu'il aura serré la main sanglante de Bismarck. »

M. de Lesseps, à qui mon milieu est de plus en plus sympathique, heureux qu'il est d'y retrouver son vieil ami Girardin et beaucoup de jeunes qui l'intéressent, a été félicité par nous tous le mercredi qui suit sa nomination de président de la commission chargée d'étudier les ressources financières de l'Égypte. Cette nomination a eu lieu le 30 mars.

M. de Freycinet travaille avec une ardeur dont nous ne cessons de nous entretenir, et je ne le réinvite aux dîners du mercredi que quand je sais que son plan des travaux à exécuter est prêt à être déposé devant les chambres.

Il me répond le 8 avril :

J'aurai, chère madame, le plaisir de venir dîner chez vous mercredi 17. Je comptais, du reste, prendre la liberté de m'inviter ce jour-là. Je vois que je n'avais pas trop présumé de votre bienveillance.

Agréez l'assurance de mon respectueux dévouement.

C. DE FREYCINET.

Charles Robin, lui aussi, s'invite souvent; il m'écrit le matin : « Je dîne ce soir. » Robin, sénateur depuis 1876, avait pour mon cher mort une amitié grande. J'aime à voir Robin, à l'entendre parler d'Adam.

Il est positiviste à tous crins, mais, quoique intimement lié avec Littré, il n'est pas matérialiste.

« Je suis, nous dit-il un jour, scientifique-dogmatique prudent, et je crois avoir mes raisons pour ne pas me faire descendre de l'huître. »

Ami très intime d'About, celui-ci, lorsqu'ils sont réunis, fait un boniment pour Robin de façon très amusante.

« Voyez, messieurs, s'écriait About en plein salon en désignant Robin, cet homme à l'air candide (Robin n'avait rien de cet air-là!) : c'est un malfaiteur tellement avéré qu'il a été rayé de la liste du jury et qu'il n'y est rétabli que depuis 1876. »

Un autre soir, en dînant, About s'écriait :

« Robin, madame, est digne d'être à votre table pour l'importance de ses découvertes. C'est lui qui le premier appliqua le microscope à l'anatomie normale, mais méfiez-vous de lui et renvoyez cet homme à M. Diafoirus, car il applique aussi le microscope à l'étude des produits de la maladie du corps humain, et, horreur! il professe là-dessus! »

C'était une taquinerie constante qui amusait beaucoup Robin.

About s'entendit un soir avec mon maître d'hôtel qui apporta des poulets entiers devant Robin. Nous ne comprenions pas cette manœuvre lorsque About s'écria :

« Vous allez voir, madame et messieurs, le professeur Robin, un coude sur la table, le poulet au bout d'une fourchette dans une main, un couteau dans l'autre, découper la bête... Regardez. »

Et Robin découpait ainsi un poulet à bout de bras avec une habileté extraordinaire. Il en faisait de même des écrevisses auxquelles il ne touchait pas et qu'il disséquait au bout de sa fourchette.

Dans l'*Homme à l'oreille cassée* d'About, Robin est le docteur Nibor.

Billot retrouve son grade de général de division que la commission de la revision des grades lui avait enlevé. Je le félicite et lui écris qu'Adam eût été aussi heureux que lui de sa réintégration dans son grade.

Il me répond :

Tulle, 11 avril 1878.

Chère madame et amie,

Je suis profondément touché en recevant vos compliments et ceux de *mon ami Adam*. Je me reporte aux jours d'épreuves que nous avons traversés ensemble et où je vous ai toujours trouvés, l'un et l'autre, bons, affectueux et dévoués pour moi. Nouveau venu dans la politique, j'ai dû à Adam les conseils et les exemples de fermeté et de courage civiques qui sont si rares dans la carrière que je venais de parcourir.

Je me plais à m'en souvenir aujourd'hui que, grâce à mes amis, à la tête desquels a marché Gambetta, je reprends la position qu'il m'avait donnée il y a sept ans.

A bientôt, chère madame et amie, et veuillez agréer l'hommage de ma respectueuse amitié.

Général Billot.

Le 17, une dépêche appelant M. de Freycinet

hors de Paris, il s'excuse en réclamant sa place pour le mercredi suivant.

.˙.

Gambetta vient me voir à son retour de l'enterrement de sa tante et d'un voyage qu'il a fait, je le devine, en Allemagne, mais il m'en parle d'un ton qui exclut de ma part tout soupçon d'une rencontre avec Bismarck.

Très ému de la mort de « tata », il se reproche de ne pas s'être assez occupé d'elle dans les derniers temps de sa vie, elle qui s'est uniquement occupée de lui. Vraiment Gambetta est bon, et il faut l'excuser quand il commet une faute d'affection intime. Sa vie est un tourbillon.

Il me dit que sa tante est enterrée au vieux château de Nice, et il ajoute :

« Pour moi, le vieux château est l'un des plus beaux lieux du monde. C'est là que je veux reposer un jour à côté d'elle.

— Le plus tard possible, mon cher ami.

— Non, le plus tôt ! Il me semble déjà qu'elle m'appelle. »

Je console Gambetta de son trop douloureux chagrin en lui répétant ce que sa sœur Benedetta m'a écrit, que « tata » ne s'est pas vue mourir et qu'il ne faut pas regretter la vie atroce d'une paralytique.

Spuller m'arrive un soir désespéré.

« C'est ce mois-ci, à la fin, me dit-il, que Gambetta voit Bismarck. Vous l'empêcherez ! Sacrifiez-moi, s'il le faut, avouez que je vous ai avertie, car personne que moi ne connaît, personne ne connaîtra peut-être le secret de cette rencontre.

— Non! laissons faire. Gambetta ne peut être puni que par l'irrémédiable; mais comment savez-vous?

— Pendant le voyage de Gambetta après l'enterrement de sa tante, Bismarck a tout à coup, comme l'avait prédit Henckel, changé d'avis et désiré voir Gambetta. Dès son retour, notre ami a trouvé une lettre du démon tentateur qui l'en informait. Gambetta a dû voir Henckel aujourd'hui pour convenir du jour. Je crois à un cauchemar, ajoute Spuller. Ne trouvez-vous pas que c'en est un affreux? Gambetta allant voir Bismarck! »

Le surlendemain a lieu mon dîner du mercredi, que j'appelais le dîner Freycinet. Léon Renault s'invite le matin. Gambetta est des nôtres. Une violente émotion m'étreint que je dois cacher quand mon cœur de Française se brise d'angoisse. Spuller qui est là ne me quitte pas des yeux. Il craint quelque éclat provoqué par un mot de Gambetta ou d'un autre.

Celui qui est là à ma droite sous la figure du héros national, celui en qui la France presque entière voit la personnification de la revanche, songe peut-être en ce moment à sa rencontre avec Bismarck.

Je ne sais pourquoi, à la persistance du regard de Girardin sur moi et sur Gambetta, il me semble qu'il doit se douter de quelque chose. Plusieurs de ses amis voient fréquemment Henckel. Celui-ci, qui triomphe, a-t-il laissé percer un coin du lamentable mystère?

Décidément Girardin m'observe avec une insistance qui me devient pénible. A-t-il surpris un regard échangé entre Spuller et moi?

Brusquement, Girardin me dit :

« Savez-vous, ma chère amie, que vous continuez à être la coqueluche des grandes cocottes?

— Monsieur de Girardin, un peu de respect, s. v. p., ou je cesse de vous nourrir, répliquai-je en riant.

— Je parle sérieusement, croiriez-vous qu'après Mme de Sainte-M... »

Gambetta stupéfait regarde Girardin, et sa stupeur augmente quand celui-ci ajoute :

« C'est maintenant la Païva qui veut absolument vous connaître. »

J'ai un tremblement dans la voix quand je réponds :

« Je puis, si Mme Henckel-Païva le désire, convoquer un millier de femmes du siège pour la faire huer en son hôtel des Champs-Élysées. Ne croyez pas cependant, mon cher Girardin, que je fasse l'honneur à cette femme de la haïr, mon mépris a une telle taille qu'il dépasse la haine. »

C'est dans le plus absolu silence qu'après un instant j'ajoute :

« Il me plaît que le Henckel se soit déshonoré en épousant cette... comment dire? du pavé de Paris, d'ailleurs Allemande, et que Bismarck soit chez nous représenté par des gens de cet « ordre moral ».

Les paupières de Spuller et le coin de sa bouche tremblaient.

Girardin paraissait avoir obtenu ce qu'il désirait.

Mes autres amis faisaient : « Pouah ! »

« Vous n'êtes pas tendre pour les ex-belles dames, dit Gambetta en riant.

— Non ! mais j'ai pu être convenable avec l'une d'elles lorsque j'ai cru servir un ami en la voyant. Quant au commis de Bismarck, je l'honore, lui, de ma haine, ajoutai-je, mais je suis dévouée jusqu'à la mort, comme l'était Adam, à celui qui incarne à mes yeux, comme à ceux de tout Français patriote, la défense et au besoin l'attaque nationale.

— Bravo ! » s'écrient en même temps mes amis.

Girardin me dit après le dîner que la Païva n'a jamais songé à me connaître, et il ajoute :

« Vous ne saurez peut-être jamais à quel point votre sortie est tombée à pic.

— Il n'y a pas de peut-être, répondis-je, car je sais ! Mon cher ami, c'est à des mondains sceptiques comme vous que nous devons la possibilité de voir des Henckel et des Païva entrer en contact avec de grands hommes politiques « nouvelle couche sociale », flattés de monter par des escaliers d'onyx et d'être reçus à Pontchartrain !

— Pan, pata pan ! s'écria Girardin, et dire que vous avez raison ! »

Comme nous restions cinq ou six à la fin de la

soirée, dont Gambetta, Girardin, Spuller, Gambetta me dit :

« Si vous nous tiriez les cartes ? »

Mes amis s'amusaient parfois à ce jeu auquel je me prêtais volontiers à la fin d'une réception, car c'était souvent pour moi l'occasion de leur donner d'utiles conseils sans les blesser.

On imagine combien il me fut facile, sous des formules énigmatiques, de dire à Gambetta le danger qu'il courait de perdre son prestige dans une rencontre diabolique aussi dangereuse que la tentation du Christ sur la montagne.

Je crus habile d'ajouter :

« Les cartes disent de vous méfier des femmes et de leurs conseils. Les unes vous pousseraient à l'abîme, les autres vous attireraient sur des sommets finalement aussi dangereux. Soyez amant, ami, mais n'ayez que des hommes pour confidents.

— Vous vous traitez mal comme amie, me dit Gambetta non sans malice, mais c'est peut-être pour en traiter d'autres plus mal encore.

— Je ne calcule rien, répliquai-je, ce ne sont que les cartes qui parlent. J'y vois une route, ne la faites pas, vous y trouveriez deux risques mortels : chute morale et assassinat.

— On m'a toujours prédit que je mourrais de mort violente, par la main d'une femme, nous dit Gambetta, mais ce n'est pas maintenant. J'ai, avant de mourir, bien des calvaires encore à monter. »

∗
∗ ∗

Comment mon ami lorrain, celui que Gambetta et moi appelons « le Talisman », connaît-il le projet de Gambetta de voir Bismarck? Il vient et me raconte tout ce que je sais. Il est fou de colère. Il veut un éclat. Il accuse Mlle X... d'encourager, de protéger la politique bismarckienne de Gambetta. Il a fait son enquête. Il dira, il criera, il dénoncera. A quoi lui servirait maintenant, au risque de sa liberté, de sa vie, de jeter dans le gouffre d'un espionnage fantastique sa fortune, pour renseigner Gambetta sur l'Allemagne?

Mon ami lorrain est douloureux à entendre. Il souffre une seconde fois l'agonie de l'annexion de l'Alsace-Lorraine.

Tout à coup il me prend les mains :

« Envoyez-le chercher, me dit-il suppliant, qu'il vienne et qu'il nous entende tous deux. »

On porte un mot à Gambetta :

« Le Talisman et moi vous prions de venir sur l'heure pour des choses graves, d'ordre national. »

Il vient. Nous le supplions avec des larmes, au nom de l'Alsace-Lorraine, de ne pas voir Bismarck.

Ému, il nous dit qu'il avait renoncé à le voir.

Lorsque je suis seule, je me répète :

« Il n'ira pas! »

Le « Talisman », avec un mot de moi, va chez

Spuller pour lui redire les paroles de Gambetta.

Spuller accourt. Mon bon gros ami pleure comme un enfant et répète comme moi :

« Il n'ira pas ! »

．·．

Le 1ᵉʳ mai, à deux heures, a lieu au palais du Trocadéro l'ouverture de l'exposition universelle.

Après nos revers, nous avons vu dans le projet de cette exposition une sorte de relèvement.

L'Empire avait eu l'exposition de 1867 au summum de sa puissance bientôt décroissante. Suivant une marche inverse, la République est-elle destinée à une ascension ?

L'Allemagne seule n'était pas représentée au Champ-de-Mars, et son absence réjouissait les patriotes farouches comme moi.

Hélas ! l'inauguration a lieu sous une pluie torrentielle. Plusieurs dames peintes déteignent sous l'averse, les toilettes sont perdues. 20.000 spectateurs répandus dans le Trocadéro s'enlisent dans la boue.

Les bonapartistes se moquent de nous ; leurs caricatures ont pour devise : la République n'est pas un coq, c'est une poule mouillée.

M. Grévy, président de la Chambre, le duc d'Audiffret-Pasquier, président du Sénat, reçoivent le maréchal, qui arrive en voiture accompagné du général marquis d'Abzac et du général Broye.

Teisserenc de Bort, ministre du commerce

Girard, sous-secrétaire d'État, Ferdinand Duval, préfet de la Seine, sont aux côtés des présidents des chambres.

Parmi les invités, don François d'Assise, le prince de Galles, le prince de Danemark, le duc d'Aoste...

Et, parmi ceux qui font sensation, le prince Orloff en uniforme blanc, casque d'acier, avec l'aigle d'or aux ailes déployées, le prince Zichy, qui porte le splendide costume magyar, d'une richesse orientale qu'on dit coûter plusieurs milliers de francs.

Oh ! scandale ! M. de Marcère a laissé jouer la *Marseillaise* dans l'enceinte de l'exposition ! A l'Élysée, on ne lui pardonnera pas.

Il y a une exposition qui m'attire plus que celle du Champ-de-Mars, c'est l'exposition de peinture. J'y vais avec de Ronchaud, selon la tradition. L'an dernier, la maladie d'Adam, quoiqu'elle ne parût pas grave encore, m'a retenue près de lui.

L'anniversaire de mon veuvage approche. Ai-je réalisé le vœu d'Adam de le faire vivre en moi ? Je le crois.

Victor Hugo est très sensible à ce qu'on dit de son portrait par Bonnat. Je le trouve, en effet, superbe. Le maître est assis dans un fauteuil. Il s'accoude sur une table où le vieil Homère, relié, attend qu'il le feuillette. La figure est en pleine lumière, sur un fond très sombre. Le regard est inspiré, il voit les horizons qu'il a fixés en des vers immortels.

Je dîne quelques jours après chez lui, avec Bonnat, et je parle de mon admiration pour ce portrait.

« Admiration qui enivre Bonnat et moi, » me dit Victor Hugo.

Le portrait de Theuriet par Bastien Lepage semble voulu pour donner une impression de simplicité et de modestie.

On va voir, rue de la Chaussée-d'Antin, *Rolla,* de Gervex, refusé comme immoral. Le fait est...

J'ai mon étoile! Découverte le 24 avril par M. Coggia, de l'observatoire de Marseille, elle a été baptisée de mon nom : *Lamberta*. M. Coggia m'a envoyé le diplôme de mon étoile. J'ai une joie d'enfant qui amuse tous mes amis.

Un mercredi, Girardin m'amène à dîner Turcan qu'il m'a fait inviter. C'est un homme de valeur, auteur d'études remarquables sur l'artillerie moderne. Il dirige une publication importante : *les Grandes Usines*. Au bout d'une demi-heure, nous sommes liés par une amitié définitive.

C'est un adversaire violent de la réaction. Il est combatif en diable. Le premier soir de son entrée parmi nous, il tonne contre nos ennemis avec une ardeur qui lui assure toutes les sympathies de mon milieu.

Le surlendemain, je dîne chez Girardin, et j'ai à ma gauche Turcan. Il y a trente-six heures que nous nous connaissons, et nous parlons de nos bons vieux sentiments.

La belle-fille de Girardin, Ninette, filleule de la

princesse Mathilde, née Vimercati, est notre amie à tous. Quel dommage qu'elle ne soit que la belle-fille de Girardin et qu'Alexandre soit son fils! Elle resterait dans cette maison qu'elle rend si vivante et attirante, mais déjà on soupçonne que c'est elle qui s'éloignera.

J'ai retrouvé chez Girardin Maria Deraisme, que j'avais connue chez Mme d'Agoult il y a quelque vingt ans. Elle a grandi en talent et en caractère. Elle me parle du congrès des femmes. Elle a l'esprit réformateur mais sensé. Je m'intéresse à son œuvre, sans cependant consentir à y participer. Je continue à ne pas admettre la formule trop simpliste de l'égalité de l'homme et de la femme. Je n'admets entre eux que des équivalences complémentaires, les facultés de chacun dans un mariage « assorti » constituant, selon moi, la personne sociale parfaite.

De Raoul Duval :

9 mai 1878.

Chère madame et amie,

J'ai beaucoup regretté de n'avoir pu vous voir hier. J'espère être prochainement plus heureux.

Si je n'avais pas craint de vous importuner, je serais retourné vous voir aujourd'hui même.

J'aurais besoin de vos bons offices pour un jeune homme de talent auquel je m'intéresse *beaucoup*. C'est Jules Delafosse élu à Vire et marqué pour l'invalidation.

La gauche ne tient pas à son concurrent, un orléano-clérical. Gambetta m'a promis de faire tout son possible pour qu'il soit validé. C'est tout l'avenir de ce jeune homme qui s'est fait lui-même, c'est un écrivain d'un vrai talent. Il a du cœur et n'oubliera jamais l'aide qu'il aura reçue en un moment décisif de sa vie.

L'affaire viendra en séance demain ou samedi au plus tard. Rappelez à la mémoire de notre ami ce qu'il m'a promis de faire. Et puis, on ne doit guère vous refuser. Si vous avez occasion de corrompre un des juges de mon jeune protégé, faites-le, ne fût-ce que pour vous entretenir la main.

J'aurai l'honneur de vous aller remercier bientôt.

Je mets à vos pieds ma respectueuse et réelle amitié.

RAOUL DUVAL.

Le 11 mai, j'apprends avec chagrin la mort de Denfert-Rochereau, l'héroïque défenseur de Belfort. Il venait souvent parmi nous. Silencieux, il écoutait avec intérêt, disait le mot rare et toujours juste, toujours fier, toujours vaillant.

C'était un doux et c'était un fort.

Eugène Pelletan, mon vieil et cher ami, devient infidèle. Beaucoup s'en plaignent, car il est l'un de nos causeurs les plus écoutés, parlant lettres, histoire, politique avec une grande verve. Je lui écris des injures ; il me répond :

Paris, 16 mai 1878.

Oui, la plus miséricordieuse des amies, oui, on ira boulevard Poissonnière dîner mercredi prochain, la corde au cou, faire son acte de contrition à vos genoux. Je voulais tous les jours aller vous voir, causer avec vous, mais, hélas ! je suis aux galères et le temps est mon gardien ; il a toujours le bâton levé sur mon épaule.

J'espère bien me venger de lui et payer mon arriéré.

A vos pieds en toute repentance et en toute gratitude.

EUGÈNE PELLETAN.

On doit fêter, ce mercredi de mai, mon étoile.

Spuller, convié, répond qu'il sera heureux de célébrer mon inscription parmi les astres, et il ajoute :

« De grand cœur et de tout cœur. Vous voilà maintenant *alle stelle*. Tous vos amis en sont heureux comme de l'événement le plus naturel du monde, de la terre et du ciel. »

A notre grande joie, Paul de Rémusat est renommé à Muret après l'invalidation de M. Niel, qui était venu prendre sa place à l'aide d'extorsions administratives.

Emmanuel Arène est fier de ce succès, auquel il a contribué, et il arrivera flamboyant mercredi. J'invite Paul de Rémusat pour fêter à la fois sa bonne étoile et la mienne.

Mais sa mère, Mme de Rémusat, a convié les siens à un dîner de famille, et il ne peut venir que dans la soirée. Il s'excuse en me remerciant de ma sympathie « dont il sent chaque jour davantage, dit-il, le prix inestimable ».

Tous mes amis politiques de toutes nuances sont là.

Ministres, ambassadeurs, écrivains, sculpteurs, peintres, compositeurs, viennent affectueusement fêter mon étoile. Le prétexte est charmant et les compliments faciles avec de jolies images... Il ne me manque qu'Adam. Manque-t-il ? Il me semble que je le vois au milieu de nous.

Cochery, que Gambetta appelle toujours « Monsieur le député du Loiret », demande à me faire un discours de bienvenue au ciel. Il est très amusant et très spirituel.

Je reçois, avec une invitation du général Cialdini, duc de Gaète, ambassadeur d'Italie, la lettre suivante :

Paris, 25 mai 1878.

Madame,

Vous avez été si bonne, si aimable pour moi bien avant de me connaître, que j'espère vous trouver la même aujourd'hui. S'il en était autrement, je devrais me persuader que je perds à être connu.

Veuillez donc m'accorder l'honneur de venir dîner chez moi le 1ᵉʳ juin, c'est-à-dire samedi prochain, à sept heures trois quarts.

Vous trouverez une demi-douzaine de vos amis qui donneront à notre petite réunion cette saveur d'intimité qui semble faire le charme de la vie.

Veuillez agréer, madame, l'expression de mes sentiments d'estime et de haute considération.

HENRI CIALDINI.

Cialdini m'a répété plusieurs fois que Victor-Emmanuel, en 1870, voulait résolument venir à l'aide de la France, qu'il n'avait cessé de lui en parler, que c'est lui, Cialdini, qui eût été envoyé à la tête d'un corps d'armée.

Le roi demandait seulement à Napoléon III d'admettre ce qu'il ne pouvait empêcher : l'entrée du gouvernement italien à Rome.

« Si j'avais aidé à sauver votre France, avouez que vous m'auriez aimé, » me dit un jour Cialdini qui me faisait une cour en règle.

Aimer celui qui eût sauvé la France? non, peut-être. Mais l'adorer comme un héros, oui!

Le 30 mai, M. de Freycinet me fait écrire par son secrétaire l'amusante lettre suivante :

30 mai 1878.

Madame,

M. le ministre me charge de vous adresser la carte d'invitation ci-jointe pour la soirée qu'il donne le 5 juin prochain et vous prie de vouloir bien ce jour-là, par exception en sa faveur, donner congé à vos hôtes du mercredi.

Agréez, madame, etc...

Ce même jour, 30 mai, Victor Hugo prononce un discours au théâtre de la Gaîté, pour le centenaire de Voltaire. Je me rappelle la discussion entre Louis Blanc et Victor Hugo à propos du centenaire de J.-J. Rousseau, que Louis Blanc voulait faire célébrer en même temps que celui de Voltaire. Victor Hugo accablait de malédictions l'homme qui envoyait ses enfants légitimes aux Enfants trouvés. Louis Blanc attaquait Voltaire pour ses relations avec les souverains.

Paul de Rémusat vient me lire plusieurs chapitres de *la Saint-Barthélemy* de son père. C'est un récit dialogué. La hauteur des caractères m'enthousiasme. L'action dramatique est d'une intensité d'horreur, d'une élévation de style qui en font une œuvre d'une grande beauté.

*
* *

Hélas! Gambetta songe de moins en moins à la revanche. Il n'a plus à la bouche, dans nos entretiens, que ces mots : « Le relèvement diplomatique de la France, la nécessité pour elle de retrouver son rang de grande puissance. »

Camille Barrère, correspondant de la *République française,* fort instruit par son séjour à Londres des choses de la politique étrangère, Ranc, qui est internationaliste, possèdent à cette heure le plus d'influence sur l'esprit de Gambetta. Ils ne sont point fidèles comme moi au « Prenez garde à la trouée des Vosges ».

Jules Ferry, lui aussi, est en faveur, parce qu'il parle haut de la politique d'expansion au dehors, d'anticléricalisme au dedans, politique d'énergie et non de piétinement sur place, répète-t-il.

Ah! oui, l'énergie de Jules Ferry, je la connais! Celle qui le faisait entrer dans la tranchée, le 30 octobre, aux Hautes-Bruyères, plutôt que de prouver à nos soldats d'avant-poste que nous n'avions pas peur des « pruneaux prussiens ».

Oui, il a une énergie, celle-là inquiétante, pour lutter contre les vieux sentiments traditionnels français.

On admet autour de Gambetta que nous puissions prendre part au congrès qui doit se réunir à Berlin afin de trancher certaines difficultés de la question orientale, celle de la Roumélie réunie à la Bulgarie par le traité de San-Stefano, celle de l'Épire et de la Thessalie.

Mais il s'agit bien moins de tout cela que d'empêcher la Russie de fixer une étape conquise par ses victoires. Quels motifs avons-nous de la décourager de vouloir exercer sa part d'influence dans la politique occidentale? Elle seule n'a aucun intérêt à entraver la rentrée en possession de la

France de ses provinces perdues. L'Allemagne tient ce qu'elle tient. L'Angleterre ne veut pas d'une France relevée qui redeviendrait ce qu'elle a été, souvent une rivale. La Russie, au contraire, ne peut que désirer notre relèvement. Elle n'a qu'à y gagner.

Et qui allons-nous envoyer à Berlin? M. Waddington! Un Anglais anglophile et germanophile.

Je suis désespérée de notre participation à ce congrès. C'est la renonciation officielle criée à l'Europe de nos revendications.

La plupart de nos amis sont d'accord avec moi sur l'inutilité d'aller faire rentrer la Roumélie sous le vasselage turc, quand la Russie l'en avait tirée. Que la Roumélie soit soumise ou non à la Bulgarie, reconnue ou non vassale de la Porte, c'est de peu d'intérêt pour nous quand l'Alsace-Lorraine, hélas! est réunie à l'Allemagne. La revision du traité de Francfort, voilà le seul but à poursuivre!

Je m'exalte de plus en plus contre la participation de la France au congrès de Berlin. Je devine que cet acte nous séparera à jamais de la politique de la revanche.

L'Autriche, déjà, se faufile en Bosnie et en Herzégovine, et Andrassy ne dissimule même pas son compérage avec Bismarck. L'Angleterre est au comble de ses vœux; après avoir, par Gladstone, fait de la politique de sentimentalité slave, elle fait avec Disraeli de la politique antislave.

Le semblant de détachement de Bismarck de

la politique orientale au début de la guerre cachait toutes les traîtrises. Est-ce que Bismarck pourra jamais pardonner à Gortschakoff, à Alexandre II, leur intervention en notre faveur en 1875, alors qu'il trouvait l'heure favorable pour nous achever ?

Il me semble que c'est une monstruosité d'ingratitude que d'aller à Berlin, où Bismarck, Andrassy, Disraeli, ne peuvent vouloir que le mal de la Russie. Gambetta n'est pas venu à mes derniers mercredis, il déteste discuter publiquement sur la politique extérieure avec moi, avec Duclerc. Je le vois souvent seul, mais, soit que je le supplie ou que je lui tienne tête, ce sont de véritables « scènes » dans lesquelles notre mutuelle amitié a fort à souffrir.

Le 5 juin je ne reçois donc pas, et nous allons tous chez M. de Freycinet. Nous sommes heureux de voir que sa soirée ne le cède en rien comme distinction, comme élégance, aux grandes réceptions des ambassades monarchiques, qui semblent par leur ton, par leur luxe, de plus en plus destinées à inférioriser la simplicité républicaine dont on accuse notre parti d'avoir le culte. Mme Grévy, et Mme Thiers avant elle, ont en effet prouvé que la simplicité leur est chère.

Mme de Freycinet reçoit avec beaucoup de noblesse, M. de Freycinet avec dignité. Tous les ambassadeurs sont présents. Cialdini y paraît avec ses inséparables amis, les miens aussi, Mauro-Macchi et Correnti, tous deux venus pour l'exposition.

« Pourquoi allez-vous au congrès de Berlin? me dit Cialdini. Vous nous obligez à y aller, et, croyez-moi, M. de Bismarck s'arrangera pour nous tendre un piège à vous ou à nous, à tous deux peut-être. »

Gambetta vient, après cette conversation, me saluer. Je la lui rapporte, le harcelant sans trêve.

Il s'emporte, et sa voix montée attire autour de nous Duclerc et Billot.

« Que se passe-t-il, on se querelle? » nous disent-ils en riant.

Gambetta répond, parlant plus bas :

« C'est toujours pour le congrès de Berlin. Je répète à notre amie que la France ne peut rester étrangère à une consultation européenne sans courir le risque de perdre son rang de grande puissance.

— Ou gagner, répliquai-je, son rang de puissance nécessaire, de laquelle on ne peut se passer. Si nous n'allions pas à Berlin, Cialdini vient de me le dire, l'Italie ferait comme nous, et plus d'un petit état s'abstiendrait, car combien, parmi eux, détestent également l'Allemagne et l'Angleterre !

« L'Europe s'est assez désintéressée de nous en 1870-71 pour que nous ayons le droit de nous désintéresser d'elle. On verrait alors ce qu'elle peut sans nous. Ah! si vous me disiez qu'il sera parlé à Berlin de l'Alsace-Lorraine d'une façon quelconque qui créât un précédent de protestation ou de réserve, je comprendrais.

— Vous déraisonnez, répliqua Gambetta, qui haussa les épaules.

— Non, car je vois qu'il s'agit de prouver à l'Europe que ses intérêts nous sont plus chers et plus précieux que les nôtres. Nous allons même, j'imagine, pour être logiques, nous engager, par avance, à ne parler, sous aucun prétexte, du traité de Francfort.

— Sans doute.

— Ah ! »

.*.

Duclerc et Billot, Gambetta lui-même, durent répéter cette conversation, car le mercredi, 12 juin, veille de l'ouverture du congrès de Berlin, je m'aperçus de la venue en masse des chauvins et de l'absence de ceux que j'appelais les courtisans.

Duclerc*, qui dînait, prit parti énergiquement contre le congrès de Berlin, répétant qu'il eût suffi d'un an ou deux de patience pour nous donner le droit de parler à haute voix. « Vraiment, ce n'est pas, ajoutait-il, à la veille du jour où nous allons nous reprendre qu'il faut rentrer humblement dans les bonnes grâces d'une Europe qui a été odieuse pour nous.

— La Russie, ajoutai-je, est la seule puissance qui a prouvé qu'elle s'est repentie de nous avoir

---

* Président de la commission de l'armée.

abandonnés en 1870, puisqu'elle nous a défendus en 1875. Ce n'est pas pour respecter les intérêts de la Russie que l'Angleterre, l'Allemagne, l'Autriche, s'assemblent, certainement non! Alors c'est de l'ingratitude noire de notre part que de la livrer à l'Autriche, à l'Allemagne, à l'Angleterre. Nous en serons punis. »

Le 13 juin, jour de l'ouverture du congrès de Berlin, Renan est nommé au fauteuil de Claude Bernard et Henri Martin au fauteuil de Thiers, contre Taine.

Chez moi c'est du déchaînement. About, Sarcey et tous les normaliens sont furieux. Certes, je trouve que Taine doit être parmi ceux qu'on ne refuse pas à l'Académie française, mais Jean Reynaud, mon tant regretté, tant admiré ami, serait si heureux de voir son vieil et laborieux camarade Henri Martin récompensé de ses travaux si français, que je me réjouis de grand cœur, malgré des réserves, et je félicite si chaleureusement Henri Martin, par lettre, qu'il veut m'en remercier le jour même, et que nous nous attendrissons tous deux au souvenir de Jean Reynaud, l'ami idéal et génial perdu.

Gambetta me dit que Waddington a tenu à recevoir de lui des instructions et que je serai sûrement touchée de ce qu'il fera pour ma chère Grèce.

Je réponds qu'étant donnés les partis pris anglophiles de Waddington il fera pour la Grèce comme pour le reste ce que lui dictera la perfide

Albion, et quant à être gênant pour les combinaisons de la Wilhelmstrasse et du Foreign Office je ne le croirai que quand je le verrai.

« Je crois bien plutôt, ajoutai-je, que nous réaliserons la prédiction de M. de Broglie, disant que si la France allait au congrès de Berlin il ne lui conviendrait de prendre qu'un rôle discret, autant dire effacé ! »

Ce qui ajoute à ma désolation, c'est que mes amis au pouvoir, MM. de Freycinet, Pothuau, de Marcère, ne comprennent en rien les dangers du congrès de Berlin et l'approuvent !

Je ne sais si Gambetta avait quelques inquiétudes sur les tendances par trop anglophiles de Waddington, mais il me confia, un jour, qu'il avait envoyé Jules Herbette à Berlin pour le surveiller !

Spuller m'a raconté que Waddington s'est adressé à lui pour savoir qui faisait la correspondance d'Orient à *la République française,* qu'il lui a nommé Camille Barrère, et que Waddington l'a pris sur l'heure comme secrétaire.

M. de Bismarck n'a eu qu'une idée aussitôt l'ouverture du congrès. Ç'a été de détruire les stipulations géographiques du traité de San-Stéfano au profit de la Turquie. Le sultan, grâce à l'Allemagne et à l'Angleterre, a reconquis une partie des territoires perdus sur les champs de bataille. Et ç'a été une chose stupéfiante que de voir l'Angleterre, qui n'a cessé d'exciter l'Arménie contre la Turquie, la lui livrer à nouveau.

M. Waddington a fait au congrès la mouche du coche. La plus simple dignité exigeait, puisqu'il ne pouvait parler de la question des frontières de la France, de ne pas poser lui-même la question des frontières de la Grèce.

On se demande en vérité quel service les puissances ont rendu à la Grèce en l'empêchant de s'emparer de l'Épire et de la Thessalie au moment où, l'armée russe étant victorieuse, la Turquie épuisée n'eût pu les reprendre.

Toutes les propositions défavorables à la Russie, c'est M. Waddington qui les a formulées. M. de Bismarck les lui souffle. Finalement, M. Waddington a perdu l'influence que nous avions en Turquie pour la livrer à l'Allemagne, et il n'a pas satisfait la Grèce.

Enfin, c'est le marquis de Salisbury, ce n'est pas M. Waddington, qui a fait la proposition d'admettre la Grèce au congrès dans la personne d'un délégué du gouvernement d'Athènes.

A la séance du 19 juin le prince Gortschakoff s'est montré favorable à l'annexion à la Grèce de l'Épire, de la Thessalie et de la Crète, dont n'avait aucunement parlé le projet français !

Et encore le marquis de Salisbury demande qu'on remplace, dans le projet français, les mots « possessions limitrophes » par les mots « provinces grecques », puisqu'il y a des provinces grecques qui ne sont pas limitrophes.

Et M. Waddington ne va-t-il pas jusqu'à déclarer, durant les débats, qu'il n'admet l'avis du cabinet d'Athènes que sur les faits qui se passent à la frontière du royaume. M. Waddington ayant, lui, représentant de la France philhellène, montré la crainte d'agrandir la sphère d'observation du cabinet hellénique, naturellement, le congrès accepte la proposition française qui *réduisait* les propositions de l'Angleterre et de la Russie, plus favorables à la Grèce !

Était-ce assez lamentable !

Après quoi le congrès, délivré de ses devoirs envers la Grèce, l'invite à « s'entendre avec la Turquie ». L'ironie est scandaleuse. C'est un abandon complet de la question. On a bien vu plus tard la fausseté de la situation qui était faite à la Grèce en Épire et en Crète !

Mais j'anticipe sur les événements.

Le 19, j'ai entre autres amis Challemel. Je le cite parce qu'il est le moins mondain de tous. Il m'amènera Bersot, et affirme qu'il n'a accepté mon dîner que parce qu'il est capable de résister à mes séductions, et il ajoute : « Je vous aime plus que vous ne pensez et je baise vos mains. »

A partir de ce jour je lui rappelle plus d'une fois que sa déclaration est faite et que c'est chose réglée, mais avec Challemel il est impossible de lutter de malice et d'esprit.

M. de Freycinet dîne aussi. Challemel et lui ont grand plaisir à se retrouver. Ils ont l'un pour l'autre, quoique très peu liants tous deux, une vraie amitié.

⁂

Je suis triste et ne puis dominer ma tristesse. Je vais souvent au cimetière. Adam y est enfin à la place qu'il a désirée près de Dorian, tout en haut du Père-Lachaise. Sa tombe est aussi éclairée, aussi élevée que possible dans le champ du repos. Pourquoi suis-je triste à ce point?

Mon année de deuil est close, un peu de blanc vient éclairer mon noir, pourquoi donc tout me paraît-il toujours plus sombre autour de moi?

A ce congrès de Berlin qui occupe à peine mes amis politiques, endormis qu'ils sont par Gambetta, il me semble, de plus en plus, que les destinées futures de notre France se jouent.

Voir parader M. Waddington, voir la France représentée par cet homme à peine Français, voir les silhouettes de l'Alsace-Lorraine s'effacer de l'horizon, ne plus trouver un chef et à peine un égal en patriotisme dans celui en qui on imaginait voir la France incarnée; dans celui qu'on croyait supérieur à tous, ne plus trouver qu'un ami comme les autres, c'est éprouver la douleur profonde qui s'attache aux déchéances.

Cialdini, qui, lui aussi, a beaucoup souffert de déceptions politiques, est mon confident. Il suit et juge comme moi le congrès de Berlin. Il me comprend mieux que mes amis les plus anciens entraînés par l'action journalière. Il me donne sur le caractère italien des clairvoyances qui répondent à plus d'un de mes pourquoi, et, parfois, hélas! m'attristent davantage.

Cialdini, comme moi, a eu ses épreuves patriotiques, des désespérances sans limites, des déconvenues impossibles à prévoir. Il me raconte, entre autres, l'une d'elles.

Le 28 août 1860, Farini, ministre de Sardaigne, et lui, Cialdini, vinrent saluer Napoléon III à Chambéry. Farini exposa sincèrement la situation de l'Italie. Napoléon III ne fit alors aucune condition pour Rome et ne posa pas de limites aux espérances qu'emportèrent Farini et Cialdini. Tous deux souffrirent ensuite dans les proportions où ils avaient espéré.

Durant ces entretiens où nos âmes patriotiques vibrent à l'unisson, se forme une amitié qui devient une sorte de parenté tendre et coquette qui s'appellerait aujourd'hui « un flirt ».

Mais ma tristesse ne peut être allégée par un sentiment affectueux dont la base est un patriotisme douloureux chez chacun de nous.

Paris me devient odieux. Je me sens étrangère au milieu de mes amis. Je ne les comprends plus et je n'en suis plus comprise. J'ai l'idée d'aller à Naples et de trouver dans la Grande-Grèce un cadre pour ma *Grecque*.

Cialdini est désolé de mon départ et juge que c'est folie d'aller à Naples à cette époque de l'année. Mais c'est justement en été, en juin, qu'il faut que je voie mes paysages. Naples est vraiment Naples à ce moment.

A Naples, avec *Grecque*, j'oublierai le congrès de Berlin.

Il est bon pour toutes choses que je parte. Depuis que j'ai un peu quitté mon grand deuil, plus d'un parmi mes amis voit en moi la femme plus que la veuve.

Et Adam avait bien raison le jour où il me faisait jurer, s'il mourait, de ne me remarier qu'après trois ans écoulés.

Pour une veuve les premiers temps sont les plus dangereux. Le manque de tendresse, la solitude, acheminent à l'idée d'un remariage. Après trois ans on s'est résignée, j'imagine, et on trouve des compensations d'indépendance à vivre seule.

Le 19 et le 25 ont lieu mes derniers dîners. J'ai, à ces dîners et le soir, mes amis les plus fidèles : Challemel, Spuller, Girardin, Lepère, Testelin, M. de Marcère, Gaiffe, Louis Jourdan, About, Eugène Pelletan, Paul de Rémusat, Jules de Lasteyrie, de Lesseps, M. de Mahy, l'amiral Pothuau, Jauréguiberry, Raoul Duval, Hetzel, Billot, Duclerc ; avec eux, maintenant, Teisserenc de Bort, Bardoux, Léon Renault, Andrieux. Au milieu de ces amis le général de Galliffet pénètre, croyant pénétrer dans « l'antre de la politique gambettiste ».

Il dîne le 25 juin et trouve la plupart de nos amis désireux de le retenir au milieu de nous.

Il est fort attaqué par le général Borel, ministre de la guerre, par Chanzy, que je ne vois jamais le soir, parce qu'il déteste plusieurs de mes fidèles, enfin par le duc d'Aumale.

Duclerc et Gambetta défendent le général de Galliffet chaleureusement.

La veille de mon départ pour l'Italie, le général de Galliffet m'écrit l'originale lettre suivante :

Paris, le 27 juin.

Madame. C'était au commencement de 1879 ou en 1880. Je vous portais quelques fleurs. Je fus retenu à dîner. Étaient assis à la même table : le président de la République, M. Gambetta, le président du Sénat, M. Duclerc, le président de la Chambre, M. de Girardin et plusieurs autres membres dont Billot qui serrait sur son sein le portefeuille de ministre de la guerre. M. Detroyat était préposé à la distribution des prix Montyon et m'invitait à passer au large.

Vous ne demeuriez plus boulevard Poissonnière. J'arrivai de la lune et je fus autorisé à vous demander quelques explications. J'appris que M. Gambetta avait fini par reconnaître que pour faire un bon dîner il faut tenir soi-même la queue de la poêle et s'était décidé à succéder à l'illustre maréchal de Mac-Mahon.

Tel est, madame, le récit de mon rêve de cette nuit. Je viens de me réveiller à votre porte (celle du concierge) les fleurs étaient dans mes mains, je les offre en holocauste et vous prie de me pardonner d'avoir rêvé de vous sans une autorisation préalable.

Je reste votre bien respectueux.

Général de Galliffet.

Gambetta me dit qu'il est heureux de me voir partir, que si depuis trois semaines il avait eu le pouvoir de m'obliger à quitter Paris il l'eût fait et que plus d'un ennui lui eût été épargné.

« Si vous aviez pu jouer les Napoléon, lui répondis-je, vous m'auriez donné un petit air de Mme de Staël ! C'est grand dommage. »

Gambetta est irrité contre moi, et il ne le cache pas. Irritée contre lui, je fais de même. C'est en vain qu'il essaierait d'arrêter mes idées dans leur expansion, et moi je ne puis rien contre ses reculs.

Le prince de Galles a fait à Gambetta de véritables cours d'histoire contemporaine qui le dirigent sans qu'il puisse s'en rendre compte. Henckel brochant sur le tout, M. de Bismarck étant en accord parfait avec Disraeli, Gambetta soutenant les combinaisons anglaises soutient donc les combinaisons bismarckiennes.

Il disait ces derniers jours chez moi :

« Les intérêts de la France et de l'Angleterre, les deux pays les plus libéraux, les plus industrieux, les plus productifs, les plus riches de l'Europe, sont si intimement liés que le retour de l'Angleterre à une politique moins étroite fait sortir en même temps les deux pays de l'isolement temporaire où ils se trouvaient. »

L'irrémédiable entre de plus en plus dans les raisonnements de Gambetta. Je n'y puis rien que craindre pour l'avenir, souffrir dans le présent et gémir avec le petit nombre d'amis qui partagent mes angoisses.

Et pourtant il y a eu un moment où Challemel et Spuller à *la République française,* sans que Gambetta soit intervenu et les ait blâmés, engageaient le cabinet du 16 décembre à ne pas faire figurer la France au congrès de Berlin. Challemel et Spuller ont fait campagne avec moi et pour moi au début de mes résistances; depuis, peu à peu, ils me lâchent par discipline. L'opportunisme n'est pour aucun de ses partisans un vain mot.

Je pars pour l'Italie. Gambetta et moi nous convenons d'un chiffre au cas où nous aurions à nous écrire des choses importantes. Il signera ses dépêches *Massabie*.

*
* *

J'ai passé quelques jours à Rome où je suis arrivée le 28. Cialdini m'avait donné des lettres pour ses amis, entre autres pour Cairoli et pour Mme Cairoli, dont je lui suis particulièrement reconnaissante.

J'ai depuis longtemps une grande admiration pour le caractère de Benedetto Cairoli. Il est le seul de cinq frères qui ait survécu aux guerres de l'indépendance. Emilio, Giovanni, Enrico, Luigi furent tués; Adélaïde Cairoli, leur mère, les donna l'un après l'autre à la patrie.

Le président du conseil des ministres est souffrant de blessures qui se rouvrent à chaque instant. Je ne le vois pas, mais donna Elena m'accueille avec une grâce presque aussitôt amicale qui me touche profondément.

Cairoli me fait poser par sa femme la même

question que Cialdini à la soirée de M. de Freycinet. Elle me demande, de sa part, pourquoi nous sommes allés au congrès de Berlin. Si nous nous étions abstenus, l'Italie aurait aimé à prouver le désir qu'elle avait de ne pas se séparer de la France dans les grandes assises diplomatiques. Quoique Mme Cairoli ne s'occupe pas de politique, elle est, en femme très intelligente, au courant de bien des faits.

Elle sait entre autres que Cairoli a reçu de Depretis les projets tout préparés du congrès de Berlin, que Cairoli les subit, mais elle me répète que si la France n'y était pas allée l'Italie aurait fait comme elle.

Au cours de la conversation, Mme Cairoli me dit que l'Angleterre, d'accord avec le sultan et encouragée par Bismarck, a pris Chypre avant la réunion du congrès.

Je la supplie d'obtenir du président du Conseil, de Cairoli, l'autorisation pour moi de télégraphier cette importante nouvelle à Gambetta.

Donna Elena va auprès de son mari et me rapporte l'autorisation « de télégraphier en clair ».

Je télégraphie aussitôt à Gambetta :

« Cairoli me dit que l'Angleterre a pris Chypre avant la réunion du congrès. »

Gambetta me répond le même jour : « Billevesées de votre esprit. — Massabie ». Il signait du nom de sa tante comme nous en étions convenus,

Mme Cairoli transmet cette réponse au président du Conseil, qui me fait répondre :

« Gambetta est déjà aveuglé, et c'est un grand danger pour la France et pour l'Italie. »

Supposant non sans raison que Gambetta ne parlera de ma dépêche à personne, je télégraphie à Girardin la même nouvelle pour qu'il la communique à nos amis le jour d'un grand dîner qu'il donne et pour lequel il m'avait priée de rester.

Girardin me répond le lendemain : « Dépêche communiquée hier aux amis. »

Le marquis Alfiéri, avec lequel je suis en correspondance depuis longtemps, n'est pas à Rome durant le court séjour que j'y fais, et il m'écrit :

La haine de l'Allemagne et de l'Angleterre contre la Russie les unissent; le but des deux sera de déposséder la Russie du fruit de ses victoires, de ses sacrifices en hommes et en argent, de lui enlever même sa part légitime d'influence sur les peuples des Balkans.

M. Waddington, plus Anglais que Français, joue visiblement le jeu que Disraeli, de compérage avec Bismarck, lui fait jouer. Je suis avec passion heure par heure ce qui se passe à Berlin, car je n'ai cessé d'être un fidèle ami de la France. Je n'ai oublié ni Solférino ni Magenta. Aussi, est-ce pour moi un double spectacle navrant de voir la France coude à coude avec l'Allemagne et de voir l'Italie coude à coude avec l'Autriche. Le malheur seul peut en résulter pour la France, et pour nous le reniement de nos traditions de sympathies, car l'Allemagne a un intérêt puissant à nous détacher de vous, et l'Angleterre à vous détourner par quelque ruse de l'Égypte.

Mon gendre, le marquis Visconti Venosta, soupçonne comme moi l'Allemagne de toutes les fourberies, mais il n'a pas la même défiance de la perfide Albion.

L'audace de Bismarck dans ce congrès, l'appétit de bénéfices de Disraeli, en bon israélite qu'il est, sont extravagants, scandaleux. J'en sais des détails comme Chypre pris par l'Angleterre avant la réunion du Congrès. Quant à la campagne reptilienne contre la Russie, elle n'a pas de nom ; les reptiles non seulement nient les intentions de Bismarck d'envahir la France en 1875, mais ils accusent Gortschakoff d'avoir inventé le complot en entier et berné le général Le Flô. Il y a plus encore, le *Times* déclare que le mensonge de Gortschakoff était une ruse pour avoir droit à votre reconnaissance.

Pauvre France ! Que je la plains d'être tombée dans une pareille souricière, d'être représentée par un Waddington ! Pauvre Russie, abusée par Gortschakoff, qui lui-même s'abuse sur Bismarck !

*
* *

Voici Naples chassant par sa lumière fulgurante les brumes de mon esprit ; je descends à l'hôtel Royal que m'a conseillé Cialdini. L'ambassadeur d'Italie a écrit au préfet de Naples, son ami, de se mettre à « mon service ».

Le lendemain de mon arrivée, le maître de l'hôtel m'annonce que tous ses appartements sont fermés et qu'il ne m'a reçue que parce que le préfet lui a demandé de me laisser le temps de me pourvoir.

J'écris audit préfet pour le prier de venir à mon secours. Je voudrais pouvoir rester dans l'appartement où je suis déjà installée, d'où la vue est splendide, unique, près de Santa-Lucia, avec le panorama de tout le golfe, du Pausilippe à Sorrente, avec les îles, là-bas.

Le préfet de Naples accourt à ma voix et décide le directeur de l'hôtel à garder un aide de cuisine, un valet, et à rester. Mon domestique me servira. On me choisit un guide, on me loue une voiture pour un mois et me voilà pourvue mieux que dans une villa.

Dès quatre heures la brise de mer se lève, et je pars pour ne rentrer qu'à sept heures.

Je découvre chaque jour mon paysage de *Grecque*. Le soir, je vais à Santa-Lucia conquérir mon verre d'eau acidulée que des femmes rieuses récoltent goutte à goutte l'une après l'autre à la source.

Le matin, j'orne le cadre de *Grecque* avec amour, je l'entoure de tout le luxe des vues que je recueille, que je fixe pour elle. En même temps j'ébauche, à la droite du golfe, les descriptions qui me permettront de faire dix nouvelles sur dix états de cœur de dix jeunes mariés, et je fixe les lieux dont les noms me donneront mes titres : Pausilippe, Pouzzolles, le Temple de Serapis, la villa Ciceron, la Solfatare, et je chante avant de la noter : *la Chanson des nouveaux époux*.

Quelle émotion de marcher dans les chemins de la Solfatare, de voir Pouzzoles glisser vers la mer, d'apercevoir au fond de l'eau le temple de Neptune ! Neptune a triomphé là, on l'y a adoré, et il reprend peu à peu possession de ce qui a été élevé à son nom.

Caligula a aimé Pouzzoles comme Néron a aimé Baïa.

Voici le lac Arverne, le Mont-Nouveau ; à l'horizon, Procida et Ischia.

On a quitté Naples à quatre heures du soir, encore endormie, on la retrouve vivante, remuante, bruyante, à sept heures. Ce sont des mots qu'on jette, des notes qu'on lance, des traits d'esprit que, sur les places, les vendeurs de pastèques échangent d'étal à étal et dont rient les badauds. Mais qui n'a décrit Naples !

A Pompéi, une surprise m'attend. Mon ami Fiorelli, directeur des fouilles, a écrit à Naples pour qu'on explore une maison pompéienne devant moi.

Je suis assise sur l'élévation des cendres qui recouvrent chaque maison. On fouille ces cendres qui n'ont pas été remuées depuis qu'elles sont tombées là, brûlantes, ensevelissant comme en un linceul l'habitation sur laquelle je suis perchée et qui a au plus, aujourd'hui, deux mètres de hauteur. Nous sommes dans la cuisine : voici une burette encore graisseuse, où l'on mettait l'huile ; sur un petit fourneau bas, une casserole de terre, et dans cette casserole des légumes tout noirs mais où il est facile de reconnaître des carottes. Après tant de siècles, cette physionomie des choses encore intactes donne une impression presque affolante.

Deux des hommes qui fouillent se précipitent sur un petit objet, je veux le voir, on s'y refuse, j'insiste et le conservateur me répond en riant :

« *E un amuleto d'amore !* »

Le cadre de *Grecque* s'étend jusqu'à Pæstum. Quel voyage en juillet par la chaleur intense, mais quelle éblouissante vision : une forêt de feuillages, des acanthes autour des temples, la mer enveloppant les ruines des voiles bleus de Cérès! On croit apercevoir Neptune poursuivant la déesse au milieu des hautes fougères dorées.

Voici les chariots rouges traînés par des buffles gris empanachés. Jeunes filles et jeunes gens autour des aires battent le blé du mouvement rythmé de leurs fléaux; les hommes, dans la plaine, se penchent sur les faux en un geste large, tandis que les enfants glanent.

Le soir, tel un tableau de Léopold Robert, les chariots rentrent précédés des enfants et de leurs gerbes, les têtes des buffles chargées de rubans; jeunes hommes, filles coiffées de la « magnosa » blanche, marchent autour, le fléau sur l'épaule.

Lentement le soir vient, et la fatigue du jour vous engourdit, mais un homme est là, derrière la voiture, qui vous surveille. Il vous frappe brusquement :

« *Non dormire!* »

Il ne faut pas dormir dans la plaine de Pæstum, car la fièvre alors vous saisit et vous tue.

***

Une nuit je réveille mon domestique qui réveille mon guide, lequel m'amène au bout d'une heure chevaux et cocher. Je veux voir se coucher la lune et se lever le soleil sur le Vésuve. Mon guide proteste, mon cocher se signe, mon domestique, ancien cuirassier, m'a tout l'air d'avoir peur... De quoi?

Nous partons. Sur toute la route qui monte à l'observatoire, au pied des maisons des gens sont couchés. Ils se soulèvent, regardent et parlent entre eux.

Je saisis quelques mots répétés :

« *Una donna sola!* »

Plusieurs dormeurs se lèvent et galopent derrière la voiture. Mon cocher et mon guide en décident quelques-uns à s'arrêter en leur criant qu'il y a huit guides retenus là-haut.

Je demande pourquoi ils disent cela.

« Parce que nous aurions cent vagabonds à nos trousses. Ah! Santa Madona! il y en aura toujours assez. La signora commet une grandissime imprudence. »

Arrivée à l'observatoire, je descends, et mon guide, sous les criailleries de vingt porteurs, en choisit quatre; mais de violentes disputes de ces quatre avec quatre autres l'obligent à en choisir huit « la mort dans l'âme », me dit-il.

Nous partons. Au lieu de me suivre, mon guide se dirige vers l'observatoire.

« Vous ne venez pas? lui demande mon domestique.

— Non, il faut qu'ils me sachent ici attendant votre retour. Je leur ai dit que Madame était l'amie du préfet, qui m'avait chargé de prier le professeur Palmieri de les observer avec sa lunette. S'il se passe quelque chose, douze soldats qui sont de faction à l'observatoire monteront.

— Je cours donc un danger?

— Un vrai danger. A cause du prochain funiculaire l'association des porteurs est dissoute et l'on ne sait pas qui sont les gens qui vous portent.

J'hésite un peu, mais mon domestique, Gabriel, me dit :

« S'ils touchent à Madame, je n'en ferai qu'une bouchée. J'ai mon revolver. »

Nous montons avec huit porteurs, que suivent une dizaine de vendeurs de lacryma-christi.

Le guide court après nous, il me fait un signe que je comprends et me demande en italien si j'ai de l'argent.

« Non, lui dis-je aussi en italien, pas un sou! Le signor Palmieri m'en prêtera pour payer mes porteurs. »

Gabriel qui comprend donne son porte-monnaie au guide. Celui-ci le garde en disant, après l'avoir ouvert :

« Nous aurons de quoi payer sans emprunter. »

Mes porteurs croient donc que nous n'avons pas d'argent, et, lorsqu'ils s'arrêtent pour boire du lacryma-christi, je leur dis en italien :

« Ne buvez pas trop, car nous n'aurions pas assez d'argent pour payer. »

Mon domestique monte à côté de ma chaise, mais avant d'arriver au sommet, tandis que je regarde Phébé, langoureuse à son coucher, il disparaît. Je crois qu'il s'éloigne un instant, mais il ne revient pas. J'ai un moment d'émotion.

Quand la lune sera couchée, si le soleil n'est pas levé, j'aurai plus d'inquiétude encore.

Je demande mon serviteur. On me répond qu'il est plus haut.

Je monte encore et ne veux pas avoir l'air inquiète. Arrivée au sommet, je ne vois pas Gabriel. Je descends de ma chaise, et tout à coup dans un groupe qui se forme j'entends des cris. Je cours et je vois un homme à terre, qu'un autre étrangle, un genou posé sur sa poitrine. Je tire l'homme brusquement, l'autre d'un bond se relève.

Je dis avec colère :

« Qu'est-ce que c'est? »

Naturellement la conversation est en italien.

« Il a volé dix sous à l'un de nous.

— Laissez-le. Je rendrai les dix sous quand je serai en bas. »

Je n'ai nullement l'air effrayée, mais j'aimerais mieux être à l'hôtel Royal à cette heure, je le confesse.

L'un des porteurs me raconte qu'un Allemand — ils détestaient les Allemands à ce moment là — a voulu voir la bouche du cratère et qu'on l'a collé dedans.

Et il ajoute en riant méchamment :

« Est-ce que la signora veut voir la bouche du cratère? »

J'éclate de rire, m'efforçant de ne pas rire faux, et je réponds :

« Merci, après votre histoire. J'espère que vous n'y avez pas collé mon domestique qui s'est battu en 1870 avec les garibaldiens. »

Ce mensonge m'a paru avoir son utilité. Ils se regardent et répètent :

« Il s'est battu avec Garibaldi. »

Je suis mortellement inquiète et je demande :

« Où est-il ? »

Cette fois on me répond qu'il est en bas.

Mais je ne veux pas montrer mes craintes.

Je réponds avec calme :

« C'est bien ! »

Enfin le soleil se lève, et le spectacle que j'ai sous les yeux vaut tous les dangers que je puis courir.

La mer s'éclaire sous une buée blanche qui se soulève en longs plis d'écharpes déployées.

Le soleil incandescent bouillonne dans l'or. Il semble bondir et gagne, plus vite que je ne l'ai jamais vu monter, les hauteurs du ciel.

Je répète : « Que c'est beau, que c'est beau ! »

Et les hommes qui m'entourent le redisent avec moi.

Le Vésuve tonne, des pierres tombent autour de nous. C'est le salut du cratère au jour superbe qui se lève.

La baie de Naples est orange. Autour des îles entourées de vapeur une frange d'or se dessine sur l'eau miroitante. Peu à peu le soleil concentre ses rayons et dissipe la brume. L'étendue, balayée par la brise, ruisselle de lumière, et le bleu du ciel le dispute au bleu de la mer.

Je remonte dans ma chaise, et l'on me redescend. A mi-côte est un monceau de pierres derrière lequel on ne peut plus être aperçu de l'observatoire. On m'entre là, on pose ma chaise à terre. Les huit porteurs m'entourent menaçants et me crient ensemble :

« La bonne main, la bonne main ! »

Ils ont bu force lacryma-christi, et les vendeurs sont en bas, réclamant, j'imagine, leur dû à mon guide.

Nulle part je n'aperçois mon domestique. Le moment est presque cruel. Que faire ?

Avec ces Napolitains il faut être violent. Je m'emporte, je les injurie. Je descends de ma chaise, et, avec mon ombrelle, je tape à tort et à travers, en criant les mots du patois napolitain que j'ai appris à Polichinelle ces derniers jours.

L'effet se produit instantanément. Ils éclatent de rire. On me remet sur ma chaise. Je redescends, et je trouve à l'observatoire mon domestique, qu'on a promené en lui contant l'histoire de l'Allemand, et qui a eu, comme moi, la curieuse idée de leur dire qu'il avait servi sous Garibaldi en 1870.

Mon guide règle les malandrins à la hâte, et, lorsque je revois, le jour, la route que j'ai montée le soir, je suis prise de peur rétrospective.

Le directeur de l'hôtel, le préfet de Naples, et, plus tard, le professeur Palmieri, à qui je vais faire visite, me répètent que j'ai commis la plus grave des imprudences.

Dans la *bella Napoli* on tue plus facilement que

partout ailleurs, et le poignard y est, dit-on, « plus près de la main ».

Et je me rappelle un fait que m'a conté le général Cialdini.

Au moment de la réunion du royaume de Naples à l'Italie, dans les discussions qui avaient lieu à propos de l'assimilation des codes chez le lieutenant du roi (qui était le général Cialdini), les ministres de celui-ci insistaient pour faire reconnaître trois crimes : simonie, inceste et faux témoignage. Les délégués cherchaient cent échappatoires. Enfin l'un d'eux, avocat célèbre, dit :

« Si nous admettions ces trois crimes, il nous faudrait faire le procès à un grand tiers de la ville de Naples. »

On sait ce que sont la camorra et la mafia à Naples.

.
. .

Au congrès de Berlin, tandis que j'achevais *Grecque*, se poursuivaient aussi les faits et gestes d'une camorra. L'Angleterre et l'Allemagne atteignaient leur but, protégeant avec scandale l'Autriche, déchirant le traité de San-Stefano, sacrifiant les intérêts de la Russie, ses conquêtes acquises au prix du sang.

Je savais que le comte Corti avait pour instruction d'être le plus conciliant possible. Cependant, lorsque au début du congrès le comte Andrassy avait déclaré que l'Autriche-Hongrie administrerait pour un temps non défini la Bosnie et l'Herzégovine, le comte Corti avait demandé si le comte Andrassy ne pouvait fournir une meilleure déclaration au point de vue des intérêts de l'Europe.

Le comte Andrassy avait pour toute réponse manifesté l'espérance — bien plus, la conviction — que le cabinet italien n'apprécierait pas les choses à un autre point de vue que les cabinets européens.

Que pouvait l'Italie seule, puisque la France ne disait mot?

Dans la rédaction officielle de la séance, le secrétaire du marquis de Salisbury notait que l'Italie avait accepté la proposition « avec une visible répugnance* ».

Le congrès n'avait pas encore achevé ses travaux le 8 juillet quand l'Europe apprit l'existence du traité secret du 4 juin entre la Turquie et l'Angleterre pour l'occupation de Chypre, ce que l'Italie savait fin juin, ce que j'avais télégraphié à Gambetta, et à quoi il avait répondu :

« Billevesées de votre esprit. »

Il faut, pour juger du degré de déloyauté qui a dominé au congrès de Berlin, lire la communication du prince Gortschakoff qui résume, dans la séance du 9 juillet, les discussions des jours précédents. Cette communication, il faut la lire tout entière. Les événements advenus depuis en soulignent chaque mot.

---

* *Blue Book Turkey*, page 5.

Au moment où la haute assemblée réunie à Berlin sous les auspices de S. M. l'Empereur d'Allemagne va terminer l'œuvre de pacification qu'elle a entreprise, les plénipotentiaires de Russie croient répondre à ses sentiments en exprimant les vœux que cette œuvre, accomplie dans un esprit de conciliation, assure à l'Europe une paix solide et durable.

La Russie y est particulièrement intéressée. Elle a supporté de grands sacrifices durant la guerre, elle en fait de considérables en vue du rétablissement de la paix et du maintien de l'entente européenne. Elle est en droit de compter que du moins ces sacrifices ne seront pas gratuits, et que l'œuvre dont on a posé les fondements ne sera pas stérile, faute d'exécution, comme l'ont été les précédentes tentatives de pacification de l'Orient. Elle ne pourra pas accepter la perspective du renouvellement de crises pénibles semblables à celle à laquelle le congrès de Berlin a été appelé à mettre un terme. Les plénipotentiaires de Russie sont persuadés que cette pensée est également celle de la haute assemblée, qu'elle ne voudra pas élever un édifice éphémère qui exposerait la paix de l'Orient et l'Europe à de nouveaux périls.

Dans cette conviction, les plénipotentiaires de Russie ont ordre de demander au congrès, avant qu'il mette fin à ses travaux, quels sont les principes et le mode par lesquels il entend assurer l'exécution de ses hautes décisions.

Il était clair que les décisions prises n'avaient aucune valeur dès que leur exécution n'était garantie que par la bonne volonté du sultan! La Russie logiquement demandait une garantie collective, solidaire de l'Europe pour imposer au sultan l'exécution des décisions prises. A la fin de ses travaux, trois jours durant, le congrès traita cette question, la seule capitale, les autres ne pouvant être que non avenues sans la solution de celle-là.

Proposée, discutée, elle fut finalement rejetée, puisque le congrès de Berlin n'avait été réuni que pour berner la Russie et éconduire la France en Orient.

L'Autriche tenait son large profit dans l'occupation à terme de la Bosnie et de l'Herzégovine, l'Angleterre avait Chypre, l'Allemagne remplaçait en Turquie, comme protectrice, toutes les autres puissances, et en particulier la France.

Le refus des garanties laissait la question d'Orient ouverte à toutes les complications. La Russie était renvoyée bredouille, cruellement humiliée, les puissances se montrant liguées contre elle de façon flagrante. Bismarck se vengeait de l'intervention russe de 1875 en notre faveur, et il s'en vengeait avec le concours de la France !

La Turquie restait libre de ne pas subir les décisions du congrès, qui s'en remettait à sa bonne volonté, libre de déchaîner à nouveau la guerre bulgare, la guerre serbe, la guerre grecque, de massacrer en Macédoine.

C'était le comble de la trahison envers un grand peuple qui venait de se sacrifier pour en sauver un petit.

La Bulgarie voyait la Roumélie, conquise par la Russie, rendue à la Turquie, dont elle-même restait vassale. La Grèce se voyait écartée de l'Épire, et aucune espérance ne lui était donnée pour la Crète !

*
* *

J'étais rentrée à Rome le 8 juillet, impatiente d'avoir des nouvelles de la séance du 9. J'avais écrit à la Consulta, au marquis de Sant' Onofrio, que Cairoli avait mis à ma disposition, et il m'avait donné, le 11 au matin, le résumé complet de la séance du 9.

Le 12, au Sénat italien, en séance, le marquis Pepoli déclarait qu'au congrès de Berlin Corti avait assisté « aux funérailles du droit et à celles de la justice ».

Crispi accusait, à la Chambre, Cairoli « d'avoir imposé à l'Italie une humiliation en face des autres puissances ». Le même Crispi ajoutera plus tard, dans un discours électoral :

« Nous avons été humiliés à Berlin comme le dernier peuple de l'Europe. »

Et le 13, jour néfaste s'il en fut jamais, le congrès de Berlin se termine. L'encouragement aux troubles, aux ambitions futures, est signé !

Bien plus tard, au moment des massacres d'Arménie, qui entend-on cyniquement accuser l'Europe d'indifférence et la Russie d'insensibilité ? Qui s'écrie qu'une solution radicale et définitive est urgente ? Lord Salisbury. Celui-là même qui, au congrès de Berlin, a le plus hautement refusé la sanction de l'Europe pour les réformes urgentes qui s'imposaient sur l'heure.

Je suis plus désolée que jamais de voir le rôle joué par la France dans la duperie du congrès de Berlin. Une angoisse m'étreint, que je ne puis cacher.

Je sais, par le marquis de Sant' Onofrio, que Cairoli est d'une tristesse navrante. Il est malade à la campagne, et je ne puis le voir.

Je vois Depretis, et je lui demande ironiquement s'il est satisfait de « son congrès ». Je lui signale les dangers qui peuvent surgir du refus de garanties au traité.

« Bast!. me répond Depretis avec sa philosophie habile, « mon congrès » n'est pas si méchant que vous le croyez, sauf pour la Russie, férocement humiliée, j'en conviens; mais je suis de l'avis de plusieurs de mes amis. L'Angleterre, ayant Malte et Chypre, trouve de tels avantages pour ses transports dans l'Inde qu'elle ne peut de sitôt être dangereuse. L'Autriche va tourner tous ses appétits vers la Bosnie et l'Herzégovine, que la Russie ne lui laissera pas prendre, et elle ne songera pas à Salonique. La France et l'Italie ont fait une politique de mains nettes, celle que j'ai conseillée, je vous le confesse, et qui écarte pour longtemps les compétitions méditerranéennes entre nous. »

C'est là tout Depretis.

Mais j'apprends par Farini, le lendemain, que Cairoli est fort inquiet, que Corti, revenu, flaire quelque intrigue diabolique de Bismarck, que celui-ci a dit à Corti, qui se plaignait de l'action de l'Angleterre à propos de Chypre : « Eh bien ! vous, prenez Tunis, et arrangez-vous avec l'Angleterre. » Et qu'on racontait à Berlin que M. de Bismarck avait également dit à M. Waddington :

« Puisque l'Angleterre a pris Chypre, arrangez-vous avec elle et prenez Tunis. »

Et Farini d'ajouter :

« Ma chère amie, le voilà, l'homme infernal ! Heureusement nous savons tous, nous les amis de la France, qu'il n'en est pas sur ce point à son coup d'essai. Nous connaissons sa correspondance avec Mazzini. Nous savons que lui, Bismarck, le conseiller de Mentana, garde Tunis comme ressource pour nous brouiller avec la France, et qu'il va encore l'essayer.

« En avril 1868, — Cairoli le sait comme moi, — Bismarck faisait tenir à Mazzini des notes dans lesquelles on a relevé ceci :

E d'altro parte impossibile all' Italia di tollerare che la Francia minaci a ogni momento d'impadronirsi di Tunisi come a fatto da ultimo, di Tunisi chi sarebbe per lei una prima tappa per arrivare alla stessa Sardegna.

Et, dans cette même correspondance, Bismarck répétait *que la Méditerranée était une hérédité de division entre parents, et que l'empire de la Méditerranée devait être la pensée constante de l'Italie.*

« Où trouve-t-on ces choses que vous me dites, mon cher Farini?

— Dans un livre dont la première publication

date de 1865. Son titre : *De la Politique secrète italienne, 1863-1870.*

— Il faut envoyer ce livre à Gambetta, corner et souligner ces passages.

— C'est fait ! »

J'ai su à Rome qu'après le congrès de Berlin, au moment où les hommes d'État italiens crurent découvrir le jeu de Bismarck tendant à brouiller l'Italie et la France à propos de Tunis, ce volume fut envoyé à Gambetta, qui, au moment où il le reçut, en fut impressionné.

Farini, mon cher Mauro-Macchi, en me répétant, comme tous mes autres amis, les paroles de Bismarck et de Bulow à Corti, ajoutent :

« Avouez que Tunis pour l'Italie est bien tentant ? »

Mancini, que je connais de vieille date, partage l'opinion de Crispi et du marquis Pepoli sur le congrès de Berlin.

L'Italie, pour Mancini, a été traitée en quantité négligeable par l'Allemagne, qui, en outre, a voulu lui prouver que la France n'est plus à même de tirer des avantages de sa situation diplomatique, comme l'Autriche et l'Angleterre.

« Cependant, je crois que la France cache son jeu, qu'elle a des promesses de Bismarck, je ne sais lesquelles, ajoute Mancini, promesses qui seront une récompense de sa docilité. Je crains qu'il s'agisse d'une situation supérieure dans la Méditerranée, et c'est la brouille complète entre vous et nous. La duplicité de Bismarck est telle qu'il n'a jamais une seule fois procuré un avantage sans en récolter tous les fruits. »

On répète à Rome, dans tous les milieux, que puisque l'Autriche s'est saisie de la Bosnie et de l'Herzégovine, que l'Angleterre a pris Chypre, que la Turquie n'a été tenue à aucun engagement absolu, il est clair que l'Italie, la France et la Russie sont dupées !

Le marquis Alfieri, Correnti, d'un esprit si judicieux, Mafféi, qui me parle au nom de Cairoli, et dont Corti fait si grand cas comme sous-secrétaire d'État, Mme Cairoli, qui m'écrit, croient et craignent que le congrès de Berlin, œuvre bismarckienne s'il en fut, ne contienne quelque machiavélique combinaison pour lancer entre nous la discorde et l'inimitié définitives qui jettera l'Italie dans les bras de l'Allemagne.

« Si les discussions sur les droits de mouture n'avaient pas été si passionnées, celles du congrès de Berlin l'eussent été bien davantage, » me dit Correnti.

L'Italie était profondément irritée d'avoir été traitée, au congrès de Berlin, en quantité négligeable. Garibaldi s'agite. Il fait un meeting à Naples.

Une lettre de Girardin qui me vient de Naples à Rome :

La chère bien-aimée de tous. Parce que vous avez mis votre adresse d'hôtel en tête de votre lettre c'est que la réponse aura le temps de vous parvenir avant votre départ de Naples pour Rome. Ce n'est pas sans inquiétude que j'écris ce nom à cette époque caniculaire. Prenez bien des précautions par amour pour vous que nous aimons tant.

A bientôt! votre retour sera la fête de nos cœurs.

A vous.
E. DE GIRARDIN.

Cialdini, lui aussi, m'a écrit plusieurs fois en me répétant : « Prenez garde aux *frutti di mare* de Naples, et à la *malaria* de Rome. »

Dans une nouvelle conversation avec Depretis, il me dit :

« Je suis revenu de mon optimisme. Plusieurs entretiens avec Corti m'inquiètent. Il me dit que Waddington se laissait entièrement diriger par Salisbury; et, comme les Anglais sont à cette heure à la dévotion de Bismarck, j'ai peur de quelque tour de l'homme de Varzin, lequel, après la défaite diplomatique de la Russie, avec son entente anglaise et le sauvetage de la Turquie, n'a plus qu'à nous brouiller, vous et nous, pour être le maître de l'Europe. »

Moi aussi, j'ai peur de quelque courtage. Le système est florissant. La Bosnie et l'Herzégovine à l'Autriche pour y enterrer Sadowa, Chypre à l'Angleterre pour son aide contre la Russie, que peut bien nous proposer M. de Bismarck pour enterrer Sedan?

Mme Cairoli m'écrit :

« Benedetto me charge de vous dire en ces termes précis : « que Mme Adam s'informe auprès « de ses amis, et, s'il se peut, me rassure, car je

« suis mortellement inquiet. » Je n'ose pas dire ce que j'entrevois, ce serait infernal ! »

Je suis hantée, moi aussi, par les craintes de Cairoli. La politique d'expansion dont parle sans cesse Gambetta, Bismarck doit en connaître l'appétit, et c'est là qu'il attend sa proie.

L'expansion! à quoi nous servirait-elle, sinon à nous éloigner de la « trouée des Vosges » !

Je reçois une lettre de Mme Thiers, qui me croit encore à Naples et qui m'y écrit :

Paris, 22 juillet.

Madame,

J'ai été charmée de recevoir de vos nouvelles et d'apprendre que votre santé n'a pas souffert d'un aussi long voyage. La chaleur est affreuse à Paris. Que doit être celle de Naples? Je ne vous trouve pas prudente de vous exposer à avoir de très mauvaises fièvres dont vous connaissez l'extrême désagrément puisque vous avez eu celles de Venise.

Quel que soit le mauvais air qu'on y respire, je ne quitterai pas Paris avant la fin de septembre ou le commencement d'octobre, parce que la publication des discours de M. Thiers m'oblige à ne pas m'éloigner en l'absence de tous ses amis.

Je vous verrai donc quand vous reviendrez. D'ici là, je vous prie de croire à mes meilleurs sentiments.

E. Thiers.

Mes amis de Rome et moi, nous ne parlons que du congrès de Berlin. L'un d'eux me raconte que, lorsqu'il était attaché d'ambassade à Vienne, on y répétait volontiers que M. de Bismarck était l'homme du monde qui haïssait le plus la France.

M. de X... ajoutait :

« Les impressions d'enfance de M. de Bismarck nous sont ennemies violentes et ne se sont pas atténuées.

« Le premier empire a été cruel à sa famille. Son père et sa mère ont dû fuir devant l'invasion. Les Français ont occupé le château des Bismarck et l'ont saccagé.

« En outre M. de Bismarck n'a pas pardonné à la France les massacres du Palatinat ! »

« Au début de la guerre de 1866, ajouta mon ami italien, il proposa à la cour d'Autriche une réconciliation si elle consentait à une marche commune sur la France. »

M. de Beust m'a confirmé depuis cette affirmation.

Dans un article de la *Liberté,* que Cairoli me fait envoyer, il est dit que M. Waddington, à qui Bismarck proposait Tunis, lui a répondu :

« Je veux m'en retourner les mains vides. »

On parle beaucoup à Rome de cet article :

« Pourquoi alors, clame M. Crispi, la France a-t-elle admis que l'Angleterre prenne Chypre et que l'Autriche ait les deux mains tendues vers la Bosnie et l'Herzégovine? »

*
* *

Je quitte Rome le 25 juillet, inquiète, fiévreuse, navrée, sentant que des germes de mésentente, de suspicion, y sont semés par notre implacable ennemi. Je reviens à Bruyères trop attristée de ce que j'entrevois, trop fatiguée pour rentrer à Paris par la chaleur qu'on m'écrit y faire en ce moment.

Dès les premiers jours d'août, je lis un article de la *Revue des Deux-Mondes,* de M. de Mazade, et j'y trouve ceci :

Aurait-il été récemment question de Tunis? Si l'offre a été faite sous une forme quelconque plus ou moins précise, elle a dû certainement être déclinée par M. Waddington à Berlin, comme à Paris par le gouvernement tout entier.

Si enviable que puisse être la proposition, nous ne pouvons pas nous brouiller avec l'Italie et la jeter, humiliée, blessée par nous, dans les bras de l'Allemagne. Nous ne pouvons prendre Tunis que si nous sommes en situation diplomatique qui nous permette de lui donner la Tripolitaine.

Or le traité de Berlin, qui protège la Turquie, ne permet pas à l'Italie d'espérer lui arracher la Tripolitaine. Seule, une alliance avec l'Allemagne la lui donnerait peut-être.

Oh! la machination de Bismarck, comme elle nous enveloppe, l'Italie et nous. Et que vaudrait Tunis au prix d'une alliance de l'Allemagne et de l'Italie?

Le crédit et l'influence de notre pays, concluait M. de Mazade, n'est pas au prix de Tunis, et notre diplomatie n'a pas eu grand'peine à résister à la tentation.

M. de Mazade se trompait, je me trompais!
Non seulement M. Waddington n'avait pas répondu à M. de Bismarck : « Je veux revenir de

Berlin les mains vides! » mais, dès le 26 juillet, il écrivait à M. le comte d'Harcourt, ambassadeur de France à Londres, le résumé des conversations qu'il avait eues avec lord Salisbury et qui aboutissaient à une affirmation de notre ministre des affaires étrangères à son représentant à Londres, se traduisant ainsi : « Nous pouvons faire à Tunis ce que nous jugerons convenable; l'Angleterre ne s'y opposerait pas et *respecterait nos décisions!* »

Cependant M. Waddington, avec sa faconde, s'attira du marquis de Salisbury des réponses pour le moins dédaigneuses au cours des explications qui eurent lieu.

M. Waddington, selon le noble lord, confondait des conversations particulières avec des communications officielles. Le plénipotentiaire anglais réservait, en tout cas, ajoutait-il, les conditions dans lesquelles l'Italie accepterait une action de la France à Tunis et ajoutait qu'il n'avait pu prévoir à l'avance les échanges de vues qu'il y aurait entre le gouvernement de la reine et l'Italie.

Ainsi la France, si elle faisait la moindre démarche, tentait la moindre action, se permettait la plus légère démonstration à propos de Tunis, était par avance désavouée par l'Angleterre et se réclamait des seules promesses de M. de Bismarck, lequel s'était ostensiblement joué d'elle en faisant faire à l'Italie en même temps, par M. de Bulow, des propositions identiques à celles faites par lui à M. Waddington!

Il fallait donc à tout prix que jamais Tunis ne

fût en cause si nous voulions garder l'amitié de l'Italie et ne pas la livrer à celui qui, une fois de plus, mettait le mensonge en œuvre.

L'homme du Kulturkampf n'avait-il pas dans son arsenal plus d'une ressource pour plaire à l'Italie qui a pu occuper Rome à l'aide de nos désastres prussiens?

Et je m'inquiète et je me décourage.

o
o o

La solitude de Bruyères m'est douce. Je termine *Grecque* et je me demande si la vie dans ce lieu si plein de chers souvenirs, où les nuits ont la beauté des jours, où la mer vous est amie, car sa plainte accompagne votre plainte, ne serait pas meilleure que la vie à Paris, où je côtoie des ambitions chaque jour plus déchaînées par notre victoire politique.

C'est ce que j'écrivais à l'un de mes amis les meilleurs, répondant à une lettre de lui que j'avais reçue à Rome et lui disant ma consolation de retrouver les conseils de la solitude et la paix de mon golfe Juan.

M. de Marcère me répondait de Messei, son Bruyères normand :

Messei, 10 août 1879.

Vous avez peut-être raison, ma chère amie, et je crois qu'ils sont sages, les conseils de la solitude, mais ils sont faciles à suivre aussi. Bien souvent, moi-même, je crains de lasser la Fortune. Elle s'est montrée prodigue envers moi, ses dons qui vous concernent ne sont pas les moindres pour moi. Je prends facilement toutes les précautions, il n'y en a qu'une que je suis impuissant à prendre. Et je vérifie, par là, la profondeur des mots! l'homme est toujours faible par quelque endroit. Eh bien! je veux me montrer tel que vous, et nous verrons qui des deux fléchira. Il est vrai, vous l'avez dit souvent, que nous avons besoin de toute notre vigilance armée et que nous traversons un temps où il est périlleux de s'oublier, ne fût-ce qu'un moment. La politique est une maîtresse sévère, elle demande une attention constante et une entière liberté. Je sens les luttes venir, et, quoi que je fasse, je veux savoir que votre amitié ne me manquera pas.

En attendant, je cueille les jours loin de la place Beauvau, et, n'était la maudite boîte qui m'arrive tous les matins chargée d'ennuis, je serais le plus heureux Normand du monde. Cela durera tant que cela pourra, et, ma foi, je jouis du présent.

A bientôt, madame l'amazone, je vous baise les doigts.

E. DE MARCÈRE.

Girardin m'écrit à son tour :

Paris, 11 août 1878.

Ronchaud, qui sort de chez moi et qui a reçu ce matin une lettre de vous, la meilleure et la plus charmante des amies, m'annonce que vous serez à Paris le 4 septembre. Pourquoi pas le 3, jour du grand service commémoratif de Thiers à Notre-Dame?

J'ai eu la semaine dernière à déjeuner, c'est-à-dire à causer, notre grand ami* qui fait tous les matins quatre ou cinq kilomètres à pied dans les bois; aussi se porte-t-il comme un charme.

Avant-hier, c'est avec Bertani que je l'ai fait déjeuner, et ils sont partis tous les deux enchantés l'un de l'autre.

J'ai beau travailler, je ne puis pas mettre en ordre mes

---

* Gambetta.

papiers dérangés depuis mon incendie du 17 mai de l'an dernier et à jour ma correspondance. Je suis débordé par le flot.

Il faut bien qu'il en soit ainsi pour que j'aie laissé si longtemps votre lettre sans réponse, mais cela ne m'empêche pas de penser souvent, bien souvent et toujours très affectueusement à vous, la Bien-aimée de tous.

Je vais compter les jours.

Émile de Girardin.

J'ai été plusieurs fois à Nice voir nos chers Léris et le père et surtout la mère de Gambetta; ils sont déjà venus, eux aussi, deux dimanches. Leur tristesse est touchante; ils se plaignent doucement, respectueusement, de n'avoir pas de nouvelles du « grand homme », au moins de celles qu'ils voudraient avoir répondant à leurs lettres.

Ils sont à peu près vis-à-vis de lui dans la situation de la reine de *Ruy-Blas*. Ils reçoivent de temps à autre des billets ressemblant à :

« Madame, il fait grand vent et j'ai tué six loups ! »

Je leur ai donné, par la lettre de Girardin, des nouvelles fraîches de la santé du grand fils.

* * *

Mme d'Ennery et d'Ennery, mes voisins du cap d'Antibes cet hiver, et qui sont à Paris en ce moment, m'ont fait jurer à mon départ de dîner chez eux, dès mon retour, avec Gambetta, Girardin, About et Duclerc.

Nous allons faire pour jeudi l'invitation à notre cher grand homme, m'écrit M. d'Ennery. Je vous ferai savoir le résultat de ma démarche auprès du grand chef, soit à Bruyères par dépêche si vous y êtes encore, soit à Paris si vous êtes en route. Il était convenu, vous vous en souvenez certainement, qu'à votre retour nous aurions le plaisir de vous avoir avec Gambetta, Girardin, About et Duclerc.

C'est une grande coquetterie de votre part de vous envoler comme vous l'avez fait. Vos amis comprennent mieux à quel point ils vous aiment.

Nous vous envoyons l'un et l'autre nos plus sincères amitiés.

AD. D'ENNERY.

L'invitation de Mme d'Ennery, que j'accepte, me fait rentrer plus tôt à Paris.

En quel état d'esprit vais-je retrouver Gambetta ? Les attitudes de M. Waddington peuvent me renseigner puisqu'il m'a dit au départ que c'est lui « qui lui a donné ses instructions ».

La *République française*, que je lis chaque jour, m'est une indication précise. Le ton y a changé ; il est devenu diplomatique : c'est une transposition complète. Le grand air de bravoure n'est plus chanté qu'en *mineur* et les paroles sont aujourd'hui à peu près celles-ci :

« Mes enfants, voilez de crêpes tant qu'il vous plaira la statue de Strasbourg ; chantez vos airs patriotiques ; restez revanchards si bon vous semble, cela peut, à l'occasion, nous être utile, mais laissez-nous, sans préoccupation de revendications qui nous immobiliseraient, marcher dans les chemins nouveaux qui s'ouvrent pour la France et que nous voulons laisser ouverts ! »

Lorsque nous n'avions pas délivré encore la République de ses entraves, qu'elle continuait à être accrochée aux tentacules de nos adversaires, déjà, en lisant leurs journaux, j'avais l'effroi d'être en plus parfait accord avec eux qu'avec mes amis, quant à la politique extérieure qui a toujours été la grande préoccupation, le grand apprentissage de ma vie.

Les bonapartistes disaient haut et franchement à quels dangers mondiaux, à quelles catastrophes peuvent conduire les rêves humanitaires, les formules sentimentales, et conseillaient le recueillement, la prudence, la préparation à des destins meilleurs.

Les orléanistes, ceux inspirés surtout par le duc d'Aumale, ne voyaient rien de plus pressant que la reconstitution militaire et maritime de la France et, afin de l'obtenir complète, la nécessité pour les vrais Français de consentir à tous les sacrifices qu'exigeait la « défense nationale ».

Ils nous reprenaient ce mot à mesure que nous l'abandonnions. Ils voulaient une extrême prudence diplomatique, nos revendications anciennes et nos ambitions nouvelles ne pouvant s'appuyer que sur une force reconstituée.

Déjà M. de Broglie, l'ennemi d'hier, m'obligeait par ses conversations répétées, par ses discours, par ses écrits, à l'honorer comme patriote.

Non, je le sentais bien, l'heure de la politique d'expansion n'avait pas sonné. Ce n'était pas le moment de faire cortège à l'Autriche, à l'Angleterre, à l'Allemagne, ameutées contre la Russie, de leur prêter assistance pour l'escamotage de questions résolues par les victoires russes.

S'associer à de telles combinaisons nous abaissait moralement et nationalement. Or que voulait notre France tout entière comme l'Allemagne avait voulu la revanche d'Iéna? Se relever! et pour cela non agir avec l'ennemi, mais continuer à se préparer pour le vaincre!

*
* *

Je rentre pour le dîner d'Ennery. Duclerc est à Bayonne. J'ai eu des mots avec About au départ, à propos du congrès de Berlin; nous avons besoin d'une explication en tête à tête avant de dîner avec d'autres. Il ne vient pas. Nous dînons donc, les d'Ennery, Girardin, Gambetta et moi.

Je ne puis douter de la joie de Gambetta à me revoir. Il fête chaleureusement et bruyamment mon retour.

« Alors, dis-je, ne songeons ce soir qu'à notre vieille amitié, pas de congrès de Berlin! Mais, quand nous serons seuls, ce sera la discussion ou plutôt la dispute en règle.

— Entendu! répond Gambetta.

— Pardon! Je demande pour la bien-aimée de tous une petite satisfaction publique, dit Girardin. Elle avait raison pour l'accord du 4 juin entre la Turquie et l'Angleterre à propos de Chypre, avant la réunion du congrès.

— Et ce n'étaient pas des billevesées de mon esprit !

— Ah ! vous commencez, madame.

— Non, j'ai fini. »

Et nous parlons toute la soirée de Naples, de Rome, que Gambetta connaît mieux qu'aucun de nous, qu'il aime, qu'il admire, qu'il sait glorifier.

Il s'informe de *Grecque*, des paysages que j'ai choisis pour la revêtir de lumière. Et il demande que je la lui lise avant de l'envoyer à l'imprimeur.

« Je demande *Grecque* pour la *France*, dit Girardin.

— Impossible ! *Grecque*, mon cher ami, n'a rien d'un roman-feuilleton !

— Mais, d'après ce que j'entrevois, c'est une exaltation du patriotisme grec.

— Oui, et une malédiction sur celui qui ne met pas son patriotisme, les revendications nationales au-dessus du plus violent amour.

— Je suis certain que les lecteurs de la *France* comprendront cela. »

Gambetta insiste pour me ramener de l'avenue du Bois au boulevard Poissonnière. Nous avons le temps de causer.

« Vous êtes satisfait, mon cher ami, de votre homme de confiance, de M. Waddington, dis-je. Vous trouvez qu'il a fait, à Berlin, une figure digne de la France amputée de l'Alsace-Lorraine ?

— Il a suivi à la lettre mes instructions sans jamais s'en écarter.

— En y mêlant quelques inspirations de Disraeli, enguirlandées par Salisbury, et le tout parachevé par la traîtrise bismarckienne. La traîtrise bismarckienne! elle est dans chacun de ses actes. Il a trahi toutes les confiances, celle de François-Joseph, de Napoléon III; il vient de trahir celle d'Alexandre II; cette fois, il va faire coup double. Il va, il a trouvé le moyen de nous brouiller avec l'Italie. Bismarck, mon cher ami, vous tient dans ses serres de vautour; il ne vous lâchera plus, il ne lâchera plus l'Italie. Il nous isolera toujours plus, s'attachera la Rome de Crispi! Il vous enverra aux antipodes pour vous arracher à la « trouée des Vosges »! Et tenez, au congrès, il vous a fait faire par Waddington les plus cruelles propositions pour enlever à la Russie le fruit de ses victoires. Il a fait voter la France contre les garanties qui pouvaient protéger les populations chrétiennes d'Orient, nos clientes, garanties qui les eussent garées de perpétuels massacres. C'est M. Waddington qui a empêché, au congrès, la proposition anglaise d'aboutir, proposition qui faisait une même question de la Crète, de l'Épire et de la Thessalie. De sorte que, vis-à-vis de la Grèce, c'est l'Angleterre qui a le mérite de la proposition faite et nous la responsabilité d'avoir réduit la proportion des provinces grecques revendiquées.

— Je vous ai laissée débiter toutes vos accusations, me répondit Gambetta. En vain j'aurais tenté de vous interrompre pour discuter. Vous avez préparé votre argumentation de Rome à Bruyères, de Bruyères à Paris. Vous êtes soudée à vos entêtements, vous avez des œillères, vous ne voulez jamais voir que ce que vous voyez, tournant en rond autour de l'Alsace-Lorraine. Ce qu'il faut à la France, c'est justement sortir de ce rond tracé par des esprits étroits; il nous faut avant tout respirer, vivre, il nous faut l'expansion, la marche en avant.

— Prenez garde à l'ennemi qui vous poussera aux petites conquêtes pour mieux s'assurer de la grande faite sur vous.

— Avez-vous tout dit?

— J'en aurais pour ma vie entière.

— Quand vous débiteriez toutes les paroles du monde dans toutes les langues, cela ne pourrait que prouver que vous êtes pour l'immobilité qui tue et moi pour l'action qui fait vivre.

— Je suis pour la marche à la revanche! »

Il y eut un silence pénible pour tous deux. Gambetta reprit avec impatience :

« Nous resterons d'accord, j'imagine, sur la politique intérieure, et vous n'allez pas vous séparer de nous!

— J'espère que non. A moins que vous ne subissiez de plus en plus l'influence de ceux qui vous enlèvent vos ambitions les plus hautes, et que vous ne vous écartiez des voies de votre destinée... Dans ce cas, ne voulant pas faire patatras avec vous, ajoutai-je en riant, la sorcière vous lâche! »

Nous étions arrivés à ma porte.

« Bonne nuit, mauvaise tête, me dit Gambetta. Vous m'écrirez qui vous avez mercredi à dîner. Je n'irai pas si vos amis personnels sont en trop grand nombre. Je ne puis courir le risque d'être en minorité dans une discussion. J'en ai perdu l'habitude.

— Ne dédaignez pas trop les oppositions. Elles éclairent. Bonsoir. »

En rentrant, j'écris mot à mot notre conversation. C'est elle qui contient en germes toutes mes luttes futures, car, à peine à Paris depuis quelques jours, je constate à quel point les intrigues, les échanges de vues à propos de Tunis sont déjà avancés.

*
* *

J'ai la très grande joie d'avoir tout proche de moi Maurice Sand, Lina, les petites de « bonne mère ». Ils sont à la Muette dans un joli hôtel acheté par Maurice après la vente des terres de Nohant. Il a gardé le château et le parc.

Les marionnettes sont là. Maurice va les installer. Je jette dans mes bras Coq-en-Bois, Balandard, Mme veuve Nantouillet, mes favoris, et je salue les cent autres.

Maurice a essayé d'amener à Paris Planet, notre Planet à qui Nice plaisait parce qu'elle ressemblait à La Châtre. Planet aime toujours exclusivement son pays. Maurice n'a pu l'en déloger. Il en deviendra le sous-préfet.

Ce sont des hommes comme Planet qu'il faudrait dans toutes les préfectures et sous-préfectures pour administrer sous la République le coin de France qu'ils aiment par-dessus tout.

Nous parlons politique, Maurice et moi. Il est plus que jamais réactionnaire. Il trouve que « la politique est la pire des sauvageries quand elle laisse se débrider les passions de l'homme ». Il se moque du progrès, lorsqu'il n'est pas mesuré, réglementé, et qu'il court aux violences, aux catastrophes, sous des formes nouvelles qui font regretter les formes anciennes.

Maurice a dessiné en 1849 un album dont j'ai vu le double dans les mains de Thomas, du *National* :

La première série des dessins était consacrée à la plus belle des républiques ;

La seconde aux revendications démocratiques ;

La troisième aux revendications sociales ;

La quatrième aux luttes entre les républicains démocrates, les républicains socialistes et les démagogues.

Émeutes, tueries, explosions.

Une page (en 1849) montrait une sorte de chemin de fer souterrain au moyen duquel, par une entente entre les frères et amis, on faisait sauter Paris.

A la page finale, il ne restait plus rien de la capitale que des monceaux de pierres et de cadavres. Sous la signature de Maurice Sand, on lit aujourd'hui 1849. C'est stupéfiant.

Je revois Cialdini, le plus dévoué, le plus sûr des amis. Il est fort inquiet. Comme Cairoli, il aime la France plus que toute autre nation ; il ne sait heureusement rien de précis, mais il sent que quelque chose se brise entre nous et l'Italie.

Il m'apporte des coupures de journaux italiens qu'on sait reptiliens, inféodés à la politique bismarckienne.

Voici, en substance, ce que je lis dans ces articles :

« Si la France nourrit la moindre pensée tunisienne, il est certain que la sympathie des Italiens se tournera vers l'Allemagne.

« Le contre-coup de la désillusion subie par les Italiens, à propos de la Régence, se manifesterait très vite, et nous sommes certains que ce sera à son bénéfice si l'Italie se rapproche de l'Allemagne. »

Cialdini veut donner sa démission. Il se cabre à l'idée de subir une défaite diplomatique et de couvrir en France par sa présence sympathique des intrigues contre sa bien-aimée patrie.

Cialdini me dit que Cairoli aime à tel point la France qu'il préférera se faire accuser d'aveuglement plutôt que de dénoncer publiquement les intrigues de notre politique. Lui, Cialdini, dont l'honneur est intact, craint par-dessus tout que cet honneur soit entamé.

Il m'interroge au nom de Cairoli sur les sentiments de Gambetta. Je lui dis que Gambetta songe à une politique d'expansion, mais qui ne me paraît nullement, au moins à cette heure, viser Tunis.

« Vous savez combien j'aime l'Italie, ajoutai-je. J'ai trop défendu sa cause alors qu'elle aspirait à la liberté, que l'Autriche occupait Milan et Venise, pour ne pas désirer de toute mon âme que Gambetta comprenne qu'une brouille avec l'Italie, s'il songeait à Tunis, vous livrerait à l'Allemagne.

— Ce sont les paroles mêmes de Waddington que j'ai vu ce matin, » me dit Cialdini un peu rassuré.

Hélas! je le suis moins que lui!

***

Duclerc n'est pas revenu de Bayonne. J'aurais tant besoin de causer de tant de choses avec lui. C'est un esprit si droit, si renseigné, si vaillant. Il reste dans son Bramepan comme j'aime à rester à Bruyères. Il m'a écrit à Naples. Je n'ai pas reçu sa lettre. Celle que je reçois me parle de la précédente :

Vous savez, ajoute-t-il, que je ne crois pas à la volupté de voyager seule ni que la jouissance du caprice et de la liberté absolue remplace l'autre, ou, pour parler correctement, remplace les autres, mais au moment où vous le dites vous êtes sincère, et cela suffit et doit suffire surtout au plus impersonnel de vos amis.

Vous m'amusez avec le Vésuve. Si la reine du feu brûlait elle-même, elle ne serait plus la reine. Or, avant tout elle veut dominer.

Je vois au ton de votre dernière lettre, à laquelle je réponds bien tard, que vous êtes en belle santé. Vous savez que j'en suis heureux malgré l'inconvénient de vous voir plus brillante, moi j'ai encore besoin de réparation.

Cependant je vous chéris toujours, et je serai heureux de vous le redire quand nous nous reverrons à Paris.

Votre ami.

G. Duclerc.

De Challemel, le 2 septembre :

Je n'ai pas voulu tarder un jour pour annoncer la quatrième édition de *Laide*. Enfin voilà un succès qui fait honneur au goût de nos aimables contemporains.

J'irai certainement dîner chez vous mercredi. Il y a si longtemps que je n'ai entendu votre jolie voix et votre joli rire, car vous riez encore, j'imagine, malgré votre grande colère et vos terribles menaces. Il se peut cependant que je sois obligé de quitter Paris un de ces jours avant le 4 septembre. Ce serait une déception cruelle pour moi.

J'embrasse vos genoux à l'antique.

P. Challemel-Lacour.

J'ai reçu du général de Galliffet ces derniers jours une lettre d'acceptation pour mon dîner du 4 septembre, dans laquelle, après m'avoir dit qu'il veut bien se charger de mon invitation pour son ami le comte de Choiseul, il ajoute :

Je vous serai reconnaissant de dire à vos amis que je ne suis pas ce que pensent les Saint-Genest. Je n'ai jamais essayé de forcer la porte de votre ami Gambetta. J'ai souvent regretté qu'elle ne soit pas grande ouverte. Il entendrait ainsi plusieurs cloches et beaucoup de sons : le pensez-vous ?

Je reste votre bien respectueusement dévoué.

Galliffet.

Le 3 septembre, le bout de l'an de M. Thiers, à Notre-Dame, a été une manifestation moins populaire que son enterrement, mais admirable et imposante.

Le libérateur du territoire a eu sa journée vraiment triomphale, et l'on peut dire que pas une voix n'a prononcé une parole dissonante. On n'a plus vu que le vieillard qui donnait ce qui lui restait de jours comptés, au service de son pays, non pour le glorifier puisqu'il gisait dans la défaite et paraissait agoniser dans la révolte, mais pour le relever dans la mesure du possible en libérant sa dette, en délivrant le sol de la présence du vainqueur après avoir enrayé la guerre civile.

Je vais saluer Mme Thiers, qui m'accueille de façon touchante en me disant :

« Vous me comprenez mieux aujourd'hui. »

Nous n'avions pas été entièrement d'accord à propos de l'enterrement de M. Thiers, et je le lui avais écrit de Nohant.

Cialdini est de plus en plus soucieux, bien que Gambetta lui ait dit avec chaleur « que son affection pour sa « patrie familiale » lui interdit tout faux procédé envers l'Italie; que, quoi qu'il arrive, rien ne doit se faire qu'en accord avec elle par des compensations ».

*
* *

Mon premier mercredi a lieu le 4 septembre. Il est aussi nombreux que l'a été celui des adieux, quoiqu'un grand nombre de mes amis soient encore absents.

Gambetta, à qui j'ai envoyé la liste de mes deux premiers mercredis, les choisit… tous les deux.

Le 4 septembre, Gambetta, M. de Freycinet, le général de Galliffet, le comte de Choiseul, Challemel-Lacour, Girardin, Spuller, Brisson, etc., dînent.

Pas un mot de l'anniversaire. Gambetta et Freycinet n'aiment pas qu'on le fête.

Brisson, Spuller, moi et quelques autres de mes amis nous portons le 4 Septembre dans notre cœur.

Nous avions cru avec tant de sincérité qu'il allait apporter toutes les victoires à notre France.

On parle politique, bien entendu.

Brisson, qui aimablement feint de n'être qu'à moitié sérieux, se demande si nos amis opportunistes sont toujours en accord parfait avec le programme de 1869. Il ajoute que Clemenceau en relève le drapeau contre Gambetta.

Nous savons tous que Clemenceau a dit ces derniers jours :

« En 1869, en face de l'Empire croulant, le parti radical avait un chef. J'avais adopté le programme de Belleville, mais puisque Gambetta l'abandonne…

— Je vous confesse, ajouta Brisson toujours sur un ton demi-sérieux, que je penche à cette heure vers Clemenceau plus gambettiste que Gambetta.

— Mes amis ne s'illusionnent pas et savent que vous ne serez jamais opportuniste, dis-je à Brisson.

— Adam croyait l'être et ne l'était pas, il aimait trop la liberté.

— Vous jugez donc les opportunistes bien autoritaires?

— Jugeriez-vous autrement Gambetta, Ranc, Challemel, Paul Bert, Ferry? Ce serait naïf, et vous n'êtes pas naïve, répliqua Brisson. D'ailleurs, vous le voyez, Galliffet les juge bien tels puisqu'il vient à eux.

— Quand nous aurons la vraie République avec un vrai président, l'autoritarisme n'aura plus de raison d'être, la liberté régnera et toutes les nuances de nos divergences se fondront.

— Vous n'en croyez rien, répliqua Brisson, les grandes unions politiques ne tiennent que dans la défaite; dans la victoire, toujours on tire les uns sur les autres.

— Parlez pour vous.

— Et pour vous donc! A la façon dont vos amis opportunistes vous appellent libérale, on sent qu'ils ne se croient plus sûrs de votre soumission à leur autoritarisme. »

***

Chaque fois que je reçois une lettre de mon vieil ami de Ronchaud, l'un de mes amis « grecs », et qu'elle est datée de Saint-Lupicin par Saint-

Claude, je me rappelle toujours le plaisir que Mme d'Agoult avait à dire : « Lupicin par Claude. »
De Ronchaud m'écrit le 6 septembre :

> Chère madame,
>
> Me voici fort content dans mes montagnes, elles sont belles et vous les aimeriez. Que n'ai-je l'espoir de vous y voir descendre un jour d'un nuage et apparaître au haut d'un rocher comme Minerve sur l'Acropole !
>
> J'ai causé longuement de Gambetta il y a quelque temps avec M. de Girardin, et nous nous disions combien il grandissait. Je vois ici ses progrès dans l'opinion.
>
> Avant de quitter Paris je lui ai porté un des premiers exemplaires de *La Politique de Lamartine*. Je voudrais bien savoir si le grand chef a lu mon introduction et ce qu'il en pense *sincèrement*. Je sais par lui-même qu'il admire fort Lamartine, et c'est lui qui l'a appelé un jour chez M. de Girardin « notre grand génie national ». Il me disait qu'il y avait une restitution à faire de lui comme homme politique. C'est ce que j'ai essayé.
>
> Vous avez eu votre premier mercredi. Tous les fidèles étaient là ; tous, non ! il en manquait au moins un, celui qui sera très empressé à se mettre à vos ordres dès son retour à Paris.
>
> Ce sera, je pense, à la fin du mois. J'ai besoin de respirer l'air de mes montagnes dont je suis trop privé. Si vous saviez comme je me repose avec délices dans la paix de ces hautes campagnes, où je revis avec mon passé, où s'est écoulée une partie de mon enfance et de ma jeunesse, où j'ai vu toute ma famille, où Mme d'Agoult a écrit « *Mes Souvenirs* ». Son cabinet de travail est encore tel qu'elle l'a laissé avec son papier, ses livres mêlés aux miens ! Et quels beaux paysages depuis qu'un rayon de soleil est venu les éclairer.
>
> Accueillez avec votre bienveillance accoutumée le nouvel hommage de mes vieux sentiments.
>
> LOUIS DE RONCHAUD.

L'affection de Ronchaud pour Mme d'Agoult (Daniel Stern) est l'une des plus nobles, des plus constantes, des plus dévouées que j'aie jamais rencontrées, c'était un amour amical sans limites. Toujours, partout, à tout instant et plus de trente années durant, de Ronchaud n'a vu qu'elle, son bonheur, la paix de sa vie, sa gloire !

Pas une de ses heures qui n'ait appartenu à son idole, si cette heure lui était bonne et utile. Père, frère, ami, adorateur, serviteur dans tous les sens du mot, il a été le fidèle de tous les moments, dont on use et abuse. La loyauté, l'honneur, le dévouement étaient des qualités démesurées chez de Ronchaud.

Modeste s'il en fut et d'une autorité très grande comme lettré, comme critique d'art, Saint-Victor disait de lui : « Il ne lui manque pour avoir toute sa valeur que de la découvrir au fond du puits de science qu'il a en lui. Une corde, un seau ! »

Et Saint-Victor faisait le signe de descendre et de remonter le seau, et il ajoutait :

« Nous en boirions ! »

De Cairoli :

Rome, 5 septembre 1878.

Rentré seulement depuis quelques jours à Rome, j'ai trouvé votre aimable lettre et la charmante photographie que vous avez bien voulu m'envoyer.

Tout en vous remerciant des mots flatteurs qu'il vous a plu de m'adresser, je dois vous exprimer mes plus vifs regrets de ne pas avoir pu, à cause de l'indisposition qui me tourmente toujours un peu, me rendre auprès de vous lors de votre dernier séjour à Rome. Mais j'espère bien que vous *voudrez* nous revenir au plus tôt, et alors je serai heureux de faire la connaissance d'une personne qui aux qualités les plus brillantes de l'esprit joint les charmes les plus gracieux de la femme.

Je vous suis aussi fort reconnaissant des sentiments de franche amitié voués à mon pays.

Veuillez agréer, madame, l'assurance de ma considération bien distinguée.

BENOIT CAIROLI.

P.-S. — M. le marquis de Sant' Onofrio me prie de vous présenter ses hommages et espère que vous avez reçu sa lettre.

Flaubert est à Paris; il vient déjeuner avec moi. Ah! il arrange bien mes amis et moi en même temps, « puisque vous êtes des leurs », ajoute-t-il.

Cependant Gambetta commence à l'intéresser « parce qu'il marche à pieds joints sur toutes ses promesses. Domptera-t-il, ne domptera-t-il pas les fauves? »

« Le va-et-vient de la personnalité de Gambetta est décidément curieux, ajoute Flaubert. Il a un tour de main très habile qui frise l'escamotage. Tantôt il semble aller à ceux qui l'attirent et croient le saisir, tantôt ceux qui le tiennent le voient s'échapper. Il imagine pouvoir dompter indéfiniment, il se trompe. Il ne fait qu'étourdir la masse qui lui fait cortège. Les fauves restent fauves, la minute vient où ils se réveillent, et le dompteur sera mangé comme les autres. Et vous-même, vous qui l'avez tant exalté, qui nous avez tant horripilés, Mme Sand et moi, avec votre admiration frénétique, vous ne lèverez pas un jour le petit doigt pour l'empêcher d'être mangé !

— Ah ! mais si !

— Ah ! mais non ! et, tenez, votre exclamation n'est pas celle que vous auriez poussée il y a deux ans.

— Vous êtes abominable !

— Mais juste, tout comme un pion. »

Flaubert est terrible. C'est bien lui qui est le fauve. Quand il vous a une fois happé, il ne vous lâche plus. Durant tout le déjeuner, il me *débite* — c'est le mot que je lui dis — par morceau !

Emmanuel Arène m'envoie une supplique « d'au delà de la mer », comme disent les paysans de la côte d'Azur ; il m'écrit :

Ajaccio, 15 septembre 1878.

Madame,

Du fond de la Corse, je vous implore. C'est pour affaire d'importance ; sans cela, je ne me permettrais pas de vous importuner à cette distance. M. About est absent de Paris et il n'y a que vous qui pouvez me venir en aide. C'est pour un de mes beaux-frères que j'intrigue, M. le docteur Guistiniani qui sollicite le poste de directeur de la Santé à Ajaccio.

Déjà, en janvier dernier, M. About avait écrit une lettre charmante à M. Teisserenc de Bort. On répondit que le titulaire actuel de l'emploi ne serait mis à la retraite qu'au mois d'octobre et qu'on examinerait alors avec bienveillance la demande de M. Guistiniani. Nous voici au mois de septembre et j'apprends que la chose est urgente, que toutes les intrigues possibles sont mises en œuvre par de nombreux compétiteurs, et je serais désolé que le ministre s'engageât avant le retour de mon patron

Je m'adresse donc à vous, madame, comme à notre

providence ordinaire, vous suppliant d'intervenir en faveur de mon beau-frère et d'assurer ainsi son succès. Il est digne à tous égards de votre bienveillance. Ses titres qui sont au ministère sont des plus recommandables. Il est de plus, cela va sans dire, excellent républicain et conseiller municipal d'Ajaccio. Si vous voulez prendre la peine d'écrire à M. Teisserenc de Bort, je suis absolument convaincu que la chose sera enlevée sur l'heure.

J'ai trop de fois éprouvé votre obligeance et votre amabilité pour ne pas y compter en cette occasion, et je vous suis d'avance très vivement et très sincèrement reconnaissant.

Mille fois merci encore et bien respectueusement à vous de dévouement et d'affection.

Emmanuel Arène.

Coquelin est vraiment extraordinaire. Il parle politique étrangère de façon étonnante. Le congrès de Berlin n'a plus de secrets pour lui. Gambetta sourit en l'entendant, mais ne rit pas. Il prend Talma au sérieux, et il le recherche comme auditeur lorsqu'il essaie l'effet de certaines phrases d'un futur discours.

Le 18 septembre, Gambetta dénonce à Romans « les cléricaux, les jésuites ».

« Nous ne sommes pas les ennemis de la religion, d'aucune religion, dit-il; nous sommes les serviteurs de la liberté de conscience, respectueux de toutes les opinions religieuses ou philosophiques. Mais la question cléricale, voilà le péril social. »

« Vous l'avez, votre Kulturkampf, dis-je à Gambetta quand je le revois.

— Pas du tout, ma chère amie, je n'excite

aucune persécution, moi. Je demande seulement que les rapports de l'Église et de l'État soient réglés conformément aux vrais principes du concordat. »

En dehors de la question cléricale, Gambetta formule à nouveau ce programme :

1° Épuration des administrations ;

2° Réduction du personnel fonctionnaire d'un tiers ;

(Ce n'est déjà plus de « la moitié »).

3° Organisation des forces nationales,

4° L'armée laissée en dehors de toute politique ;

5° La réforme de la magistrature. Suspension de l'inamovibilité.

« Enfin, s'écrie Boysset, nous y voilà ! Depuis que nous l'attendons, cette suspension de l'inamovibilité. Au moins, est-ce pour tout de suite ? demande-t-il à Gambetta.

— Mais pas du tout, mon cher Boysset, le moment n'est pas venu. Comprenez donc, il nous faut auparavant créer un personnel de magistrats à nous. Faites-moi crédit. La réforme de la magistrature, comme je l'entends, aura pour but la triple protection de l'Etat, du citoyen et du juge. »

*
* *

Le 27, à dîner, on parle chez moi d'une communication de grande importance scientifique que Paul Bert aurait faite à l'Association française pour l'avancement des sciences. Je me rappelle alors que mon père, qui avait eu pour Paul Bert une passion moins durable cependant que celle qu'il vouait à Claude Bernard, m'avait raconté que lorsque Paul Bert, en 1869, obtint la chaire de physiologie à la Sorbonne, quoique rien dans ses leçons ne portât la marque du haut enseignement, il avait auprès de lui un jeune savant, M. Dastre, modeste en raison de l'orgueil de son patron, qui lui était du plus grand secours.

Lepère m'amène le soir de ce mercredi l'un de ses amis, médecin, qui, à un moment, parle de la communication de Paul Bert. On l'interroge. Lepère excite son ami, qui n'aime point Paul Bert. Est-ce pour le petit discours qu'il nous tient que Lepère l'a amené? Je le crois.

« Un savant russe a déjà prouvé ce que M. Paul Bert nous donne comme une nouveauté, nous dit l'ami de Lepère.

« M. Paul Bert est aveuglé par le désir de démontrer des faits paradoxaux. Ses découvertes sur les hautes pressions atmosphériques sont comparables à la tentative de quelqu'un qui chercherait à introduire une cinquantaine de kilos de viande dans l'estomac d'un homme et qui, le voyant succomber à l'étouffement ou à la rupture de l'estomac, conclurait que la viande est un poison pour l'organisme.

« Dans ses travaux, peu d'idées originales mais une grande persévérance, une sorte d'acharnement à vouloir réaliser des conceptions sans issue.

« Mais je conférencie, ajouta tout à coup le docteur en s'arrêtant.

— Non, non, continuez, dis-je, nous écoutons avec le plus vif intérêt.

— Quand il publiait sa thèse, à trente ans, sur la greffe animale, il s'appuyait sur une masse d'expériences plus ou moins confuses et excentriques pour démontrer des faits connus depuis des siècles.

« Après une autre thèse sur la vitalité, Paul Bert a été nommé professeur à la faculté des sciences de Bordeaux. Sa spécialité était la physiologie, et le nombre des animaux qu'il a sacrifiés sans faire sortir de ces hécatombes une seule découverte est incalculable.

« Les théories de Paul Bert acceptées avec trop de légèreté par l'Académie des sciences, dans laquelle il n'est entré que par des influences politiques, lui ont fait accorder le prix biennal.

« Le volume que Paul Bert publie cette année a 1150 pages : *la Pression barométrique*. La moitié du volume est remplie par des hors-d'œuvre : récits de voyage, explorations faites par des aéronautes, des ingénieurs. Crocé-Spinelli et Syvel sont morts victimes de leur confiance en ses affirmations. »

La soirée qui avait commencé avant l'arrivée de Lepère et de son ami par une apothéose finit par une presque exécution.

« Tout ceci est à contrôler, me dit M. de Freycinet, mais il doit y avoir du vrai. »

De Cialdini :

29 septembre 1878.

Chère amie,

Je viens de recevoir votre aimable petite lettre d'hier. Mes remerciements, dont vous semblez embarrassée et dont le sens vous intrigue, étaient dus à cause de l'intérêt bienveillant qu'il vous a plu de me témoigner à l'occasion du nouvel incident, bien inoffensif du reste, qui m'est arrivé dernièrement*.

Merci d'avoir songé à me dédier un de vos mercredis. Plein de reconnaissance, j'accepte en principe votre aimable idée; l'hiver va commencer bientôt, j'aurai la chance fréquente de vous voir, par conséquent de causer avec vous de cela.

Très heureux d'être compris et enveloppé dans la sympathie que mon pays vous inspire, je vous prie, madame, d'agréer avec bonté l'expression de mes meilleurs sentiments et de ma meilleure amitié.

HENRI CIALDINI.

Mme Thiers me fait prier, le 30 septembre, d'aller la voir. J'y vais le lendemain. Je la trouve avec Mlle Dosne, et nous causons longuement du passé. M. Thiers, Adam ne sont plus là!

Je mets à la disposition de Mme Thiers, de Mlle Dosne, Bruyères ou le Grand-Pin pour l'hiver. Elles se montrent fort touchées de cette offre, mais elles quitteront, me disent-elles, Paris de moins en moins.

Le 2 octobre a lieu le dîner Cialdini qui réunit ses amis et les miens.

---

* Ses démêlés avec Ressmann et une brouille entre eux à propos de médisances de Ressmann sur Cialdini. Ressmann quitta, à ce sujet, l'ambassade de Paris pour Londres. Ressmann fut choisi ensuite comme le successeur de Cialdini, justement à cause de leur inimitié.

Robin partage avec M. de Choiseul le succès d'une discussion durant ce dîner. Robin parle éloquemment des rapports de l'instruction et de l'éducation.

M. de Choiseul trouve les théories scientifiques nouvelles aussi absolues que sèches. Un peu de variété, d'ondoyance, de poésie, un grain de mil de nature ferait mieux son affaire que tout ce scientifisme qui commence à l'assommer.

M. de Choiseul dit ces choses avec tant d'entrain, de simplicité, de bonhomie, que le vieux Robin, malgré l'étalage de son savoir doctrinal, n'a de succès qu'aux yeux de ceux que nous appelons des « sectaires ».

Le 5 juin dernier, *Orphée aux Enfers* a été repris. On taquine à ce propos M. de Choiseul, que cette reprise a dû ravir, dit-on, car il a tout l'air de préférer l'opéra-bouffe aux grands opéras. Je m'insurge contre des moqueries qui me blessent.

« Puisque vous me prétendez fille de la Grèce, je m'inscris pour défendre une mère que j'honore. Girardin peut vous dire que, conduite par Mme d'Agoult et par lui a *Orphée aux Enfers*, j'ai pleuré. Je sais qu'un irrespect en entraîne un autre. Vous en arriverez à rire de toutes vos traditions. Ne reprend-on pas aussi la *Duchesse de Gérolstein*, qui ridiculise le militarisme? Qui sait jusqu'à quel point cette *Duchesse de Gérolstein* a détrempé l'armée en 1870? Vous n'auriez pas pu la reprendre après la revue de Longchamp en 72. »

Gougeard, Campenon, Paul Bert, Proust,

Cazot, Rouvier, enserrent chaque jour Gambetta plus étroitement. Quoiqu'ils fréquentent tous chez moi, on sent qu'ils écartent de plus en plus Gambetta de mon milieu et de mes très intimes, de Spuller, de Challemel, de Freycinet, de Duclerc, de Billot.

C'est entre celui qui était hier encore mon grand chef et moi la séparation qui s'élargit.

La République était pour moi le gouvernement d'Athènes, provoquant, récompensant, divinisant les grands actes dont la gloire se reporte sur le peuple entier.

Le relèvement national par la revanche constamment préparée, les belles réformes sociales, généreuses et sages, étudiées longuement et appliquées de façon à créer au peuple des devoirs correspondant aux droits acquis; voilà ce que je rêvais! Voilà ce qu'abandonnaient de plus en plus mes compagnons des jours héroïques.

Si beaucoup de choses m'attristent politiquement, j'ai des consolations littéraires. J'ai lu *Grecque* à mes amis grecs, de Ronchaud, Saint-Victor, Louis Ménard. Elle leur plaît, et ils me déclarent en progrès.

Lorsque la politique deviendra par trop écœurante, j'aurai un réconfort dans la littérature, « notre premier état », dit Challemel.

***

Le comte de Beust, ambassadeur d'Autriche à

Londres, est nommé ambassadeur à Paris. Nous avons plusieurs amis communs très intimes : le général Turr, Cialdini et d'autres encore.

Je lui ai une reconnaissance profonde des efforts qu'il a faits avant 1870 pour convaincre Napoléon III de la nécessité de s'unir à l'Autriche et à l'Italie avant de s'engager dans une guerre avec l'Allemagne. Cela se pouvait au prix d'une concession qui coûtait à l'Autriche catholique autant qu'à la France : l'occupation de Rome par les Italiens, avec des garanties nécessaires pour la papauté.

Nefftzer m'a autrefois inspiré une sorte de culte pour le caractère de M. de Beust. Il est, il a toujours été l'ennemi de la Prusse. C'est le seul homme d'Etat dont Bismarck ait craint les actes. Il est l'auteur du compromis austro-hongrois de 1867 ; il a relevé l'Autriche de ses défaites. Son esprit très libéral s'est ouvert à toutes les grandes idées du siècle.

Je suis l'une des premières qu'il vient voir après ses visites officielles, et il accepte de dîner chez moi dès qu'il est libre de le faire. Cialdini arrive avec lui. Je n'ai pas Gambetta ce jour-là.

Le comte de Beust parle longuement de Bismarck.

« Son caractère est effrayant, dit-il. La sentimentalité, la conscience, lui sont étrangères. Reître frotté de bourgeois, son bien est partout où il y en a à prendre. Son gros œil sensuel a des rayonnements goguenards, mais froids et impitoyables. Son astuce est étonnante ; nul mieux que lui n'excelle à démêler les fils les plus ténus ; sa crudité d'expression, ses airs de franchise qui semblent aller jusqu'à l'impudence cachent les ambiguités les plus dangereuses. L'idéal de la politique pour Bismarck est l'art de tromper.

« C'est le seul art qu'il admette. Littérature, musique, tout ce qu'à grands frais les gouvernements recherchent ou classent dans les musées, dans les bibliothèques, le laisse non seulement indifférent, mais méprisant. »

Et chaque fois que nous nous voyons, le comte de Beust et moi, c'est de Bismarck que nous parlons.

Mme Thiers n'a cessé de me prier d'agir en faveur de son protégé Fraisse auprès de M. de Marcère. Elle ignorait son âge qui le rend impropre à entrer dans l'administration. Elle m'écrit :

Paris, le 8 octobre 1878.

Madame, j'ignorais l'âge du fils du protégé de M. Thiers, car c'était surtout au père qu'il prenait intérêt, et c'est pour donner du pain à ce vieillard de quatre-vingt-deux ans que je vous cause tant d'ennuis. J'espère que cet âge, qui le rend impropre à tout, ne sera pas un obstacle.

Mme Thiers s'intéresse aussi au pavillon de Trianon, qui est en ruines. Elle m'a déjà fait agir, elle insiste, car mes démarches n'ont abouti qu'à très peu de chose.

Je vous rappelle tout au moins, me dit-elle, les dalles du pavillon de Trianon. Les rapprocher ou les remplacer serait déjà une grande amélioration, parce qu'alors l'eau ne s'introduirait plus dans les fondations.

Croyez, madame, à mes meilleurs sentiments.

E. Thiers.

Au milieu d'octobre, on répand le bruit du mariage de Gambetta avec Mme Arnaud de l'Ariège. Absent de Paris, on le dit aux Crêtes.

On imprime la nouvelle. C'est à qui me questionnera. Je ne sais rien, sinon la grande amitié de Gambetta pour Mme Arnaud de l'Ariège et l'affection très paternelle qu'il a pour Joseph Arnaud.

Gambetta, en riant, m'a plus d'une fois parlé des belles épaules de Mme Arnaud, après des dîners chez elle, se demandant si elle resterait la veuve inconsolable d'Arnaud de l'Ariège, dont elle s'était séparée, très amiablement du reste, puisqu'il n'avait pas cessé de fréquenter la maison du vieux Dubochet, oncle de sa femme et chez qui elle habitait.

J'ai eu, paraît-il, le tort de dire que ce mariage était possible. J'ai même commis le crime, impardonnable ! d'ajouter :

« En tout cas, si ce n'est pas vrai, chacune son tour ! »

Car, moi aussi, on m'a plus d'une fois mariée avec Gambetta.

Je n'avais attaché aucune importance à cette nouvelle, d'ailleurs démentie aussitôt lancée, quand, à son retour, ayant comme à l'ordinaire invité Gambetta à dîner pour le mercredi, je reçois de lui cette lettre solennelle.

Paris, 16 octobre 1878.

Chère madame et amie,

Je regrette bien vivement de ne pouvoir me rendre à votre aimable invitation, mais je suis forcé moi-même de recevoir quelqu'un ce soir que je ne peux ajourner.

Outre les bruits ridicules qui m'assaillent, mais dont je me moque, les affaires me débordent, il en est ainsi à chaque retour. J'ai besoin de me débrouiller, et c'est ce que j'essaie de faire.

Croyez à mes sentiments affectueux.

L. GAMBETTA.

Ah! ah! la lettre est fraîche, et je prévois sur l'heure le parti qu'ont pu tirer de mes quelques paroles, à propos du mariage Arnaud de l'Ariège, ceux qui me haïssent autour de Gambetta et qui n'ont cessé de saper notre amitié.

Mme Arnaud, que j'ai rencontrée chez une amie et à qui j'ai répété en riant le « chacune son tour ! », ne s'est nullement émue de l'histoire. Elle l'a fait démentir sans phrase et me dit même que, si elle était plus jeune, elle se trouverait plutôt honorée de la supposition. Elle ajoute : « Mais nous savons trop bien Gambetta fixé pour attacher un crédit quelconque à la nouvelle de son mariage, à moins que ce ne soit avec Mlle L... »

Gambetta m'envoie Henri Hecht, son ami intime, pour me demander une « sérieuse explication ». Je ne puis, en vérité, prendre plus que Mme Arnaud cette histoire au tragique, et je répète à Hecht l'impression de Mme Arnaud et la mienne, sur ce bruit qui me permettait de dire en riant : « Chacune son tour ! » J'ajoute que j'imagine qu'une si piètre histoire ne peut atteindre une amitié qui résiste à tant d'autres assauts.

Gambetta me répond mi-partie amicalement, mi-partie insolemment :

Paris, ce 18 octobre 1878.

Chère amie quand même,

Il n'y a guère que trois ou quatre douzaines de messagers qui m'ont apporté les informations les plus variées sur les aimables nouvelles mises en circulation depuis ma dernière hégire. Je sais tout ce qu'on dit, écrit, signale ou souligne. Je n'en ai cure. Je n'avais pas besoin de cette récente expérience pour savoir que les femmes sont capables de tout et ne sont responsables de rien.

Je croirais faire injure au scepticisme particulier dont je les honore en poussant les choses à l'extrême ; donc, si cela vous agrée, il n'y a rien de changé dans ce monde et je serai votre hôte mercredi, comme vous en témoignez le désir.

Croyez que mon amitié est au-dessus de ces misères.

Votre dévoué.
L. Gambetta.

On imagine, étant données les habitudes de mon caractère, que je ne me suis pas laissé dépasser en impertinence quant à mon opinion sur le sexe masculin.

Je répondis à Gambetta que, certain jour où les « nouvelles » sur son compte avaient une gravité exceptionnelle, seule j'ai pu le sauver, moi femme, d'un scandale !

Les conflits, décidément, se superposent entre nous. Cette fois, c'est à propos de Coquelin que nous sommes en lutte ouverte.

Gambetta, le premier, m'avait parlé d'un jeune auteur, Charles Lomon, dont Coquelin avait fait recevoir une pièce aux Français et dans laquelle il jouait un fort beau rôle d'officier de la grande Révolution.

A la première de *Jean Dacier*, Adam et moi, nous étions allés dans la loge de Gambetta et nous avions partagé ses admirations et pour une pièce « vraiment républicaine », c'était l'expression de Gambetta, et pour Coquelin qui la jouait superbement.

Lomon ayant fait une autre pièce dans le même esprit la porta à Coquelin. Le *Marquis de Kenilis* valait *Jean Dacier*.

Coquelin lut la pièce, la trouva bonne, malgré, dit-il, des remaniements nécessaires qu'il précisa, remaniements de telle importance qu'ils lui donnaient le droit, à lui Coquelin, de signer la pièce avec Lomon.

Le pauvre auteur crut son drame perdu s'il acceptait lesdits changements. Il les refusa. Coquelin lui déclara alors brutalement qu'il s'opposerait à ce que son *Marquis* fût joué aux Français.

Charles Lomon, désespéré, vint me trouver. Je lus la pièce et déclarai à mon tour les changements exigés par Coquelin « pour le moins inutiles » !

« Si votre pièce n'est pas jouée aux Français,

elle peut l'être à l'Odéon, » dis-je à l'auteur du *Marquis de Kenilis*.

J'allai trouver mon ami Duquesnel, qui, très complaisamment, prit le jour même connaissance de ladite pièce, la trouva moins bonne que *Jean Dacier*, par la seule raison que le drame, se passant à la même époque, ne pouvait bénéficier de l'originalité de la première œuvre, mais il déclara *Kenilis* fort jouable.

Cependant la pièce, montée comme elle devait l'être pour réussir, exigeait une dépense d'environ 30,000 francs. Or, la direction de Duquesnel arrivant à échéance dix-huit mois plus tard, il ne pouvait faire cette dépense.

« Si le ministre veut bien — et je crois qu'il y est disposé — me renouveler mon bail pour trois ans, je monte le *Marquis de Kenilis*, » me dit Duquesnel.

J'obtins de Bardoux ce renouvellement de trois années, et Lomon eut la joie d'apprendre que le *Marquis de Kenilis* serait joué à l'Odéon.

Coquelin, à cette nouvelle, entre en fureur et déclare qu'il ne *tolérera* pas que *Kenilis* soit joué à l'Odéon.

Un mercredi que Gambetta dînait, Coquelin arriva dans la soirée, raconta l'histoire à sa façon, de sa voix la plus claironnante, soutenu hautement par Gambetta qui prenait plaisir à voir ma stupéfaction indignée.

« J'interpellerai Bardoux à ce sujet, » dit Gambetta, moitié sérieux.

Nos amis s'amusaient de la querelle. Tout d'abord ils ne la crurent pas sérieuse.

Antonin Proust, qui avait la plus grande influence sur l'esprit de Gambetta lorsqu'il s'agissait de lettres ou d'art et avec lequel je m'entendais absolument lorsque l'antique Grèce était en cause, mais qui ferraillait contre moi passionnément, soutenu par Joseph Reinach, lorsque le réalisme de Zola ou de Manet était mêlé à la discussion, Antonin Proust se ligua ce soir-là avec Coquelin et Gambetta, me harcelant. Causeur spirituel, il se plaisait à me contredire, et c'était une joûte curieuse, car peu à peu mes amis personnels se passionnaient pour mon protégé Lomon.

Tout à coup, Coquelin s'écria :

« Et l'on verra si, dans la lutte entre Gambetta et Mme Adam, c'est Gambetta ou elle qui dirige les destinées artistiques de la France ! »

Je trouvai la chose à tel point effrontée, elle m'irrita si fort que, pour la première fois de ma vie, je ne parvins pas à dominer mon emportement.

Les violences de mon père m'avaient été un tel exemple que je ne cédais jamais à ma colère, si terrible qu'elle fût. Ce soir-là j'oubliai que j'étais maîtresse de maison, femme du monde, et, Coquelin continuant de me narguer, me regardant de bas en haut, le nez en l'air, agitant la tête, je lui administrai le plus beau des soufflets !

Eclat de rire général, même de Coquelin.

« Il y a sévice, la cause est jugée, dit Gambetta, j'interpellerai Bardoux !

— Vous parlez sérieusement? demandai-je à demi-voix à Gambetta.

— Vous avez besoin d'être un peu rabrouée à votre tour, » me dit-il très bas pour n'être entendu que de moi.

Je le regardai bien en face et lui dis :
« Si c'est un duel, la femme d'Edmond Adam ne reculera pas.

— Non, c'est une amusette, mais elle ira jusqu'au bout. »

•••

J'allai, dès le matin, trouver mon ami Bardoux et lui redire toute la scène.

« Il est impossible que je subisse un pareil enfantillage, me répondit Bardoux, et que le Parlement soit tenu de donner une importance aux caprices de M. Coquelin soutenu par le plus grand des nôtres, par Gambetta. Ce serait ridicule et ferait la joie de nos adversaires. Je vais m'entendre avec notre ami de Marcère et donnerai ma démission sous un prétexte quelconque. »

Je me désole d'être involontairement la cause d'une aussi triste aventure, et je vais de chez Bardoux chez Duquesnel pour la lui conter.

Duquesnel n'est pas républicain, c'est l'une des querelles de notre très vieille amitié.

« Votre ami Gambetta est un singulier monsieur, me dit-il, et je lui donnerai une leçon de gentilhommerie dont il a grandement besoin. »

Duquesnel ouvre un tiroir, en sort la pièce de renouvellement de son bail comme directeur de l'Odéon, signé Bardoux, écrit une lettre au ministre qui le délivre de son engagement et me remet les deux.

« Dites à Lomon que son *Kenilis* n'en sera pas moins joué, » ajoute Duquesnel.

J'envoie sur l'heure les papiers à Bardoux et Lomon chez Proust pour que celui-ci apprenne à Gambetta que son interpellation est inutile, mais que je reste blessée.

Proust m'arrive. Il déclare Duquesnel « très gentilhomme », Coquelin par trop « dirigeant », ce sont ses expressions, et moi généreuse d'avertir Gambetta de la gaffe que j'aurais pu lui laisser faire, « car il l'aurait faite, hélas ! », ajoute Proust.

Ici, je devance les faits en disant que Coquelin, à la première représentation de *Kenilis,* organisa, à l'aide de jeunes étudiants admirateurs de Gambetta, qu'il mit en cause, une cabale formidable qui fit tomber la pièce.

Un certain nombre de taquineries désagréables commencent à semer en moi une irritation que je parviens difficilement à dominer. J'ai cessé d'écrire à Rochefort des lettres où je le gronde de son perpétuel démolissage. Je ne souffre plus de le voir sévèrement juger mes amis, et je trouve même que souvent la sévérité est juste.

Je constate moi-même mon état d'esprit, j'en suis inquiète.

Je me dis qu'on juge sans bienveillance lors-

qu'on n'a, comme Rochefort, aucune ambition, qu'on ne demande rien à personne, que jamais on n'acceptera ni une situation ni un service lucratif quelconque de ceux qui sont au pouvoir. Dans ces conditions, le pouvoir n'impressionne pas ; on voit ceux qui escaladent les hauteurs avec les yeux qui les regardaient quand ils étaient au niveau des autres ; on constate qu'ils font les mêmes gestes et montent presque tous sans s'élever...
Et la plume mord d'elle-même.

*
* *

L'exposition ferme. On a distribué les récompenses ; il est bon qu'on sache, qu'on pense que la France a toujours sa valeur de goût, de beauté, d'invention, et qu'il y a profit pour tous à ce qu'elle ne soit pas écrasée par des lourdauds.

J'ai à dîner Bardoux, le 1ᵉʳ novembre. Je lui dois ce dîner que je donne en son honneur. Ceux qui dînent avec lui ont été ou témoins ou mis par moi au courant de l'affaire Coquelin, et ils s'en disent tous quelque peu scandalisés.

La réception à l'Académie de mon vieil ami Henri Martin a lieu le 13 novembre.

Emile Ollivier ayant refusé de modifier certains passages de sa réponse au récipiendaire, l'Académie, sur la proposition de Mézières et pour mettre fin à ce pénible incident, prie Xavier Marmier de répondre à Henri Martin. Henri Martin, Mézières et mon vieux soupirant Marmier dînent avec Bardoux; ils racontent au long l'aventure Ollivier.

Une lettre de Rochefort auquel j'annonce *Grecque*, qui va paraître.

>Bien chère amie,
>
>Nous ouvrirons nos bras à cette jeune *Grecque* et nous chanterons ses beautés dans les feuilles. Je vous remercie de toutes les choses exquises que vous nous dites et dont ma femme a été bien touchée.

Rochefort venait d'épouser Mlle de Beaupré, la jeune fille qui lui avait écrit les lettres que j'avais conservées durant son séjour en Nouvelle-Calédonie et qui s'était trouvée dans le même hôtel que lui au moment de son débarquement à Liverpool.

J'ai raconté toute l'histoire. Le colonel de Beaupré s'opposait au mariage de sa fille avec Rochefort. Son père mort, Mlle de Beaupré *demanda* la main de Rochefort.

Je continue sa lettre :

>Ma femme meurt d'envie de vous connaître et espère que vous ferez un petit coude en allant à Bruyères ou en revenant à Paris.
>
>Du reste, vous ne pourrez pas lui échapper, car elle va souvent à Paris voir sa mère, et elle poussera probablement la témérité jusqu'à aller vous présenter ses hommages avec Noémie, que j'attends l'un de ces jours avec son mari et sa petite.
>
>J'adore ma petite-fille malgré la neige qu'elle imprime à mon front, lequel devient d'un blanc dont vous n'avez aucune idée.
>
>Je ne compte et n'ai jamais compté sur l'amnistie. Une

chambre qui soutient Dufaure ne peut amnistier que Fourtou.

De temps en temps, j'ai des nostalgies du boulevard, et puis ça passe et je me contente parfaitement de mon titre de citoyen genevois.

Le plus atroce, c'est que je suis pour ainsi dire bloqué en Suisse. Depuis les coups de fusil et de poignard donnés aux têtes couronnées, on est résolu à ne me garder nulle part, ni en Allemagne, ni en Italie, ni en Espagne, ni en Belgique.

Pensez que j'étais avec Ollivier Pain à Luxembourg au moment de l'affaire de Nobiling.

Je m'y étais réfugié pour fuir les persécutions de la jeune prussienne dont je vous ai conté l'histoire. Toute la police allemande avait été mise sur pied, croyant que j'étais de la fête.

Rochefort s'était épris d'une jeune fille qu'il allait épouser, oubliant le serment fait à Mlle de Beaupré de ne se marier qu'avec elle. Mais, à la veille du mariage, il découvrit la parenté de la jeune personne, sœur d'un officier prussien qui avait fait la guerre, et il rompit net.

Si nous n'avions pas eu la chance, continue Rochefort, de gagner Strasbourg puis Bâle dans la nuit, nous étions arrêtés tous deux et hachés comme Hoedel.

Il fait ici un froid abominable, des pieds de neige plein les rues, des bises à vous couper en deux. Jamais je n'ai été gelé comme cet hiver, et j'en prévois d'autres où je regèlerai et pendant longtemps, soyez-en sûre !

J'ai vu cet été Mme Floquet, qui est charmante et pleine d'esprit, Mme Charras, Gatineau, qui n'avait pas son amnistie sur lui, et aussi Pessard, le mouton noir. Ça m'a remontré Paris sous ses différents aspects, mais Pessard n'est qu'un côté bien restreint de la capitale.

Je continue à me très bien porter, ce qui est une compensation.

Mille tendresses, et n'oubliez pas, bien chère amie, que nous vous attendons à partir du premier soleil.

Henri Rochefort.

1ᵉʳ novembre 1878.

Je reçois, le 3, une lettre de Gambetta à propos d'un mercredi qu'il a manqué et d'un second auquel il ne peut pas venir.

Chère amie,

Je suis très peiné de ne pouvoir encore me rendre mercredi auprès de vous, mais Freycinet a justement invité ce jour-là toute la commission du budget, et il exige ma présence, qui rationnellement ne peut lui faire défaut. Il prend pour son compte la responsabilité de mon inexactitude et me charge de l'inviter pour le mercredi suivant, où, s'il vous plaît, nous viendrons tous les deux.

Toujours vôtre,

Léon Gambetta.

Je dîne chez Victor Hugo, avec Bardoux, entre autres, qui raconte au Maître avec beaucoup d'esprit l'histoire Coquelin-Lomon-Gambetta-Duquesnel. Il la dramatise quelque peu. Victor Hugo s'en amuse à tel point qu'il en improvise une comédie tout entière avec les scènes, les personnages, leurs entrées, leurs sorties, le dénouement. Ce serait à l'écrire !

Bardoux admire passionnément Hugo. Il est lui-même un fin lettré, écrivain de race ; il a fait autrefois des vers charmants, et il sait joliment exprimer son admiration. Impossible pour Victor

Hugo, d'ailleurs extrêmement sensible à la flatterie, de ne pas goûter le miel des louanges qu'il sent très sincères de Bardoux.

Le 14 novembre, Taine est enfin élu à l'Académie, au fauteuil de M. de Loménie. About, Sarcey, J.-J. Weiss expriment leur joie en paroles et en écriture.

Le mercredi, Gambetta et Freycinet sont des nôtres. Nous ne parlons que de Taine. Les uns le louent sans réserve, d'autres le discutent tout en l'admirant.

Boysset le déclare esprit original, grand écrivain. Sa méthode historique, à la fois analyste et psychologique, est entre ses mains un instrument curieux et dont lui seul sait se servir. Mais, selon Boysset, Taine ne comprend rien de rien à la Révolution. Ce qu'il en écrit est un salmigondis de documents éclairés par des portraits peints à la Meissonier, mais sans vie et surtout sans la taille des personnages, qu'il réduit à des rôles infimes. S'il n'avait pas été précédé de Thiers, de Louis Blanc, de Quinet, il serait incompréhensible.

About défend Taine avec éloquence.

« Allons, About, réplique Boysset, soyez sincère, vous n'embarquez pas Taine tout entier! Convenez qu'il va droit à la réaction et à l'Eglise apostolique et romaine. Vous ne pouvez suivre la galopade de ses évolutions. »

Grecque a un véritable succès dans la *France*. Cela m'étonne, car elle est bien peu faite pour le rez-de-chaussée d'un journal.

Girardin m'écrit le 18 novembre :

Chère amie, disposez de ma place pour mercredi prochain. J'expie l'imprudence que j'ai commise mercredi dernier ; je ne sais plus quand je pourrai sortir, mais vous êtes assurée de me trouver au coin de ma cheminée si vous avez la fantaisie de venir causer un tantinet.

Bien à vous.

E. DE GIRARDIN.

P.-S. — J'aime *Grecque* d'hier soir et cette phrase : « Les plaintes de ceux qu'on laisse en bas et qui vous menacent du vertige des hauteurs, du danger des abîmes, n'inquiètent pas ceux que les sommets attirent. »

Une lettre de Mauro Macchi rentré à Rome :

CHAMBRE
DES DÉPUTÉS   10 novembre 1878.

Chère madame et amie,

Les deux mots que vous avez eu la bonté de m'envoyer avec votre carte m'ont fait tressaillir, non pour les compliments, car, en vérité, il n'en vaut pas la peine! mais pour la preuve que vous m'avez donnée de ne pas m'avoir oublié tout à fait, tandis que je pense à vous à chaque instant et je tiens constamment votre charmant portrait sur mon écritoire afin de l'avoir toujours sous les yeux.

A mon retour de Paris, quelques amis étaient venus à ma rencontre jusqu'à Modane. Il y avait entre autres le cher Philippe Stranzani, l'un des chefs des chemins de fer de la Haute Italie, qui avait eu le bonheur de vous voir à la gare de Turin. Il ne connaissait pas les sentiments d'admiration et d'amitié que je nourris pour vous, et néanmoins, comme s'il était sous un charme irrésistible, il m'a abordé en me communiquant tout de suite la bonne fortune qu'il avait eue de faire votre connaissance personnelle, son espoir de vous revoir et de vous baiser la main. Pensez donc l'impression que ses discours ont fait sur mon cœur.

Je dois vous remercier, et je le fais de toute ma gratitude, pour l'envoi de vos livres, que j'ai lus avec la plus grande impatience et le plus grand plaisir. Par cette lecture je me sens transporté à Paris, que j'aime tant et d'où je me suis éloigné avec tant de regret. Je voudrais bien par reconnaissance vous envoyer du moins quelques-uns de mes livres, mais absolument je n'ose pas; ils n'ont et ne pourraient avoir aucun intérêt pour vous, sans compter la difficulté de la langue. Seulement, je me permettrai de vous envoyer une petite brochure écrite pendant les événements de 1870 en faveur de la France et contre l'odieuse outrecuidance des Allemands. En effet, elle a pour titre : *Les doctrinaires de l'Allemagne.* Vous n'avez pas à la lire, mais vous la garderez comme une carte de visite qui prouve mon amour ancien pour la France et mon dévouement pour vous.

Rappelez-moi, je vous prie, au souvenir de nos amis Cialdini et Gambetta, et croyez-moi, à tout jamais, votre affectionné.

Mauro Macchi.

Le 19 novembre, Spuller vient m'annoncer que Gambetta se bat avec M. de Fourtou. Gambetta a qualifié ses assertions de mensonges. Nous sommes bientôt rassurés. Ils ont échangé plusieurs balles, et ni l'un ni l'autre n'est atteint.

Le comte de Beust a dîné mercredi avec Cialdini, le baron de Beyens, Gambetta, Challemel, Girardin, About, Hébrard, etc. Ces deux derniers ont eu ce soir-là une verve incroyable. Beust a dit qu'il s'en pourléchait. Il a lui-même dans la conversation beaucoup de traits d'esprit et des mots imprévus et charmants. Il est écrivain et surtout musicien. La musique est l'art qu'il aime le plus. Il a composé quelques morceaux agréables et des valses entraînantes dans le style de Strauss.

Gambetta et Girardin parlent à M. de Beust de 1870 et lui expriment leur gratitude pour tout ce qu'il a fait afin d'empêcher la guerre.

« L'impératrice la voulait, dit M. de Beust, et je me suis heurté à tous les obstacles créés par elle. »

Cialdini et Beust nous redisent les efforts de l'Italie et de l'Autriche, d'accord pour soutenir la France et lui épargner des désastres prévus par tous, excepté par nous.

Challemel me remercie d'avoir insisté pour qu'il assiste à ce dîner. Il avait décliné mon invitation et, sur mon insistance, répondu :

> Chère madame,
>
> Vous êtes une charmeuse. Le jour de mon départ était déjà fixé pour mardi. J'abandonne M. Paul Broca à son destin. Vos deux lignes ont bouleversé mes projets. J'irai dîner chez vous mercredi. Je m'y réchaufferai pour tout le reste de l'hiver.
>
> Je me mets à vos pieds.
>
> P. Challemel-Lacour.

Le général de Galliffet est venu le soir. Je lui ai remis une supplique pour l'un de mes protégés.

Il me répond de Dijon, 26 novembre :

> Chère madame,
>
> On m'écrit du ministère que l'occasion de réaliser vos souhaits ne se présentera pas avant quinze jours ou trois semaines. Je vous ai admirée, mercredi dernier. Vous écri-

vez *Grecque* pour m'obliger à voir en vous une de ces intrépides Romaines de la grande République.

Je reste, madame, votre bien respectueux.

GALLIFFET.

Le général de Galliffet est un caractère curieux à étudier. Impulsif à l'extrême, il semble qu'on ne pourrait le suivre qu'à cheval sur un champ de bataille. Il doit être impossible à une division de ne pas s'emporter avec lui s'il se met à sa tête. Ah! ce n'est pas un traîneur de sabre, car il l'a toujours levé, c'est un entraîneur.

En Crimée, on le trouve aux avant-postes, endiablé de courage. Au Mexique, il guérit d'une blessure qui eût cent fois tué tout autre; plus tard, il charge à Sedan. Sa phrase est coupante. Il a le trait juste, il vise et atteint. C'est l'un des rares auxquels on ne peut pas toujours répondre du tac au tac, car il faut souvent réfléchir un instant pour savoir s'il gouaille ou s'il parle sérieusement.

C'est à la fois l'homme le plus parisien et le plus moyen-âge que je connaisse; il est armé de pied en cap sous l'habit noir. Il est aussi le plus élégant, sauf à côté de Raoul Duval, de Duclerc, de Freycinet, de Testelin, de Marcère, d'Adam, s'il vivait encore! Il a l'air d'être lui cavalier, au milieu de piétons, lui gentilhomme, au milieu de bourgeois. Je n'ai retrouvé l'allure complète de Galliffet que dans Skobeleff.

Une lettre de Gambetta:

> Chère grande sœur,
> Les tourbillons que j'habite m'ont empêché de répondre

à la charmante et bien désirée lettre que vous m'avez adressée ces jours derniers. J'aurais voulu être près de vous, passer deux heures de cœur ouvert, mais le diable dispose de ma vie et je n'ai pu me rendre libre. Mercredi, je viendrai dîner et fixer un jour de tête-à-tête. J'ai hâte surtout de vous exprimer le plaisir raffiné que m'ont procuré les derniers fragments de votre Homéride.

Vous êtes la seule femme de ce siècle et de ce pays capable d'habituer aussi justement à voir chez nous-mêmes toutes les nobles passions françaises « à la grecque » ! sans effort et sans obscurité. Cela se savoure comme on ferait des rayons de miel de l'Hymette.

Tout et toujours à vous.

Paris, 23 novembre 1878.   LÉON GAMBETTA.

J'ai la visite de Flaubert, qui vient, à ma grande fierté, causer toute une après-midi avec moi. En quelques heures on fait le tour de tout ce qui s'est passé depuis qu'on l'a vu. Il vous résume une situation, un état de choses, un livre, une pièce, d'un mot qui reste à jamais gravé dans l'esprit. Il me parle de Maupassant, qui a publié dans le *Gaulois* une poésie remarquée, l'*Escapade,* comme « d'un petit qui ira loin ».

Le livre de Goncourt ne lui plaît guère. Il a une façon de tordre le cou de la fille Élisa !

Flaubert est triste. Il faut qu'il se console par le succès des jeunes. Il est, lui, « une vieille baderne, un vieux cheick », on ne le comprend plus. Les vieux sont les vieux. Goncourt et Zola s'enlisent dans la saleté, et avec quel talent, ces mâtins ! Et, si on ne se retourne plus pour les admirer, on se retourne au moins pour constater que ça pue !

Or cette puanteur faussera de plus en plus l'odorat public, selon Flaubert. Déjà Goncourt souffre de voir le public se détourner de lui pour aller à Zola. Zola, c'est la honte, il faut le lire maintenant avec une pincette. Des « machines » comme l'*Assommoir* déshonorent la littérature.

A force de charme, ajoute Flaubert, Daudet, qui est un lettré original, personnel, Daudet qui a en beau tout ce que Zola a en laid, remonte le courant et mérite la page qu'il se fait, mais il est le seul. Flaubert ne lui reproche que de trop souvent choisir ses personnages parmi ses amis.

Eugène Pelletan nous a beaucoup amusés au dernier mercredi.

« Un pas à faire, nous disait-il, un tout petit, et je deviens un satisfait. Appelez-moi opportuniste, si vous voulez, mais je sens que nous marchons à la vraie république. Je n'ai plus de violences, plus d'indignation, ma folie de tout oser dire, de tout crier se calme. J'en arriverai à être ministériel, gouvernemental, officiel! L'aube de ce jour nouveau m'apparaît déjà. Que de choses se réalisent pour peu qu'on ait la patience, ajoutait Pelletan. Ne voyons-nous pas la *Damnation de Faust* du pauvre grand Berlioz maintenant admirée de tous, tenir l'affiche, aussi louangée aujourd'hui qu'elle a été maltraitée à ses débuts?

— Mais alors, reprend Brisson, selon vous, il n'y aurait qu'à attendre et laisser faire. Quel reniement dans la bouche de l'auteur du *Progrès au XIXe siècle!*

— J'en reviens du progrès indéfini. Quand j'aurai ma république, j'entends être conservateur ! »

Moitié plaisamment, Pelletan exprimait la pensée d'un grand nombre de républicains vieillis qui désiraient la stabilité. Des hommes comme Pelletan, Peyrat, Duclerc, Schœlcher, Madier de Montjau, comme Boysset lui-même, aspiraient à jouir enfin du fruit de leurs luttes, de leurs sacrifices, de leur dévouement actif et continu pendant plus d'un demi-siècle à la cause républicaine. La plupart sans se l'avouer étaient las.

Ceux qui venaient après eux, au contraire, n'ayant ni leur désintéressement ni leur générosité, voulaient créer des agitations inutiles pour se croire dignes de partager les récompenses.

Girardin me demande de venir dîner avec lui un soir et avec de Lesseps. Comme ils m'entendent parler constamment de la Tunisie et de ma terreur de voir l'Italie et la France se heurter sur cette question ouverte, ils veulent en causer avec moi.

L'amitié de Girardin et de Lesseps est une amitié qui date de leur extrême jeunesse. Girardin admire l'énergie de Lesseps et Lesseps la ténacité de Girardin. Lesseps rêve de faire pour l'isthme de Panama ce qu'il a fait pour Suez. Napoléon III l'a aidé pour Suez, il ne doute pas qu'un gouvernement national ne l'aide pour Panama.

Girardin ne cesse de décourager son vieil ami.

« Le temps n'est plus aux grandes choses, dit-il.

Je sens partout la haine des valeurs monter avec l'appétit des sous-ordres. J'ai peur que la République démocratique ne soit une tombeuse d'énergies, une niveleuse égalitaire des supériorités au profit de la masse inférieure qui n'est plus contenue par certaines barrières. »

Girardin affirme que le canal de Suez est un succès sans précédent et qu'il aura gagné avant vingt-cinq ans le montant de l'indemnité de la guerre, mais que la fortune d'une telle entreprise ne se présente pas deux fois par siècle pour un peuple et qu'il craint l'insuccès de Panama.

Mais Panama n'est pas la seule préoccupation de M. de Lesseps. Il voudrait que les premiers de tous les grands projets mondiaux soient dus à notre France.

« Il lui faut victoire sur victoire, dit-il, quelles qu'elles soient, d'où qu'elles viennent pour faire... en attendant contre-poids à Sedan ! »

« Je vais partir pour Rome, me dit-il un jour, avec Gioia, que vous connaissez et qui est ancien ingénieur du canal de Suez. Je veux remettre les Chotts algériens en communication avec la Méditerranée. Tout ce que je dis et écris à Gioia à ce sujet est lu au roi Humbert, qui se passionne pour mon projet. La France et l'Italie s'uniront pour accomplir cette œuvre, cela vaudra mieux que de tirer les uns sur les autres. »

Girardin trouve mes inquiétudes excessives sur les projets de Gambetta et de son entourage à propos de Tunis.

« Vous exagérez, me dit-il. Gambetta et Waddington passent leur vie à rassurer Cialdini.

— C'est que Cialdini est inquiet puisqu'ils « passent leur vie à le rassurer ». Croyez-moi comme vous m'avez crue pour Chypre, répondis-je à Girardin. Bismarck consommera sa traîtrise, et la machine infernale qu'il a fabriquée pour Tunis éclatera comme un coup de foudre, blessant irrémédiablement l'Italie et la lui livrant. »

Et j'ajoutai :

« Cialdini me répétait ces derniers jours sa phrase favorite : « Vous ne pouvez être coloniaux, vous n'avez pas comme nous pléthore de population, l'expansion vous affaiblirait, vous avez à refaire vos muscles par une forte gymnastique intérieure. Qu'auriez-vous dit de l'Italie si, au moment de l'occupation autrichienne, alors qu'elle convoitait la reprise de la Lombardie et de la Vénétie, elle avait fait une politique coloniale? Toute son activité, toutes ses forces, toute sa politique étaient tenues en alerte vers un seul but. »

Girardin et Lesseps dirent en même temps :

« L'argument de Cialdini a sa valeur.

— Voyons, Girardin, mon cher ami, est-ce qu'une bonne et solide alliance avec la Russie, l'amitié gardée de l'Italie, ne vaudraient pas mieux qu'une politique de mensonges vis-à-vis de l'Italie et l'entente avec Bismarck?

— Cent fois oui, répond Girardin. Je suis russophile de naissance et antibismarckien d'expérience.

— Je veux, dis-je à Girardin, voir et entendre

les secrets des machinations de Bismarck, et je retourne à Rome. Qui sait? J'apprendrai peut-être encore quelques « billevesées » importantes qui pourraient être un avertissement utile.

— Vous faites bien, ma chère amie, et je vous prie de me renseigner exactement. Vous savez que j'ai à l'occasion autant de courage que vous quand il s'agit de la vérité à dire. Et puis envoyez-moi des lettres pour ma feuille. Les lecteurs de la *France* vous sont acquis depuis la publication de *Grecque*. »

Lorsque je parle de ma prochaine absence, je sens qu'elle n'aurait rien de désagréable pour Gambetta si je n'allais à Rome.

M. de Chaudordy vient d'être mis en disponibilité. C'est dommage, car c'est un vrai diplomate qui nous a rendu de réels services à la conférence de Constantinople.

Depuis sa première visite, M. de Chaudordy est venu me voir plusieurs fois et m'a conté de façon très spirituelle ce qu'était le gouvernement de Bordeaux.

Gambetta avait fait de lui son lieutenant aux affaires étrangères; il vivait côte à côte avec Pipe-en-Bois, qui offrait des bocks aux ambassadeurs et trouvait cependant le moyen de n'être pas vulgaire.

M. de Chaudordy avait approuvé sans réserve la résolution de Gambetta de continuer la guerre, pensant avec raison qu'une longue résistance de la France épuiserait la Prusse.

M. de Chaudordy est très anticolonial. Il dit haut qu'il y a danger pour nous à réduire notre rôle continental. On le prétend anglophile, mais il ne l'est que dans la mesure nécessaire pour éviter des conflits avec notre voisine.

On le redoutait aux Affaires étrangères à cause de l'influence qu'il a sur Gambetta.

Du général de Galliffet :

Dijon, le 19 décembre 1878.

Chère madame, retenu ici par les devoirs de mon état, je n'ai pu profiter de votre aimable invitation. Puisque vous persistez à traverser Dijon par le train des étoiles, j'en suis réduit à vous envoyer avec cette lettre mes meilleurs souhaits pour 1879.

Puissent nos législateurs comprendre que les meilleures institutions ne produisent qu'autant qu'elles ne sont pas mises en jeu par des hommes de papier mâché! Puisse votre beauté, votre esprit et votre patriotisme concourir à ce noble but. Et, quand ce but sera atteint, il ne sera pas nécessaire d'être grand inquisiteur pour dire : cherchez la emme.

Que les dieux d'Athènes, de Sparte, de la vieille Rome, vous aient en leur sainte garde, amen.

Tels sont les souhaits de votre bien respectueux.

GALLIFFET.

J'ai avant mon départ une longue conversation avec Cialdini d'abord et avec Gambetta ensuite.

Cialdini me prie de dire à nos amis de Rome que la situation devient de plus en plus difficile, malgré les assurances qu'il reçoit officiellement de M. Waddington et de Gambetta. Dans une telle occurrence, on est de part et d'autre à la merci d'un

fonctionnaire zélé, d'un ambitieux qui se dit :
« Je cours le risque de brouiller les cartes, mais aussi de créer une situation dans laquelle la politique de mon pays peut trouver un atout qui fixera ma carrière. »

« Tous les hommes politiques italiens qui, comme moi, aiment la France et n'ont rien oublié de ses bienfaits, ajoute Cialdini, ne cesseront de vous répéter comme moi : « Nous désirons garder
« le *statu quo,* nous ne réclamons qu'une part
« égale à Tunis. Si nous avons 40.000 colons et
« la France 5,000 seulement, sa frontière d'Algé-
« rie crée un va-et-vient qui égalise les parts. Et,
« surtout, nous voulons à tout prix conserver nos
« bonnes relations avec la France et ne pas entrer
« dans le jeu de Bismarck. »

Gambetta me dit à son tour :

« La situation est pleine d'embûches, c'est vrai, mais ce qui reste dominant, c'est le désir que j'ai que nous ne nous brouillions pas avec l'Italie, je vous l'affirme. Il faut le reconnaître, la politique d'expansion gagne du terrain parmi nos amis. Les gouvernements démocratiques ont leurs exigences. Il leur faut caser plus de gens. Tous ceux qui se sont dévoués dans les premières luttes ne pouvant occuper le pouvoir, de grands développements d'énergie dans de hautes situations coloniales peuvent devenir nécessaires. L'Algérie ne nous suffit pas. Si, à un moment donné, nous ne happons pas notre part de colonies, l'Angleterre, l'Allemagne s'en saisiront.

— Mais l'histoire nous apprend que la France a perdu ses colonies parce qu'elle était affaiblie; comment accorder aujourd'hui l'affaiblissement qui perd des territoires avec la force qui en conquiert? Il me semble qu'on pourrait aussi bien retourner l'argument. A Tunis, il est dangereux de berner l'Italie, d'abuser de sa confiance à elle qui nous a, par reconnaissance de notre aide, donné le berceau de ses rois et celui de Garibaldi : Nice et la Savoie.

— Mais qui a pris Rome pendant nos défaites?

— Vous savez aussi bien que moi par ce qu'ont dit et écrit Turr, Nigra, Beust, par cent révélations qui se confirment, Victor-Emmanuel vous l'a certainement répété dans l'entretien que vous avez eu avec lui, que si Napoléon III avait voulu s'engager à laisser prendre à l'Italie ce que nous ne pouvions l'empêcher de prendre, au cas où l'Allemagne nous ferait la guerre : Rome pour capitale, l'Italie marchait avec la France. Cialdini me l'a répété cent fois. C'est lui que Victor-Emmanuel avait désigné; il venait avec cent mille hommes.

— Oui, je sais tout cela, mais les conséquences des événements ne sont pas toujours celles qu'on prévoit. La grande affaire à cette heure, quoi qu'il advienne, est de maintenir nos amicales relations avec l'Italie. Vous y pouvez quelque chose à Rome, si vous consentez à être un peu diplomate et non férue de sincérité, de loyauté à la don Quichotte, si vous voulez admettre certaines combinaisons nécessaires.

— Combinaison ! répliquai-je, ne vaut pas toujours prévision.

— Mais bonne tête vaut mieux que mauvaise.

— C'est à retourner dans certains cas. »

Comme toujours, mes amis ne consentent à me dire adieu qu'en exigeant de moi l'assurance d'un prompt retour.

« Cette fois, brûlez Bruyères ! » me répète-t-on.

*
* *

Le général de Galliffet vient me saluer à la gare de Dijon, où je passe durant la nuit. J'en suis touchée. J'y vois une preuve d'amitié grande, et je l'en remercie dès mon arrivée à Rome; il me répond :

Chère madame, ma présence à la gare ne me mérite aucun éloge. Les éclaireurs signalent une jolie femme, un soldat sort de sa guérite, présente les armes et se retire. Quoi de plus simple?

Dijon a eu cette bonne fortune, et j'en ai profité. Ayant hier au soir MM. Challemel-Lacour et Andrieux, nous avons bavardé jusqu'à une heure du matin.

Voilà Farre presque ministre. Je n'y ai aucune objection, mais il s'occupe volontiers et surtout de météorologie. Ne serait-il pas utile de lui adjoindre un *terrestre* comme sous-secrétaire d'état, Saussier, par exemple, qui a beaucoup fait la guerre et connaît bien le personnel? Vous êtes influente, et si vous trouvez mon idée bonne (elle l'est), faites-la pénétrer dans le clan dirigeant, s. v. p.

Le discours de votre grand ami a *profondément* réjoui l'Élysée. Les occupants, pages et valets, maîtres et maîtresses, en ont conclu qu'ils pourront encore pendant deux ans jouer tous les airs possibles en faveur de leurs protégés et contre ceux d'en face. Je tiens ces renseignements de source certaine, et en outre on m'écrit que ces mêmes renseignements peuvent être fournis par les amis de la toute petite cour de l'Élysée.

Et dire qu'il y a des gens qui meurent et d'autres qu'on voudrait voir mourir et qui ne meurent pas.

Le marquis d'Harcourt a été avisé d'être bien tranquille et que rien ne viendrait le déranger de sa riche sinécure. Le général Chanzy parle comme un *inamovible*. Vous savez cela mieux que moi et vous l'avez écrit, mais, venant de source différente, les renseignements acquièrent un nouveau poids. Je ne m'en préoccupe pas. S'il en est ainsi, c'est que vos amis veulent que cela soit. Ils ont le pouce sur le pouls du pays, et c'est à eux qu'il appartient de décider, et à nous d'obéir.

Je me ferai un plaisir, si vous le permettez, de me rendre boulevard Poissonnière, dès votre retour à Paris, et de vous exprimer les vœux que fait votre bien respectueux dévoué.

Galliffet.

J'ai emporté le *Nabab* dans mon voyage. Les paysages, heureusement déjà connus, se déroulent sans que je leur jette un regard, tant ce chef-d'œuvre de Daudet me captive. Je sais leurs véritables noms, à tous ces gens, ils vivent à mes côtés.

* * *

Me voilà à Rome. Cairoli n'est plus ministre depuis le 11 décembre, à la suite d'une série de difficultés dont plus d'une a été suscitée par Crispi, qui ne pouvait se consoler de voir un ministre de l'extrême-gauche à sa place, me disent ses amis. La crise a été provoquée par un conflit entre les autorités et la population à Arcidosso.

Cairoli m'accueille en amie. Mme Cairoli, toujours belle et toujours passionnément admiratrice de son mari, me revoit avec une sympathie qui me paraît accrue. Cairoli inspire le respect... même à Crispi. Sa noble figure, son caractère n'ont subi aucune atteinte dans la politique.

Dire que Cairoli aime la France est une banalité; il l'a prouvé. Raison de plus pour qu'il souffre de ses craintes. Il me répète ce que m'a répété Cialdini :

« Nous tenons à conserver nos bons rapports avec la chère France, mais ils deviennent difficiles. »

Je vois Depretis, qui est ministre depuis le 18 décembre. A propos de Tunis, dont nous parlons tout d'abord, il me dit : « Je suis d'accord avec le roi, très étroitement. »

Il me cite ses paroles et la réponse du roi, paroles officielles :

« Ce qui se passe en ce moment, dit Depretis, nous donne à réfléchir. Pouvons-nous nous joindre à la France pour obtenir le redressement de ses griefs, si griefs il y a? »

Le roi de répondre :

« Je crois que la meilleure solution pour éviter tout conflit est l'exercice, en Tunisie, d'une influence égale entre l'Italie et la France en y procédant d'un commun accord. »

Le roi ajoute que cette idée resterait la base de sa politique méditerranéenne.

Mon ami Gioia tient à me faire connaître les hommes les plus éminents de Rome, et il me les amène.

Mauro Macchi est accouru avec sa jolie et poétique adoration à l'italienne.

Je vois Cavallotti, qui aime sincèrement la France. Il a fait la campagne des mille, il garde la haine de l'Autriche, « excessive maintenant, lui dis-je, puisqu'elle n'est plus l'ennemi qui possède, qui souille par sa présence le territoire national. »

« J'en voudrais peu aux Allemands, ajoutai-je, si nous reprenions l'Alsace-Lorraine.

— Et Trieste! » me répond Cavallotti.

Il parle de la liberté comme tous mes vieux amis de 1848; comme mon père en parlait, comme j'en ai parlé, comme peut-être encore j'en parle moi-même. Ce mot est pour moi fulgurant. Il s'écrit en lettres lumineuses dans mon cerveau. *Libérâtre*, m'appelle Gambetta après Ranc.

Député en 1873, deux duels ont signalé l'entrée de Cavallotti à la Chambre. Les lettres, la politique se partagent sa vie. Il écrit des drames romantiques, remue le cœur des masses. L'une de ses comédies, *Guido Agnese,* obtint en 1872 un énorme succès. Son *Alcibiade,* en 1874, a conquis le prix du gouvernement. Ses poésies politiques se redisent dans toute l'Italie.

Poète ardent, rappelant Manzoni, il appartient

à l'école romantique pure. Il a l'antithèse fréquente et l'image ample.

Cavallotti parle haut, la tête renversée, les yeux levés au ciel. Il secoue ses cheveux. Son geste large et fréquent semble jeter des fleurs.

Cavallotti est chef de l'extrême-gauche quand Cairoli est au pouvoir. Il est beaucoup plus avancé d'idées que lui. Cependant il est pondéré dans ses actes, et on pourrait dire de Cavallotti qu'il est possibiliste. Exalté républicain, il accepte pourtant la monarchie parce qu'il la croit utile, et, s'il tait ses désirs personnels, c'est qu'il pense mieux agir envers son pays qu'en les proclamant.

D'une honnêteté farouche, il poursuit la corruption, il dénonce l'arbitraire avec un rare sentiment de justice. Les questions de moralité politique dominent tout dans son esprit. Aussi est-il l'ennemi violent de Crispi. Pauvre, modeste, prêt à tous les sacrifices pour son adorée patrie, il est terrible pour ce qu'il appelle le brigandage politique.

« Je suis le justicier ! » me disait-il.

Rien ne l'arrête. Il accuserait le roi, s'il croyait de son devoir de l'accuser.

Cavallotti, né à Milan d'une famille vénitienne, a les traditions du patriotisme le plus passionné.

Son frère a combattu pour la France en 1870.

Je ne me lasse pas de mes entretiens avec Cavallotti et avec Mauro Macchi. Il y a une chaleur si ardente dans leur amour de leur pays que je puis, sans les faire sourire et avec la joie de leur voir parfois des larmes dans les yeux, leur parler de ma patrie aussi adorée par moi que la leur l'est par eux.

Le marquis Alfieri a toutes les grâces de l'amitié. Ces derniers jours, il a improvisé un dîner qui fait grand bruit à Rome parce que toutes les nuances d'opinion y étaient représentées.

L'un des amis du marquis Alfieri qui m'intéresse le plus est le prince Paul Borghèse, prince de Sulmona, qui a eu pour mère une La Rochefoucauld et qui aime la France.

Les Borghèse ont des titres innombrables. Un Borghèse avait épousé Pauline Bonaparte. Il eut rang de prince du sang.

Le prince Paul me racontait qu'il essayait de planter des eucalyptus dans ses terres des marais pontins, que malheureusement ils y venaient mal, sans quoi il fût parvenu à réaliser son plus cher vœu : assainir la campagne romaine.

Tous ceux qui sont allés à Rome connaissent les richesses de la villa Borghèse, près de la porte du Peuple, au-dessous du Pincio, et celles du palais Borghèse, près du Corso.

Les cadets de la famille Borghèse sont prince Torlonia, duc Salviati, prince Aldobrandini, etc., etc.

Nos ambassadeurs, le marquis et la marquise de Noailles, m'accueillent avec une extrême sympathie.

Le marquis de Noailles vient me voir souvent à l'hôtel Costanzi. Un jour qu'il s'y est trouvé avec

M. Depretis, notre conversation à trois a été plus qu'intéressante. Il semble que si nous avions eu le pouvoir d'adoucir tous les angles de la question tunisienne, c'était fait, et l'Allemagne refaite.

Comme je parle à Cairoli de l'impression favorable que j'ai de cette conversation, lui si bienveillant me dit :

« M. de Noailles joue plusieurs jeux : celui de Waddington hanté par Bismarck et celui d'ami de l'Italie. Il m'inquiète. »

Le marquis Alfieri est aussi Français de cœur que j'ai été Italienne dans les temps difficiles quand « l'étranger » occupait Milan et Venise. Patriote, très latin, il exècre Bismarck et le germanisme. Il s'emporte aisément lorsqu'il parle de l'Allemagne et se scandalise de voir qu'on y exalte de plus en plus les défaites françaises, dans la proportion où les Français les oublient !

Certes, le marquis Alfieri ajoute qu'il ne s'agit pas de moi, mais combien y a-t-il de Français, de Parisiens, de provinciaux qui ne songent plus à l'Alsace-Lorraine et les déclarent perdues, quand jamais un Italien n'a admis que Milan et Venise puissent rester Autrichiennes.

« Vous oubliez, vous oubliez ! me répète le marquis Alfieri. Chaque jour, des Français s'escriment à faire perdre à d'autres Français leurs légitimes regrets sous prétexte qu'on ne peut pas toujours avoir le patriotisme tendu.

« Il semble que la politique étrangère de la France, ajoute le marquis Alfieri, ait pour but unique de nous inquiéter sur vos projets. Qui donc, si ce n'est votre plus cruel ennemi, vous pousse à contrecarrer la politique des nations qui vous sont sympathiques à son seul profit? Osez dénoncer très haut les entreprises de Bismarck, ce qu'il projette pour nous détourner de vous et nous attirer à lui. Dénoncez, il n'est que temps ! »

Le marquis Alfieri me raconte une scène de la vie intime de Bismarck, qui lui a été redite à lui par un témoin. A Varzin, l'an dernier, un soir, Bismarck, dans un accès de mélancolie — était-ce pour tâter ses invités? — s'est écrié qu'il était détesté de tout le monde et que les années ne lui apportaient que des malédictions qu'il sentait monter vers lui et qui l'attristaient.

« Je n'ai fait le bonheur de personne, disait-il, ni celui de mes fils, qui, simples hobereaux, eussent été plus heureux, ni le mien que les hantises tourmentent, ni celui de mon pays, car j'ai seul déchaîné trois grandes guerres et j'ai fait tuer des hommes en nombres innombrables. Que de mères, de veuves, de sœurs me maudissent! Qu'ai-je recueilli de tout ce que j'ai fait? Une fortune que j'aurais pu acquérir autrement ; des tristesses, des chagrins et peut-être un jour la haine de ceux que j'ai grandis. »

« Oui, dis-je au marquis Alfieri, on peut toujours attendre des grands malfaiteurs cette heure d'examen de conscience. L'histoire nous le prouve. Il me plaît de savoir qu'elle a sonné pour notre ennemi. La justice commence à surplomber sa vie. L'heure de l'abaissement arrivera aussi pour lui. »

Des députés en grand nombre viennent parler politique à l'hôtel Costanzi, dans mon minuscule salon. Je les interroge, ils m'interrogent. Leur opinion sur ce qui se passe en France est uniforme. L'influence de Gambetta est exagérée par eux au point que tous parlent de son *pouvoir occulte*. C'est un mot courant à Rome. Nos ministres seraient des fantoches obéissants. Dufaure n'est qu'un instrument. On répète que Waddington s'est montré uniquement créature de Gambetta à Berlin, dans sa politique anglaise et allemande. MM. de Marcère, Léon Say, Dufaure, Pothuau, Teisserenc de Bort, Bardoux, passent, aux yeux des politiciens italiens, pour être « courbés sous le joug gambettiste ».

Il m'était aisé de les défendre, de prouver par des faits leur indépendance, — sauf celle de M. Waddington, — et je défendais en même temps Gambetta.

On déclarait, en outre, Gambetta un ambitieux formidable, et l'on ajoutait que son discours de Romans avait été une invite au maréchal de Mac-Mahon de l'appeler au pouvoir, qu'il rendait, de parti pris, les réformes impossibles, parce qu'il voulait bénéficier de toutes à son arrivée aux affaires.

Pendant que je suis à Rome, des bruits de crise ministérielle en France circulent. A un certain moment, on affirme que le maréchal va faire appeler Gambetta. Je ne m'étonne pas, outre mesure, de la nouvelle.

Je sais que Duclerc a toujours prêché le maréchal dans ce sens, et plus encore après le discours de Romans, pour lui prouver, par les termes mêmes de ce discours, à quel point Gambetta était devenu possible.

« Le maréchal y arrive, m'avait dit Duclerc, si toutes les influences qui l'entourent ne le détournent pas des possibilités qu'il admet à cette heure. »

J'apprends l'élection du duc d'Audiffret-Pasquier à l'Académie française. C'est comme orateur politique qu'il est nommé, car il n'a jamais publié un volume.

M. de Marcère m'écrit la lettre suivante :

MINISTÈRE DE L'INTÉRIEUR   26 décembre 1878.

Ma chère amie,

Je reçois votre lettre seulement aujourd'hui, et je crains de ne plus vous retrouver au milieu des antiquités romaines, où vous faites l'effet d'une vraie Française si belle qu'elle croit être Grecque.

J'ai lu, pour connaître votre pensée, votre lettre d'Italie dans la *France*. Je la trouve d'un fantaisiste et d'un moraliste à la fois, et elle m'intéresse plus encore par l'art de l'écrivain que par le fond des choses. D'ailleurs avec votre finesse de femme vous êtes allée au-devant en me disant que je n'y comprendrais rien, m'intéressant peu aux choses étrangères. Ce n'est pas tout à fait aussi vrai que vous le dites et je m'inquiète du dehors presque autant que ceux qui en parlent tant en gens qui s'y connaissent. Le paraître est beaucoup en toute matière. Vous avez le droit de me prendre pour un vieux Celte entêté qui a sa chimère.

Donc vous êtes en plein parlement et je vous vois d'ici peu en train de faire un salon politique romain.

Cairoli que vous aimez et moi aussi, je ne sais trop pourquoi, me paraît ressembler à quelques ministres de ce côté des monts. D'après vous, il n'a su que faire d'une chambre un tantinet à l'évent, ni d'un roi qui ne sait ce qu'il veut. C'est peut-être là que nous en serons avant peu. Cependant nous devons faire meilleure figure si M. Dufaure en a vraiment le désir. Mais j'oublie qu'il s'agit des Italiens. Je voudrais qu'ils parvinssent à se débrouiller d'une situation moins compliquée au fond que leur imagination ne la leur présente.

Il eût mieux valu qu'on confiât à M. Cairoli le soin de faire des élections après une dissolution que l'opinion paraissait réclamer, mais, cela n'étant pas fait, le pire de tout serait de laisser tout renverser et aller à la dérive, c'est du temps qu'il leur faut comme à nous. Les hommes gâchent le temps quand ils ne savent pas s'en servir. Il vaut mieux encore vivre mal et vivre que de périr en brouillons. Nous allons ici nous efforcer de préparer notre rentrée. Gambetta a prononcé, avant-hier, un excellent discours qui peut nous y aider beaucoup. Nous avons besoin de l'action réflexe, de l'opinion, et il n'a pu que lui donner plus de force dans le courant où elle était déjà.

Il faut maintenant qu'elle se prononce, je ne sais comment.

J'ai vu Girardin, qui semble vraiment remis; lui aussi a fait sa rentrée. Il me semble qu'il a cassé beaucoup d'œufs sans faire d'omelettes. Après cela, peut-être, n'avait-il pas trop envie d'un tel régal. On refera les œufs quand on se sera aperçu que l'omelette serait d'une digestion trop difficile à l'heure qu'il est et qu'étant avalée il n'y aurait plus rien à mettre sur la table.

Et tout de même après mon bavardage je vous baise les mains avec une grande révérence dévotieuse.

De Marcère.

D'Henri Brisson :

CHAMBRE
DES DÉPUTÉS   30 décembre 1878.

Madame,

Le jour même où j'ai reçu votre billet, je suis allé au ministère de l'agriculture. Girerd était parti pour le département de la Nièvre, mais il est revenu passer deux jours ici. Je l'ai vu hier, et il m'a bien promis de reparler à son ministre de l'affaire de M. Guistiniani, beau-frère d'Emmanuel Arène, qui, paraît-il, souffrirait quelque difculté à cause du titulaire actuel contre qui l'on n'aurait aucune raison de mécontentement. Girerd est d'ailleurs, quant à lui, parfaitement disposé. Vous savez quel aimable garçon il est et d'ailleurs quel homme sûr. Il n'en est aucun que j'aie autant éprouvé, il n'y a que de l'or dans cette nature-là. C'est pour vous dire que, si j'étais sous-secrétaire d'État, vous me défendriez, j'en suis bien sûr, et que je vous demande de défendre mon ami si l'occasion s'en présente prochainement.

D'après ce qu'on m'a dit, quelques gens songeraient à lui chercher noise à propos de la liste des numéros gagnants. Cela me paraît difficile, mais, s'il y avait quelque tentative de ce genre au *Petit Journal* ou ailleurs, vous voudriez bien venir à mon aide.

Je suivrai d'ailleurs l'affaire d'Ajaccio dès mon retour, car je vais passer trois ou quatre jours à Bourges.

Bien que *la France* nous ait appris par vos si vivantes lettres que vous avez d'abord gagné Rome, je vous adresse cette lettre à Bruyères espérant que vous vous êtes décidée à prendre un peu de repos, car c'est une médiocre villégiature que la Ville éternelle.

Ma femme se rappelle à votre bon souvenir et vous prie d'agréer nos plus sincères souhaits.

J'ai l'honneur d'être, madame, votre très humble et très attaché serviteur.

HENRI BRISSON.

Je quitte Rome avec la conscience que mon séjour a été utile à mon adorée patrie. Je me suis efforcée de calmer certaines susceptibilités chez mes amis les plus influents.

L'Italie est jeune, mais tous les hommes qui sont à sa tête sont pour la plupart vieux, sauf le roi. Ils ont été de l'âge héroïque, ils ont plus d'exigences que la génération qui leur succédera.

Leurs luttes, leurs dévouements, leurs sacrifices — la plupart ont été exilés, prisonniers, persécutés — leur ont insufflé une passion patriotique sans limites, car la souffrance nationale grandit l'amour. Nous le voyons bien depuis la guerre.

Combien m'ont priée, à mon départ, de plaider la cause de la vieille amitié, de la vieille fraternité latine et italienne.

Je suis tout acquise à la cause, car je vois de plus en plus l'intérêt de Bismarck à nous brouiller et à tenir l'Autriche en mains par son influence à Rome.

Mon pays vaincu ne disputera jamais trop de sympathies au vainqueur !

* * *

Une lettre de Gambetta à Bruyères qui m'y a attendue.

Paris, entre le 31 et le 1ᵉʳ.

Votre campagne de Rome doit être finie, et vous voilà dans vos quartiers d'hiver. Recevez les félicitations et les regrets d'un malheureux esclave pour lequel il n'y a plus guère ni trêve ni congé! Heureusement, nous jouissons ici d'un temps délicieux qui ferait crever de dépit votre éternel printemps si vous pouviez accepter une, si impérieuse rivalité; mais, las! il n'est pas de soleil qui puisse remplacer votre superbe présence, et Paris est trop vide ou trop platement encombré sans vous.

Je m'arrête,. sachant combien les madrigaux vous paraissent fades, et je me contente de vous envoyer les vœux d'une amitié aussi fraternelle que dévouée pour les nombreux desseins que doit rouler certaine tête de ma connaissance.

Soyez toujours triomphante, toujours heureuse, et n'oubliez jamais qu'il ne vous est pas permis, un seul jour, d'avoir une inquiétude, un chagrin, un revers, sans m'appeler à l'aide.

Je vous embrasse pour bien commencer la désagréable année qui va s'ouvrir.

Votre ami.

Léon Gambetta.

Aucune amitié dans ma vie n'a eu les alternatives de dévouement, d'admiration, de doute, de révolte, comme mon amitié pour Gambetta.

Cette amitié, dont les sentiments intimes restaient fidèles à travers toutes les bourrasques, m'a plus d'une fois martyrisée.

Durant les quinze jours que je passe à Bruyères, seule, après mon retour de Rome, n'étant pas soutenue par le désir de convaincre mes amis italiens des sympathies de la France pour eux, de l'exagération de leurs inquiétudes, je m'abandonne à mes désespérances.

Quels chagrins ma passion pour la plus belle des républiques, pour la plus haute, la plus noble, la plus adorée des patries, 1879 va-t-il m'apporter?

Je ne puis parler qu'à Spuller (et encore il s'acclimate aux combinaisons opportunistes!), qu'à Duclerc, qu'à Girardin, de mes angoisses; vis-à-vis de tous les autres, je reste le disciple du « grand chef de la Défense nationale »! L'abîme de plus en plus est béant devant moi!

Mais le Gambetta qui m'inspire des terreurs comme défenseur national n'est-il pas toujours le chef de mon parti? Je dois donc rester malgré tout dans le rang, garder ma gratitude pour le lettré qui s'intéresse à mon art mieux et plus qu'aucun autre, qui sait m'apporter la première récompense de mes livres; quant à l'ami personnel, au frère de choix qui n'a cessé de comprendre ma douleur intime, de m'aider à l'élever, à faire vivre Adam en moi, à servir doublement la cause qu'Adam avait servie et aimée toute sa vie, celui-là rien ne peut ni ne doit l'entamer dans mon affection.

*
* *

C'est encore à Bruyères que je m'intéresse aux élections pour le renouvellement triennal du Sénat. Elles ont lieu le 5 et le 13 janvier et m'occupent comme elles eussent occupé Adam. Je suis pleine de confiance, et mes prévisions ne me trompent pas. La majorité du parti républicain est écrasante. La manifestation des électeurs du second degré, de ceux qui représentent la France supérieure et réfléchie, est telle que le maréchal ne peut pas ne pas y voir la condamnation absolue de l'aventure du 16 Mai.

Il est, nous dit-on, résolu à donner sa démission.

Cette fois, les réactionnaires, les monarchistes sont bien vaincus, et c'est la République définitive, incontestée.

Je crains même que la victoire soit trop complète, la majorité trop forte. Elle va être au Sénat de 40 ou 50 voix.

En raison même de l'accablement des monarchistes, il faut craindre que les fous, les exaltés de la République aient des exigences excessives.

Les républicains modérés, voire les opportunistes, sentent qu'ils vont être envahis, poussés par leurs queues. Déjà, ils ont sur leurs talons les condamnés de la Commune qu'on sera forcé d'amnistier, qui vont débarquer, l'âme haineuse et les dents longues. .

Une lettre de Coquelin qui prouve que Gambetta n'a pas les mêmes appréhensions que moi :

Paris, janvier 1879.

Ma chère madame et amie,

Les espérances de notre grand chef ont été dépassées de beaucoup et sa joie était au comble dimanche après-midi. J'ai déjeuné avec lui et il a dîné avec moi. Il m'a dit : « J'ai écrit à Mme Adam et n'en ai point encore reçu de réponse. »

Je n'ai pas voulu vous envoyer de souhaits avant les élections. Elles sont bien un peu pâles à notre gré, nous sommes plus coloristes que cela, mais je suis sûr que votre grand cœur a eu un grand et beau soupir patriotique.

J'attends votre retour avec impatience. Votre bonté, votre bienveillance pour moi me manquent absolument et sont une des satisfactions charmantes de ma vie.

Je vous envoie bien respectueusement, mais bien amicalement, l'expression de mes meilleurs souhaits et tâcherai en l'année 1879 de ne plus mériter un soufflet tel que 1878 en a vu éclater sur la joue de votre dévoué.

C. Coquelin.

Je m'étonne de ce que m'écrit Coquelin que Gambetta eût désiré des élections plus colorées, car il m'a dit souvent craindre que le pays aille trop vite à l'extrême du radicalisme. Il y a tant d'hommes politiques qui promettent à leurs électeurs monts et merveilles que, lorsque ces mêmes gens deviennent la majorité, le gouvernement court le danger ou de satisfaire les appétits d'une classe en sacrifiant les autres, ou d'être logiquement accusé d'avoir promis ce qu'il ne veut ou ne peut pas donner.

J'ai vu tant d'exigences passer par la porte demi-ouverte que j'imagine aisément tout ce qui s'engouffrera par les deux battants. Nos amis les plus fermes vont être assaillis de demandes de situations, de récompenses promises. Le quémandage succédera au désintéressement, la recherche du bénéfice aux préoccupations élevées de la période de lutte.

Déjà Gambetta ne trouve pas dans ses conquêtes politiques la satisfaction qu'il s'en promettait, il éprouve à cette heure, j'en suis certaine, la désillusion de la victoire. Et combien de temps la maintiendra-t-il, cette victoire?

Il me semble que pour nous, républicains idéalistes, l'heure de l'épreuve est arrivée.

J'ai la visite de mon vieux docteur Maure, qui a été très souffrant. Nous parlons de l'un de nos amis qui nous manque depuis mon dernier séjour à Bruyères, de Garnier-Pagès mort après Cousin, Mérimée, Adam, M. Thiers.

« C'est le son de cloche, me dit mon vieil ami. A bientôt mon tour ! »

*
* *

Paul Déroulède n'a cessé d'emboucher la sonore trompette du patriotisme. Il vient, pour les étrennes du brave sergent Hoff, de lui dédier des vers. Il me les envoie le 6 janvier, et il ajoute sa « chaleureuse sympathie et sa cordiale admiration ».

Que vont-ils devenir, les Français comme Déroulède, dont l'âme ne vibre pour la République, pour Gambetta, que parce qu'ils voient dans Elle et Lui l'incarnation de la Ligue des Patriotes, les gardes de la statue voilée de crêpe de Strasbourg, la revanche !

Quand la preuve sera donnée que l'influence de Gambetta ne s'exerce que pour faire de nous les *gouvernés* de Bismarck, parrain de la République, inspirateur de notre politique intérieure et extérieure, qu'arrivera-t-il? Quels classements vont se faire entre nous? Avec qui et contre qui serai-je forcée d'être? Qui choisirai-je?

Les craquelures ne tardent pas à se montrer, tous m'écrivent : « Revenez, nous avons besoin de vous. » Plusieurs vont jusqu'à me crier : « Au secours! »

Je pars désolée de quitter mon soleil dès le 15 janvier, quand deux ou trois mois me seraient encore si doux ici.

Paris est toujours patriote, Dieu merci. Je lis dans les journaux que j'achète en route le grand succès de la répétition générale de *Hoche* de Georges Richard, au Château-d'Eau. J'irai, sitôt mon arrivée, applaudir *Hoche* et crier : « Vive la France! »

Si, comme on l'annonce, on donne aussi l'*Assommoir* de Zola-Busnach-Gatineau, j'embrigaderai mes meilleurs amis pour venir siffler avec moi. Abaisser un peuple littérairement, c'est détruire le meilleur germe de ses moralités.

Nous voilà donc, au moment où j'arrive le 17, en pleine crise ministérielle!

Les ennemis de la République disent que c'est elle, et son instabilité, qui provoque et indéfiniment provoquera ces crises.

La déclaration à la fois terne et menaçante que le ministère Dufaure fait aux radicaux a été accueillie par des murmures à la Chambre, par des applaudissements au Sénat.

Lundi 20, une interpellation permettra un fort assaut contre le ministère. Que fera le maréchal?

On le dit très ému. Les bonapartistes essaient de le terroriser sur les événements à venir. En revanche, ils lui promettent au nom du prince impérial tout ce qu'il peut désirer. Ils lui conseillent de nommer à l'intérieur et à la guerre l'un des leurs, d'appeler le prince impérial à Paris, et ainsi la restauration sera faite sans violence.

Le général Fleury et Rouher sont absents.

Rouher, consulté par exprès au moment psychologique, a déclaré le coup d'État impossible parce que le maréchal est incapable de garder un secret. Il dirait tout à Dufaure.

Revenu, Rouher trouve que les difficultés ne sont pas insurmontables. Il conseille seulement de ne pas s'adresser au maréchal, mais à la maréchale, et de lui envoyer le cardinal Guibert chargé de l'épouvanter et de lui faire un cas de conscience de refuser la seule main religieuse et autoritaire qui puisse sauver la France.

Si la maréchale acceptait, Rouher se chargerait des décrets, de la nomination des ministres, préfets, etc. Le prince arriverait à Paris la nuit. Les troupes obéiraient et le peuple ne bougerait pas. Il n'y aurait pas de sang versé.

On répétait au maréchal :

La légitimité est finie, les d'Orléans sont impossibles, il n'y a que l'Empire. Le budget est voté pour onze mois, congédiez la Chambre pour un mois ; pendant ce temps nous aviserons.

**

Le 20 janvier, le ministère Dufaure replâtre les choses avec la Chambre. Dufaure accorde à la majorité la destitution de tous les fonctionnaires qui ne sont pas républicains. Il propose le rappel de 2.000 condamnés de la Commune.

La politique gravite autour de l'amnistie plénière, le coup d'État menaçant de se faire contre cette amnistie qui inquiète tous les modérés.

A chaque instant, cette proposition revenait. Victor Hugo s'écriait un jour :

« Si vous la votez, la question est close, sinon elle commence. »

Lequel de nos amis n'élaborait pas un projet ou contre-projet d'amnistie? Allain-Targé avait proposé le sien en 1876. Tous les participants à l'insurrection du 18 mars devaient être graciés jusqu'au grade de sous-officier.

Rouvier demandait l'amnistie pour toute condamnation politique depuis le 4 septembre.

Leblond, président de la commission nommée pour l'examen des propositions, avait fait rejeter l'amnistie.

Clemenceau, Victor Hugo, Louis Blanc, revenaient sans cesse à la charge.

Tandis que Rouher hésitait, Gambetta avait hardiment foncé sur Dufaure et obtenu d'énormes concessions, qui sauvèrent le ministère pour huit jours.

Le 22 janvier, M. de Freycinet m'écrit :

Chère madame,

Je suis dans l'impossibilité d'aller chez vous ce soir. Je le regrette d'autant plus que j'avais hâte de vous dire combien vous nous avez manqué dans ces derniers temps et combien je suis heureux de vous savoir de retour.

Votre respectueusement affectionné.

C. DE FREYCINET.

P.-S. — Je reçois à l'instant votre invitation pour le 29, je l'accepte avec empressement.

De l'amiral Jauréguiberry :

Paris, le 25 janvier 1879.

Madame,

Si je ne connaissais votre extrême indulgence pour ceux que vous daignez compter au nombre de vos amis, vos bontés à mon égard me rempliraient d'orgueil, mais je ne puis que regretter de n'être digne en aucune façon des compliments trop flatteurs que vous m'adressez.

Amoureux comme je le suis du soleil, des fleurs, de la mer si belle, du golfe Juan, je vous plains d'être obligée de revenir au milieu des froides pluies et des tristes brouillards de Paris. Vous le faites, je le sais, par dévouement, et l'on ne peut que vous en être profondément reconnaissant.

J'espère que rien ne m'empêchera d'accepter votre généreuse invitation le 8 février.

Mᵐᵉ et Mˡˡᵉ Jauréguiberry vous remercient de votre bon souvenir et vous prient de croire à la sincérité de leur affectueuse sympathie.

Veuillez agréez, madame, l'expression de mes sentiments dévoués et respectueux.

JAURÉGUIBERRY.

Le 28 janvier, la crise est à nouveau à l'état

aigu. Le général Gresley, ministre de la guerre, soumet au maréchal un décret mettant en disponibilité cinq commandants de corps.

Le maréchal refuse.

La Bourse baisse.

Les bruits les plus contradictoires courent le soir. On affirme que Rouher, le maréchal Canrobert, le duc de Padoue, le cardinal Guibert, ont pour alliée la maréchale, et que le coup d'État va se décider, que le prince impérial arrive!

Beaucoup prétendaient que le maréchal venait d'appeler Gambetta. A cela on répondait que Gambetta s'entendait avec le duc d'Aumale, qui allait devenir président de la République!

Nous passons tour à tour par les émotions les plus violentes et les plus contradictoires.

Gambetta, entiché du général Farre, auquel nous continuons à ne reconnaître qu'une valeur médiocre, en voulait au maréchal de ne pas l'avoir accepté comme ministre de la guerre et de lui avoir préféré le général Gresley. Or, c'était ce même général Gresley qui, par sa proposition, allait provoquer la démission du maréchal!

*
* *

Le septennat, qui n'eût dû finir qu'en octobre 1880, prenait fin en janvier 1879.

Grévy lut le message de démission du maréchal, d'ailleurs fort digne et appuyé sur le refus d'accepter des mesures qu'il considérait comme contraires aux intérêts de l'armée et par suite à ceux du pays.

« En présence de ce refus, ajoutait le maréchal, le ministère se retirant et tout autre ministère pris dans la majorité de l'Assemblée devant m'imposer les mêmes conditions, je crois dès lors devoir abréger la durée du mandat qui m'avait été confié par l'Assemblée nationale. Je donne donc ma démission de président de la République, etc. »

Le Congrès national immédiatement réuni, Grévy est nommé à une forte majorité président de la République.

Il était clair aux yeux du grand nombre que Grévy n'était nommé président de la République que parce que Gambetta l'avait désigné en octobre 1878 dans son discours du Château-d'Eau.

La plus simple logique exigeait que Gambetta fût président, et il l'eût été s'il avait voulu l'être.

Il commit une grande faute politique en ne réclamant pas la responsabilité d'une situation que lui seul avait nouée et dénouée.

Sitôt la nomination de Grévy à la présidence de la République, Dufaure remet entre ses mains la démission du ministère, s'engageant d'ailleurs à rester en fonctions jusqu'à l'heure où un nouveau ministère serait nommé.

Dufaure complimente Grévy et lui dit que nul n'est plus digne de cette haute magistrature par l'intégrité de sa vie, la fermeté de ses convictions et les services rendus à la République.

Grévy ayant donné sa démission de président

de la Chambre, il restait à pourvoir à son remplacement.

Le soir du 30 janvier, Gambetta vient me voir. Il m'a prévenue et me trouve seule. Ma première parole est :

« Quel dommage que vous ne soyez pas président de la République ! C'est une faute. Je connais Grévy depuis vingt ans. C'est un habile. Il dira un jour que vous avez eu peur d'essuyer les plâtres, et il vous barrera le chemin.

— Allons donc ! Je prendrai le pouvoir à mon heure, quand il me plaira.

— Bien ! Et maintenant c'est Brisson qui va être président de la Chambre ; vous direz ce que vous voudrez, mais, entre Grévy et Brisson, vous n'aurez pas une tâche facile.

— Brisson ne sera pas président de la Chambre !

— Qui donc peut l'être à sa place ?

— Moi !

— Vous ? Est-ce possible ? Vous avez décliné la première situation et vous prendriez la seconde ! Je ne comprends pas !

— Ma chère amie, le suffrage universel fait de la présidence de la Chambre la première. D'ailleurs, je saurai la rendre telle. Grévy est pingre et fera faire à l'Élysée piètre figure, tandis que moi je réaliserai votre République athénienne au Palais-Bourbon !

— Mais vous allez avoir en Brisson un ennemi implacable. On m'a dit qu'à la Chambre vous l'aviez aujourd'hui salué, dans un couloir, du titre de président.

— Oui, président de la commission du budget à ma place !

— Eh bien ! mon cher ami, je vous l'avoue, malgré votre contentement de vos résolutions, elles me laissent angoissée. Brisson, qui vous en voulait de lui avoir enlevé la présidence du budget, vous en voudra plus encore de lui prendre la présidence de la Chambre. Il s'entendra avec Grévy, avec Clemenceau, pour vous user. Ce n'est pas pour vous voir président à sonnette que nous avons tant lutté, tant combattu. Toutes ces combinaisons ne sont pas de la grande politique, celle qu'on attend de vous : je le sens et j'ai peur. »

A mesure que je parlais, ne provoquant que des sourires et des haussements d'épaules, je sentais le chagrin m'envahir.

« Vous n'imaginez pas ce que je souffre, ajoutai-je. Vous avez trahi ma confiance, mon admiration, ma foi française, en vous commettant avec Bismarck ; maintenant vous voilà acceptant, vous, notre grand chef, une situation inférieure. Pour notre République, pour notre France, pour le monde entier, ne prenez pas une sous-présidence. »

Gambetta se leva et de son ton le plus impertinent :

« Il est trop tard, ma chère amie, j'ai déjà fait le menu de mon premier dîner diplomatique.

Vous verrez avant peu que je n'abdique pas mon rôle souverain ; j'ajouterai une chose, madame, qui clora cette discussion : j'en ai assez de la vérité !

— Vous êtes bien grand si vous pouvez vous en passer, dis-je en me levant à mon tour, et je vais, à dater de cette heure, prendre assez de recul de votre figure politique pour voir si votre mépris de la vérité vous deviendra un piédestal. Patriotiquement nous sommes ennemis, politiquement je crois bien que nous sommes brouillés, il ne nous reste plus que notre amitié.

— Quant à cela, me dit Gambetta en me quittant, je compte bien que vous ne laisserez rien mordre dessus. »

*
* *

Le 31 janvier, Gambetta ayant posé sa candidadature est naturellement élu président de la Chambre. La majorité, même surprise, lui obéit. Comme je le prévoyais, Brisson est surtout blessé de la façon dont Gambetta s'est moqué de lui en le saluant du titre de président (avec la réserve intérieure) de la commission du budget.

Le soir, après la séance, on vient en foule chez moi : Duclerc, Bethmont, Girardin, Boysset, Cochery, Andrieux, Emmanuel Arago, Ed. de Lafayette, Jules de Lasteyrie, Paul de Rémusat, Louis Jourdan, Ed. Texier, Billot, Léon Renault, Teisserenc de Bort, Tirard, About : tous les journalistes amis, quelques-uns restant à peine cinq minutes, juste le temps de s'écrier en levant les bras en l'air : « Gambetta, président de la Chambre, quelle affaire ! Pouviez-vous supposer ? » Et ce sont de grands gestes d'étonnement.

Je réponds que je l'ai su la veille par Gambetta lui-même.

« Et vous l'approuvez ?

— Non. »

Et ce sont des récriminations sans fin.

Spuller arrive et nous dit que, dans le premier moment, Gambetta a été persuadé que Grévy l'appellerait pour le charger de la formation d'un ministère, puisqu'il s'était mis « à sa disposition pleine et entière » pendant qu'on dépouillait le scrutin de l'élection présidentielle.

Or, Grévy ne lui a fait ni fait faire *aucune proposition*, et c'est pourquoi il a voulu la présidence de la Chambre.

« Grévy, dit Bethmont, réserve Gambetta pour de meilleures conditions, sans doute.

— Oh ! Bethmont, seriez-vous naïf ? répliqua Duclerc ; il le réserve, oui, mais pour des conditions plus mauvaises ! »

*
* *

Le discours de Romans avait décidé de la direction de la République. Gambetta, seul, personnifiait la victoire. Il avait pétri la majorité, lui seul pouvait la conduire dans le sens des actes dont il avait dressé le plan. Grévy n'avait pas cette puissance : aussi quelque chose grinça-t-il immédiatement dans les rouages parlementaires.

Gambetta assis ne pouvait plus ce qu'il avait pu debout. Grévy dirigeant et Gambetta ne cessant de diriger, les chocs allaient devenir journaliers.

Au 4 septembre, Grévy avait refusé d'entrer dans un gouvernement « issu de la Révolution ».

Il se mettait en double contradiction avec lui-même en acceptant d'être président de la République.

L'amendement Grévy à la Constitution de 1848 était :

« L'Assemblée nationale délègue le pouvoir exécutif à un citoyen qui prend le titre de président du Conseil des ministres, élu pour un temps illimité, mais toujours révocable. »

Il acceptait d'être président d'une République issue de la Révolution pour un temps limité et non révocable!

Grévy et moi nous nous connaissions de vieille date, — depuis 1858, — et j'avais, comme avec tous mes amis, conservé mon droit de franchise vis-à-vis de lui. Je le voyais peu. Je le savais à la fois égoïste, jouisseur, jaloux et autoritaire.

Quelque peu humilié de la banalité de son intérieur, inquiet de l'indépendance de caractère de sa fille Alice, il n'avait qu'une sérénité apparente.

Mais il s'appliquait à sauver tout « par la dignité », me disait notre ami commun de Ronchaud, Jurassien comme Grévy.

De Ronchaud était plus que moi encore au courant de la vie du nouveau président de la République. Je savais par lui que Mme Grévy était fille d'un grand tanneur de Narbonne, nommé Faisse.

Les cousins germains de Mlle Faisse avaient pour ami le jeune Grévy, qu'ils présentèrent à leur oncle et à leur tante et qui s'éprit de Mlle Faisse. Les fiançailles durèrent dix ans, jusqu'à ce que le jeune Grévy eût une clientèle comme avocat.

Mme Grévy n'a jamais aimé que son intérieur. Sa fille Alice, au contraire, est très artiste, et, tandis que sa mère s'intéresse aux soins du ménage, elle cultive le bibelot et le cherche elle-même à travers Paris. Sa chambre de la rue Saint-Arnaud est un vrai musée de grand goût, avec des bronzes, des peintures, des faïences.

J'écris à Grévy mes félicitations officielles, et je joins à ma lettre un billet dans lequel je fais cette réserve : « Pour éviter toute désagrégation dans notre parti, il eût fallu Gambetta président du conseil. Je sais que Dufaure vous l'a dit. Ce n'est peut-être pas une faute pour vous, mais c'en est une pour la République. »

Certes, il est difficile de désirer président d'allure plus correcte. Dès son premier message, il déclare « qu'il n'entrera pas en lutte avec la volonté nationale exprimée par ses organes constitutionnels ».

Mais il n'a pas la puissance de dompter les

masses comme le député de Belleville, et il est à craindre que correction ne soit pas autorité.

Dès la nomination de Grévy, Jules Vallès et plusieurs chefs de la Commune, qui auraient été moins osés avec Gambetta au pouvoir, annoncèrent hautement leur triomphe prochain.

Bastien-Lepage, l'un des jeunes peintres de valeur qui cultivent volontiers les arrivés, m'écrit :

Vendredi, 31 janvier 1879.

Madame,

Vous pouvez m'aider à satisfaire une de mes aspirations. Je voudrais faire le portrait de M. J. Grévy.

Mon talent est-il suffisant pour rendre le calme puissant et l'invincible autorité de cet homme d'État? Je ne sais, mais ce que je sais bien, c'est l'inaltérable volonté que j'en ai.

Ai-je besoin de parler de tout l'intérêt que j'aurais à faire cette œuvre, quand je pense à ce que pourront donner dans le portrait du premier président d'une République définitive les convictions d'un républicain de naissance?

Avec ses empressées salutations et ses remerciements.

J. BASTIEN-LEPAGE.

J'envoie la lettre à Grévy et j'ajoute quelques mots sur la grande valeur artistique de Bastien-Lepage.

Il me retourne cette lettre en me faisant écrire que ma recommandation a pour lui le plus grand poids.

Somme toute et malgré certaines réserves qui faiblissent d'heure en heure, mes amis sont satisfaits et moi triste à pleurer. Me rappelant le

« J'en ai assez de la vérité », de Gambetta, j'en ai assez de la politique ! Qu'elle aille comme on la pousse !

Nul autour de moi ne comprend mes tristesses, sauf Duclerc, qui reste président de la commission de l'armée en se demandant : « Pourquoi faire ? »

Je cherche à me distraire. Je vais au Vaudeville, à la première représentation de *Ladislas Bolski,* de Cherbuliez, et aussi à la reprise de *Roméo et Juliette,* le 27, à l'Opéra-Comique, et je suis un moment joyeuse du succès de Gounod.

Et voici que Brazza, qui, à sa rentrée en France, a reçu la médaille d'or de la Société de Géographie italienne, me conte quelques-uns de ses souvenirs d'expédition qui m'intéressent au plus haut point.

Edmond Texier, qui m'avait donné son volume de *Madame Frusquin,* écrit en collaboration avec Camille Le Senne, vient me demander si je l'ai lu.

« Oui, lui dis-je, sauf cinquante pages que je n'ai pas finies, mais ce soir même j'achèverai *Madame Frusquin,* qui m'a fort amusée. »

Je regarde les livres amassés dans ma bibliothèque et que j'ai à peine parcourus depuis longtemps, passionnée que j'étais de politique et m'efforçant de servir celle que je croyais de mon devoir de défendre. Je sens que j'aurai maintenant le loisir de lire.

※

Mon idéal politique devait naturellement découler de mon idéalisme en art, en philosophie, en morale, et c'est à travers cet idéalisme que j'avais entrevu la république athénienne.

Gambetta, très pénétré de classicisme, était devenu, hélas! plus romain que grec, plus autoritaire que passionné de liberté.

Le 4 février 1879 nous possédons un cabinet dans lequel on cherche en vain « l'homme nouveau » conseillé par Dufaure.

Dans le cabinet Waddington, mon ami Le Royer a la justice, mon ennemi Ferry a l'instruction publique.

M. de Marcère reste à l'intérieur et M. de Freycinet aux travaux publics.

Mon cher Lepère prend l'agriculture et le commerce.

Léon Say a les finances.

Pour déplaire à Gambetta et pour récompenser le général Gresley d'avoir provoqué la crise qui lui a donné le poste suprême, Grévy laisse celui-ci à la guerre.

Un ministère des postes et des télégraphes est créé pour Cochery. Jauréguiberry à la marine remplace Pothuau. J'ai la même estime et la même amitié pour les deux.

Le surlendemain de la formation du ministère

est un mercredi. On ne parle pas d'autre chose. Le Royer désire Goblet comme sous-secrétaire d'État à la justice.

On discute sur les nominations prochaines des ambassadeurs.

Teisserenc de Bort ira à Vienne. Nous nous demandons, Girardin et moi, s'il sera assez Faubourg Saint-Germain pour subir l'étiquette de la cour de Vienne. Nous en doutons.

Challemel-Lacour sera nommé à Berne.

Le général Chanzy, gouverneur de l'Algérie, ira très loin... à Pétersbourg. Les quelques voix qu'il a eues le 30 janvier, quoique n'ayant pas accepté la candidature à la présidence de la République, inquiètent Grévy. Il ne songe qu'à l'éloigner. D'ailleurs, il était trop honnête pour certains « négociants » en politique de l'Algérie.

De même qu'à Bordeaux Chanzy affirmait que continuer la guerre c'était vaincre sûrement l'Allemagne qui ne pouvait combattre indéfiniment, de même il répète sans cesse que la France peut se relever et prendre sa revanche.

Avant de partir pour Pétersbourg, Chanzy vient me dire adieu. J'y ai des amis que je lui recommande de voir : entre autres l'ambassadeur d'Italie, l'ambassadeur d'Espagne, et je lui demande de continuer auprès d'Alexandre II la tradition de Le Flô.

Chanzy est comme moi passionné du désir d'une alliance avec la Russie. Je promets d'aller lui faire visite à Pétersbourg et lui conseille de lire les beaux livres d'Alfred Rambaud sur la Russie. L'un d'eux vient de paraître et a grand succès.

Nous nous entendons, Chanzy et moi, sur beaucoup de points. Nous nous écrirons, et je le seconderai à Paris en faveur de l'amitié russe, que je n'ai cessé de désirer et de prêcher.

Castelar m'écrit une lettre révoltée sur ce que Gambetta a dit de lui « qu'il était un réactionnaire ». Je n'ose reproduire cette lettre dans laquelle Gambetta est jugé non pas seulement avec sévérité, mais avec cruauté. Castelar dit qu'il est impossible que je n'aie pas les yeux ouverts sur sa valeur, que son choix de la présidence de la Chambre quand il pouvait être président de la République ou président du conseil est une médiocre *combinazione*. Il me parle de son entente avec Bismarck, qui est d'un homme qui ne voit que d'un œil et se croit de force à rouler et à dompter celui qui a deux yeux devant et deux derrière la tête.

Je réponds à Castelar, l'approuvant de blâmer Gambetta, lui criant mon chagrin, l'écroulement de tout ce que j'ai tant ambitionné pour mon adorée patrie mutilée.

« Les temps héroïques sont passés, » a dit Gambetta à Raoul Duval, qui lui reprochait de courir les risques de perdre son autorité de tribun populaire en s'asseyant au fauteuil présidentiel de la Chambre.

« L'ère des dangers, des difficultés commence, ajouta Gambetta, et, comme c'est le parlement seul qui décidera de toutes choses, je conduirai la majorité par la main aux résolutions nécessaires. Ma place est donc où je suis. »

Ma conviction à moi était qu'il ne croyait pas un mot de ce qu'il disait et que, ne pouvant plus être chef d'une opposition, il considérait la présidence de la Chambre comme une éducatrice diplomatique et mondaine qui le préparerait à la présidence de la République. A son âge, il pouvait attendre, et là il était à même de surveiller ceux qui tenteraient de prendre sa place future.

Il crut habile ce qu'il faisait par dépit de l'ingratitude de Grévy, comme il avait cru habile son entente avec Bismarck par dépit de la froideur et presque du dédain de Gortschakoff.

Lui qui avait jusque-là dirigé l'opposition, entraîné ou redressé les courants, dit les paroles qu'il fallait dire, combattu ce qu'il fallait combattre, promis ce qu'il fallait promettre avec une opportunité telle que ses amis, ses ennemis et lui avaient été tous d'accord pour ramener tous ses actes à une doctrine, « l'opportunisme », il faisait la chose la plus inopportune qu'on pût faire.

Le 9 février, Spuller m'écrit :

> J'aurai l'honneur, chère madame, de me rendre à votre invitation pour le mercredi 13.
>
> J'ai bien des choses à vous dire sur le passé, le présent et même l'avenir, mais aurez-vous le temps de me donner un instant au milieu de cette foule d'amis parmi lesquels je tiens à compter comme l'un des plus dévoués ?
>
> E. SPULLER.

Je lui donne rendez-vous dès le lendemain, car je tiens beaucoup à savoir ce qu'il pense des événements.

Spuller me dit qu'en écartant du ministère Gambetta, Grévy lui octroie ce pouvoir occulte dont on a tant parlé sous Mac-Mahon. Les ministres successifs sont dès maintenant forcés de suivre la politique de Gambetta, puisque c'est cette politique qui a triomphé et abouti à la démission du maréchal et à la nomination de Grévy. Le programme de Romans domine la situation, et Gambetta n'étant pas appelé à l'appliquer lui-même avec ses aléas et peut-être la difficulté de cette application, la situation est fausse et certainement intenable.

Le cabinet Waddington est un cabinet dépendant du président de la Chambre. Grévy, ne se souciant d'aucune responsabilité, entend laisser le ministère voguer à l'aventure dans la Chambre présidée par Gambetta. Il dit hautement qu'il ne soutiendra pas ses ministres et n'a nulle envie de recommencer l'expérience de M. Thiers.

Heureux de la pensée qu'il a neutralisé Gambetta personnellement, il lui créera des responsabilités vis-à-vis d'un ministère qui ne peut être qu'un ministère gambettiste.

Ayant pour ennemie la droite, plus que mal vu par l'extrême gauche, peu sympathique à la majorité, le cabinet Waddington ne pourra durer.

C'est aussi mon avis, et l'inquiétude de Spuller est pour moi la certitude.

La question de l'amnistie, acceptée en principe par le cabinet Dufaure, devait revenir devant les Chambres.

L'extrême-gauche — Victor Hugo au Sénat, Louis Blanc à la Chambre — s'entête dans les propositions d'amnistie plénière, tandis que les gauches ne veulent qu'une amnistie partielle.

Le ministère cherche un moyen de conciliation, les discussions s'éternisent.

Du 5 au 10 février, c'est un déchaînement d'indignation dans la presse réactionnaire, dans les salons de la droite.

Dans la presse révolutionnaire, c'est la menace audacieuse.

Le Royer défend le projet du gouvernement contre Victor Hugo et Louis Blanc.

Andrieux en est le rapporteur.

Le directeur du journal *La Révolution* se fait écrire une lettre par un ancien chef communard, Imbert, qui déclare qu'il n'a pas besoin d'amnistie pour rentrer, qu'il n'en veut pas, qu'il se la fait à lui-même, qu'il demeure telle rue, tel numéro, et défie le gouvernement de l'empêcher d'y rester.

Les communards, qu'on leur donne ou non l'amnistie, rentreront. M. de Freycinet nous a dit, mercredi dernier, que le retour de la Chambre à Paris devient de plus en plus dangereux et qu'en tous cas le ministère n'en a pas pour deux mois.

Il a été question du général de Galliffet comme gouverneur de Paris, par crainte des communards et à cause des dangers de leur retour.

On imagine les cris poussés par certains d'entre mes amis.

On m'accuse d'avoir reçu, soutenu le général, moi, l'amie de Rochefort. La violence des protestations n'a pas de bornes.

« Il est capable de tout ; il ne demande qu'à sabrer, nous les premiers, » me répètent mes amis avancés.

Un entre-filet du *Figaro* dans lequel on raconte une entrevue avec Galliffet met le comble à la révolte de la majorité de mes amis.

Les radicaux sont déjà irrités qu'il remplace le général du Barail à la tête du 9e corps.

Mais, d'autre part, le général Aymard, nommé gouverneur de Paris, semble insuffisant. Et ceux qui dénoncent Galliffet comme trop violent ont peur, ils en conviennent, qu'Aymard manque d'énergie pour les protéger.

Quelques semaines avant l'entre-filet du *Figaro*, trop long pour être reproduit, on avait publié dans les journaux ce petit écho. C'était au moment où les gauches essayaient d'obtenir du ministère Dufaure l'amnistie de 2.000 communards. Galliffet n'avait pas consenti à démentir le propos, qui était exact :

J'ai dîné chez Mme Adam, femme aussi intelligente qu'elle est généreuse.
Gambetta et quelques autres hommes politiques y ont dîné. Je ne connais que lui. On ne parle qu'au « futur ». On arrive à discuter la question de la grâce ou de l'amnistie. J'écoute, toujours silencieux comme quand on parle

des choses de l'inconnu. — « Et vous, général, qu'en dites-vous? » me dit Gambetta. — « Moi, je suis pour la grâce; ajoutez-y même des pensions alimentaires, ou, si vous le préférez, des dotations, mais, si vous faites voter l'amnistie, vous serez f..... — à plus ou moins brève échéance — et la France retombera dans les dangers que tous ces gaillards-là lui ont fait courir en 1871. » — Il y eut un « froid » dans la réunion!

Une lettre du général de Galliffet :

Tours, le vendredi 10 courant.

Chère madame, l'entrefilet du *Figaro* ne m'ennuie que parce qu'il y est dit que ce propos a été tenu chez vous. Je vous en fais mes très humbles excuses. Je ne brûle rien de mes très fermes convictions et je ne passe pas à l'ennemi, mais j'affirme qu'on peut souhaiter le maintien de ce qui est sans des mesures inutiles et même dangereuses.

Je me moque des haines et des vengeances de tous les gens que j'ai combattus en 1871 au *nom de la République.* Je voterais en leur faveur toute mesure de clémence, mais non la réhabilitation en attendant la glorification. Je suis certain que la grande majorité des officiers pense comme moi, et cependant dans cette grande majorité presque tous sont favorables au régime actuel.

Veuillez me croire, chère madame, votre bien respectueusement attaché.

GÉNÉRAL GALLIFFET.

*
* *

Tout Paris court au *Mari de la Débutante,* de Meilhac et Halévy; moi-même j'y vais. C'est de la franche gaieté, j'en ai besoin. Je n'aurais jamais cru que notre victoire aurait de telles tristesses.

Mes amis du monde m'accablent de leurs railleries, et Jules de Lasteyrie me narre, triste lui-même, les ragots de ses amis de la droite. Les voilà en substance ;

« Grévy président de la République après le maréchal, c'est une honte. Un avocat médiocre qui a pour femme la fille d'un cabaretier qui servait les clients de son père.

« Hérold, préfet de la Seine, se vante de n'avoir pas fait baptiser ses enfants. Pour comble, sa sœur s'est convertie au protestantisme !

« Ferry, qui croit de sa dignité d'être rogue, qui est cause de la Commune parce qu'il a rationné Paris quand ce n'était pas nécessaire et a poussé les femmes du siège à bout en leur faisant distribuer leur viande et leur pain dans un arrondissement qui n'était pas le leur ;

« Ce Ferry, qui a fait arrêter les communards au 31 octobre, après leur avoir donné sa parole qu'ils ne seraient pas poursuivis, déclare qu'il votera l'amnistie plénière.

« On n'a pas pu lui donner les cultes parce qu'il n'est marié que civilement et à une protestante.

« Le Royer, Léon Say, Waddington, Jauréguiberry, Gresley sont protestants. C'est la revanche de la Saint-Barthélemy.

« Le *XIXᵉ Siècle* devient un grand journal officiel. About, qui le dirige, a défini les Frères de la Doctrine chrétienne : « Des animaux ignorants et fangeux. »

« Le peuple ne continuera à soutenir Grévy et Gambetta que s'ils s'occupent exclusivement de ses intérêts. Le feront-ils?

« Les communards qui vont revenir les mettront chaque jour en demeure de réaliser les vœux de la démocratie.

« Le Conseil municipal de Paris devient un danger qui est croissant.

« Au premier jour, on verra un communard entrer dans une combinaison ministérielle.

« Ces gaillards-là n'auront de cesse que quand ils auront mis en accusation les criminels réactionnaires. »

Voilà ce qu'on raconte, ce qu'on répète chez nos adversaires en mettant au compte de la République le scandale ou le crime du jour.

On va à la Chambre pour voir Gambetta présider. Les belles dames goguenardent sur sa tenue, et celles-là mêmes qui critiquaient le plus Grévy s'extasient aujourd'hui sur la dignité qu'il avait au fauteuil.

« Personne ne présidait la Chambre mieux que M. Grévy, entend-on. C'était le président modèle, il rappelait parfois Morny. »

Le général Farre, que Gambetta n'a cessé de désirer au ministère de la guerre, comme le général le plus apte à commander l'armée, est, le 20 février, nommé gouverneur militaire de Lyon. Gambetta n'a rien admis de moins pour lui.

Galliffet et Billot se regardent en souriant

lorsque Gambetta vante le « génie » du général Farre. Un soir qu'il a surpris ce sourire, Gambetta, brusquement, rappelle que si, le 25 décembre 1870, la bataille de Pont-Noyelles n'a pas été une défaite, c'est grâce à Farre, qui a décidé de la victoire du drapeau.

Le 11 février, Grévy enlève le commandement du 7ᵉ corps au duc d'Aumale.

Plusieurs parmi nous protestent. Le duc d'Aumale honore la France ; c'est avant tout un militaire, il ne fait pas de politique.

Ph. Burty m'écrit :

O femme, ô injuste, ô violente! vous m'envoyez *Grecque* en me disant qu'elle me fera enrager. Vous croyez donc que vous êtes allée toute seule en Grèce. Vous croyez donc que vous êtes la seule Païenne? Moi aussi je me suis attardé à adorer vos Dieux qui me cachaient la science et l'étude, moi aussi je suis allé en Grèce. M'en voudrez-vous toujours d'avoir poussé là-bas, bien loin, dans l'Extrême-Orient? La journée de dimanche* ne vous a-t-elle pas fait entrevoir les choses et les sentiments réellement grands qui m'y avaient retenu?

On m'accable beaucoup en ce moment avec ce pauvre Japon. Je vous jure que cette civilisation naïve, chevaleresque et prompte aux nobles vivacités, repose des banalités, car on ne rencontre pas tous les jours, dans la Beauté antique, des pages comme celles que vous venez d'écrire.

Quels tableaux, votre Naples, votre Vésuve, votre grotte! et, malgré le mysticisme, comme vos héros respirent!

Adieu. Votre livre est à portée de ma main. Je le relirai

---

* Une conférence sur le Japon.

au jour de grande prostration. En ce moment, **je travaille de toutes mes forces et de tout mon cœur.**

Et je pense souvent à vous.

Votre ami,
Ph. Burty.

Paris, 20 février 1879.

M. de Marcère, qui a accepté de venir chez moi le soir, m'écrit dans la journée :

ministère de l'intérieur   Paris, le 26 février 1879.

Ma chère amie,

Je n'ai pas grand goût à aller dîner dehors. Je travaille en vue de la journée de demain, que je désire bonne pour ma délivrance. Je ferai cependant ce que vous voudrez. Et si votre amitié me conseille d'aller ce soir chez vous, j'y serai, mais avec cette condition seulement.

Mille amitiés.

De Marcère.

M. de Marcère admettait la lutte avec l'ennemi, celle avec nos amis l'écœure. L'assaut des places est tel que, heure par heure, des mécontentements se font jour, parce qu'il est impossible de contenter les solliciteurs, qui sont légion et qui, éconduits, se vengent par des accusations politiques.

Toujours la même conversation revient au milieu de nous :

Si Gambetta était président de la République ou s'il avait été appelé par Grévy à la présidence du Conseil, il aurait pu faire quelque chose. Il y aurait eu autour de lui un groupe compact d'individualités pétries par les mêmes événements et responsables de toutes les conséquences des principes qui venaient de triompher.

Cet état-major d'un véritable chef, s'il était resté uni sous le commandement direct de Gambetta, était seul capable de résister au flot montant des ambitions. Mais on dissocie cet état-major. On en a pris une partie et fait de l'autre des mécontents.

Aujourd'hui, les ennemis et les amis de Gambetta mènent par des moyens différents la même campagne de désagrégation de l'opportunisme; Clemenceau, Grévy, le prince de Galles, Bismarck, de Broglie, Fourtou, travaillent comme s'ils étaient en parfait accord pour cantonner Gambetta dans une action restreinte, faite de détrempements journaliers.

Au gouvernement, il eût été en contact direct avec la France, il eût senti, comme au temps de Tours, de Bordeaux, vibrer son âme.

Tous ceux qui pouvaient prétendre à une haute situation sont casés ici ou là et échappent à l'action directe de Gambetta. Peu à peu, ils s'éloigneront de lui, et les vides seront remplis par des arrivistes d'ordre inférieur.

Bientôt, la Chambre elle-même lui échappera. Des journalistes de plus en plus graviteront autour de son fauteuil, assiégeront sa table, parce qu'il est leur homme pour le scrutin de liste qu'ils réclament à grands cris. Les Parisiens n'ont aucune influence provinciale. Grâce au scrutin de liste, ils pourront se faire élire soit avec l'aide de Grévy, soit avec celle de Ferry, soit avec celle de Gambetta, car déjà tous trois représentent trois nuances d'opinion républicaine.

Castelar m'écrit que Gambetta a commis une faute énorme en renversant le maréchal, qui était un contre-poids nécessaire, que Grévy est insipide et peut-être malfaisant.

« Gambetta, selon Castelar, va à l'abîme. Déjà, Jourde dans le *Siècle* se détache. Vacquerie s'éloigne.

« Ce ne sont pas des hommes politiques que Gambetta et que ses amis, c'est un troupeau bêlant la République. »

Hélas! il y a du vrai dans ce que dit exagérément Castelar.

Gambetta est soucieux, il sent déjà le sol lui manquer. Il n'est plus renseigné sincèrement, il le constate. Il m'interroge. Je lui sers crûment son : « J'en ai assez de la vérité. »

« Pardonnez la boutade d'un rustre, me dit-il. Vous et le Talisman m'êtes nécessaires. Lui au dehors, vous au dedans, revenez-moi ! »

* * *

Nous allons avoir une République tiraillée, écartelée, sans force.

Et c'est, à tout prix, au dedans et au dehors, une République forte qu'il nous faudrait pour résister à ce qui, dès demain, va la miner.

Aucun de nos trois dirigeants n'aura l'entière responsabilité de ce qui sera fait, car ils pourront chacun la rejeter l'un sur l'autre.

Gambetta au début de sa présidence était encore notre chef, mais peu à peu nous nous laissons aller à nos réflexions et à nos jugements personnels que son autorité ne domine plus, et un à un nous échappons à notre inspirateur de la veille.

Peyrat, qui trouve à peu près seul au milieu de nous que tout sera pour le mieux si l'on arrive à l'autoritarisme complet, nous répète un soir le mot de Veuillot en le retournant : « Nous devons la liberté aux nôtres parce qu'elle est dans nos principes, mais nous ne la devons pas à nos adversaires parce qu'elle n'est pas dans les leurs. »

Gambetta sourit aujourd'hui en entendant Peyrat; il applaudit à ses paroles goguenardes, disant que l'optique de la victoire n'est plus celle du combat!

« Il n'y a rien de changé, me dit un soir Jules de Lasteyrie, que les hommes de l'Empire et du 16 Mai. »

On ne s'entretient plus que des mesures qu'on va prendre pour vaincre le cléricalisme, « le forcer dans sa bauge », selon l'expression de Ranc.

« La France va être contente, on va lui faire manger du curé, ajoute Clavel.

— Qui mange du curé en crève! dis-je. C'est un dicton picard, quoiqu'on ne soit rien moins que dévot en Picardie, mais on y aime le curé dans l'église pour la première communion, le mariage, les enterrements, la prédication du dimanche aux femmes et aux enfants, le cours de moralité qu'ils ne trouveraient pas ailleurs.

— Allez-vous nous prêcher la renonciation de notre programme de la séparation de l'Église et de l'État? me demande Boysset.

— Non, je désire la séparation pour leur plus grande indépendance et leur dignité à tous deux. Qu'on laisse à l'Église ses biens et ses charges, qu'elle n'ait plus pour ministres des fonctionnaires, elle y gagnera et l'État aussi.

— On a promis à la France, répond Testelin, de la délivrer des ténèbres de l'Église, des Rodin, des frères fouetteurs, il faut l'en délivrer. »

Paul Bert, qui vient, je ne sais pourquoi, plus souvent le mercredi, est pour la persécution, mais pas pour la dénonciation du concordat, arme précieuse fourbie par un maître en l'art de dompter. « On peut, ajoute-t-il, par une loi qui existe, expulser les jésuites en vingt-quatre heures et étendre cette loi aux congrégations. Il ne faut pas se passer pour ces exécutions de l'appui des évêques ni du concours du clergé séculier, ennemi lui-même des congrégations. Nos curés peuvent être un précieux appoint pour l'influence gouvernementale. »

Brisson veut, comme Clavel, comme Peyrat, comme Boysset, comme Testelin, comme Le Royer, comme la plupart de nos amis, la ruine totale de l'Église, la reprise de la France par elle-même, la rupture complète de l'État avec une religion soumise à l'influence étrangère, avec Rome! La France ne sera elle-même qu'à ce prix!

．＊．

Je suis prise d'un découragement singulier. Il me semble que le sol fuit sous mes pas. Je ne sais plus si je veux quelque chose et ce que je veux.

Girardin, qui se désole, lui aussi, de ne plus savoir ce qu'il veut, lit Schopenhauer, et il me répète l'une des formules dans lesquelles il puise un nouveau courage : « La volonté est le sens, le principe de tout. Tout est volonté dans la nature, donc tout souffre. C'est l'action fondamentale du pessimisme. Ainsi s'explique la nécessité du mal universel. »

« Moi, mon cher Girardin, je ne chercherai pas de dérivatif à ce dont je souffre dans la lourde digestion d'un philosophe allemand. Rien de germanique ne peut alléger mon mal. Je songe à me consoler par les lettres françaises, ma première passion. »

Voilà, fort à propos, une joie littéraire qui m'arrive. Un article de mon grand ami hellénisant Paul de Saint-Victor sur *Grecque*. Quelle fierté!

La sœur de Gambetta a entendu notre ami Lefèvre, député de Nice, dire que son frère compte remplacer mon salon par celui de Mme Arnaud de l'Ariège, qui est passionnément anticléricale.

Lefèvre ajoutait :

« Gambetta est en contradiction telle avec les opinions de Mme Adam, depuis notre victoire définitive sur le 16 mai, qu'il se voit forcé peu à peu de désagréger un salon trop influent, il le sait ! Car c'est là qu'il a trouvé ses meilleurs étais et ses plus solides appuis dans la lutte. »

Benedetta Léris joint à cette citation des dires de Lefèvre ce qui suit :

Je blâme la conduite de Léon à votre égard. Vous, votre pauvre Adam, avez tant fait pour lui à certaine époque qu'il a toujours de l'affection pour vous, mais sa nature un peu changeante l'entraîne malgré lui. Pourtant il sait bien, au fond, qu'il n'y a que vous deux qui furent, dès le premier instant, ses amis sincères et dévoués.

Pour ce qui est de sa famille, nous lui sommes devenus à peu près indifférents. Mon père en est fort affecté. Maman, qui s'est tant dévouée à lui, en a vieilli énormément

Mon père lui a écrit mon passage à Paris, il n'a pas répondu. Que mon cœur est gros à la pensée qu'il ne m'aime plus !...

Je vous remercie de me proposer votre maison pour que je m'arrête, moi et mes enfants, mais il faut que je sois à la gare Saint-Lazare pour partir à midi dix et ne puis profiter de votre gracieuse invitation. Je suis si contrariée de ne pas vous revoir et entendre vos bonnes paroles qui savent si bien verser le baume dans un cœur souffrant et donnent du courage à ceux qui sont découragés.

Mes vieux vous embrassent en vous remerciant de toutes les bontés dont vous comblez leur fille et leurs petits-fils.

Adieu, je vous aime.

BENEDETTA LÉRIS.

Nice, février 79.

Je ne raconterai pas ici, dans la crainte de froisser Benedetta Léris, mon amie fidèle, à quel point Gambetta poussait ce qu'il appelait, pour s'excuser de ne pas s'occuper de son beau-frère et de ses droits plus que légitimes à l'avancement, « sa crainte d'être accusé de favoritisme envers les siens ».

Or, cette crainte était si peu sincère qu'il faisait accorder, non seulement à ses amis, mais aux amis de ses amis, tout ce qu'on lui demandait.

J'eus donc avec Gambetta, au sujet de Léris, une discussion des plus vives, et je l'obligeai à me laisser intervenir auprès de Léon Say, auquel il ne consentait à demander lui-même qu'un ridicule avancement sur place pour son beau-frère.

Léris fut nommé percepteur, situation à laquelle il avait strictement droit.

C'est à Rouen que Benedetta allait, avec ses enfants, rejoindre son mari. Malheureusement le climat de Rouen était bien peu favorable à la santé de Léris, de sa femme et de ses enfants, habitués au climat de Nice.

Et puis les vieux là-bas étaient seuls!

*
* *

Non loin de Rouen, notre grand, notre noble ami Flaubert, qui a peu à peu sacrifié ce qu'il avait pour le jeter dans le gouffre des affaires d'un neveu, va être forcé de quitter son Croisset.

About, Tourgueneff, Taine, font des démarches auprès de Ferry pour qu'il nomme Flaubert à un poste de bibliothécaire. J'obtiens de Paul Bert qu'il nous aide et il le fait avec cœur.

Ferry, lui aussi, est parfait. A la première communication de la ruine de Flaubert, il déclare qu'il va lui donner une situation immédiate à la Bibliothèque de l'Arsenal.

La difficulté énorme avec le caractère de Flaubert est de ne pas le blesser. On parle haut de ses pertes d'argent, et cela le met hors de lui.

Enfin, notre grand et noble ami accepte l'emploi de bibliothécaire. About s'engage à le faire suppléer par un jeune secrétaire et à toucher pour lui les appointements de façon à ce qu'il n'en ait pas le tracas.

Flaubert sait que je me suis passionnée pour lui être utile, que c'est moi qui ai prévenu About, délégué Paul Bert à Ferry. Il vient me remercier. Je lui parle alors d'une idée que je mûris chaque jour, celle de fonder une revue où j'espère qu'il écrira; il y sera le Maître des Maîtres, car je ne connais pas de plus grande autorité que la sienne, et s'il consentait à me donner un article par mois...

« Comme ça à la toise, tant la ligne.

— Non, répliquai-je, tant le mot, tant la lettre! Du Flaubert, c'est de l'or, c'est du rubis.

— Taisez-vous! me répond Flaubert. Quand j'aurai achevé de revoir l'*Éducation sentimentale,* que je vais rééditer prochainement, je terminerai *Bouvard et Pécuchet,* et je vous le donnerai.

— Vous le jurez?

— Je le jure ! »

Cette idée de revue passionne Flaubert ; c'est l'un de ses vœux comme c'était celui de Mme Sand.

Il y aura dans ma revue une belle place pour son jeune disciple Guy de Maupassant.

« Il fera honneur, me dit Flaubert, à une revue qui publiera ses grands débuts, son premier roman. »

Et nous reparlons de *Bouvard et Pécuchet*. J'en fixe le prix moi-même.

Il croit à son succès.

Je comprends par ce qu'il m'en dit que ce livre est un résumé des sciences actuelles, l'un de ces monuments littéraires qui caractérisent une époque, comme en ont construit Montaigne, Rabelais.

Et nous parlons, nous reparlons de cette revue. Il reviendra en causer, mon grand ami. Il en sera le parrain. Je le consulterai, il me guidera.

Déjà, mon vieil et savant ami Littré m'est acquis. C'est lui qui jugera, avec son impartialité incontestée, les articles de philosophie.

Je n'ai besoin de personne pour les questions de politique extérieure.

Et me voilà ne songeant plus qu'à ma revue, l'annonçant aux plus intimes.

Girardin en a peur.

« Il faut une somme énorme, me dit-il, pour fonder une revue, et depuis celle des *Deux Mondes* aucune grande n'a réussi malgré l'argent dépensé, les facilités de certaines fondations, comme la

Revue Nationale de Charpentier, qui avait ses auteurs, son imprimerie, sa maison d'édition pour la soutenir; la *Revue Germanique,* qui avait Dollfus, Nefftzer, Challemel-Lacour; la *Revue de Paris,* qui avait Musset, Mme Sand, Flaubert, Maxime du Camp, etc., etc. Toutes ont péri lamentablement. »

Gambetta apprend mon projet par la voix publique. Il vient.

« Qu'est-ce que cette fantaisie de revue ? me dit-il.

— Rien n'est plus sérieux. La politique républicaine étant devenue une distribution de récompenses, mon salon politique ne m'intéresse plus; ce salon va se transformer en un salon littéraire solidement étayé par une grande revue.

— Vous ne ferez pas une revue six mois. Douze numéros. Vous ne savez pas ce que c'est. Une femme peut-elle avoir assez d'autorité, de savoir, d'énergie, de connaissances pratiques pour diriger, pour administrer une revue? Et peut-elle être éclectique, une femme? Juger des œuvres d'école, de valeur, de goût, de faire différents, découvrir des talents nouveaux, les jauger? Allons donc! cela ne se serait jamais vu ni ne se verra! Vous allez manger de l'argent et faire un four noir.

— Mon très cher ami, voulez-vous prendre la peine de retenir ceci. Je ferai une revue vingt ans et je mettrai en valeur vingt talents nouveaux. »

Gambetta, que je regardai bien en face, les

yeux dans les yeux, réfléchit un instant et ne me répondit que ce mot en italien :

« *Vedremo!*

— Me serez-vous hostile comme vous commencez à l'être à ma politique? ajouta-t-il un moment après.

— Mon salon devenant de moins en moins politique, répliquai-je, on y parlera naturellement moins de vous. Je m'épargnerai ainsi la responsabilité de jugements malveillants, mais, pour être franche, si la plume me démange à la place de la langue, je la laisserai faire. Et si je ne puis plus vous dire dans mon salon la vérité, alors je vous la dirai dans ma revue !

— Mais c'est presque une déclaration de guerre.

— Non, c'est une proclamation d'indépendance.

— Voyons, qu'allez-vous y écrire dans votre revue? quelle rubrique prendrez-vous? Sans doute la politique extérieure, pour pouvoir être antianglaise, antiallemande, slavophile, latine, attaquer Bismarck dans chaque numéro et turlupiner Waddington.

— Oui, je dénoncerai les menées de l'Angleterre, si dangereuses en Égypte, de l'Angleterre qui s'est fait livrer par vous le Soudan et les routes commerciales du centre de l'Afrique, etc., etc. »

Je ne parle pas de Tunis à Gambetta, car j'ai peur que, par bravade, — cela lui arrive avec moi ! — il ne dise des mots qu'il ne voudra plus jamais reprendre, mais certains faits qui se passent dans la Régence m'inquiètent affreusement. Des conflits sont menaçants. Tout devient grave. Il ne s'agit pas seulement de l'hostilité de Maccio, le nouveau consul italien, et de notre agent Roustan. Ces sortes de malentendus entre consuls sont bien vite réglés quand deux gouvernements sont d'accord. Mais ici il n'y a froissement dans les actes des uns et des autres représentants que parce qu'il y a déjà froissement dans les intérêts des deux puissances.

* * *

Mon ami M. de Marcère est plus qu'ennuyé. La *Lanterne* s'était acharnée à dénoncer les abus graves de la préfecture de police. Elle avait été condamnée dans un procès, mais les débats ont révélé des abus peut-être plus révoltants encore que ceux signalés dans l'article incriminé.

M. de Marcère s'était empressé de nommer une sérieuse commission d'enquête; cette commission s'est heurtée à l'inébranlable résolution de certains fonctionnaires de la préfecture de se retrancher derrière le secret professionnel et de ne répondre à aucune question, et, n'ayant plus de raison d'être, s'est retirée.

M. Lisbonne, le 1ᵉʳ mars, interpelle le ministre de l'intérieur à ce sujet. M. de Marcère est abandonné de façon révoltante par ses collègues et par Gambetta, malgré ses promesses!

Clemenceau, naturellement, intervient dans le débat avec son habileté au jeu de massacre des ministres, jeu qui le grise curieusement.

Il vise si bien M. de Marcère, et Gambetta le soutient si peu, qu'un ordre du jour pur et simple est voté au lieu d'un ordre du jour de confiance réclamé par le ministre de l'intérieur.

M. de Marcère est sacrifié par ceux-là mêmes qui s'étaient engagés à le soutenir.

Le soir même, Raoul Duval vint me dire qu'il avait fort aimé la dignité de notre ami et qu'il l'estimait plus encore.

M. de Marcère, ayant donné sa démission, fut promptement remplacé par Lepère.

Le 4 mars paraît la loi accordant l'amnistie partielle; c'est justice. Il y a un certain nombre de malheureux meurt-de-faim qui ne s'étaient engagés dans les bataillons de la Commune que par manque d'ouvrage. Enfin, il y a parmi les amnistiés des gens qui ont cru sauver la République, comme le père Beslay, qui, au risque de sa vie, protégea la Banque de France.

Victor Hugo, Louis Blanc, Clemenceau voulaient amnistier sans distinction les aventuriers, les repris de justice, les criminels qui ne s'étaient pas fait casser la tête, bien entendu, comme Flourens et Delescluze.

Or la distinction dans la grâce était absolument nécessaire, et Victor Hugo, Louis Blanc, le reconnaîtront plus tard. Clemenceau, jamais! il a trop de goût pour les terroristes.

Andrieux, rapporteur de la loi d'amnistie partielle, est nommé préfet de police le jour où paraît le décret qui est une approbation des conclusions de son rapport vraiment remarquable.

o
o o

Je reçois de M. Camille Barrère, qui, de correspondant de Londres de la *République française*, y est devenu rédacteur, la lettre suivante datée du 6 mars.

Il m'écrit :

Chère madame,

Voici enfin le fameux article en question. Un second a paru, celui-là sur *Grecque*. Samedi, vous l'aurez aussi. Il y en a encore un troisième.

Veuillez croire toujours à mes sentiments de profond respect et de complète sympathie.

Mardi.   CAMILLE BARRÈRE.

P.-S. — Une humble prière : si vous devez vous faire traduire mon article (il était en anglais), que ce ne soit pas par Girardin, ce serait cruel.

Le 8 mars, Brisson donne lecture de son rapport sur les crimes du 16 Mai et conclut à la mise en accusation du cabinet de Broglie et du cabinet Rochebouët.

En vérité, il était difficile au cabinet Waddington, qui venait d'amnistier la Commune, d'incriminer le cabinet de Broglie et de consentir aux poursuites. Cela se sentait si bien que la proposition Brisson fut repoussée.

L'enquête avait duré plus d'une année et avait révélé des traits de pression, d'intimidation, des injustices, des forfaitures telles qu'on ne put cependant pas ne rien accorder au rapporteur. La Chambre et le ministère acceptèrent donc le projet Rameau, qui conclut à une flétrissure du cabinet du 16 Mai et à l'affichage.

Rochefort n'est pas compris dans l'amnistie. Son nom n'est pas sur la liste. Cependant il rentre dans la catégorie de ceux qui n'ont commis aucun crime de droit commun. Il n'a ni tué, ni même combattu, ni pillé, ni dévasté.

Il n'importe! Sa plume est trop dangereuse à Paris au moment où l'on réclame la liberté de la presse.

On gracie par décret, dans quelques jours, un membre de la Commune, Ranc, et l'on maintient en exil Rochefort, qui l'a combattue!

La République devient étrange! Mourot, le secrétaire de Rochefort, son collaborateur au *Mot d'Ordre,* qui est en Nouvelle-Calédonie et n'est condamné que pour des articles au *Mot d'Ordre,* va-t-il être sur la liste des graciés? Il n'y est pas. Sa dernière lettre était pleine d'espoir. Quel coup de massue va recevoir ce malheureux!

Mon intimité avec le comte de Beust va croissant, et je ne cesse de l'interroger sur 1870.

Le 4 mars 79, Castelar et Salmeron m'écrivent de faire des démarches pour que le Gouvernement rapporte l'arrêté d'expulsion contre Ruiz Zorilla et qu'il revienne au milieu de ses amis parisiens.

Ce n'est pas qu'il aime beaucoup leur conversation, il est trop peu bavard pour cela. Mais il écoute, il dit de temps à autre un mot toujours intéressant.

J'obtiens sa rentrée, et Zorilla, à l'un de mes dîners, apporte deux bouteilles d'un vin de Tonto qui se fait dans ses terres et qui est délicieux.

« Comment avez-vous pu faire autre chose que ce vin et le boire? » dit About, à qui la politique semble moins exquise que ce nectar.

Testelin, qui adore le calembour, déclare que si le Tonto de Zorilla est délicieux, sucré, la politique non plus n'est pas sûre.

Zorilla me dit que tout ce qui avait été fait par Napoléon III contre l'Autriche, en 1866, devait la porter à ne sortir à aucun prix de la neutralité en 1870. Le duc de Gramont prétendit qu'il avait en poche un traité avec l'Autriche et que les défaites de Wissembourg firent reculer cette alliée; ce n'est pas vrai. Zorilla et Beust s'entretiennent de ce fait. Beust nous dit qu'il avait envoyé à Metternich une rectification complète à ce sujet, mais, en voyant la France lutter avec tant de courage, il ne publia pas au *Livre Rouge* le démenti donné à Gramont.

Beust disait qu'il n'y avait qu'à enlever en mer le prince de Hohenzollern se rendant en Espagne. C'était là une simple plaisanterie, comme Beust aimait à en faire.

Les journaux continuent à s'occuper du prince impérial, les uns pour le couvrir d'injures, les autres pour l'exalter et riposter aux journaux républicains.

« Le prince impérial va faire la guerre en Afrique, lit-on dans une feuille bonapartiste. Il apprendra comment il faut combattre les sauvages du Natal, et il reviendra ensuite mettre à la raison les sauvages de Paris. »

La *République française*, exaspérée, traite la presse anglaise avec beaucoup de rigueur. Que signifie? On ose blâmer la chère Albion dans le journal de Gambetta!

« Le départ du prince impérial montre et prouve de la virilité, » répètent les bonapartistes.

« Et cela prouve surtout, répond Spuller, qu'à son retour il faudra compter avec lui. »

Ranc est gracié par décret du 4 mars. Gambetta n'a pas manqué à son devoir d'amitié et s'est occupé de Ranc dès le premier moment où il a été en situation de le faire.

Une lettre du général de Galliffet en réponse à une de moi lui reprochant d'avoir cru à mon mariage avec le général Lambert, à la carrière duquel Adam a contribué, ayant été suivi par Lambert dans sa campagne contre les insurgés en juin 1848.

Tours, le 11 mars.

Chère madame,

Je n'avais aucune intention arrêtée de croire à votre mariage avec notre ami Lambert. Dans cet ordre de cérémonie il est, je crois, sage de laisser les gens agir à leur guise. On m'avait annoncé le mariage, et je me suis contenté de penser : « Qu'ils soient heureux ! » On m'a dit plus tard que rien n'était vrai. Voilà toute l'histoire.

J'ai dû passer vingt-quatre heures à Paris chez le comte Roger avec notre grand ami. Il y a été étincelant de sagesse, de calme et de résolution.

Il ne doit pas ignorer que toute la France a les yeux sur lui. L'occasion est belle pour tracer un beau programme de libéralisme et de fermeté. Je ne suis qu'un instrument, mais l'instrument aime à être manié par un ouvrier habile. Dans de pareilles conditions ledit instrument peut devenir le levier d'Archimède.

Je m'échapperai quand vous voudrez m'avoir à dîner. Invitez, le même soir, notre ami le général Gresley ; il ne pourra me refuser l'autorisation de quitter Tours. Cette soumission ne doit pas vous étonner, elle est dans ma nature. Je ne désobéis jamais à mes chefs, ce qui m'autorise à contraindre à l'obéissance mes subordonnés.

J'ai une autre soumission, celle-là n'est pas obligatoire. Elle m'est dictée et imposée par votre esprit et l'indulgence que vous m'avez toujours témoignée.

Je reste votre affectueusement et respectueusement attaché.

Général Galliffet.

Au moment où nous trouvons Gambetta à la fois autoritaire et irrésolu, Galliffet pense le contraire. Ainsi vont les choses.

*
* *

Mon salon tout transformé n'en est pas moins vivant que par le passé. Les causeries ont gagné en brillant ce qu'elles ont perdu en poids. Peintres, écrivains, sculpteurs, compositeurs viennent à l'envi, se retrouvant et heureux de présenter un ami. Les hommes politiques eux-mêmes disent qu'ils éprouvent du plaisir à se dépolitiquer.

Duquesnel me parle de Massenet, que j'invite à dîner et qui me répond le 14 mars :

Madame,

Je suis attendu à Londres dans les premiers jours de la semaine prochaine : aussi suis-je désolé et confus de perdre l'occasion, si désirée, d'être reçu par vous, madame.

Si je suis de retour mercredi soir, dans *la soirée*, je me promets de venir vous exprimer mes sentiments respectueux et reconnaissants.

Votre admirateur,
J. Massenet.

Une lettre de Billot :

Chère madame,

Votre gracieuse invitation est venue me trouver à Lille. Je l'accepte avec grand plaisir. J'espère bien, cette fois, que je n'aurai pas de contre-temps.

Demain à cheval. Grande revue de mon général en chef. On jouera la *Marseillaise* conformément au règlement et sans autre bruit que celui des fanfares.

Réduit, selon la menace de Duclerc, à renoncer à toute conquête, je dois sérieusement m'occuper de faire celle de ma division et de mon général en chef.

Je ne désespère pas d'y parvenir, et la preuve, c'est que je suis content de l'une et de l'autre.

Entre temps, je commence la lecture de *Grecque*. Je vous en dirai mon avis, et en attendant je vous baise les mains.

Votre vieil ami.
Billot.

On n'a jamais fait en France l'essai d'une république libérale, nous disons-nous tous trois, Marcère, Girardin et moi. En Suisse, en Amérique, on a fait cet essai. Aussi les républiques durent-elles.

Ah ! si l'on pouvait faire en France l'essai d'une république libérale !

Une lettre de Gambetta du 15 mars :

> Chère amie,
>
> Vous avez de hautes et puissantes qualités; il vous manque deux petites choses assez humbles : la patience et l'indulgence. Vous vous gendarmez contre moi sans savoir si je suis réellement coupable.
>
> Je suis souffrant, fatigué de corps et d'esprit. Je me repose, et vous en prenez texte pour vous livrer à une foule de suppositions aussi inexactes qu'injustes.
>
> J'ai reçu votre beau livre. Je n'ai pas encore eu le courage de le *relire*, et partant j'ai ajourné et j'ajourne encore le plaisir de vous en dire mon nouveau sentiment.
>
> Vous permettrez que je ne vienne pas encore près de vous mercredi prochain, je ne suis pas en assez bonne disposition physique.
>
> Excusez-moi. Ne croyez jamais aux propos des désœuvrés, des intrigants ou des sots; croyez-moi votre plus fidèle et plus dévoué ami sur ceci que je le dis et que je ne dis que ce que je veux.
>
> Ce 15 mars 1879.   Léon Gambetta.

De Challemel-Lacour :

Berne, 20 mars.

Avez-vous oublié, chère madame, que vous m'avez offert, en bonne patriote, de m'aider à soutenir ici l'honneur de la France ? Sachez donc qu'il est en péril et que le moment d'opérer vos incantations est venu.

C'est mardi prochain, 25 mars, que je donne à dîner au corps diplomatique et aux autorités fédérales, en tout trente personnes au moins.

Or je suis entre les mains d'un hôtelier illustre, mais qui

manque d'art, non de celui d'écorcher les voyageurs. Le dîner sera mauvais, et c'est fait de moi si, par une diversion habile, je ne fais oublier à mes convives la médiocrité du repas. Que leurs yeux au moins soient satisfaits. Vous plairait-il, chère madame, de dépouiller à cet effet l'un des parterres de votre Bruyères? Vos fleurs auront quelque chose de la vertu magique qui est en vous et qui dompte les rebelles. S'il m'était possible d'avoir un bouquet à offrir à Mme la comtesse d'Harcourt (qui ne peut se décider à quitter Berne) peut-être parviendrais-je enfin à désarmer les rigueurs de cette puissante personne et renoncerait-elle à poursuivre de ses sarcasmes le successeur inoffensif de son mari.

N'est-ce pas que j'abuse outrageusement de votre bonté? Vous payez ainsi le prix des perfections que la nature vous a réparties!

Je baise vos douces mains.

P. CHALLEMEL-LACOUR.

Je télégraphie au golfe Juan à mon jardinier d'envoyer à Challemel d'énormes branches de mimosas, fleurs alors très peu connues, des branches d'orangers, avec des oranges, des mandarines, des citrons et toutes les fleurs les plus belles de mon jardin. Challemel en aura sa table pleine. Je fais ajouter le plus beau des bouquets à offrir à la « doyenne ».

J'ai avec Lepère une discussion violente. On ne parle que des projets de lois Ferry, qui vont être présentés aux Chambres. Jules Ferry et Paul Bert sont d'accord pour la présentation de ces lois, et Lepère s'entend comme larrons en foire avec Paul Bert, qu'il a toujours combattu jusqu'à présent, dont il attaquait sans cesse l'esprit sectaire.

Il paraît qu'on va réduire à rien les universités catholiques par la suppression des jurys mixtes et livrer la direction et la surveillance de l'enseignement à des professeurs réputés incroyants. On a décidé l'expulsion des ecclésiastiques et des magistrats du conseil supérieur de l'instruction publique. On interdira l'enseignement aux congrégations religieuses, les obligeant par là à fermer leurs établissements.

On formera une jeunesse libre penseuse. Les écoles normales de filles qu'on va fonder, les lycées, n'auront aucun enseignement religieux.

De Duclerc, le 22 mars 1879 :

> J'ai emporté *Grecque*, et je l'ai lue. Vous m'avez dit : « C'est ce que j'ai fait de mieux. » Je me rappelle mon impression après *Saine et Sauve*. C'était une satisfaction pleine, sans esprit de recherche, sans besoin d'analyse, sans mélange. Je n'éprouve pas la même chose après la lecture de *Grecque*. L'homme est lâche. Où diable avez-vous trouvé ce pleutre infect?
>
> J'avais aussi fort admiré le double paysage de *Saine et Sauve*, mais ceux de *Grecque* les valent. Vos descriptions sont merveilleuses de vérité idéalisée.
>
> Clair, chaud, lumineux, harmonieux, sonore, votre style ne m'a rien laissé à désirer, ce qui prouve que si le style est l'homme, il n'est pas la femme.
>
> Cependant, à vous du meilleur de mon cœur.
>
> E. Duclerc.

Paul de Rémusat, dont l'esprit nourri fait un causeur si charmant, est l'un de mes fidèles. S'il manque à nos réunions, chacun le réclame. Comme il n'est pas venu le mercredi précédent, je lui envoie un rappel. Il me répond de Laffitte, par Saint-Élix (Haute-Garonne) :

> Je reçois à deux cents lieues de Paris l'aimable invitation que vous voulez bien me faire pour votre soirée prochaine. Vous aurez donc la bonté d'excuser mon absence, d'autant plus que je suis parti pour une cause toute politique. Je suis venu aider mon successeur dans son élection[*], car j'ai le plaisir rare de voir ma succession ouverte de mon vivant et de prendre ma part de la lutte établie entre ceux qui convoitent mon héritage.
>
> J'espère que je déciderai le sort en faveur du meilleur et du plus républicain de ces héritiers. Mais la lutte est toujours vive et le succès douteux dans ce département un peu fade.
>
> Agréez, madame, l'hommage de mon respect.
>
> PAUL DE RÉMUSAT.

23 mars.

Avant de partir, il m'avait parlé des mémoires de sa grand'mère. Je les convoitais pour ma future revue, dont je ne cesse de m'occuper. Mais son siège est fait pour la publication, il ne peut modifier ses engagements.

Gambetta, quand il en a l'occasion, goguenarde volontiers sur la « grande revue de Mme Adam ». Il le fait surtout devant moi, ajoutant qu'elle « sera sûrement militaire ».

Les attaques menaçantes à la liberté de conscience font tourner les yeux de la majorité des catholiques vers le prince impérial. On s'informe du temps que les Anglais mettront pour battre les Zoulous et revenir; ce sera vers juillet.

---

[*] Paul de Rémusat avait été nommé sénateur.

Le cardinal Guibert est indigné de la présentation des lois Ferry, et c'est à M. Grévy qu'il en veut le plus.

« Il m'a trompé, répète-t-il ; il m'avait assuré que nous n'avions rien à craindre, qu'on ne ferait rien contre l'Église, contre les universités catholiques, qui pût les empêcher d'exister. »

Le cardinal est allé lui-même porter ses reproches à M. Grévy, lui rappeler ses promesses et lui dire que les évêques se défendraient.

« Ils en ont le droit, » dit M. Grévy, et ce fut tout.

Challemel est ravi de ses fleurs, de son succès, et il m'écrit le lendemain de son dîner, le 26 mars :

Un mot seulement, chère madame, pour vous dire que l'honneur est sauf grâce à vous. C'est le printemps lui-même qui m'était arrivé du golfe Juan. Il ne manquait que votre beau sourire pour l'éclairer, quand à mon invocation il est venu, il a été vu, il a vaincu.

La personne n'a rien trouvé à répondre ni au bouquet ni au billet qui l'accompagnait. Je trouve ce silence éloquent. C'est le silence de la défaite.

Croiriez-vous que mes convives ne m'ont pas laissé un brin des fleurs qui étaient sur la table ? Après le dîner, ils les ont pillées sans vergogne. C'eût été bien autre chose s'ils avaient su de qui elles venaient.

Adieu, chère madame. Je baise vos gracieuses mains.

P. CHALLEMEL-LACOUR.

Si vous voyez de Marcère, saluez-le bien chaudement pour moi. Il n'était pas à Paris quand je suis parti.

De M. de Lesseps, le 25 mars 1879 :

Madame et amie,

Je lis dans un journal espagnol un article mérité sur votre charmant volume *Grecque* et sur votre gracieuse personne.

J'ai coupé cet article, et je vous l'envoie.

Votre bien dévoué,

Ferdinand de Lesseps.

Le succès de *Grecque* ne pouvait que me ramener plus vite encore à la littérature. Je ne parle plus que de ma revue. J'en cherche le titre. Girardin me conseille de ne pas la fonder financièrement à moi seule. Elle serait d'apparence moins sérieuse. Je dois faire une société anonyme, prendre la moitié des actions et trouver des souscriptions pour l'autre.

« Vos souscripteurs, ajoute Girardin, vous donneront une preuve de la confiance qu'ils ont dans votre entreprise ou de la foi qu'ils ont dans vos patriotiques intentions. »

Lui-même, Girardin, sera l'un de mes actionnaires.

Laurent Pichat, qui a fondé la *Revue de Paris*, est l'un de mes plus fermes soutiens. Il me conseille. Son expérience m'est fort utile. La liste de mes collaborateurs, me répète-t-il, ne sera jamais trop longue ni trop bien composée.

Joseph Reinach et tous les jeunes qui m'entourent applaudissent des deux mains à la création de « notre revue », comme ils disent. Oui, vraiment, elle sera faite pour eux, les jeunes, cette nouvelle revue.

Tiens, j'ai trouvé mon titre : « *La Nouvelle Revue* ». Ce titre me plaît et plaît à tous. Je l'ai tant cherché, et il est venu tout seul.

Henri Houssaye, mon confrère en hellénisme, collaborera à la *Nouvelle Revue*. Mme de Banville me répond pour son mari. J'ai Perrens, Spuller, Challemel, Colani, Saint-Victor, de Ronchaud.

Le dernier Mercredi a eu sa grosse émotion ! Chapu, qui, après dîner, passait de la salle à manger au fumoir, s'est pris le pouce droit dans une porte et s'est blessé cruellement. S'il allait être perdu, le pouce de Chapu ! Nous en avons l'angoisse. Clavel, qu'on est allé chercher, arrive. L'ongle tombera, mais le doigt ne court aucun danger d'insensibilité.

L'un de ces jours M. de Lesseps m'a présenté son fils Charles, dont le sens droit, la pondération, m'ont frappée. Charles de Lesseps admire l'œuvre du canal de Suez faite à travers de si grandes difficultés, génialement vaincues, mais il a peur de la non réussite du canal de Panama.

M. de Lesseps est si éloquent, si convaincu, que Charles me dit : « Je le suivrai quand même. »

L'enthousiasme de M. de Lesseps pour ma revue est plus qu'encourageant. Il me donnera des articles, il veut en être, avec Girardin, un peu le parrain.

⁂

« On fait quelque chose, me disait ironiquement Girardin, on épure, on épure ! Les presses de l'*Officiel* gémissent à plaisir. Il ne doit pas rester à cette heure un seul fonctionnaire qui n'ait « donné des gages à la République ». La qualité des nouveaux, leurs connaissances spéciales, c'est le cadet des soucis de ceux qui « épurent ».

Je vois bien ce qu'on a épuré, je vois bien ce qu'on veut détruire, je vois mal encore à quoi servira, pour reconstruire, toute cette épuration.

Après la religion, Ranc travaillera à supprimer ce qui reste des castes, et ainsi, de proche en proche, disparaîtront les cercles gradués de résistance à l'égalité absolue.

Je suis très curieuse de voir un jeune député républicain, Waldeck-Rousseau, nommé le 6 avril dans la deuxième circonscription de Rennes, et dont une amie juive, Mme Albert le Brasseur, m'a tant parlé.

Elle allait, depuis plusieurs mois, très souvent à Rennes en mission auprès de lui, chargée, me disait-elle, de le convaincre verbalement (car ceux qui l'envoyaient ne voulaient rien écrire), de s'entendre avec lui sur des détails d'engagements à prendre. Quels engagements ?

Mme le Brasseur était à la fois très fière de sa mission et prudente dans ses indiscrétions. Moi, je n'attachais aucune importance à cette « mission ». J'en souriais même, ce qui l'irritait et lui faisait dire :

« Au fond, vous me soupçonnez de quelque intrigue amoureuse, et c'est ce qu'au besoin je laisserai croire. Mon héros est fort bien de sa personne, mais il s'agit, je vous le répète, d'une mission dont vous reconnaîtrez un jour l'importance, quand vous verrez le rôle joué par mon jeune avocat. Il s'agit du sort de votre République, qui sera ceci ou cela, selon que M. Waldeck-Rousseau acceptera ou non de se laisser guider par mes amis. »

Mme le Brasseur était juive, mais à ce moment-là qui de nous faisait une distinction entre les juifs et les catholiques? Ma rancune contre Louis Bamberger, traître à notre amitié, espion de Bismarck, m'avait fait maudire l'Allemand, mais pas le juif. M. Waldeck-Rousseau m'a obligée, plus tard, à me souvenir de Mme le Brasseur.

Le 3 avril, Renan est reçu à l'Académie. C'est un événement duquel on s'entretient avec fièvre.

Mézières, qui répondait, a parlé des hardiesses du nouvel académicien, mais aussitôt il les a veloutées. Ce qui a le plus scandalisé les catholiques présents, ç'a été l'éloge de la sœur de l'ex-lévite, laquelle, on le sait, combattit sa foi et fut cause de son apostasie, lui insufflant l'admiration des théories germaniques.

Le 7 avril, la fameuse première du *Marquis de Kenilis* a lieu. J'ai dit à l'avance à l'aide de quelle cabale Coquelin avait fait tomber la pièce. Le dernier mot lui restait.

J'écris à Alphonse Daudet pour ma revue. Il faut, quoique ce soit presque impossible, que j'obtienne de lui la promesse de sa collaboration.

J'admire Daudet, et l'on ne peut l'admirer sans l'aimer. Et puis il est tellement patriote! Il a tant souffert de nos défaites!

Dans ses *Contes du Lundi* il a pleuré sur les malheurs de notre France et a fait pleurer avec lui. Et quel cœur! comme il aime ses amis, comme il sait apprécier les autres! Il n'y a rien en lui de ce pessimisme qui me désespère et qui semble se donner la mission de barrer la route à notre relèvement.

Daudet n'est ni pessimiste, ni naturaliste, ni documentiste; son grand art d'écrire est de l'art sans qualificatif. Que de vie réelle et en même temps que de poésie dans l'œuvre de Daudet!

Et comme il sait aider ceux qui s'efforcent de monter; il leur tend les deux mains.

« Arrivez donc, les jeunes, soyez des nôtres! » leur crie-t-il comme je le leur crie. Profondément dévoué à ceux qui l'intéressent, il les attire, les retient et les guide doucement!

Personne n'a été plus aimé de ses amis et ne vit plus dans leur souvenir qu'Alphonse Daudet. On ne citera jamais trop ce que Théophile Gautier a dit de lui : « C'est un cerveau lumineux pétri de rayons et d'idées dont les images sortent en bourdonnant comme des abeilles d'or. »

Sa place est à côté de Balzac et de Flaubert. Il domine tous ceux qu'on lui a comparés; et les Goncourt, les Zola, qu'il a souvent lui-même grandis par ce qu'il a dit d'eux, ne lui viennent qu'à mi-corps.

Français jusqu'en sa façon de rire, mobile, artiste, aimant la vie, délicat, impressionnable, fin d'une finesse élégante allant jusqu'au raffinement, gai d'une gaîté franche, quels chefs-d'œuvre il nous jette à poignée, comme dragées aux noces et aux baptêmes !

Et comme il regarde la vie, comme il plaint ceux qui en souffrent, comme il leur enseigne la philosophie, non abstraite mais émue.

Alphonse Daudet me répond que je puis disposer de son nom, qu'il donnera à ma revue tout ce qu'il pourra lui donner, que c'est bien, ce que j'entreprends, que les jeunes, les chers jeunes, ont besoin de beaucoup de cœurs pour les soutenir, de beaucoup d'intelligences pour les guider, et que nous, arrivés, nous leur devons conseil et appui.

Flaubert est furieux de ce que dans le premier numéro de la *Vie moderne* de Charpentier on a mis son nom sur la couverture. Il trouve la publication banale, et ajoute que la sottise de Charpentier diminue la valeur de ce qu'il m'offre, lui, Flaubert.

Villemessant meurt à Monte-Carlo, le 12 avril. Je suis inquiète du sort de mon ami Francis Magnard, qui est menacé, d'après ce qu'on me dit, de voir Cornély remplacer Villemessant. Jamais Magnard ne s'accordera avec Cornély, qui est l'homme le moins sûr, le plus fuyant, qu'il y ait.

Je m'informe vite auprès de Magnard, et j'apprends que Villemessant n'a pris aucune disposition en faveur de Cornély, quoiqu'il lui ait promis de le faire.

Et, bientôt, Magnard, nommé l'un des trois gérants, quitte la chronique et commence ses petits chefs-d'œuvre de notes brèves sur la situation politique journalière.

Le *Figaro* est précieux pour ce qu'il est utile de faire savoir à l'étranger, où il est lu presque exclusivement. Et Magnard, qui ne dédaigne pas de m'interroger sur les choses extérieures, ne me refuse rien de ce que je lui demande d'important.

* *

Moi qui ai vécu une partie de ma jeunesse avec des cabétiens, des phalanstériens, des saint-simoniens, j'ai la préoccupation des questions sociales bien plus que la majorité de mes amis qui ne font que de la politique.

Je leur répète :

« Il n'y a plus à faire de politique, puisque la république est entre nos mains. Mais il faut que nous songions à la question sociale. Le pays nous fera certainement crédit d'un quart de siècle pour l'étudier, en résoudre les premiers problèmes. Mais vite à la besogne, avec la formule phalanstérienne : « Association de l'intelligence, du capital et du travail ». Si le travail se trouve indéfiniment seul en face du capital seul, le peuple fera dudit capital sa tête de turc. Dépêchons-nous ! »

Gambetta, qui s'impatiente de mes redites, me répond brusquement un jour :

« Il n'y a pas de question sociale. »

Je lui réponds :

« Elle vous dévorera ! »

« Le saint-simonisme, m'avait dit un jour Toussenel, c'est la lutte judaïque contre le fouriérisme. Les juifs veulent devenir de plus en plus maîtres du capital. L'association du capital et de l'intelligence, oui, ils la cherchent, mais c'est pour exploiter le troisième terme, le travail, et ils nous préparent les pires catastrophes. »

Il y a plusieurs semaines que Gambetta n'est venu le mercredi, quand à l'Opéra, où je suis dans la loge d'avant-scène d'une amie grecque, je le vois apparaître sur la scène, flanqué de Proust. Il a des gants clairs, une mise impeccable, le chapeau légèrement incliné sur l'oreille, un gardénia à la boutonnière... On s'empresse. Proust présente à M. le président.

Je ne sais pourquoi, je songeais au premier jour où j'ai vu Gambetta entrer chez moi pour un dîner de gala, avec le vêtement de bureau d'un employé à 1.800 francs.

La démocratie fait bien les choses, et M. le président a fort bon air. J'ai vu souvent de ces transformations autour de moi : d'abord dans le monde littéraire, artistique ; plus tard dans le monde de la Bourse, des banquiers, puis dans le monde politique.

Gambetta m'aperçoit. M. le président s'approche, visiblement heureux de me voir là où il a conscience de ne pas faire mauvaise figure dans ce qu'il a si souvent appelé mon Paris, « votre Paris ».

A côté de moi est un Épirote qui en veut à Gambetta de ne plus soutenir avec ardeur la cause de l'Épire, et qui l'accuse d'avoir inspiré les traîtrises de Waddington.

M. le président s'approche. Je le présente à mon amie grecque, et ses invités à Gambetta et à M. Proust.

J'ai une robe blanche de Worth qui me va bien, et Gambetta semble prendre autant de plaisir à me voir élégante que j'en ai à lui voir bonne tenue dans la « grande vie » à laquelle Proust raconte volontiers qu'il l'initie.

M. le président me tourne un compliment fort agréable. Quelques habitués se glissent autour de lui curieusement. Nous causons cinq minutes avec des coquetteries d'esprit, puisqu'on nous écoute. Et, lorsqu'on annonce la rentrée, Gambetta me dit :

« A mercredi, ma très chère amie, s'il vous agrée de m'inviter et si je n'ai pas démérité d'être des vôtres. »

Il s'éloigne, et notre Épirote, glissant du fond de la loge auprès de moi, me dit :

« Si vous le vouliez, cet homme ferait de nous des citoyens grecs.

— Je ne l'ai pas pu quand je le reconnaissais pour chef et quand, par conséquent, pour rappeler un mot célèbre, il m'obéissait un peu, répondis-je.

— Il n'est donc plus votre chef?

— Avez-vous lu La Bruyère?

— Vaguement.

— Eh bien! sachez qu'il disait : « Il ne faut pas vingt années accomplies pour voir les hommes changer d'opinion sur les choses les plus sérieuses comme sur celles qui leur ont paru les plus sûres et les plus vraies. »

Je suis allée, le 14 avril, à la reprise de *Ruy Blas* au Français. Cette représentation a été l'occasion d'un vrai triomphe pour Victor Hugo.

*
* *

On a expulsé les sœurs de la rue Saint-Benoît, où elles avaient une école et une pharmacie depuis un temps immémorial.

Des trois cents élèves des sœurs, il ne s'en est pas fait inscrire une seule pour le moment où l'école religieuse sera transformée en école laïque.

Notre maire du II°, M. Carsenac, le plus brave homme qui soit, a été menacé de révocation s'il faisait célébrer la messe annuelle dont la quête rapportait 6.000 francs aux écoles chrétiennes. Il a cédé, préférant rester pour faire moins de mal qu'un autre.

Les lois Ferry exaltent jusqu'au délire l'orgueil des universitaires. Le suffrage universel y ajoute.

Dès qu'un professeur est accusé de faits répréhensibles et qu'on le livre à la justice, les électeurs le ramassent flétri pour en faire un député.

Un affreux esprit se développe en dehors de tout frein. La formule de l'ordre moral serait bonne à reprendre à nouveau sincèrement, et cette fois par nous.

C'est Paul de Cassagnac qui défend les jésuites à la Chambre. Le père Dulac, directeur de l'école de la rue des Postes, lui a, dit-on, fourni des renseignements. La campagne de Cassagnac est si violente, si malhabile, qu'elle rend les plus grands services aux ennemis des sœurs et des frères enseignants. Elle justifie ceux qui les persécutent.

On raconte que Jules Ferry s'est marié religieusement dans un petit village des Vosges, à cause d'une tante à héritage.

« Voilà bien les opportunistes! disent les centre gauche et les extrême gauche. Tantôt religieux pour leurs intérêts de famille, tantôt laïques pour leur parti. »

Je pars pour Bruyères le 15 avril. Chaque fois que j'y reviens, je suis toujours un peu plus triste du devenir de la République. Girardin m'écrit aussitôt mon arrivée :

Paris, 16 avril 1879.

Ma chère regrettée, je ne m'ennuie pas, car, à toutes les haltes de ma plume, je pense à vous. S'il vous prend l'idée de retourner à Paris avant le 15 mai, c'est l'idée inverse qui m'aiguillonne, celle d'aller vous surprendre au bord de votre grand lac. Me voyez-vous arrivant et vous criant : « Me voilà! » Je sais, en ce moment, plus d'un ministre qui ne serait pas mécontent de mon absence et qui serait tenté de vous écrire : « Gardez-le! »

Est-ce que là-bas on vous écrit que tout va bien ici? Est-ce qu'on est content? De toutes parts, à moi, il n'arrive que des murmures. On avait compté que les républicains, en pleine possession du pouvoir, feraient autre chose en 1879 que de continuer 1872. L'heure des mécomptes a sonné. Ce n'est plus seulement l'intransigeance qui se plaint, c'est aussi l'impatience.

Si vous revenez gaie, vivante, superbe, ce sera de l'inclémence. Que deviendrai-je?

Je baise votre main.

E. DE GIRARDIN.

Mme Gambetta mère, que j'avais invitée avec son mari, m'écrit :

Nice, le 21 avril 1879.

Madame et bien chère amie, nous arrivons de la campagne, le papa et moi, et n'avons pu nous rendre à votre gracieuse invitation. Nous irons jeudi 25 courant. Le papa vous présente ses respects et vous baise la main.

Et la vieille grand'mère de la République vous embrasse, toute à vous de cœur.

Épouse GAMBETTA,
née MASSABIE.

Mais, vraiment, les ministres de la République manquent de sérieux. On ne peut imaginer les inextricables distractions de Bardoux à l'égard d'Henry Houssaye. Il l'a nommé, dénommé, renommé, redénommé inspecteur des Beaux-Arts. Je lui avais dit à quel point cette nomination ferait honneur à la République. Le comprenant, il avait annoncé à Henry Houssaye deux fois sa nomination, plus une fois à moi, donc trois !

Un beau jour, Henry Houssaye reçoit une nomination d'enquêteur sur les musées de province.

Il écrit, le 6 avril, à Turquet, sous-secrétaire d'État, que, si sa nouvelle nomination est la rançon de son inspection, il accepte, mais que si c'est une compensation à la nomination annoncée de vive voix et par lettre du ministre à Mme Adam, il refuse.

J'écris à Bardoux et à Turquet, plus navrée encore qu'irritée.

Turquet me répond, le 17, qu'il résulte des recherches « qu'il a présentes » qu'aucun arrêté n'a été signé par M. Bardoux en dehors de celui par lequel M. Houssaye a été chargé de procéder, concurremment avec MM. Baignières et Arthur Gentil, à une enquête générale sur l'installation et la réorganisation des musées des départements.

Et Turquet ajoute :

C'est évidemment par suite d'un malentendu que M. Bardoux a pu annoncer à M. Houssaye sa nomination comme inspecteur-adjoint aux beaux-arts.

Je ne puis donc, dans la circonstance, que m'en tenir aux termes de l'arrêté précité et exprimer le vif désir de voir M. Houssaye accepter la mission qui lui a été confiée.

Etc., profond respect du sous-secrétaire d'État.

Je réécris à Bardoux et à Turquet :

On ne fait pas de pareilles bévues, on ne commet pas de telles fautes quand on veut se faire prendre au sérieux comme gouvernants, « par des gens qui, comme Henry Houssaye, tiennent sur leur plume un morceau de l'opinion de Paris ».

J'ai exalté Bardoux après l'affaire Duquesnel-Lomon-Kenilis, dans laquelle il a été parfait, et me voilà forcée de blâmer sa légèreté. C'est irritant.

Mais encore une autre histoire. Depuis cette promesse écrite, cette répétition de vive voix d'une nomination faite, on a nommé Roger Ballu inspecteur-adjoint aux beaux-arts.

Quoique ce soit un ami, ce n'en est pas moins blessant !

La place est sans appointements, mais Henry Houssaye y tenait.

Chez moi, Guillaume, dans une explication, a reconnu qu'il avait été question, aux beaux-arts, de cette nomination et d'un engagement de Bardoux envers Henry Houssaye.

De Girardin, 26 avril 1879 :

Votre épître au *Figaro* a passé hier dans la *France*.

Il y a quinze jours au moins que je n'ai vu Gambetta, qui devait partir mardi dernier. J'ignore ce qui l'a retenu à Paris, et je ne sais pas quand nous nous rencontrerons avant le 15 mai.

Il ne se passera pas longtemps avant que l'évidence ne le contraigne à reconnaître qu'après le 30 janvier il n'y avait qu'un ministère qui correspondait à la situation décompliquée par l'élection sénatoriale du 5 janvier et la démission du maréchal de Mac-Mahon. C'était le grand ministère des gauches promis par son grand orateur.

En tous cas, comptez, chère amie, que si je le rencontrais je ne lui dirais que ce que vous désirez qu'il sache.

Resterez-vous dans votre pays de roses et de violettes plus tard que l'expiration des vacances législatives?

Les plus tendres,

E. DE GIRARDIN.

Déjà tout ce que j'avais craint et prédit arrive, et le petit ministère qu'a laissé faire Gambetta crée pour l'avenir une situation bien autrement difficile au futur grand que celle qui avait immédiatement suivi la nomination de Grévy.

La manœuvre de Gambetta a donc été désastreuse, comme je le prévoyais. C'est bien assis qu'il a maintenant à dominer la situation, quand il fallait la dominer debout.

Le sommet de la fortune de Gambetta atteint le 30 janvier et sur lequel il pouvait se maintenir, mais duquel il est descendu, ce sommet, il ne le remontera plus.

Lorsqu'il m'a répondu avec irritation : « J'en ai assez de la vérité », il m'est apparu sur l'heure comme un homme qui a perdu pied. Je le lui ai dit, je l'ai blessé. Hélas! je n'ai pas à m'en repentir.

Grévy a déjà usé ou entamé plusieurs de ceux qui étaient normalement les associés du « grand ministère » : Freycinet, Léon Say, Jauréguiberry. Ils paraissaient de la taille de Gambetta et se sont rapetissés à celle de Waddington.

Il y a quelque chose d'atteint gravement dans la République!

De Girardin :

1er mai 79.

Perle de l'amitié et désespoir de l'amour, vous avez raison de revenir à nous le 14 de ce mois, car cela va mal, très mal. Le flot du mécontentement à Paris et en province monte, monte et montera encore.

Votre ami et le mien est accusé d'être cause de toutes les difficultés de la situation par son refus *supposé* de la présidence du cabinet qu'il aurait formé. Il perd, et il a déjà beaucoup perdu, et il perdra encore, jusqu'au jour où il se remettra en selle par un de ces éclatants et puissants discours dont il a le secret.

Quelle belle description vous faites de votre pays du soleil.

Je vous serre la main du pays des brouillards.

E. DE GIRARDIN.

J'écris à mon ami le docteur Metaxas, à Marseille, que je rentre à Paris pour recevoir les Épirotes qui y arrivent, et que je le verrai volontiers au milieu d'eux.

***

Le « Fais ce que dois » se présente à moi à des heures tellement précises et qui paraissent à tel point concertées entre les choses que je rêve d'entreprendre et la possibilité que j'ai de le faire à ce moment-là plutôt qu'à un autre, que je n'ai jamais de démêlés avec le libre arbitre. Je ne cherche qu'à suivre le sens de ma destinée. Ce sens, je le vois, c'est de grouper autour d'un grand organe, parlant de haut, avec la maturité que donne la quinzaine, ceux qui restent passionnés pour la revanche, unique idéal qui puisse arracher le pays à la politique abaissante des seuls résultats.

Partout mes amis s'intéressent à la *Nouvelle Revue*.

Mes chers amis Baret, le docteur Metaxas, que je vois en traversant Marseille, me crient bravo et demandent à s'inscrire parmi mes actionnaires. Metaxas m'assure du concours des Grecs.

Baret, ma chère Valentine sa femme, qui lit parfois dans l'avenir avec les clartés de son cœur, me répètent :

« Vous réussirez. »

Baret ajoute :

« Mais n'oublions pas que mon ami Adam vous a dit une fois devant moi : « Si je mourais, ne « conclus jamais une affaire, ne signe jamais un « contrat sans avoir pris conseil de Baret. » Vous m'enverrez donc le projet des statuts de la *Nouvelle Revue*. »

J'y avais pensé.

*
* *

Rentrée à Paris, je trouve des réponses aux invitations que j'ai faites de Bruyères.

Du général de Galliffet :

Chère madame, en rentrant de Paris, où j'ai enterré le général Douai, j'y trouve votre aimable carte. J'en profiterai dès que quelques loisirs me seront accordés.

J'ai vu et entendu beaucoup de choses à Paris.

Vu deux maréchaux qui n'ont pas *osé* porter leur uniforme pour enterrer celui qui a été en 1870 leur égal en commandement et en défaite.

Ils étaient vêtus comme les deux aveugles d'Offenbach. C'était navrant!!!

J'ai entendu des crétins qui voteront la loi Ferry, quoiqu'elle répugne à leurs sentiments catholiques, *mais parce qu'il ne faut pas compromettre* l'existence du Sénat.

J'ai entendu des militaires récemment mis de côté qui m'ont dit :

« Y a-t-il quelque chose de changé depuis qu'on a remplacé Borel par Gresley, Bourbaki par Farre, Deligny par Cornet, etc., etc.? »

Je leur ai dit :

« Au point de vue politique, il y a quelque amélioration. »

Mais ils ont insisté sur la question militaire, sur la question de LA REVANCHE, sa préparation. J'ai dû battre en retraite. Le fait est qu'au point de vue *sérieux*, Gresley a été très malin, mais ça vous regarde, et pas moi.

Votre patriotisme est peint sur vos traits et pétille dans votre conversation.

Donc, nous devons compter sur vous pour faire comprendre au *grand patron* la nécessité de mesures viriles, de mesures qui préparent le succès. Le voudrez-vous?

Je vous baise les mains.

Votre GALLIFFET.

Cette lettre m'émeut au delà de tout ce que je puis exprimer, et c'est avec des larmes de désespoir fou que je me dis que je mens à tous, parce que je sais, ce que ne peuvent soupçonner les patriotes comme moi, que Gambetta ne prépare pas, ne veut pas la revanche, qu'il a accepté le patronage de Bismarck pour avoir cette République qui nous désenchante, nous inquiète, culbute nos rêves de réforme et de grandeur intérieure; que nous ne réaliserons plus par lui l'effort vers l'héroïsme, vers la grandeur extérieure.

*
* *

Nous sommes en mai. A peine songeons-nous à l'anniversaire qui à la fois mettait la République en danger et nous groupait si étroitement.

Je parle et je reparle de la *Nouvelle Revue*, qui passionne autant que moi mes plus fidèles.

Je reconnais, parmi ceux qui me découragent, l'influence de Gambetta. Ils me répètent, sans le savoir, ses paroles elles-mêmes. Testelin s'écrie :

« Fonder une revue, c'est s'embarquer sur une mer parsemée d'écueils et fertile en naufrages fameux. Restez donc, belle dame, sur le rivage. Vous occupez une situation brillante à juste titre. Ne la ternissez pas par un insuccès ! »

Et Testelin, comme toujours, termine son discours par une citation latine qu'il traduit aussi volontiers qu'il la débite.

« Il est doux, lorsqu'on est sur la terre ferme, de contempler la mer soulevée par les aquilons terribles, et les périls d'un autre, non que ce soit un plaisir de percevoir les infortunes d'autrui, mais parce que c'est une vue consolante que celle des maux auxquels on échappe soi-même. »

Peyrat, pour qui Adam a été si dévoué lors des

difficultés d'argent de l'*Avenir national,* me répond « qu'il n'est pas découragé de la *Revue des Deux Mondes,* ayant, il y a dix ou douze ans, résisté aux instances réitérées de Buloz l'ancien pour qu'il y écrive ». Voilà une impertinence qu'il ne portera pas en paradis.

.*.

Je ne pose plus à mes amis politiques qu'une question :

« Avez-vous abandonné la Revanche? »

Cela devenait une scie, et beaucoup s'en plaignent.

Un jour, l'un de mes invités, dont je tairai le nom, dit à ma table, moitié sérieux et moitié goguenard :

« A notre tour de jouir ! »

Je réponds avec violence :

« Voilà un mot qui, pour moi, retombe de tout son poids sur l'opportunisme, et, à partir de ce soir, si je reste une amie personnelle des opportunistes, je ne suis plus leur amie politique. »

On proteste, on répète — surtout celui qui a dit la phrase — que c'est une plaisanterie. Mais le mot est à tel point typique que je sens la cassure définitive.

.*.

Les chers Léris souffrent à Rouen du manque

de soleil, et, là-bas, les vieux ne jouissent plus de celui de Nice, dont leurs enfants et petits-enfants sont privés. Je les console en leur écrivant que Léon Say a la ferme intention de rapprocher Léris de Paris ou de Nice.

Léris désire surtout Nice, même avec une situation moindre. Il m'écrit :

Nice aurait pour moi des avantages moraux inappréciables. Mes vieux ne seraient plus isolés et je ne verrais plus ma chère Benedetta triste de l'éloignement, triste du climat et triste de bien des choses qu'elle me cache.

Je suis très philosophe pour ce qui me concerne, mais pas du tout quand il s'agit de ceux que j'aime, et je ne puis être heureux s'ils ne le sont pas.

Toute mon affection,

LÉRIS.

Rouen, 19 mai 79.

J'ai demandé à Challemel, qui me l'avait promise, sans croire à la réalisation de mon projet, sa collaboration à ma *Nouvelle Revue*. Il me répond :

Berne, mai 1879.

Vous faites, chère madame, trop d'honneur à mon nom de vouloir le mettre à côté de ceux que vous m'annoncez. Il risque de ne pas jeter un éclat éblouissant au milieu de cette pléiade. N'importe. Si peu que vous ayez l'envie de l'ajouter à l'enseigne de votre revue, j'y consens. Il est doux de se prêter aux caprices des belles. Vous faites, chère madame, de merveilleuses conversions. Taine, Renan, Flaubert enrôlés dans une revue républicaine. Chimène, qui l'eût dit? Rodrigue, qui l'eût cru? De quel miracle n'est pas capable votre éloquence, celle de vos yeux surtout?

Savez-vous, chère madame, qu'il y a bien longtemps

que je ne les ai vus, deux grands mois et davantage. Aussi j'ai la nostalgie du boulevard Poissonnière, et je compte aller bientôt me mettre à vos pieds, baiser vos jolies mains.

Challemel-Lacour.

About vient de m'inviter à un déjeuner qu'il donne dans sa campagne de Malabry, ou plutôt qu'il dit faire donner par le comité de la Société des Gens de lettres.

Il ajoute en riant que l'invitation aura plus de relief que s'il la faisait lui-même. J'accepte.

Je ne m'attendais guère à y trouver Ferry, ministre de l'instruction publique. On ne m'avait parlé que de mon ami Lepère, ministre de l'intérieur.

Une grande tente est dressée dans le merveilleux parc de Malabry. J'ai voyagé en chemin de fer avec André Theuriet, Kaempfen, Ferdinand Fabre, Anatole France, Sarcey. La journée s'annonce gaiement lorsque, dans le parc où nous nous promenons en attendant le déjeuner, tout à coup, comme un diable d'un bénitier, je vois surgir Jules Ferry.

J'avais avec Lepère vidé l'une de mes querelles auparavant, et notre vieille amitié, tracassée par les lois Ferry, n'avait pas résisté au plaisir d'une rencontre. Certes, je ne manque pas une occasion d'appeler Lepère un antilibéral, un persécuteur, un converti par Paul Bert, dont il est devenu l'apôtre le plus zélé! mais il a de l'esprit et sait répondre.

Quand je vois Ferry je déclare à About que je veux partir. Or, il s'est mis en tête de nous réconcilier. On me place à la droite de Lepère, je suis en face de Jules Ferry, j'ai About à côté de moi.

Ferry commence son siège et Lepère l'appuie. Il déclare que, vraiment, pour des questions cléricales deux vieux combattants républicains ne peuvent se séparer.

Il y a une quarantaine de convives, qui, tous, prêtent la plus grande attention à nos paroles.

Je réponds que pour moi la liberté n'est pas seulement une faveur qui s'octroie à ceux qui conquièrent le pouvoir et à leurs soutiens. Les victorieux qui ont combattu pour elle la doivent à ceux qu'ils ont vaincus au nom de la liberté. Ces vaincus sont alors forcés de confesser que leurs adversaires leur sont moralement et politiquement supérieurs. Or, une cause qui n'est pas moralement supérieure à une autre cause est indigne de la victoire.

« J'ai eu, comme tous les républicains, ajoutai-je, la haine du cléricalisme au pouvoir, persécutant ceux qui se croyaient le droit de penser librement; j'aurai la même haine pour ceux qui, au pouvoir, opprimeront ceux qui entendent être libres de penser religieusement. Toute tyrannie, d'où qu'elle vienne, m'est odieuse. Adam n'a pas combattu côte à côte avec Carrel, avec Thiers, avec Cavaignac, avec les républicains de 1830-1848, il n'a pas combattu sous l'Empire et avec moi le 24 mai, et je n'ai pas combattu, moi, si passionnément, si utilement pour vous tous, je puis le dire! le 16 mai, pour voir ce que je vois! Notre combat visait la gloire d'obliger nos adversaires à déclarer que nous étions les libéraux, les justes, de vrais républicains. Restant, moi, républicaine, je ne suis plus avec vous. »

Je dis cela sans aigreur, avec un calme dont je m'étonne moi-même, et d'une voix qui ne porte guère que jusqu'à ceux qui m'entourent de près, et aussitôt je parle du beau jour, du beau parc, de la belle fête; je parle d'Auxerre à Lepère, du discours que prononçait chez lui Gambetta, de la crainte que Lepère avait alors de voir Gambetta accaparé par le sectarisme de Paul Bert, etc., etc.

Je m'efforce d'être gaie quand je suis mortellement triste, et c'est avec une bonne grâce souriante, au moment où tout le monde sort de table et se mêle, que je dis à Ferry :

« Nous serons de plus en plus ennemis. »

Je parle à Sarcey, à Theuriet, de ma *Nouvelle Revue*. Ils me promettent leur collaboration. Sarcey y fera la critique des livres. Theuriet me donnera d'abord des poésies, puis tout ce qu'il n'aura pas engagé, désirant, comme Sarcey, comme tous mes amis, mon succès.

« Oui, malgré sa caboche intraitable! » ajoute About qui passe.

Seul, Taine, dont About et Sarcey m'avaient formellement promis la collaboration, hésite, paraît-il, voulant voir ce que pourra bien être une revue fondée par une femme.

Je suis très préoccupée de trouver un écrivain militaire exceptionnel. J'écris au général de Galliffet. Voudrait-il être ce collaborateur ? Il me répond :

Chère madame,

Je suis une bien mauvaise recrue. En outre, il m'est interdit de rien publier sans l'autorisation de mon ministre. Cependant, avec un faux nez, tout peut s'arranger, si votre revue est disposée à accueillir quelques réflexions très franches sur notre état militaire.

Si vous ne redoutez pas, parmi les fleurs de vos rhétoriciens, mon style épineux et broussailleux, si vous aimez qu'on crie : « Ceci est bon, ceci est mauvais ! », si vous persistez à croire qu'il faut, par tous les moyens, assurer la revanche, et si enfin et surtout vous me promettez une grande indulgence, je mets à vos ordres la bonne volonté du nommé *Aster**.

Pour copie conforme :

Votre bien respectueux,

GALLIFFET.

Le lendemain le général m'écrit à nouveau :

Tours, le 25 mai 1878.

Chère madame, il est nécessaire d'ignorer le Galliffet pour ne connaître que le nommé Aster. Le ministre ne *peut* accorder. Accorderait-il, ce serait un autre malheur; il m'arriverait alors d'être chapitré et *borné*, comme disent les braconniers du Midi en couchant en joue le garde qui les poursuit. Je serais donc réduit à la profession d'encensoir. Votre sécateur me sera très utile, d'abord pour mille raisons, et puis aussi parce que je suis Provençal, et pour du piment il y aura du piment.

---

* Le général de Galliffet, comme on le verra plus loin, abandonna ce pseudonyme pour celui de G. Richard.

Mais mes prétentions ne m'aveuglent pas absolument. Dans l'ordre militaire, je puis écrire quelque chose, si toutefois vous ne m'empêchez pas d'être et de rester autoritaire dans la doctrine et dans la fonction militaires (libéral partout ailleurs).

Je ne vaux quelque chose que lorsque je crois à la revanche et que je la veux. Mais je ne crois pas au fusil ou au canon *facultatifs*.

A mon premier voyage à Paris, j'irai prendre vos ordres.

Votre bien respectueux,

GALLIFFET.

Le général de Galliffet de 1879 est tout entier dans cette lettre :

« Je crois à la revanche, et je la veux ! »

On imagine ce que de tels mots faisaient vibrer en moi. Nous étions quatre qui voulions nous battre, et il y en avait trois, comme dans la chanson d'atelier, qui ne le voulaient pas. C'était Gambetta, Ferry et Ranc ! Galliffet, Duclerc, Raoul Duval et moi, nous faisions partie de la légion des résolus qui voulaient la revanche. Mais combien d'irrésolus qui suivaient Gambetta dans sa campagne de détrempement !

Et ce que je souffrais de voir que la grande masse croyait suivre notre drapeau déployé en suivant Gambetta, tandis qu'elle ne suivait ce drapeau que roulé, dans les deux sens du mot !

Avec Duclerc, avec M. de Marcère, j'osais dire mes chagrins, mes colères ; mais avec tout autre il fallait me taire.

Dire à la France, à ce moment-là, que Gambetta ne voulait plus de la revanche, qu'il en avait livré l'esprit à Bismarck, aurait provoqué un formidable démenti de la France entière. Et si on l'avait cru c'eût été un effondrement.

Pour rien au monde nous n'eussions dit un mot à Galliffet. Désabusé, il eût tout brisé, et nous avions foi en sa vaillance. Nous savions bien qu'au premier coup de fusil à la frontière allemande tout ce qu'il avait de furie française servirait à la patrie, entraînerait nos soldats. Lui seul, Galliffet, pouvait, le sabre au poing, remplacer la parole de Gambetta.

Depuis on a discuté Galliffet comme entraîneur, mais à ce moment-là il avait, comme Duclerc, comme Raoul Duval, comme moi, l'âme de la vraie France, de celle qui nous aurait conduits à la plus belle des morts ou à la plus magnifique des victoires.

Nos autres amis, dominés par leurs ambitions, leur sectarisme, oubliaient la France héroïque, celle qui fait des miracles !

Et nous avons vu plus tard où cet oubli, où l'opportunisme, où l'anticléricalisme, où le socialisme-radicaliste et unifié, où l'anarchisme, nous ont conduits.

Les généraux travaillaient alors de tout cœur, avec toute leur ardeur, à galvaniser l'armée. Les officiers supérieurs s'étonnaient et s'attristaient de voir Gambetta parler sans cesse de Farre, exalter cet archimédiocre.

Duclerc pensait que Gambetta exaltait Farre « parce qu'il le savait incapable ».

« Je le lui dirai un jour dans les yeux, » me répétait Duclerc.

Taine, malgré les instances de Sarcey et d'About, finit par m'écrire :

Menthon-Saint-Bernard (Haute-Savoie), 29 mars 1879.

Je suis très honoré, madame, de l'offre que vous voulez bien me faire, mais je n'écris plus, même dans le *Journal des Débats*, qui est ma patrie.

Ma santé est tout à fait mauvaise : c'est à peine si je puis, de loin en loin, continuer le livre que j'ai commencé, et vous voyez que je vis loin de Paris, dans un village de Savoie.

Je n'ai aucune affection pour la *Revue des Deux Mondes*, mais permettez-moi un renseignement. Il y a quinze ans environ, j'ai été témoin du projet qui consistait à faire une revue rivale. On calculait qu'il faudrait dépenser un million et lutter six ans.

Daignez me croire, madame, votre très humble et très obéissant serviteur.

H. TAINE.

Cinq cent mille francs et deux ans, je l'espère, me suffiront pour que la *Nouvelle Revue* prenne sa place à côté de la *Revue des Deux Mondes*.

Ne pourra-t-il même y avoir un va-et-vient entre elles ? Je fonde une revue pour les jeunes, et la *Revue des Deux Mondes* aime les talents mûris. Je serai l'Odéon de la Comédie-française.

Hector Pessard est un assidu des conférences qui ont lieu chez moi, deux fois la semaine, pour discuter de la revue. Il s'entremet pour elle. Très littéraire, il juge bien les éléments que je mets en œuvre, et il croit au succès.

Les adhésions m'arrivent en foule. Tous les esprits qui souffrent de leurs désillusions, tous ceux qui s'indignent de voir les hommes politiques préférer leurs satisfactions individuelles au relèvement du pays, viennent à moi qui reste passionnée de relèvement et d'idéal patriotique. Ceux qui ont encore besoin d'enthousiasme, qui croient au rêve, à l'utilité des longues méditations, des travaux réfléchis, sentent qu'un milieu nouveau va se former, qu'ils ne seront plus des isolés.

Les idéalistes ont souvent le défaut d'être par trop occupés de leur moi. Je leur montrerai le bien qu'on peut faire en se dépersonnalisant. Se consacrer à la gloire des autres, aider les jeunes valeurs à gagner des années, les grouper pour les grandir, c'est prendre des revanches littéraires faute d'autres.

De Spuller :

Paris, le 6 juin 1879.

Je serai des vôtres mercredi, et je vous remercie bien d'être si bonne et si indulgente pour moi. Mais que vous avisez-vous de me demander pour la *Nouvelle Revue?*

Moi qui croyais que vous alliez m'employer à décrire les vissicitudes de la politique extérieure de la France depuis Pharamond jusqu'à nos jours!

Jugez de ma surprise!

Enfin, nous causerons de tout cela, mais vous m'accorderez bien que vous m'avez pris à brûle-pourpoint?

Je vous renouvelle l'expression du plus profond respect,

E. SPULLER.

Les fidèles, M. de Marcère, M. de Freycinet, Girardin, l'amiral Jauréguiberry, accueillent avec une sympathie particulière au milieu de nous Foucher de Careil, un nouveau venu qui tiendra bientôt, lui aussi, à mériter le nom de fidèle.

Une représentation de *Notre-Dame de Paris* au théâtre des Nations est un grand succès dont Victor Hugo se dit « aussi heureux qu'ému ».

Billot vient me faire une grande confidence qu'il ne veut pas risquer au milieu de mes amis un soir de dîner. Il va se remarier avec une jeune fille qui l'aime depuis longtemps. Il se trouve un peu mûr surtout quand Galliffet est là pour lui répéter qu'il devient, de façon marquée, un ascendant (il a une fille de son premier mariage). Je lui prêche ce qu'il désire, je lui conseille de se remarier, de se refaire un intérieur, lui qui vit souvent en province, etc., etc. Et il me répond en riant :

« Mais vous, qui prêchez si bien les autres, pourquoi ne vous remariez-vous pas ? »

Je lui dis la promesse que j'ai faite à Adam de ne pas me remarier avant trois années.

« L'an prochain, à pareille époque, je verrai, » ajoutai-je en riant.

Et Billot, à partir de ce jour, me fait la scie de répéter à qui veut l'entendre :

« Mme Adam se remariera l'année prochaine. Qui se met sur les rangs ? »

Je crois que les prétendants ne manquent pas, et qu'on n'est pas toujours sérieux autour de moi ou qu'on l'est trop !

Je reçois, le 11 juin, une lettre du père de Gambetta.

Bien chère madame,

Votre bonne lettre nous a trouvés tous les trois en belle santé*. Je désire qu'il en soit de même pour vous. Je vous remercie de toutes les bontés que vous avez pour moi et toute ma famille. Hélas! je ne serai jamais à même de vous dire combien madame et moi nous vous aimons.

Malgré vos grandes occupations, vous trouvez un moment pour répondre à vos amis, tandis que mon fils ne nous écrit que très rarement et quelques lignes. Nous en souffrons beaucoup.

Je suis heureux, chère madame, d'avoir introduit dans votre villa mes beaux rosiers de France, qui vous seront d'une grande utilité l'hiver, vous qui aimez tant les fleurs, ces innocentes créatures de Dieu et du soleil.

Au mois d'auguste prochain nous aurons de nouvelles boutures et je vous en réserverai un mille.

Adieu, bien chère madame, rien n'est égal au désir que j'ai de vous remercier de toutes vos bontés pour nous et de vous en demander de nouvelles.

Votre tout dévoué ami,

Gambetta père.

P.-S. — J'ai reçu des nouvelles de Rouen. Grands et petits se portent bien.

« Les vieux », comme les appelait leur gendre Léris, sont intéressants au possible. Lui faisait, avec l'aide de la servante amie, Miette, rapporter à un carré de terre de quelques arpents tous les fruits et toutes les fleurs de la côte d'Azur.

Mme Gambetta mère ne s'intéressait qu'à ce qui pouvait lui apporter des nouvelles de son fils. Elle vivait dans une sorte de rêve, ne parlant que

---

* Miette est la troisième et compte chez mes vieux amis.

de Léon, questionnait sur lui, comptant et recomptant les jours où elle l'avait vu, regardant son portrait si elle en parlait chez elle; à table, interrogeant le père pour savoir ce que disait son journal sur le fils tant aimé et tant admiré comme grand homme ; comme fils, on gémissait répétant qu'on lui demandait si peu.

Benedetta, Léris, les trois garçons manquaient bien aussi !

* * *

L'article 7 du projet de loi Ferry sur la réforme de l'enseignement portait que « nul ne serait admis à participer à l'enseignement public ou libre, ni à diriger un établissement de quelque ordre que ce fût, s'il appartenait à une congrégation religieuse non autorisée ».

La discussion des lois Ferry commencée le 16 juin devait durer trois semaines. Paul Bert, Ferry, Ribot, Léon Renault, y prenant part, l'article 7 fut adopté, il était facile de le prévoir, malgré l'opposition de la droite et du centre gauche.

Au Sénat la discussion fut plus ardente encore qu'à la Chambre. Jules Simon résistait pour l'article 7, quoiqu'il fût partisan de l'ensemble de la loi.

Spuller me dit que Gambetta n'est pas si enthousiaste que cela, et pas plus que lui, des lois Ferry. Mais la discipline du parti exige le vote de ces lois malgré tout ce qu'elles entraînent.

Comment pourra-t-on modérer l'application des nouvelles lois à l'étranger? Le gouvernement qui les appliquera à l'intérieur ne pourra se déjuger à l'extérieur. Et notre influence en Orient, que deviendra-t-elle?

« C'est en plein le système des entraves à la liberté, me disent Girardin et de Marcère, c'est le triomphe du sectarisme. »

Nos amis Jules-Ferrystes et Paul-Bertistes, que je ne vois plus chez moi mais que je rencontre, répètent une rengaine, toujours la même.

Jamais le clergé catholique ne peut enseigner l'amour du protestantisme, de la religion juive, pas plus que les protestants ne peuvent enseigner l'amour des catholiques et l'amour des juifs. Il n'y a que l'école laïque qui puisse admettre à titre égal catholiques, juifs et protestants.

Gambetta — comme il eût dû le prévoir — est en conflit journalier avec Grévy. Il veut des hommes plus à lui encore. Waddington commence à lui apparaître tel qu'il est : suffisant et insuffisant. Il voudrait Freycinet aux affaires étrangères et Magnin aux finances. On parle couramment de cette combinaison, et Girardin, comme moi, d'ajouter :

« Il use le grand ministère. »

A la guerre, naturellement, Gambetta veut Farre, rien que Farre.

« Qu'il ne faut pas confondre avec fanfare, dit Duclerc.

— Ce Farre m'effare, » dit Girardin.

Nous nous demandons plus encore pour quel motif Gambetta voit, à cette heure, toutes les choses militaires au travers de Farre, que Billot et Galliffet jugent sans cervelle.

Chez Victor Hugo, je dîne avec plusieurs de mes amis que je ne vois plus, Louis Blanc entre autres. Lockroy est article 7 en diable, mais Victor Hugo commence à se demander si la liberté ne vaudrait pas mieux que les lois Ferry.

Mon ami Jules Barbier, un mercredi, nous dit qu'il compte être choisi pour faire le livret de *Salammbô*.

Mais Barbier ajoute :

« Avec Reyer et Flaubert, que deviendrai-je? Que restera-t-il de moi entre ces deux intégraux? Si j'en sors vivant, ce sera miracle. »

⁂

Le 20 juin 1879, la nouvelle arrive en France de la mort du prince impérial sous les coups d'un parti de Zoulous.

L'effondrement des bonapartistes est complet. Mes plus intimes pensent comme moi que cet événement aura des conséquences fatales pour le libéralisme.

Le renoncement d'Henri V, la mort du prince impérial, le peu de chance et de sympathie qu'ont les princes d'Orléans, c'est le triomphe absolu du jacobinisme, qui n'a plus de craintes, plus de réserves, et peut tout oser à l'avenir.

Le télégramme qui annonce la mort du prince est commenté dans toute la France fiévreusement. Les mères qui ont perdu leurs fils à la « guerre de l'Impératrice » la voient punie justement. On colporte — est-ce vrai? — des indiscrétions qui prouvent qu'elle avait rendu à son fils la vie impossible en lui refusant la possession de l'héritage de Mme Bacciochi. On raconte qu'en Angleterre, au milieu d'officiers riches, et chef d'un parti dans la défaite qui a ses victimes à secourir, le prince impérial souffrait du manque d'argent. Son fourniment militaire, assure-t-on, avait été acheté à bon marché, les courroies de son étrier ont craqué, le cuir étant brûlé par le climat.

Comment le général Chelmsford, disent avec désespoir les bonapartistes, a-t-il consenti à ce que le prince, espoir de la France, fasse partie d'une reconnaissance, d'une douzaine d'hommes, et quitte l'état-major général? Comment a-t-il pu s'exposer à la possibilité de voir un prince impérial qui lui était confié assassiné dans les hautes herbes? On accuse les Anglais.

Ils ont tué l'oncle; ils ont porté malheur au neveu en lui conseillant une politique néfaste; ils ont fait assassiner le petit-neveu.

« Il y a une sorte de légion étrangère dans le Zoulouland au service des Anglais, écrivait à Camden-place Ulman, le vieux valet de chambre du prince, le seul qui ait été autorisé à le suivre. Il y a parmi eux beaucoup de communards, d'échappés de la Nouvelle-Calédonie, qui exècrent le prince, et je les crains pour lui plus que les Zoulous. »

En même temps, le prince impérial écrivait à sa mère qu'il y avait, au camp, des Français et qu'il aurait « à parler avec eux ».

Toujours la *Nouvelle Revue!*

Je parlerai beaucoup de la Russie dans ma politique extérieure ; je l'étudie et je la recherche partout où je puis la trouver pour me renseigner. Alfred Rambaud, qui sera l'un de mes collaborateurs, me la fait connaître dans son histoire. J'ai découvert un peu son âme et les chimères de cette âme par Tourgueneff.

Le nihilisme, depuis son apparition en Russie, a provoqué une évolution lente dans le sens révolutionnaire. On conspire dans tous les milieux, dans l'armée, dans la flotte, dans l'administration. Les théories de Karl Marx s'infiltrent chez les ouvriers, qui les importent chez les paysans.

Le général Chanzy, notre ambassadeur à Pétersbourg, qui s'intéresse à la fondation de ma *Nouvelle Revue,* sachant mes sympathies déjà vieilles pour la Russie, m'écrit que ma revue y aura une sérieuse influence, surtout si la politique extérieure est dans les mains d'une personne que nul ne pourra corrompre.

Je lui réponds qu'elle sera dans les miennes !

De Ronchaud, qui s'absorbe un soir chez moi dans une conversation de haute portée avec Étienne Arago, me dit, au moment où je viens les interrompre, qu'Arago est nommé, d'archiviste aux Beaux-Arts, conservateur du musée du Luxembourg, et qu'il doit accomplir « une œuvre de grande importance » : transporter le musée du palais à l'orangerie. Je m'intéresse à la transformation, et je vais souvent voir, à la grande joie d'Arago, avec de Ronchaud, ce qui se fait.

M. de Lesseps nous annonce, le 26 juin, l'abdication d'Ismaïl. Il la comprend, mais cela lui fait beaucoup de peine. C'est, en somme, à Ismaïl qu'il doit d'avoir pu faire le canal de Suez.

L'amnistie partielle a encore bien des injustices à réparer, entre autres celle des condamnations pour délit de presse. L'ancien secrétaire de Rochefort au *Mot d'Ordre,* Mourot, m'en signale une. Il m'écrit :

Nouméa, 18 avril 1879.

(Cette lettre me parvient fin juin)

Chère madame. Le courrier qui devait apporter la liste des grâces à la Nouvelle-Calédonie, ou la nouvelle de l'amnistie, est arrivé ce matin, et, comme j'aurais dû m'y attendre, malgré des dépêches télégraphiques annonçant 2.245 grâces à la date du 15 janvier, malgré la note du *Journal officiel* déclarant que tous les condamnés qui n'ont pas commis pendant l'insurrection des crimes de droit commun, tels qu'assassinat, incendie, pillage, tous les condamnés n'ayant point d'antécédents judiciaires ou les ayant rachetés par une conduite satisfaisante dans la colonie, seront amnistiés, le gouvernement étant d'avis qu'il convient de faire cesser l'exil pour cette catégorie de condamnés, près de huit années après le châtiment qu'ils avaient justement subi; malgré tout cela, je n'ai pas été compris dans les 2.245 grâces annoncées. Il ne doit plus rester que des criminels de droit commun. Condamné uniquement pour faits de presse, je ne suis pas, par là, un criminel de droit commun !

Vous n'avez qu'une chose contre vous, me disait ce soir un de mes amis, vous avez combattu la Commune, et c'est pour cela qu'on ne peut ni vous garder ici ni vous amnistier. Je commence à croire que cet ami a raison. Si j'avais, plus ou moins, servi la Commune au lieu de l'attaquer, je serais en France aujourd'hui ou sur le point d'y rentrer gracié. Ne l'ayant pas servie et ayant été condamné quand même, je suis, paraît-il, un homme dangereux, et, pour me retenir en Nouvelle-Calédonie, on n'hésite pas à laisser supposer que je suis un criminel de droit commun. Cela ressort de la note de l'*Officiel* et de ma non inscription sur la liste des graciés. Et depuis sept ans que je suis condamné à la déportation pour faits de presse, vous l'entendez bien, depuis sept ans que je subis cet enfer de la chiourme, pas un de mes amis de la gauche, pas un de mes amis aussi de la presse, pas un seul journaliste n'a protesté, pas une voix ne s'est élevée en ma faveur, au nom de cette liberté de la presse que l'on revendique chaque jour. Ni Lockroy, ni Camille Pelletan, ni Spuller, ni Hébrard, ni Maret, ni d'autres plus influents n'ont dit un seul mot, fait une seule démarche pour me tirer de l'enfer de la déportation ! Que leur importe après tout que je sois sacrifié !

J'ai écrit plusieurs fois à Lockroy ; m'a-t-il jamais honoré d'une réponse ? Comment ma tête n'a-t-elle pas éclaté cent fois ? comment mon cœur ne s'est-il pas brisé ? comment ne suis-je pas tombé comme tant d'autres en cet abîme de la folie où l'on a du moins la faveur de tout oublier ? J'ai eu tant d'étonnements jusqu'ici que je m'étonne d'être encore étonné. J'ai appris dans une vie bien courte, non pas à haïr les hommes, mais à mépriser la plupart de ceux-ci, de ceux que je croyais, que j'appelais mes amis. Si bronzé que je sois, cette fois, je n'en puis revenir !

Après la joie des élections sénatoriales, de la nomination de Grévy et le triomphe complet de la République et de nos amis, c'est réellement trop fort !

Faut-il donc me résoudre à mourir, proscrit par cette République pour laquelle nous avons tous combattu? Faut-il la maudire avant d'expirer dans ses pénitenciers?

Ceux que nous avons faits, qui n'ont aujourd'hui qu'un mot à dire, qui occupent le pouvoir, faut-il les maudire aussi? C'est à désespérer de la conscience humaine.

La déportation, je l'ai supportée sans faiblir quand elle m'était imposée par nos ennemis, mais, ce que je ne peux supporter, c'est l'oubli de tous ceux que j'aimais, que j'estimais, dont je me croyais ami et estimé.

Soyez persuadée, chère madame, que vous, je ne vous accuse pas, je suis certain que vous avez fait tous les efforts que vous pouviez faire en ma faveur. J'ai compris ce matin en voyant qu'il n'y avait aucune lettre de France, par le courrier du 15, après la nomination de Grévy et de Gambetta, qu'il fallait laisser toute espérance à la porte de mon enfer.

Vous êtes, avec le brave Lacaze, les seules personnes qui m'ayez témoigné de l'intérêt durant ces huit longues années, et je vous en remercie de tout mon cœur.

Agréez, chère madame, l'assurance de mon respectueux dévouement.
                                           EUGÈNE MOUROT.

Je parle du pauvre Mourot à mes amis.

Mais j'ai la tristesse de recevoir de presque tous une même réponse : « Que voulez-vous qu'on fasse? »

Je ne pourrai rien pour ce secrétaire de Rochefort, qu'on voudrait lui-même encore là-bas!

*
* *

Flaubert m'arrive comme une bombe; il m'injurie sans que je sache pourquoi. Il m'accuse d'avoir demandé la collaboration de Zola.

« Moi, Zola ! Vous avez pu croire cela ? Seriez-vous un gogo ? Zola, je ne lui fais qu'un honneur, celui de le haïr. Est-ce que vous croyez que je vais fournir un brancard à sa voiture de charlatan, ou le cuir de sa grosse caisse, boum badaboum ! Que vous ai-je fait pour m'insulter aussi gravement ?

— Ce que vous m'avez fait ? Rien, puisque je trouve du plaisir à vous voir en fureur sur un soupçon que je n'ai plus depuis votre premier mot. Allons, je suis content, et je vois que vous ne me chargerez pas de demander pour la *Nouvelle Revue* les écritures de Zola.

— Et vous, Flaubert, comment pouvez-vous le voir, causer avec lui, dire haut que l'homme vous est sympathique ? Pour moi, sa tête de vautour, ses yeux hésitants, m'inspirent une vraie répulsion. Les plis pachidermiques de son cou, sa démarche traînante, me répugnent. »

Et je leur compare, en disant cela, l'allure fière, hautaine, avec des lumières de bonté dans le regard, de Flaubert, et ce quelque chose de sain qui est en lui.

Maintenant, il faut que je me mette, sans perdre un instant, tout à la *Revue*. Après avoir reçu une dernière fois mes intimes à la fin de juin, je m'installe chez le neveu de mon vieil ami Séchan si regretté, chez Badin, qui doit être mon secrétaire à la *Nouvelle Revue* et va dès maintenant travailler avec moi. Il me cède sa maison et en prend une autre à lui, bâtie aussi dans l'ancien parc de Séchan, à Montmorency. Je serai assez près de Paris pour y courir au besoin, assez éloignée pour échapper aux ennuis journaliers.

Tous mes amis restés modérés et au fond un peu protestataires sont venus me dire un « Au revoir, avec votre *Revue* » : M. de Freycinet, Raoul Duval, le général de Galliffet, Duclerc, Spuller, Billot, qui part pour Blois où il se marie le 26.

Par mon ami Guioth, qui est resté son aide de camp, le duc d'Aumale me fait dire qu'il trouve mon projet de revue intéressant, qu'il n'y a jamais trop de grands organes littéraires, qu'une revue alerte, jeune, à côté de la maturité de la *Revue des Deux Mondes* sera une bonne fortune pour les jeunes auteurs.

Le duc d'Aumale est, pour beaucoup, uniquement un militaire. Je le trouve avant tout un lettré, un penseur. L'homme d'action vient après.

Je crois que l'on a eu tort, à certains moments, de le juger capable de faire un coup d'État. Il aime trop les belles œuvres d'art, les beaux livres et les joies de la vie intellectuelle pour courir le risque d'une aventure.

Guillaumet, à l'un de ses retours d'Algérie, vient me voir. Depuis les premiers jours de Bruyères, notre amitié ne s'est jamais attiédie. Je m'intéresse à sa valeur grandissante, et lui à tout ce qui m'intéresse, fût-ce à la politique, qu'il me fait lui expliquer.

En regardant certaine esquisse de Guillaumet,

un jour, je lui dis qu'elle est notée autant que peinte, qu'il doit savoir écrire, et qu'il écrira dans la *Revue* ses impressions d'Algérie.

Je le lui persuade; il m'apporte l'ébauche d'un article. Après quelques leçons, après quelques retouches au début, Guillaumet s'aventure à faire un livre, qui sera très bien si j'en juge par les premiers chapitres, et que je publierai.

J'écris à Gounod, qui me promet sa collaboration sérieuse, me dit-il.

A Ernest Havet je demande des articles. Il m'en envoie un. Je voudrais déjà tenir en main mon premier numéro. Que de vœux à réaliser encore! Mais, Dieu merci, je serai largement prête en octobre.

Je commence à conclure mes marchés d'imprimeur, de papier. Je loue mes bureaux boulevard Poissonnière, dans ma maison. Je descends d'un étage, et mon appartement se double. Le milieu littéraire et artistique est autrement nombreux et sociable que le milieu politique, et la *Revue* aura énormément à gagner à ce que ses collaborateurs se groupent autour d'elle.

Il surgit de toutes parts de jeunes talents dans le journalisme. Ce sera la pépinière de la *Revue*. Déjà je reçois de nombreux manuscrits. Je les lis tous moi-même, et j'entrevois des trouvailles. Je n'ai pas à me soucier d'où l'art vient, si l'on a déjà produit, si l'on est connu. Je ne cherche que du talent, et j'en trouve.

Pour mes lettres sur la politique extérieure,

mon siège est fait, la lutte à plume armée contre Bismarck et pour l'alliance russe. Cette alliance, Le Flô l'a rêvée, Chanzy y aidera. Là-bas et ici, jour par jour, je prêcherai pour alimenter une opinion sympathique.

Il faut que la France haïsse ses ennemis et connaisse ses amis. C'est l'A B C D, et on le lui a fait oublier. La dignité du vaincu exige qu'il ne fraie pas avec le vainqueur. Gambetta frayant avec Bismarck, cherchons à frayer avec les Slaves, qui sont et seront toujours, eux, les ennemis des Germains mangeurs de Latins et de Slaves.

*
* *

J'étais de plus en plus hantée par la conviction que le détachement de l'idée de revanche chez nos amis était une raison de leur haine du catholicisme, et mille rapports nouveaux de certaines idées entre elles m'assaillaient.

Je songeais que la France catholique avait, durant des siècles, été superbement patriote, que Dieu et le roi, Dieu et la patrie se tenaient peut-être plus étroitement que je ne l'avais cru jusque-là. Je me disais que la République ne pouvait être patriote que si elle était respectueuse des traditions religieuses, comme en Amérique, comme en Suisse, et que la République persécutrice de la religion catholique ne devait plus être patriote. Ces réflexions creusaient leur chemin en moi.

Seul mon patriotisme pouvait réveiller dans mon esprit l'atavisme de la religion chrétienne. Mon père m'avait faite païenne en même temps que jacobine et révolutionnaire. Petit à petit, la guerre, nos malheurs, la Commune, l'abandon de la revanche, m'avaient détachée du jacobinisme et de la grande Révolution. La France de ma grand'mère reprit peu à peu mon âme à la Grèce et ne lui laissa plus bientôt que mon admiration de lettrée.

L'âme de la France est-elle donc catholique, et ne peut-on être en contact absolu avec elle que par le catholicisme et sa plus pure tradition?

Ainsi la République, au faîte de son triomphe, ne devait pas nous apporter la revanche promise, pour laquelle la France était allée tout entière vers elle! Ne donnant pas la revanche, elle donnait logiquement du prêtre à manger.

Gambetta, qu'on accusait de ne pas réaliser le programme de Belleville, et qui avait plus d'une fois souri de l'accusation, commençait à le réaliser de la façon la plus dangereuse. La séparation de l'Église et de l'État non seulement s'annonçait par la spoliation de l'Église, mais ceux qui la tyrannisaient adjuraient le souverain pontife d'ordonner à ses ouailles l'acceptation de la République avec ses menaces.

Le but de la désorganisation de l'Église était poursuivi de façon flagrante.

※

Je me suis intéressée au lion de Belfort, et Bartholdi m'écrit la lettre suivante :

Paris, 8 juillet.

Je sais, madame, que vous ne recevez plus à Paris, et je ferai la tentative d'aller vous voir un de ces jours. Il me tient au cœur de vous exprimer tout de suite ma reconnaissance. Votre appui, madame, a produit des effets miraculeux et ravivé une cause bien compromise par de misérables intrigues. M. Engelhard, en sachant l'intérêt que vous y prenez, a montré une initiative et une vigueur chaleureuse qui eut un plein succès. M. Viollet-le-Duc, qui s'est senti vigoureusement secondé, a montré à nouveau toute l'énergie avec laquelle il avait soutenu son rapport.

J'ai été très sensible à la bonne lettre de M. Hattot, et j'irai le remercier à l'Hôtel de Ville tout en étant convaincu que c'est dans votre satisfaction personnelle qu'il trouvera la sienne.

Je suis heureux, madame, de vous devoir ce succès et de vous le dire, car vous appartenez à la race des personnes qui aiment soutenir ceux qui luttent pour un enoble cause, et votre joie doit être de constater le bien que vous faites. Aussi veuillez, je vous prie, agréer, chère madame, l'expression de mes sentiments bien reconnaissants avec mes hommages les plus respectueusement dévoués.

BARTHOLDI.

Je vais et viens de Montmorency à Paris, car j'ai maintenant trop peu de temps pour recevoir des visites à la campagne, visites toujours longues, car on a des droits à rester en raison du temps qu'on a mis à venir.

Je n'avais pas vu le général de Galliffet à mon dernier mercredi, et j'avais à lui préciser dans quel esprit se feraient nos articles militaires.

Je le lui écris. Il s'imagine que c'est parce que je fais des réserves sur le ton de ces articles.

Il me répond, le 5 juillet 1879 :

> Chère madame,
>
> Retenu ici par la consigne, je n'ai pu me rendre à votre dernière invitation. Je m'en console, dans une certaine mesure, puisque vous ne quittez pas Paris et que vous me permettrez peut-être de vous demander un de ces jours audience.
>
> Les dévots n'agissent qu'après avoir consulté Dieu et leur confesseur ou directeur. Dieu! c'est mon pays, mon directeur, c'est vous quand il s'agit de la *Revue républicaine*. Cette revue aimerait-elle la République jusqu'à ne pas lui dire la vérité?
>
> Voulez-vous des articles au cold cream ou préférez-vous, non pas la violence, mais l'énergie dans la plume?
>
> Il m'est nécessaire d'être fixé. En chaque chose, le premier article de votre revue donnera la note. Si je me permettais un conseil, je vous dirais :
>
> Il y a bien assez de revues et de journaux qui préfèrent le cataplasme au cautère, ne les imitons pas lorsqu'il s'agit de montrer à nos amis du gouvernement tout ce qu'ils ont à faire pour mériter l'estime du pays.
>
> Pardonnez-moi de vous interroger et veuillez croire, chère madame, à mes sentiments de haute considération.
>
> GÉNÉRAL GALLIFFET.

Les lois Ferry provoquent en dehors de la Chambre, résolue à les accepter, des discussions violentes. On dit que le Sénat rejettera l'article 7. Spuller, qui vient un dimanche à Montmorency, ne le croit pas et s'en inquiète.

Déjà, à l'un de mes derniers dîners, il a fait une sorte d'amende honorable à M. de Freycinet. Il a parcouru plusieurs étapes de réflexion et d'expérience depuis le soir où il s'était presque jeté sur lui, lui reprochant avec violence d'avoir, dans son discours de Nantes, parlé d'une république ouverte à tous.

Spuller a retrouvé cet esprit de tolérance, de liberté, qui était dans sa nature. Il voudrait une république respectueuse de toutes les convictions, une république conservatrice gouvernée sagement en vue d'un ordre social qui se réformerait par degrés.

Il avait cru que les vieilles passions jacobines n'avaient de valeur qu'en paroles, entre les bocks et les parties de dominos du grand U. Mais il craint maintenant que le jacobinisme domine les volontés.

Le 6 juillet, M. de Lesseps m'envoie son article sur le Panama, avec ces mots :

Voici mon projet d'article pour la revue. Il y aura lieu de le corriger, d'y faire des coupures comme vous le jugerez à propos.

Et du général de Galliffet, le 7 juillet :

La femme n'est, chère madame, que la moitié de l'homme, la plus belle incontestablement, j'ai donc le droit de me croire deux fois plus enragé que vous contre tout ce qui sent le Germain.

Du moment que nous sommes d'accord sur le fond nous

le serons facilement quant à la forme. Elle sera, si vous le voulez bien, courtoise, mais *piquante, gauloise* en un mot.

D'ailleurs, je prendrai prochainement vos ordres et les mesures de chaque factum militaire.

Êtes-vous incognito à Montmorency? voulez-vous que j'aille vous y voir? Je pense disposer de ma matinée du dimanche 15 juillet.

Veuillez, chère madame, me croire votre bien respectueux.

GÉNÉRAL GALLIFFET.

Brisson est l'un de ceux qui inquiètent le plus, par son influence, nos amis modérés. Il m'a vue me séparer politiquement de Gambetta, non sans plaisir. Il dit s'intéresser beaucoup à la fondation d'une grande revue républicaine. Je le vois souvent.

Brisson, comme notre ami Clavel, ne mène pas de front l'enthousiasme des idées avancées et le refroidissement du patriotisme. Tous deux restent résolument patriotes, voire aussi chauvins que moi.

J'ai des billets pour aller à la revue du 14 juillet. J'invite Brisson et Mme Brisson à nous accompagner, Clavel et moi.

Il me répond :

Madame,

J'ai ma femme au lit depuis trois jours d'une très vilaine bronchite, prise juste à temps pour échapper à la pneumonie. Encore y a-t-il un point qui m'inquiète depuis sa fluxion de poitrine d'il y a trois ans.

J'ai conduit, ces jours-ci, à Versailles, bien des inquiétudes, et je ne me sens pas la force d'aller à la revue demain; je vous ferais un triste compagnon comme j'ai fait hier un triste organe de la *commission du budget*. Merci mille fois de votre offre si bonne et si aimable et qui eût fait de la revue une véritable fête, croyez toujours à ma vieille et sincère affection.

J'ai l'honneur d'être, madame, votre très humble et très obéissant serviteur.   Henri Brisson.

L'armée, la chère armée, je veux la voir chaque année, marquer ses progrès, ses allures, sa conscience d'elle-même; je veux voir défiler les... pantalons rouges, notre artillerie, notre cavalerie. Mais tous les amis que je rencontre, et qui d'ordinaire sont émus à la revue comme je le suis moi-même, tous parlent de la fête que Gambetta donne ce soir au Palais-Bourbon. L'idée de ces fêtes le hantait déjà la veille de sa nomination; il m'en parlait, il en attendait l'heure impatiemment pour donner la mesure de son goût. C'est par là qu'il comptait forcer à dire que la République était athénienne. Tous mes amis me répètent :

« Nous irons demain vous en donner des nouvelles. »

Il paraît que ce sera sensationnel et que depuis Morny on n'aura rien vu de pareil.

Je répète, en revenant chez moi :

« Depuis Morny, on n'aura rien vu de pareil! »

C'est bien cela que j'ai jeté à la tête de Gambetta, un jour, quand je lui disais :

« Prenez garde d'entrer dans les souliers de l'Empire. »

Je vois d'ici le sourire énigmatique de Grévy au

déploiement de luxe de Gambetta. Plus la fête sera réussie, plus il sera ébloui par le goût, par la richesse d'arrangement, plus son compliment sera enthousiaste, plus il se dira : « Je le tiens! » et il jettera le lendemain dans l'esprit de tous ceux qui sont à sa dévotion l'un de ces mots qui font leur chemin dans le parlement et minent le sol sous les pieds les plus sûrs de ce sol.

Ses amis disent déjà :

« Il paraît que ce sera aussi bien ordonné que sous l'Empire. »

Et c'est bien le mot que tous, le lendemain, viennent me répéter, les uns, comme Duclerc, ajoutant avec malice :

« C'était si bien que c'en était trop bien. »

Et Pittié, envoyé surtout par Grévy, me dit :

« Vous auriez été contente de votre ami athénien. Il ne manquait que des femmes à sa fête. Heureusement il y en avait sur la scène, dans la coulisse et au souper... »

Le général de Galliffet m'écrit lundi, quatre heures et demie :

Chère madame,

Voici ce que disent les diplomates, ceci au cercle : « La fête d'hier a réussi au delà de toutes prévisions. On n'a jamais vu mieux chez le duc de Morny. L'arrangement des salons était une merveille de goût. Le concert a été splendide, les artistes paraissaient vouloir chanter encore mieux que d'habitude. Ils ont pleinement réussi, le public a eu, à l'exception de quelques bousculades à l'entrée, une tenue parfaite.

« On aurait peut-être pu mieux traiter des ambassadeurs

qui étaient mal assis et trop serrés, mais on ne saurait s'en prendre au maître de la maison, qui a été parfait pour tous. »

Cette opinion, nettement exprimée, étonne quelques personnes disposées à croire qu'on devait danser le cancan partout où il y a des républicains.

Je vous l'envoie pensant que vous vous en réjouirez.

Veuillez me croire, chère madame, votre bien respectueux dévoué.

Général Galliffet,

partant pour Tours.

Non, je ne me réjouirai pas, et par cela même que cela ressemblait au passé ; je ne puis voir ce passé des mêmes yeux que le général de Galliffet, puisque ce passé ennemi est le passé de Sedan.

C'est Proust qui avait organisé la fête, et, en tant que fête, rien n'avait été négligé : les salons remis à neuf, décorés avec goût, éclairés avec luxe, remplis de fleurs, le spectacle très bien composé, le concert choisi, le buffet impeccable, le service d'ordre parfait.

Après le concert, les huissiers firent faire la haie par les invités et annoncèrent M. le président de la République !

On jouait *la Marseillaise* dans la cour. Le président de la République, souriant, donnait le bras de façon amicale à Gambetta. Il eût fallu entendre ce que Grévy dit à Pittié en sortant. Le général s'en est laissé arracher quelques mots. Il n'était venu me voir que pour cela. J'ai tout compris.

Billot vient me narrer le souper. Gambetta le lui avait fait présider *entre deux danseuses*.

Lui, qui venait de se marier, était tout de même un peu choqué.

« Gambetta, me dit Spuller quelques jours plus tard, s'attriste de tout ce qu'il entend après avoir cru à un triomphe. Il a vu, je le crains, la République à travers une fête comme celle qu'il a donnée, plutôt qu'à travers une séance utile de la Chambre. »

Il est entouré maintenant de trop de comédiens, de trop d'artistes. Périclès le hante.

On racontait, dans les quartiers excentriques et sur certains bancs d'extrême droite et d'extrême gauche, qu'à la fête bourbonienne on avait fumé pour 14.000 francs de cigares, que le tout avait coûté 70.000 francs, et que Gambetta, comme président de la Chambre, touche 60.000 francs.

Bien peu connaissent la vente de la *Petite République,* et on dit : « Où trouve-t-il l'argent ? »

Malgré moi je pensais « aux vieux » de Nice, si économes et parfois un peu à court. Et une sorte d'angoisse me prenait, connaissant Grévy, connaissant l'esprit de la démocratie, que cette apothéose au Palais-Bourbon fût l'apogée de la fortune de Gambetta. Il avait dit :

« Oui, les temps héroïques sont passés. »

L'un de ses amis m'avait défiée avec un « à notre tour de jouir ! » On jouissait ! Mais alors on s'interdisait toute autre victoire que la possession et l'exploitation du pouvoir. La caste des parvenus allait se constituer, calculer le nombre de ceux qu'elle pouvait admettre, et se fermer.

Et ceux d'en bas, qui veulent monter à leur tour, ne vont-ils pas songer à forcer les portes? On supprimait l'éducation religieuse sans avoir travaillé sur l'heure à enseigner une morale correspondante d'où qu'elle vînt, mais une morale qui enseignât le bien, la justice, le devoir.

« Qui peut être certain que le bien, la justice, le devoir, sont le nom de ces choses? répétait Lepère. D'ailleurs, l'État n'a pas de responsabilité morale. Il n'y avait que de Broglie et Fourtou pour vouloir un *ordre moral*, et on sait lequel! »

On souriait des principes républicains basés sur la vertu. Et je me répétais à toute heure :

« Ah! que les doctrines sont belles, et que les partis sont laids! »

Raoul Duval me dit un jour :

« Les principes sont hauts, les hommes sont bas. C'est pourquoi ils ne peuvent les atteindre. »

Schœlcher vient me voir à Montmorency et m'ouvre son cœur. Il trouve que les jeunes républicains ne sont que des affirmateurs de doutes. « Ils ne sont préoccupés que de jouir, » dit le vieil homme de 1848, et tiennent des discours dont le scepticisme le révolte. Sans doute il faut combattre le cléricalisme, mais avec le christianisme. 1 faut montrer qu'à ses origines il contient des sentiments démocratiques de justice, de vérité, d'amour des humbles. Schœlcher a étudié le christianisme, il a écrit *le vrai saint Paul*. Il y a en lui autre chose que dans l'âme de Paul Bert, de Littré, de Ferry, de Gambetta.

Louis Blanc et Schœlcher sentent qu'ils sont d'un autre âge, l'âge héroïque dont on ne veut plus.

« Temps passés », comme dit Gambetta.

Je réponds à Schœlcher :

« Moi aussi j'appartiens aux temps héroïques, et je me détache de plus en plus de ceux qui sont des temps profitables. »

J'avais reçu, au moment de la fête donnée par Gambetta, une lettre de Raoul Duval datée du 10 juillet, qu'il me semble utile de citer :

Chère madame et amie,

J'aurais dû vous remercier plus tôt de votre aimable souvenir, et je l'aurais fait tout de suite si j'y étais parvenu au milieu de tout le mouvement que je me donnais pour agiter l'opinion en faveur de la liberté commerciale si déplorablement remise en question.

La nomination de la commission des tarifs et la succession de ses votes réactionnaires sont la plus grande faute qu'ait commise la majorité républicaine, parce qu'elle menace directement ce qui pardonne le moins : les intérêts non seulement en France mais chez tous les peuples qui nous avoisinent.

Déjà les Allemands nous menacent de représailles douanières, et l'histoire est là pour nous apprendre qu'à la guerre des tarifs succède rapidement la guerre à coups de canon.

Si la république tourne le dos à la liberté commerciale, elle est bien malade. Je le déplorerais, car, depuis 1876, je m'y suis rallié sans phrases, comme il convient aux gens qui s'estiment, et je lui ai rendu tous les services que j'ai pu sans recevoir d'elle d'autre compensation que votre bienveillante amitié, grâce à laquelle, du reste, je la considère comme parfaitement quitte à mon égard.

Je suis entièrement dégagé vis-à-vis de tous les partis monarchiques, mais cela ne fait pas que je change de sentiment sur les différents points de la politique. J'ai toujours été un libéral convaincu, je ne suis pas disposé à me transformer en autoritaire et je reste libéral sous la république encore plus que sous tout autre régime.

A l'Assemblée nationale, en majorité monarchique, en 1872, je défendais contre les demandes d'autorisation de poursuites la presse républicaine; aujourd'hui, j'agirais de même s'il s'agissait des journaux royalistes ou impérialistes.

Tout cela est bien long, mais c'est pour vous dire que si je suis capable d'écrire à côté de vous, ce qui m'effraie bien un peu, il est probable que ce que j'écrirais ne paraîtrait pas toujours bon à prendre. Inutile, du reste, de vous dire que j'espère que vous me supposez assez d'esprit pour vous laisser exercer en toute liberté la faculté de contrôler et de refuser.

Votre ami respectueux et dévoué.

E. Raoul Duval.

Quelle tristesse! Après avoir amené, gardé, soudé à la république tant d'esprits libéraux pleins de bonne volonté, je les vois comme moi s'en détacher, repoussés par un autoritarisme, un exclusivisme qui ne cesse de croître.

Que deviendrais-je si je n'avais pas ma *Revue* et si je ne sentais pas que je vais créer une œuvre vraiment républicaine et libérale, affirmant les principes de ceux qui n'ont rien renié de leur idéal?

Ma *Revue*, je le veux de tout mon vouloir, fera honneur aux lettres françaises, au désintéressement, au patriotisme, à la dignité républicaines.

Nos adversaires devront reconnaître que chez les républicains qui ont gardé leurs convictions il y a des valeurs morales qu'on ne peut nier.

Ce que j'ai fait pour l'opportunisme, croyant le faire pour la France, pour la revanche, pour la république, je le ferai pour ma *Revue*.

L'une des missions d'une revue, c'est d'apporter une nouvelle possibilité de mettre à jour des talents. Tel qui aurait perdu des années, peut-être, avant d'arriver au livre, à l'éditeur, arrive par la revue du jour au lendemain. Le livre nouveau d'un nouveau n'a aucun répondant. Le roman d'un inconnu dans une revue a déjà un répondant.

Je reçois de Cairoli la lettre suivante :

Rome, 18 juillet 1879.

En l'absence de Mme Cairoli, qui se trouve actuellement à la campagne, à Grapello, c'est moi qui ai eu le plaisir de recevoir la charmante lettre que vous avez bien voulu lui adresser et que je me suis empressé de lui expédier.

Je ne saurais assez vous remercier du bon souvenir que vous nous gardez, et je tiens particulièrement, quoique bien occupé en ce moment, à vous répondre au plus tôt pour vous renouveler les sentiments de reconnaissance et d'amitié que vous nous avez inspirés.

J'ai dû, encore une fois, me soumettre à la pénible épreuve du pouvoir, mais dans cette rude tâche je compte sur les concours bienveillants de mes amis, parmi lesquels vous êtes au premier rang. Je vous remercie donc d'avance du précieux appui qu'il vous plaira, je n'en doute pas, de m'accorder dans la *Nouvelle Revue*, laquelle rendra en votre beau pays de France des services signalés à notre cause, c'est-à-dire à la cause de la liberté et du progrès.

Je suis, madame, avec les expressions de la plus respectueuse considération, votre tout dévoué.

BENOÎT CAIROLI.

Plus tard, lorsque je priai Mme Cairoli de vouloir bien contrôler mes notes prises en 1878, donna Elena me répondit :

> Malgré les plus vives sollicitations, mon mari n'accepta à nouveau la présidence du conseil qu'en juillet 1879, poste qu'il garda jusque fin mai 81. Après la malheureuse affaire de Tunis, il se retira navré de la trahison de la France, qu'il connaissait pourtant, mais il préféra être accusé d'avoir manqué de clairvoyance plutôt que de déchaîner la guerre entre l'Italie et la France.

Et Bismarck triompha avec Crispi.

Le général Pittié, heureux d'écrire dans la *Nouvelle Revue,* me propose le récit de la bataille de Patay, mais il lui faut l'autorisation du ministre de la guerre, général Gresley, pour fouiller dans les archives du ministère.

Le général Gresley me répond la plus charmante lettre du monde. Il me dit qu'il s'associe au désir que j'ai de voir le général Pittié écrire dans ma *Revue* le récit de la bataille de Patay et qu'il mettra à sa disposition tous les documents que possède le ministère la guerre.

Le ministre me prouve, ce dont il m'assure, son dévouement.

Une lettre du général de Galliffet :

25 juillet.

> Chère madame, j'ai été un peu nerveux par la lecture du *Gaulois* du 22 juillet, c'est un bâton dans mes roues.

M. Gambetta sait mieux que personne que je n'ai pas été assez sot pour lui faire des tartines politiques. Je me suis contenté de lui donner *honnêtement* la note militaire.

L'article de M. G. Richard*, celui que vous honorez *peut-être* de votre bienveillante hospitalité, prouvera que son auteur, s'il avait à opter, aimerait mieux se voir couler en bronze sur la place de Strasbourg que de végéter en chair et en os sur le fauteuil présidentiel de n'importe quelle république.

Vous voulez bien m'accorder que je suis tout d'une pièce et que je n'ai pas d'ambition malsaine. Je vous serais bien reconnaissant de faire pénétrer cette conviction dans l'esprit de vos amis.

Veuillez me croire votre respectueux attaché.

Général Galliffet.

Je vois Spuller dans l'une de mes courses hâtives à Paris. Il est désemparé.

« Ça va mal, très mal, me dit-il ; nous ne sommes plus aiguillés, et surtout on ne se sent plus monter. Je croyais à une ascension, c'est une danse en rond. Grévy jubile. Brisson travaille en termite dans les loges maçonniques. Il reprend peu à peu Belleville en dessous. Clemenceau le reprend par-dessus, tandis que Gambetta s'abandonne comme son aïeul Rienzi à son goût du faste. »

Spuller me confirme qu'il découvre de plus en plus, dans la lutte contre le catholicisme, la main de Bismarck, qui a l'horreur, comme Germain, de tout ce qui est latin.

— Ou slave, ajoutai-je.

---

* Le général de Galliffet avait choisi, pour écrire à la *Nouvelle Revue*, ce pseudonyme.

— Cela, me dit-il, je le sais moins, mais, ce dont je suis certain, c'est que Bismarck n'a cessé de poursuivre dans son Kulturkampf, non pas seulement l'idée religieuse, mais l'influence latine dans les lettres, dans la philosophie, dans les arts. »

Je ne puis en écrivant ces lignes ne pas y faire mention d'une lettre que j'ai reçue beaucoup plus tard de M. Alph. Gosset, architecte, à propos de l'un de mes articles de la *Nouvelle Revue* sur la haine germanique contre les Polonais catholiques.

Reims, 5 janvier 1908.

Madame,

Dans l'ivresse du triomphe, en passant à Reims le 6 novembre 70, M. de Bismarck a dévoilé à deux personnes, dont l'une vit encore, M. Verlé, député, ses plans d'avenir.

« La force du catholicisme, a-t-il dit, est en France ; si nous pouvons l'en extirper, nous serons *maîtres des Latins*. »

Par catholicisme, M. de Bismarck entendait le classicisme et notre supériorité dans les arts et dans les lettres. Il disait : Nous imposerons notre mentalité romantique au monde, nous le commanderons en continuation de la vieille lutte des Germains contre Rome, de Luther, etc., etc.

Cette substitution se poursuit partout en musique, en architecture, aussi bien dans l'Italie, si classique, qu'en Espagne.

La vieille et douce France se laisse conduire au reniement du spiritualisme, qui a fait sa force à travers toute son histoire.

C'est ici encore que je dois placer une conversation que l'abbé Dufour, ancien curé de Sainte-Barbe de Servigny, fondateur de l'école Saint-

Jean, eut le dernier jour de juillet 1879 avec M. de Manteuffel.

L'abbé Dufour nota cette conversation, et ces notes me furent données plus tard par son neveu, M. Émile Dufour.

M. de Manteuffel, nouvellement nommé statthalter, désirait faire aimer l'Allemagne par les Alsaciens-Lorrains, et il fut dès l'abord bienveillant pour l'abbé Dufour, directeur de l'école Saint-Jean, malgré l'esprit très français qu'il savait y être insufflé aux élèves et malgré les dénonciations allemandes.

L'abbé Dufour ayant eu besoin de voir M. de Manteuffel pour son école, ce dernier lui demanda :

« Vous êtes donc toujours irrédentiste, monsieur l'abbé?

— Oui, monsieur le maréchal, et j'espère bien que la situation actuelle ne va pas durer longtemps.

— Vous aussi, ajouta le maréchal en souriant, vous croyez à la revanche, au retour de l'Alsace-Lorraine à la France?

— J'y crois fermement et je l'espère bientôt. C'est là que sera le triomphe de la République française.

— La république, monsieur l'abbé, telle qu'elle est constituée et avec le personnel qui la dirige, est le seul gouvernement qui puisse nous garantir notre conquête. Nous avons tout intérêt à le soutenir et nous nous opposerons à une restauration, quelle qu'elle soit, car elle serait pour nous une menace immédiate!

— Je restai stupéfait, » ajouta l'abbé Dufour, qui crut entrevoir un abîme sous ses pas.

Manteuffel continua :

« Les hommes qui ont fait la république actuelle, grâce à nous, l'ont faite pour eux. Ils attendaient depuis longtemps l'occasion de l'établir. Ils s'y sont installés comme des faméliques s'installent à une table bien servie qu'ils convoitent. Ils se sont distribué les places et les honneurs. Ils étaient pauvres et obscurs, ils sont riches ou le deviennent. Ils ont la gloire et le bien-être, c'est-à-dire tout ce que désiraient leurs ambitions et leurs appétits. Or, ils ont intérêt à faire taire, en France, les idées de revanche et à effacer petit à petit les souvenirs d'Alsace-Lorraine. Avec une nation orgueilleuse comme la France et encore patriote, une guerre marquerait définitivement la fin de leur règne. On les renverrait d'où ils sont venus, parce que la France pousserait immédiatement au pouvoir le général victorieux et le parti français. Ce serait leur chute irrémédiable, et c'est ce qu'ils empêcheront par tous les moyens. Comme nous ils tiennent à garder ce qu'ils ont à tout prix. La république qu'ils ont faite pour eux et pour leurs créatures n'est ni républicaine ni patriote. C'est la république des ruminants. »

Et le maréchal éclata de rire.

J'avais donc bien l'intuition des choses, j'étais donc bien Française avec mes passions de la Grèce et du classicisme, avec mon inimitié contre ceux qui persécutaient le catholicisme et ma douleur de l'entente de Gambetta avec Bismarck, qui devait aboutir à la fondation d'une république ennemie de la revanche, prête à briser avec l'Italie pour Tunis. Les deux forces latines dans ce plan de Bismarck, devaient être séparées en deux tronçons.

* *

Enfin la *Revue* est constituée comme affaire. C'est mon notaire, Mᵉ Portefin, qui a fait les statuts, c'est Chabrières-Arlès-Dufour et Baret qui ont veillé, avec leur connaissance complète du sujet et leur vieux dévouement d'amitié, à ce que tout soit fixé ou prévu. Tous quatre nous sommes d'accord qu'un premier capital de cinq cent mille francs est très suffisant.

Les administrateurs sont discutés entre nous et tout s'annonce bien. Mes collaborateurs sont nombreux. J'en recrute ces derniers jours d'importants et de nouveaux.

Maurice Sand me donnera tout ce qui vaudra la peine parmi les manuscrits laissés par ma grande amie. C'est sous son évocation que je travaille à créer une œuvre digne du désir qu'elle en avait et qu'elle voulait faite par Adam et par moi.

De M. de Marcère, 18 août 79 :

Ma chère amie,

Je vois que vous ne savez plus trop si les centre gauche sont des réactionnaires. On ne sait plus si les républicains sont des libéraux, les démocrates répudient les opportunistes, etc., etc. C'est la tour de Babel, et la confusion des langues mène à la confusion du reste.

Pour ce qui est de moi, je vais essayer de me faire des opinions claires sur tout ceci. Quant à présent, je ne distingue que des gens qui aspirent à la direction du bâtiment, et je me méfie un peu des trouveurs de pies au nid. Excusez cette expression, je ne sais pas en quelle disposition vous êtes, et ce que je redoute le plus en politique, c'est de blesser mes amitiés.

A cela je tiens beaucoup jusqu'à ce qu'on me démontre que j'ai eu tort. Quelques-uns l'ont déjà fait. J'y tiens surtout envers vous. Je vais donc écrire à Ribot, comme vous m'en priez, pour lui recommander ce Louis Leroy dont vous voulez faire un rédacteur au *Parlement*. Du diable si je sais ce que mon intervention vaudra. Croyez-moi toujours

Tout à vous.

Et la Revue ?   De Marcère.

Du général de Galliffet

Chère madame,

Si Wachter se conforme au programme convenu, je serai le père de l'enfant qu'il vous apportera. Il sera confectionné ici. Peut-être sera-t-il peigné ailleurs. Je souhaite que cet embellissement ne le rende pas pire.

Je vous prie de me croire, madame mon chef, votre bien respectueux subordonné.

Galliffet.

Tout le monde me parle de la gloire que j'aurai à publier *Bouvard et Pécuchet*.

Le volume est fort avancé, mais avec Flaubert ce qui demande trois mois peut durer trois ans.

Il vient à Paris.

« Flaubert, mon bon géant, mon ami très cher, lui dis-je, ne me faites pas trop languir pour *Bouvard et Pécuchet*. Quand ma *Revue* portera votre nom sur sa couverture, je croirai dominer le monde. Car, mon grand ami, je vous admire comme on vous admirera d'un bout à l'autre de l'univers lisant, autour du prochain demi-siècle.

— Ma bonne dame, vous n'êtes qu'une vile flatteuse! Parlons de Tourgueneff. J'ai sa nouvelle pour votre *Revue*. C'était d'ordinaire Mérimée qui corrigeait les épreuves du Moscov, comme il l'appelait. N'étant plus là, c'est moi qui corrigerai l'épreuve de sa « nouvelle ». Elle est bien, très bien. Le Moscov ne ressemble à personne, il est de là-bas, d'outre-neige. Cette revue décidément va avoir bon air.

— Si *Bouvard et Pécuchet* y faisaient leur entrée, bien sûr.

— Bien sûr qu'ils embêteraient la plupart des lecteurs de *notre* revue, car vous n'avez pas la prétention, je suppose, de n'avoir pour abonnés que des critiques littéraires de premier ordre.

— Non! mais puisqu'ils seront mes abonnés, c'est qu'ils partagent mes admirations.

— Ah! celui qui vous clora le bec... »

Tourgueneff vient me dire au revoir. Il est exquis et va faire pour la *Revue* de la propagande en Russie. Pour ses articles, il a si peu conscience de leur valeur que je suis forcée moi-même d'en fixer le prix.

Le Moscov est bien Moscov, c'est un sincère, passionné jusqu'à en être primitif. On s'imagine que Tourgueneff a dû se franciser en France. Nullement. Il n'a jamais été chez nous qu'un exilé, d'abord forcé, puis volontaire. A Paris, il pense sans cesse à sa Russie, et à certaines heures il en a la nostalgie aiguë. Le voilà joyeux de partir. Cependant il reviendra, mais pour se reprocher de vivre loin d'elle, de l'aimée, de la patrie. Il ne s'est jamais vraiment senti chez lui ni à Bade ni à Paris. Pourtant il aime ses amis français de toute son âme chaleureuse de Slave. Il les aime d'affection « indestructible, indénouable ». Ce sont ses mots. On trouve dans les lettres de Tourgueneff, publiées plus tard, des phrases comme celles-ci :

« Je suis condamné à une vie de bohème, et il faut croire que jamais je ne me construirai un nid. Dans l'air étranger, je me décompose comme poisson mort à l'heure du dégel.

« Dites ce que vous voudrez, mais en pays étranger on est déboîté ; personne n'a besoin de vous et vous n'avez besoin de personne. »

Et ailleurs :

« Je suis de nouveau devant ma table de travail, et dans mon âme il fait plus sombre que dans un mur sombre. Pareille à un instant, passe la journée vide sans perspectives, sans couleur. Le temps de jeter un coup d'œil, et déjà il faut regagner son lit ; plus de droit à la vie, plus de désir de vivre. Rien à faire, rien à attendre, rien même à souhaiter. Vous parlez de rayons de gloire et de sens enchanteurs. Ah ! mon âme, nous sommes les éclats d'un verre cassé depuis longtemps. »

C'est dans Tourgueneff qu'on peut suivre la hantise des idées baroques qui assaillaient alors un cerveau russe.

Le nihilisme d'abord, dans les *Pères et les enfants*, est une sorte de bon genre philosophique. Bazaroff est le type de cette époque. Dans *Terres vierges* s'étalent les idées de Tchernizewsky, le socialisme partageux. De là vont naître toutes les extravagances des systèmes sociaux qui, en 1879, agiteront la Russie. Les écoles socialistes sont ouvertes.

Tourgueneff, Tolstoï hâtent le mouvement, mais ils sont bientôt dépassés par les révolutionnaires.

Tchernizewsky s'écriait : « Que faire? » Bakounine répond. Il prêche à Dresde, et sa parole passe par-dessus la frontière comme une parole de prophète.

* * *

Tout se transformait autour de nous. Le groupe compact qui était allé à l'assaut de la réaction, drapeau libéral et patriotique en tête, s'était complètement désagrégé. De nouveaux amis entouraient Gambetta, avides de prébendes, de bénéfices, autant que les anciens l'avaient été d'influence et d'honneur. Des banquiers fréquentaient assidûment chez lui. Plusieurs situations qui exigeaient beaucoup de savoir vivre furent données à des gens qui n'avaient reçu aucune éducation.

L'un de mes amis scandalisé me conta que Gambetta, fumant un soir, étendu sur un canapé, dans l'un de ses salons, laissa tomber son mouchoir et que trois personnes se précipitèrent pour le ramasser.

On prétendait que le président de la Chambre commençait lui-même à se lancer dans les grandes affaires et discutait les bénéfices de sa participation. Cela, je le démentais absolument. Adam et moi, nous avions eu trop de preuves de sa résolution de ne jamais « trafiquer », comme il le disait. J'en pouvais répondre sur le souvenir d'Adam ; j'ajoute cependant qu'il était presque sans scrupules quand il s'agissait des autres et de son entourage particulier.

« Les nouvelles couches sociales, m'avait-il dit un jour, doivent s'aristocratiser par la fortune, » et, en bon autoritaire et césarien qu'il était, il admettait que, pour gouverner les hommes et les maintenir autour de soi quand on est au pouvoir, il faut les laisser s'enrichir.

Je lui avais pourtant répété souvent cette théorie qu'Adam lui avait exposée plus d'une fois :

« Un chef doit imposer ses moralités à son parti, ou partager les risques de l'immoralité des siens, ce qui est encore une façon de la circonscrire ; mais encourager l'assaut à la fortune et ne pas surveiller le pillage, c'est courir le danger constant d'être vilainement compromis. »

Comme après peu de temps nous sommes loin de la république rêvée ! Aussi mon salon, que fréquentent de moins en moins les nouveaux hommes politiques, devient-il de plus en plus le salon de la future revue. J'emplis mon esprit d'autres rêves, je suis tout à la littérature. Poésies, drames, nouvelles, romans, études politiques même, lus et triés s'amassent dans mes cartons.

Les symbolistes, les parnassiens sont l'objet de nosdisc ussions. J'admire les parnassiens, grecs eux aussi, amoureux de la beauté pure, mais de la seule beauté de la ligne dans l'immobilité. Ils ne rêvent pas comme moi de draperies flottantes au vent qui souffle du golfe de Phalère ou du mont

Hymette; ils veulent le pli statuaire, moi je l'aime vivant.

Les symbolistes venus à la fin du romantisme l'exagéraient souvent jusqu'au ridicule. Leur petite pléiade pénétrait dans toutes les écoles et copiait les maîtres par leurs mauvais côtés.

« Toutes les écoles ont leur raison d'être, leur valeur, me dit un jour Spuller. Elles naissent pures, en réaction contre les abus de celles qui les précèdent ou rivalisent avec elles.

— Alors tout est bien qui finit mal, » répondis-je en riant.

Je reçois de Cauterets, le 27 août, la lettre suivante, de Bonnat :

Quel honneur! Mon nom parmi les collaborateurs de la revue de Mme Adam! Je ne vois, hélas! chère madame, qu'une difficulté, mais elle est grande, infranchissable même.

Je ne sais pas écrire! Comment voulez-vous qu'avec une plume à la main je puisse vous être d'une utilité quelconque, moi, pauvre diable de peintre!

Madame Adam, vous n'y songez pas! Passe encore si c'était une revue à dessins... Mais une revue où l'on verra de belles lignes bien alignées, écrites en beau français.. Non! madame Adam, vous n'y...

Et puis, s'il faut vous dire toute ma pensée, nous ne faisons — Guillaumet à part, toutefois — que perdre à cette multiplication de talents. « Ce peintre, disent les peintres, écrit mieux qu'il ne peint, » et les littérateurs reprennent : « Il peint mieux qu'il n'écrit. » Et puis vous connaissez le proverbe : « Entre deux selles... »

Je ne vois que les clowns qui puissent faire mentir le proverbe, mais je n'ai aucun goût pour ce métier-là! je sais bien que vous ne demandez que mon nom sur la couverture, et à cela je ne verrais aucun inconvénient à vous être agréable, mais à quoi bon tromper les gens? Pourquoi croire ou laisser croire ce qui n'est pas? Vous seriez la première à ne plus avoir foi en moi, à ne plus croire rien de ce que je vous dirais : que j'ai pour vous une très réelle et très respectueuse affection, ce qui me chagrinerait fort. Non, laissez-moi barbouiller des toiles ; aussi bien je ne suis bon qu'à ça.

A vos pieds, chère madame.

Léon Bonnat.

D'Émile.Deschanel :

Bougival, 29 août.

Je travaille pour vous, chère madame, et pour votre revue. Quand paraît-elle? Vous m'avez dit que ce serait pour le mois de septembre, nous y voilà dans trois jours.

Mais peut-être croirez-vous possible d'attendre jusqu'au mois prochain afin de laisser aux gens d'esprit, dispersés en villégiature, le temps de revenir à Paris. Quoi qu'il en soit, j'ai déjà quelques articles tout prêts pour vous, puisque vous avez bien voulu me faire l'honneur et l'amitié de me convier à être votre collaborateur.

Lorsqu'une visite est entrée dans la *loge présidentielle*, à la Chambre, je commençais à vous expliquer de quoi il s'agit ; cela s'appellera : *Le Peuple et la Bourgeoisie*. Et c'est le développement de cette pensée qui est la première phrase du livre. « La démocratie véritable est l'ascension continuelle du peuple par l'intelligence et par le travail. »

Vous en prendrez ce que vous voudrez, à commencer par le premier chapitre, qui est un des plus variés, et je crois pouvoir dire assez amusant par là, sur un fond très sérieux, car en voici les titres :

1° L'esclavage fut un progrès relativement à l'anthropophagie.

2° Le servage adoucissement de l'esclavage.

3° L'émancipation née du travail suivant les affranchissements des individus, des groupes, du sol, communautés agricoles.

Il est tout prêt pour l'imprimeur; de plus il y a cette particularité qui, dans le premier ou l'un des premiers numéros de votre revue, ne ferait pas mal, ce me semble; c'est qu'un passage choquant d'un discours de Louis Blanc sur l'esclavage est cité en appendice à la fin de ce chapitre ou de cet article, de sorte que, sur la table des matières de ce numéro, ce nom pourrait prendre place et ferait l'effet d'un article de Louis Blanc après celui de votre bien dévoué et très sympathique et respectueux confrère.

Émile Deschanel.

J'ai une véritable joie, qu'Adam aurait eue plus grande encore peut-être : notre ami Georges Pouchet obtient la chaire d'anatomie comparée au Muséum. Pouchet a été secrétaire général de la préfecture de police durant le siège. C'est avec lui que nous avons résisté à la nomination de Raoul Rigault comme préfet de police, et à ses menaces, alors qu'accompagné de trois cents hommes il nous sommait de lui céder la place.

Georges Pouchet, lui aussi, sera l'un des collaborateurs de la *Revue*.

De M. de Lesseps :

La Chênaie, 30 août 1879.

Très gracieuse amie,

Merci de votre aimable billet d'hier, vous êtes une femme d'élite et par conséquent courageuse, mais il est préférable, en présence d'attaques anonymes, de se borner à montrer au public qu'on a raison; c'est pourquoi je n'ai pas voulu révéler certaine turpitude financière qui, à l'étranger, fait peu d'honneur à notre pays.

Dans un bulletin spécial au canal américain que je veux faire publier tous les mois et dont le premier numéro paraîtra le 1er septembre, je publie une lettre de M. Dinks, le plus éminent ingénieur du Water-Staat en Hollande.

Voici cette lettre. Vous verrez s'il y a lieu de l'ajouter en P.-S. à notre article de la *Nouvelle Revue*.

De plus, je compte présenter lundi à l'Académie des Sciences, dans notre séance hebdomadaire, un grand volume de 666 pages contenant les comptes rendus des séances et des rapports du Congrès inter-océanique. Je compte aussi à ce sujet dire : L'académie a déjà été informée du résultat du Congrès, qui s'est prononcé en faveur d'un canal d'eau de mer à niveau constant de préférence à tout autre tracé nécessitant des écluses avec une alimentation d'eau douce.

L'expérience du canal de Suez avait déjà démontré que pour assurer une grande navigation de traversée il fallait un canal maritime aussi libre qu'un Bosphore naturel et non un canal fluvial soumis à des arrêts et même quelquefois à des chômages, et ne pouvant être profitable qu'à une navigation intérieure.

Il faut espérer que dans quelque temps nous pourrons demander aux incrédules : *Quare dubitatis?*

D'ailleurs, l'arbre qui croit trop vite n'a pas de racines profondes, et, comme l'a dit un jour un orateur homme d'État :

« Le temps ne conserve que ce qu'il a fait. »

Votre tout dévoué.

FERDINAND DE LESSEPS.

J'ai fait, comme collaborateur, comme critique, une très bonne acquisition ; Colani, qui écrit à *la République française*. Il a vécu en Alsace, et il est passionné pour sa cause.

Colani, quoique d'origine italienne, est né dans ma Picardie. Pasteur à Strasbourg, il y exerçait une véritable dictature intellectuelle. Saint-Marc Girardin avait dit de lui : « Son éloquence est juvénalesque. Ses discours sont d'un puissant dialecticien plus que d'un orateur onctueux. Il est impératif. »

Après 1871 Colani quitta l'Alsace, s'établit dans la Charente, y fut distillateur et se ruina entièrement. La petite revue qu'il essaya de fonder à Paris eut un insuccès complet. Il entre alors à *la République française* comme rédacteur littéraire. Je lui propose de faire une étude sur Zola, il me l'apporte : elle est magistrale et savoureuse.

De Saint-Saëns, le 5 septembre :

Madame,

Je reçois votre lettre en arrivant de voyage et je m'empresse de vous remercier de l'honneur que vous me faites en me demandant de m'associer à vos collaborateurs. Si mon nom peut vous être de quelque utilité, faites-en l'usage qu'il vous plaira, mais je ne puis vous promettre un concours bien efficace. Je ne puis écrire qu'à mes moments perdus, et ce sont des moments qui deviennent de plus en plus rares.

Veuillez agréer, madame, etc.

De Déroulède :

9 septembre 79.

Chère madame,

Voici bien vite et telle quelle une preuve de ma bonne volonté.

Seulement vous savez que je suis de ceux qui croient toujours être au lendemain de Sedan et qui voudraient être un jour à la veille d'Iéna. Aussi mes vers vibrants, comme vous les appelez, ne vibrent-ils vraiment que sur la corde tendue du patriotisme et de la revanche. Cette note n'est guère à l'unisson, n'est-il pas vrai?

Je ne parle pas pour l'auteur de *Grecque*, qui a si *françaisement*, elle aussi, traduit l'*Hymne* d'Eschyle, mais le directeur de la *Nouvelle Revue,* que fera-t-il et que pensera-t-il de ce solo guerrier dans sa très artistique symphonie? A lui d'en délibérer avec vous, madame, et, quoi que vous en décidiez l'une et l'autre, je n'en baise pas moins, bien respectueusement et bien affectueusement aussi, les belles mains du chef d'orchestre dont j'ai l'honneur d'être à la fois, et selon son choix, le trompette, tambour ou timbalier.

Paul Déroulède.

On ne parle que des manœuvres de la Brie, qu'on dit avoir été extraordinaires. Chacune a été précédée d'une conférence de Galliffet aux généraux, toutes remarquables. Au point de vue militaire on ne piétine pas, on avance, on travaille.

La République a relevé le moral de l'armée. Il y a là quelque chose de réalisé. J'entends répéter aux généraux, mes amis, ce que Duclerc, président de la commission de l'armée, nous fait espérer depuis longtemps.

« En 1880 nous serons vraiment relevés, et non seulement capables de nous défendre, mais en mesure d'attaquer. »

Je lis le rapport que le général Saussier veut bien me communiquer. Ce rapport est signé : capitaine Gilbert.

Saussier me conseille de le prendre parmi mes collaborateurs militaires. Je le crois bien! Ce rapport a une valeur de science, de clarté, une chaleur et une précision d'exposition remarquables.

J'écris au capitaine Gilbert, et j'obtiens sa collaboration. Il ne veut pas signer de son nom, mais s'appelant Georges Gilbert il signera G. G. Il serait dans les grades supérieurs aujourd'hui comme tous ses camarades s'il n'avait les jambes paralysées. Il dut se retirer avec le grade de capitaine.

Du général Billot :

Lille, 1ᵉʳ corps d'armée, 14 septembre 1879.

Chère madame et amie,

Je trouve, en rentrant à Lille d'une inspection dans les places du Nord, la gracieuse lettre que vous avez bien voulu m'adresser.

J'en ai été très touché et je m'empresse de vous remercier au nom de ma femme et au mien de votre gracieux souvenir.

Vous rappelez-vous notre rencontre au concert du Trocadéro ? Avec votre coup d'œil de femme et d'artiste supérieures, vous aviez deviné sous la calme et fine physionomie de ma cousine une nature d'élite, et en bonne et affectueuse amie vous aviez approuvé mon choix. Chaque jour m'apporte une satisfaction nouvelle, et je m'applaudis tous les jours d'avoir fait précéder par trois ans de fiançailles le mariage que j'ai contracté. « Idées religieuses et morales, idées politiques et idées mondaines, habitudes de foyer domestique, je trouve ce que j'avais une première fois rencontré et perdu. »

Ma fiancée avait été fort critiquée ayant préféré un homme de cinquante ans à nombre de jeunes gens qui se présentaient. Votre suffrage en faveur de mes projets vous a donné une nouvelle amie qui sera heureuse de vous connaître, madame.

J'aurais été très flatté d'être votre collaborateur à la *Nouvelle Revue*, mais les ordres du ministre sont absolus. Je suis chargé, en cours de mes inspections, de renouveler à cet égard ses instructions formelles, et je vous en envoie une copie. Vous verrez par là l'impossibilité où je me trouve de me faire imprimer *sans permission*.

Je n'en suis pas moins de cœur avec vous et vos collaborateurs, ne pouvant y être de nom.

Croyez, chère madame, à l'expression respectueuse de ma vieille amitié.

BILLOT.

Plus je songe à ce qu'on peut grouper de talents, plus j'ai la preuve que notre France a encore toutes ses vigueurs intellectuelles, les autres peuples ne pouvant fournir une telle pléiade de supériorités scientifiques, littéraires, artistiques. Notre France est grande! Tout le monde la pille, et personne chez nous ne s'attache à glorifier nos valeurs. Je le ferai, je crierai bien haut qui nous sommes. J'attends de mes collaborateurs qu'ils glorifient toutes nos gloires passées, qu'ils forcent à l'admiration de toutes les présentes, et moi, je chercherai, sans me lasser, les nouveaux talents qu'on peut mettre en lumière. Il faut exalter les supériorités pour élever une barrière contre tout ce qui est médiocre.

J'ai écrit à Mme Michelet et à Mme Quinet pour leur demander leur collaboration.

Toutes deux m'ont répondu fort sympathiquement et disent se réjouir de voir une femme, pour la première fois, prendre la direction d'une grande revue. Mais, chose curieuse, chacune trouve moyen de me parler de l'autre et de me faire entendre que je ne dois pas rechercher sa collaboration; elles sont en véritable vendetta.

Mme Michelet vient me faire visite. Elle me raconte ses procès après la mort de Michelet, depuis

1874. Elle a une valeur personnelle, et elle songe, comme Ronchaud m'en avait déjà prévenue, à se hausser au détriment de Michelet. Elle dit un peu trop peut-être la déférence qu'il montrait pour ses conseils.

Mᵐᵉ Quinet ne m'a parlé, en venant me voir, que du caractère élevé, de la noblesse de sentiments, de l'apostolat politique et littéraire d'Edgar Quinet, de son profond amour pour son pays. Et elle me cite cette belle phrase qu'il écrivait avec tout son cœur :

« J'ai adoré la France, j'ai rêvé pour elle la gloire de devenir l'idéal des peuples modernes. Quand il sera question de patrie, quelques hommes de bonne volonté se souviendront de moi. »

Je le confesse, la veuve de Quinet me touche plus que la veuve de Michelet.

Girardin est chaque jour plus découragé de la vie politique. Libéral résolu, il a été indigné de l'article 7. Il a voté contre. Deux choses l'intéressent encore : le canal de Panama de son vieil ami Lesseps et *la Nouvelle Revue* de son amie Mᵐᵉ Adam.

Il me trouve « très forte » d'avoir remplacé mon salon politique, où je ne pouvais plus « rien inspirer ni rien dire », par ma *Revue* où je pourrai « tout critiquer et tout dire ».

Nous sommes quelques-uns, de plus en plus nombreux, qui n'acceptons pas cette sorte d'obéissance passive qui courbe certains de nos amis, vaillants jusque-là.

Gambetta s'irrite du mouvement qui se fait autour de ma *Revue* ; il en a d'abord parlé en souriant, non sans quelque dédain. « La revue d'une femme ! » About m'a raconté toute une conversation que Gambetta a terminée en disant :

« Il n'y a pas un personnel d'écrivains en dehors de *la Revue des Deux Mondes*, qui puisse alimenter une grande revue. »

Chabrières-Arlès me dit qu'il est fort en colère contre Gambetta, parce que, sachant que c'était lui qui organisait *la Nouvelle Revue* au point de vue administratif, il a brutalement essayé de le décourager.

Chabrières lui a répondu :

« Mon beau-père considérait Mme Adam comme sa fille, et elle a été pour lui plus qu'une fille à sa mort. Nous la considérons dans la famille Arlès comme notre sœur. C'est vous dire à quel point nous lui sommes et lui restons dévoués. »

Gambetta a fait, près de Kœchlin-Schwartz, qui est le président de mon conseil d'administration, ce qu'il a pu pour le détacher de la *Revue,* se plaignant du rôle politique *détrempant* que je joue après avoir été *le lien des gauches.*

Kœchlin lui a répondu carrément :

« C'est très bien, la politique, mais moi, Alsacien, je songe avant tout à ce qu'elle n'a cessé de faire pour l'Alsace ! »

Gambetta, sans se lasser, a conseillé à Spuller à Colani, à Challemel, de ne pas écrire dans ma

Revue. Il ignore qu'ils se sont engagés à y collaborer.

Le vieux Duprez m'apporte ses mémoires. Ils ne sont pas d'un intérêt palpitant. Je les accepte quand même parce qu'il est curieux qu'il les ait écrits. Duprez vit très retiré; il en veut à la musique, qui lui a refusé ce qu'il eût désiré par-dessus tout : une célébrité comme compositeur !

Il ne veut plus entendre chanter !

Mme Carvalho, à qui je parlais, ces derniers jours, de Duprez, me dit que c'est lui qui l'a présentée au public, en 1849, à sa représentation d'adieux, dans le deuxième acte de *la Juive* et dans un fragment de *Lucie.*

André Theuriet m'envoie de jolis vers.

Je reçois de Cairoli la lettre suivante :

Rome, 12 septembre 79.

Madame,

J'ai reçu votre charmante lettre, et je vous renouvelle mes remerciements les plus vifs pour le bon souvenir que vous me gardez.

Connaissant les sentiments bienveillants que vous avez pour l'Italie, je suis certain que vous ne permettrez jamais la publication, dans votre revue, d'un article peu favorable à mon pays. Du reste, M. Gioia est un ami dont j'ai pu apprécier toujours le talent et la loyauté.

J'ai donné des ordres au département des affaires étrangères de vous faire passer, toutes les fois qu'il y en aurait et aux dates indiquées, les nouvelles officielles ou les rectifications qui pourront vous intéresser et être publiées.

Je me fais une véritable fête de lire le premier numéro de la revue.

En vous remerciant des paroles amicales qu'il vous a plu

de m'écrire à l'adresse de Mme Cairoli, que j'espère rejoindre à Belgirate dans peu de jours, je vous renouvelle l'assurance de ma considération la plus distinguée.

Votre très dévoué ami.

Benoît Cairoli.

Du général de Galliffet :

Chère madame,

Ma dépêche aura pu, je l'espère, me disculper à vos yeux.

Ce que vous me demandez est si difficile qu'il me faut penser que je n'ai pas le droit d'oublier vos bontés. Je serai à Paris mardi ou mercredi ; je passerai à votre porte de rédacteur en chef, et ma réponse sera celle que vous ordonnerez après avoir entendu l'aveu de mon incapacité.

Si vous persistez, il me suffira d'une heure pour rédiger une conversation.

L'article de M. Le Faure est excellent, il est dans le vrai. Nos manœuvres de corps d'armée ont été plus faibles que tout ce que racontent les journaux. Je vous dirai, et à lui aussi, beaucoup de choses intéressantes à ce sujet. Il a qualité pour le dire, et sa situation parlementaire renforce sa démonstration.

Vos compliments s'adressent à qui ne le mérite pas. Je n'ai été qu'un borgne dans un royaume où tous les grands étaient des aveugles. Le plus curieux est que tous ces grands espéraient mon fiasco. Tout ce que j'ai dit; tout ce que j'ai fait, il y a cinq ans que je le dis et que je le fais. Il paraît que mon heure était venue de passer prophète. J'avoue que je n'avais pas le pressentiment de mes destinées.

Les journaux qui m'éreintaient me font aujourd'hui un grand honneur. Ils m'offrent le vin de la réconciliation. Ils ignorent ma sobriété habituelle, et pour cette fois encore ils ne me griseront pas.

Qu'on°le sache bien parmi vos amis, et que de sottes et mesquines défiances ne viennent pas entraver un homme de bonne volonté ! ! !

Vous savez ce que je vise : n'ayant pas les talents de MM. César, Napoléon et même Prim, je suis résolu à ne pas endosser ceux de leurs habits qui leur ont causé une mauvaise sortie.

Gresley est un fin matois. Il ressemble un peu à Tarquin le Superbe, et je crois qu'il conseillera volontiers d'abattre les têtes de pavots qui dépassent les autres. Qu'il ne me prenne pas pour un pavot...

En attendant l'heure de me présenter à vous, je reste votre bien respectueux.

Général Galliffet.

Le 1ᵉʳ octobre paraît le premier numéro de *la Nouvelle Revue*.

Mon « A mes Lecteurs » a un vrai succès.

Les jeunes surtout, Joseph Reinach en tête, y applaudissent et trouvent l'entrée en matière de *la Nouvelle Revue* « **très vivante** ». C'est le mot de tous.

Spuller m'apporte une belle étude sur Thiers.

Il me dit que « notre *Revue* est en marche ».

Une lettre du général Cialdini :

Ma chère amie,

Hier seulement, j'ai pu donner un coup d'œil au premier numéro de votre revue.

Je vous en félicite. C'est le premier besoin de l'affection que je vous porte. Prophétiser à votre publication un avenir splendide et durable, c'est le jugement que j'en fais.

Hier au soir, j'ai dîné chez Brébant. Mes convives, plusieurs d'entre eux, très compétents, mille fois plus que moi, ont parlé de la *Nouvelle Revue* et de *son beau directeur* dans les termes les plus flatteurs. Il y avait dans leurs paroles toute une série d'applaudissements et de félicitations.

Vous me permettrez, j'espère, d'aller vous serrer la main demain à deux heures. Je tiens à vous voir. Le succès doit vous rendre plus belle encore.

Votre ami.
Cialdini

Le général de Galliffet m'écrit :

Pardonnez-moi de ne pas venir moi-même vous porter le document que vous me demandez. Je vous l'envoie. Je suis retenu pour longtemps encore par des travaux qui m'intéressent, qui me feront peut-être quelque honneur et qui n'ont rien de commun avec le *portefeuille* que seuls les journaux m'ont offert et dont je ne voudrais pas si on me l'offrait, ce qui n'arrivera pas. Je ne suis pas un ministre convenable pour l'époque actuelle.

Veuillez me croire, chère madame, votre bien respectueux.

Général Galliffet.

15 octobre 1879.

De Girardin :

Chère amie,

Je viens de recevoir ponctuellement la deuxième livraison de la revue. Je l'aurai parcourue avant samedi, jour où e vous attends à dîner avec *notre* amie Mme de Novikoff. A samedi sept heures et demie, à table.

De tout cœur.
E. de Girardin.

Le 17, une autre lettre. Girardin m'annonce que le dîner devient un « gala », qu'il y aura M. et Mme Gladstone, donc dîner d'apparat; il y aura aussi le général Kireieff, frère de Mme de Novikoff.

Mme de Novikoff est très liée avec Gladstone. On la dit fort influente sur son esprit.

L'un des frères de Mme de Novikoff ayant été

assassiné et torturé par les Turcs, elle obtint de Gladstone sa fameuse brochure sur les « Massacres de Bulgarie », qui décidèrent de la guerre turco-russe.

Girardin ajoute :

« Il y aura Gambetta, très désireux de causer avec Gladstone. »

Le général Kireieff accompagne comme aide de camp le grand-duc Constantin, en ce moment à Paris. J'avais donné au général les deux premiers numéros de la *Revue,* que Mme de Novikoff me demandait pour lui. Le grand-duc les a lus, et quelques jours plus tard il a prié Girardin de m'inviter un jour à déjeuner avec lui.

Le dîner de Girardin est fort brillant. La conversation, très animée, est générale. On parle de la guerre turco-russe, et Girardin raconte que, dans notre milieu, nous deux seuls nous passionnions pour les succès des Russes.

On parle de *la Nouvelle Revue.*

« Quels sont les buts poursuivis par la fondation de votre *Revue?* me demande Gladstone au dessert.

— J'en ai trois : la lutte contre Bismark, la continuelle revendication de l'Alsace-Lorraine, le désir d'effacer dans l'esprit des jeunes écrivains de talent la tristesse de la défaite et de leur donner la célébrité dix ans plus tôt qu'ils ne l'auraient sans ma fondation.

— Et vous croyez pouvoir triompher dans ces trois poursuites? me demande Gladstone.

— Je ne suis pas certaine de triompher dans toutes, mais je suis sûre de certains résultats. Le premier, c'est de voir la chute de Bismarck durant l'existence de *la Nouvelle Revue.* »

Gambetta, qui écoutait, eut un sourire et un regard de défi.

« Pour l'Alsace-Lorraine, je ne cesserai de m'inscrire avec la majorité des Français contre le crime d'avoir arraché, sans leur consentement, des populations à leur patrie. Pour les talents à révéler, pour les valeurs à mettre en lumière, je m'en charge ! et j'ai pour cela un procédé plus que simple. Je lirai moi-même tous les manuscrits qu'on m'enverra et tout ce qui se publie sous des noms nouveaux.

— Et quand même elle ne réussirait pas dans tout ce qu'elle poursuit, ajouta Girardin, ce sera quelque chose de l'avoir tenté.

— Elle réussira, j'en suis certaine, dit Mme de Novikoff.

— Pourquoi cette affirmation absolue? demanda Gladstone.

— Parce qu'elle a la France au corps !

— C'est un joli mot, dit Gambetta. Je vous en fais mon compliment, madame. Et il va bien, n'est-ce pas, Girardin, à notre amie? Seulement, moi, j'aurais dit le diable ! »

Nous parlons de la politique anglaise. Je dis à M. Gladstone avec conviction que je déteste lord Beaconsfield à cause du congrès de Berlin et de son compérage avec Bismarck pour frus trer la Russie et lui enlever le bénéfice de sa victoire.

« Et, dit Gambetta à M#me# de Novikoff, non seulement M#me# Adam a la France au corps, mais elle a la Russie au cœur. Il y a longtemps que je l'appelle cosaque !

— Monsieur Gambetta, répond M#me# de Novikoff, je sais le congrès de Berlin mot à mot, je sais que vous ne nous aimez guère, mais un patriote comme vous, celui qui s'est dressé dans la défaite, remettant ainsi en cause la victoire allemande, celui qui a sauvé l'honneur de la France, ne peut être que l'ennemi du germanisme, et par conséquent l'ami des Slaves. »

Gambetta répond galamment :

« Vous êtes éloquente, madame, mais l'éloquence a peu de prise sur moi, et je puis ajouter : sans excessive vanité… naturellement.

— Vous avez vu les femmes russes à travers Lise Troubetzkoï, ajouta en riant M#me# de Novikoff. Elle a, je le sais, commis vis-à-vis de vous des maladresses que Gortschakoff, vieilli, n'a pas su réparer. Mais permettez-moi une prédiction : l'Allemagne vous sera fatale à vous, jeunes, si vous vous entendez avec elle, comme je sais qu'elle l'a été au vieux Gortschakoff.

« L'Allemagne, monsieur Gambetta, vous fera un jour aimer la Russie, lorsqu'elle vous aura bien trahi, car Bismarck ne sait que trahir, à l'aide de ses amis du jour, ses amis de la veille ! »

Gladstone, après un assez long entretien avec

Gambetta, cause avec Mme de Novikoff. Nous causons seuls, un instant, Gambetta et moi.

« Vous ne soutenez Ferry et ses lois si dangereuses, lui dis-je, que parce qu'il est comme vous partisan de l'entente allemande. Mais il ne la veut, cette entente, et il n'exagère son Kulturkampf, que pour ne plus vous laisser rien à faire d'anticlérical, ce qui semble « la grande idée de l'opportunisme actuel ». Comme en même temps vous perdez votre figure de défenseur national, Ferry se dit qu'il ne vous restera rien et que lui, l'anticlérical chef, restera! Ah! mon cher ami, ceux que vous perdez par votre politique antilibérale étaient les plus dévoués et les plus désintéressés, à commencer par Girardin et par moi. Le Kulturkampf n'a pas réussi à Bismarck au point que cela vaille la peine de l'imiter. Il est allé à Canossa, et vous devriez lâcher Ferry comme Bismarck a lâché Falk. Les lois de Mai et les lois Ferry sont sorties des mêmes conceptions, et, si un Bismarck a cédé à l'Église de Rome avec le nombre restreint de catholiques qu'il y a en Prusse, pourquoi ne céderiez-vous pas en France, où il y en a trente-huit millions? »

— Le pape vient à nous, » me dit Gambetta.

Stupéfaite, j'ajoute :

« Admettons, ce que je ne crois pas. Mais pourrez-vous vous arrêter dans votre lutte contre l'Église quand vous aurez laissé faire la trouée aux radicaux-socialistes? Croyez-vous arrêter Brisson et Clemenceau? »

Gambetta haussa les épaules.

« Ma pauvre amie, me dit-il, vous voilà prêcheuse comme une protestante. Ah! que vous étiez autrement intéressante et charmante lorsque vous étiez païenne. Vous n'êtes vraiment pas assez vieille pour devenir dévotieuse. »

La conversation se refit générale, et j'eus l'occasion de dire :

« Les articles du congrès de Berlin sont inexécutables, et déjà lord Beaconsfield est dans l'embarras de ses traîtrises. C'est à propos de sa politique extérieure que, je l'espère, il tombera.

— J'en accepte l'augure, » ajouta Gladstone.

Calzado, le fidèle ami de Castelar, me communique, le lendemain du dîner de Girardin, la lettre suivante, qu'il a reçue ces derniers jours de Castelar :

Madrid, 20 octobre 1879.

Je t'autorise à parler à Gambetta et à lui dire combien mes plaintes contre lui sont fondées. J'ai été l'ami du malheur, le chantre de ses louanges sur les deux continents, le premier à annoncer son avenir et son étoile dans les jours d'adversité, le dernier à venir dans sa cour dans les jours heureux, j'ai été l'auteur véritable de la politique républicaine qu'il a tant exploitée à son profit personnel, et, non seulement il m'a déclaré une guerre au couteau dans son journal pendant les jours les plus glorieux de ma vie, quand je sauvais l'intégralité de la nation et l'honneur et l'avenir de la République, mais encore il protège, maintenant, de son ombre, Zorilla et Carvajal, qui ne peuvent que le rendre ridicule aujourd'hui, et l'exposeront demain à s'en repentir et à s'en lamenter.

Dis-lui que ce n'est qu'en appuyant ma tendance qu'il

servira la France et la République. Après, qu'il fasse ce qu'il voudra. Je suis dans le malheur, lui dans le bonheur; je suis Espagnol, il est Français. Qu'il vienne à moi d'une façon délicate, car je ne ferai jamais le premier pas pour la réconciliation.

∗ ∗
∗ ∗ .

J'ai entendu, ces derniers temps, M*me* Lalo chanter des morceaux du *Roi d'Ys*. Je suis dans l'enthousiasme. L'ouverture, jouée au piano par Lalo, est magistrale. Que serait-elle à l'orchestre ?

Je fais toute une campagne en faveur du *Roi d'Ys*. J'y intéresse Proust et Gambetta lui-même. Je vois M. Vaucorbeil, mais il résiste avec entêtement.

J'annonce avec tristesse mon peu de succès à l'amie qui m'a fait connaître M. et M*me* Lalo.

Cette amie m'envoie la lettre que Lalo lui répond :

21 octobre 79.

Chère madame, veuillez exprimer toute ma reconnaissance à M*me* Adam et lui dire combien je suis touché de l'intérêt qu'elle veut bien me témoigner.

M. Vaucorbeil lui a répondu que mon livret était impossible. C'est la réponse invariable que font tous les directeurs aux compositeurs qu'ils veulent évincer.

Ce libretto a été *accepté* par une commission créée par M. Bardoux pour l'examen des opéras présentés au Théâtre-Lyrique. Le rapport au ministre demandait l'admission de l'œuvre, et ce rapport a été *rédigé* et *signé* par M. Vaucorbeil !

Il paraît que ce grand ouvrage, déclaré bon pour le

Théâtre-Lyrique devient impossible pour l'Opéra. C'est M. Prudhomme disant gravement :

L'Opéra doit être considéré comme un Louvre musical. Et l'on s'incline devant cette sentence sans se donner la peine de comprendre que ce qui est vrai pour la peinture est absolument faux pour la musique. La peinture a des siècles de grandeur, tandis que la musique, et surtout la musique de théâtre, est un art né d'hier ; chaque année lui apporte une nouvelle évolution, un nouveau pas en avant, et l'Opéra de Paris, restant immobile au milieu de ce mouvement, deviendra, non un Louvre, mais un hospice de vieillards.

M. Vaucorbeil se retranche derrière l'article premier de son cahier des charges : l'Opéra n'est pas un théâtre d'essai. M. Vaucorbeil devrait se rappeler que le seul titre artistique de son prédécesseur, c'est la création du *Roi de Lahore*.

Massenet était désigné par ses succès dans les concerts symphoniques; mais pour l'Opéra c'était un *débutant* d'autant plus dangereux qu'on se rappelait encore le fiasco de son opéra-comique. M. Halanzier n'a pas eu à se plaindre de l'*essai* d'un nom nouveau, et il est vraiment honteux, pour la France musicale, de ne pouvoir signaler que cette seule exception quand nous voyons l'Allemagne et la Russie ouvrir les portes de leurs grands théâtres à tous leurs compositeurs de talent.

M. E. Blau, mon collaborateur, a oublié son libretto à Blois, chez sa mère; il a immédiatement demandé par télégramme qu'on le lui renvoyât. Il sera très heureux de le soumettre à la haute intelligence de Mme Adam et fera tous les changements que M. Vaucorbeil désirera.

En attendant, chère madame, je vous demande de vouloir bien remettre à Mme Adam l'analyse de mon libretto, écrite par Velter dans le *Temps*. Elle verra que ce libretto, déclaré impossible, est très mouvementé, plein de passion, de situations dramatiques, et elle comprendra qu'il devait séduire un musicien ayant la haine des rengaines banales.

Agréez, chère madame, l'assurance de ma sincère affection.

E. LALO.

De Cialdini, 20 octobre 79 :

Ma chère amie,

L'arrivée du général de Galliffet m'a empêché de vous faire hier, avant de m'en aller, les remerciements que je vous dois pour votre affectueuse bienveillance et tout ce que j'ai lu dans le dernier numéro de la *Nouvelle Revue* à mon égard.

Permettez-moi donc de réparer mon omission involontaire et de vous dire par écrit, n'ayant pu le faire de vive voix, que, même en dehors des sentiments que vous m'inspirez comme femme, je vous suis profondément attaché par l'estime, la reconnaissance et l'amitié.

Tout à vous.

HENRI CIALDINI.

Le 21 octobre :

Ma chère amie,

Merci de votre offre obligeante. Si vous croyez pouvoir obtenir le silence du *Figaro*, veuillez agir de suite, car le même reporter de l'autre jour a cherché à s'introduire encore ce matin chez moi.

En toute hâte votre tout dévoué.

CIALDINI.

Il s'agissait de la publication du *Livre vert* italien, dans lequel Cairoli avait cru devoir reproduire des conversations de Cialdini avec M. Waddington. Cialdini avait laissé entendre à un rédacteur du *Figaro* qu'il regrettait cette publication. Grand émoi et criailleries des organes crispiniens contre le ministère Cairoli.

Mon ami Francis Magnard a été parfait en la circonstance.

Cialdini me remercie par lettre à ce sujet et demande à me présenter son ami le marquis de Mollens, ambassadeur d'Espagne, et il ajoute :

> Ma chère amie,
>
> La situation ne me paraît pas bien assurée en Italie. Si vous débarquez à la Goulette, si vous entrez à Tunis comme Rabout le conseille, je m'attends à une nouvelle explosion, et Cairoli sera renversé.
>
> Je tiens à vous dire combien je vous suis attaché et dévoué.
>
> Henri Cialdini.

Et encore :

22 octobre.

> Ma chère amie,
>
> Vous avez vu le *Figaro* de ce matin. Il me semble qu'il faudrait se borner à faire dire, par les journaux amis, que M. Marriott a été reçu en effet par le général Cialdini, mais qu'il a reproduit fort inexactement la conversation qu'il a eue avec lui.
>
> Je viens de télégraphier à Cairoli de donner cours de suite à ma démission.
>
> C'est ce qu'il paraît désirer pour se tirer d'affaire.
>
> La presse modérée d'Italie demande que Nigra soit nommé à ma place.
>
> Il est ici à Paris, en ce moment, prêt à hériter de moi.
>
> Bien affectueusement.
> Cialdini.

De Francis Magnard :

> Chère madame,
>
> A mon grand regret, il ne m'est pas possible de laisser le *Figaro* sous le coup des démentis de la *France* et du

Gaulois. On insinue que la conversation n'a pas eu lieu, et nous devons à notre dignité de ne point supporter cette imputation.

La bonne foi de M. Bertie Marriott est évidente; et comme j'ai eu l'honneur de vous le dire, en répétant trop scrupuleusement peut-être la conversation de l'illustre général notre reporter croyait entrer dans ses vues et traduire le fond même de sa pensée*.

Ainsi que l'indique la lettre qu'il vient de m'adresser et qui paraît dans le *Figaro* de demain matin, M. Marriott attend qu'on lui signale les points sur lesquels il aurait mal traduit la pensée du général.

Je regrette que l'intervention des journaux que l'affaire ne regardait point nous force à nous mettre sur la défensive et m'empêche de vous être aussi agréable que je désire l'être toujours.

Veuillez croire, chère madame, à l'assurance de mes sentiments très respectueux.

FRANCIS MAGNARD.

De Cialdini, 23 octobre 1879 :

Ma chère amie,

Il est à souhaiter que le silence se fasse sur toute la ligne, et si l'on y parvient ce sera à votre affectueuse intervention que je le devrai. Cela ne saurait augmenter mon affection pour vous, car la chose n'est guère possible, mais cela redouble la reconnaissance que mon cœur vous a vouée.

J'en étais là de ma lettre lorsque j'ai reçu votre missive apportée par un domestique. J'y ai répondu sur-le-champ. Comment avez-vous oublié que je vous écrivais hier matin avoir télégraphié à huit heures du matin à Cairoli en le priant de donner suite à mes démissions successives au sujet desquelles il attendait un dernier mot de moi?

Il faut vous dire que le langage de la presse italienne à

---

* M. Bertie Marriott n'a guère donné depuis cet interview du général Cialdini des preuves de la mesure *stricte* de son esprit.

mon égard, soit à cause de la dépêche du Livre vert, soit à propos de l'article du *Figaro*, le plaçait dans un grand embarras. Ma démission acceptée peut calmer les colères du moment et lui permettre de travailler et de réussir à une réconciliation avec Depretis. C'est là la dernière, la seule planche de salut pour la gauche. En cas contraire, la gauche tombera prochainement.

Dans une phrase de Cairoli, j'ai cru comprendre son embarras et son désir de se tirer d'affaire au plus tôt. Voilà comment j'ai été amené à lui adresser le télégramme susdit.

Maintenant, il n'est question que de quelques jours, j'attends ma démission bientôt. Assez de verbiages. Merci encore, merci toujours et de tout cœur.

Je vous salue et vous embrasse bien affectueusement.

Henri Cialdini.

Du *Temps* :

Jeudi matin, 24 octobre.

Chère madame,

La *France* a publié hier au soir la note suivante :

« Il est possible que la démission du général Cialdini devienne définitive. Malgré l'insistance de son gouvernement, l'honorable ambassadeur ne l'a pas encore retirée. »

Plusieurs journaux italiens de ce matin la considèrent comme inévitable, et ils vont même jusqu'à désigner, dès à présent comme successeur au duc de Gaëte, M. le commandeur Nigra, qui, par fortune, se trouve justement à Paris en ce moment.

Le *Siècle* dément, ce matin même, l'information qui précède dans la note que voici :

« Nous croyons savoir que, contrairement aux dernières nouvelles publiées par certains journaux, M. Cialdini a retiré sa démission et que l'honorable général continuera à représenter le gouvernement italien à Paris. »

Il serait bon, dans l'intérêt même du général Cialdini et pour couper court à toute polémique sur ce sujet, que l'on sût une bonne fois si l'honorable diplomate, votre ami, a maintenu ou retiré sa démission.

Si, comme je le suppose, vous savez son dernier mot, le *Temps* vous serait tout à fait reconnaissant de le lui dire.

Agréez, chère madame, l'hommage respectueux de ma vraie sympathie.

J. Hébrard

De Cialdini, 25 octobre :

Merci de votre petit mot d'hier et de la note que vous avez fait insérer dans le *Temps*.

Si vous le permettez, j'irai demain à deux heures vous serrer la main et vous remercier.

Il me revient de Rome que le *Fanfulla* cherche tous les moyens de faire perdre patience au *Figaro* et de le pousser à un nouveau scandale. Son correspondant à Paris, M. Capponi, a reçu les ordres les plus pressants d'agir dans ce sens auprès de la rédaction du *Figaro*. Qu'en pensez-vous ? Croyez-vous la chose possible ?

Rien de la part de Cairoli jusqu'à présent.

Je vous embrasse affectueusement.

Henri Cialdini.

P.-S. — Le *Times* du 22 contient l'article ci-joint au sujet de mes mésaventures.

Je vois Magnard pour Cialdini, puis nous causons de l'article sensationnel et révélateur d'Ernest Daudet sur la crise de 1875. Il y établit la preuve qu'à cette époque le parti militaire allemand travaillait pour décider Bismarck à attaquer la France. Bien entendu, comme toujours, l'empereur Guillaume n'en savait rien. C'est grâce à l'intervention de l'empereur Alexandre près du vieux Guillaume que l'avalanche ne nous écrasa pas, car nous étions en pleine réorganisation militaire.

C'est au duc Decazes que nous devons ce sauvetage. Nous le savions dans notre cercle, Decazes en ayant plus d'une fois parlé à Duclerc.

La presse allemande déverse des flots d'injures sur *le Figaro* et sur Ernest Daudet, et nie absolument*.

Je dis à Magnard ce que je savais et le félicite avec toute mon amitié du courage qu'il a eu en publiant ces révélations.

La *Nouvelle Revue*, d'ailleurs, commence sa campagne contre Bismarck, à la grande irritation du chancelier de fer, que je n'ai cessé de larder de ma plume, malgré plus d'une supplication de Grévy, plus d'une prière de Gambetta et plus d'une menace germanique.

Enfin, l'*Éducation sentimentale* vient de paraître chez Charpentier. Flaubert va pouvoir donner tout son temps à *Bouvard et Pécuchet*, et j'ai l'espoir de leur voir faire plus tôt leur entrée à la *Nouvelle Revue*.

Perrin me fait communiquer une lettre curieuse de Gambetta, lui disant qu'il peut faire jouer *Daniel Rochat*, de Sardou, que la pièce aura du succès, malgré la défaite du héros qui consent à se marier à l'église. Sur ce, *Daniel Rochat* est mis en répétition

---

* Plus tard, Le Flô, Gontaut-Biron, nous ont prouvé l'affirmation d'Ernest Daudet.

* *

Paul de Cassagnac a fait une sorte de soumission au prince Napoléon depuis la mort du prince impérial. Seulement, il reste inquiet des opinions religieuses du prince, de son athéisme.

Le prince Victor avait été désigné par le prince impérial, et les bonapartistes eussent bien voulu rayer le prince Napoléon de l'hérédité, mais il tient à être le chef du parti. On lui prête ce mot : « Soyez tranquilles, je protégerai les curés ; mon oncle les a toujours protégés, sachant combien leur œuvre est utile à un gouvernement. »

Deux groupes se pressent autour du prince Napoléon : MM. Adalbert Philis et Émile Ollivier, dont l'influence fatale a perdu l'Empire, et MM. Janvier de la Motte, Pascal, plus « empire libéral » encore qu'Émile Ollivier.

Pas un impérialiste ne se console de la perte de sa situation.

Tous répètent à qui veut l'entendre que le prince Napoléon est très *avancé*, mais, cependant, qu'il protégera la religion, que son libéralisme est supérieur à celui de Gambetta; enfin, qu'il y a des hommes graves, convaincus, religieux, dévoués à la mémoire du prince impérial, le baron Brunet et l'amiral de la Roncière, qui s'efforcent d'écarter les imprudents de *l'Ordre* et du *Gaulois*.

La *Revue* marche, marche. Elle est à son quatrième numéro. Personne ne la conteste plus. Le succès moral est acquis, le succès matériel suit.

Quant à ce dernier, il serait des plus brillants si je consentais à accepter certains « encouragements » que Girardin trouve dus à la *Revue,* et que sûrement mon conseil d'administration ne se refuserait pas d'inscrire au compte profits. Je refuse, et Girardin me dit en riant « que les pauvres actionnaires n'ont qu'à se fouiller ».

Un beau jour, le général Pittié m'annonce qu'il a la joie de venir m'offrir, de la part de Grévy et de Gambetta, — « complètement d'accord en cela », ajoute-t-il avec malice, — la croix de chevalier, plus tard suivie de celle d'officier. Je réponds qu'Adam n'ayant jamais porté de décoration, je n'en porterai jamais.

« Pourquoi M. Adam n'en portait-il pas? me dit le général.

— Parce que l'Assemblée nationale, après les journées de juin, durant lesquelles Adam s'était conduit en héros, défendant l'Hôtel-de-Ville, où il faisait comme adjoint fonction de maire, enlevant la barricade Saint-Antoine, — avec sa canne, — l'Assemblée, dis-je, ayant voté pour lui la grand'-croix, il la refusa, disant qu'il ne pouvait être décoré pour faits de guerre civile. N'ayant pu porter la grand'croix française, il ne voulut jamais porter d'autre décoration. Je lui dois de suivre son exemple. »

L'influence de Camille Barrère sur Gambetta

est grande. Gambetta, toujours opportuniste, accepte la *Revue* à cause de son succès. Il m'écrit pour me prier de publier un article de Camille Barrère sur la France et l'Angleterre en Égypte. Je le publie, mais, quelques semaines plus tard, la *République française* attaque violemment la *Revue* et Mme Adam. J'écris alors à Barrère qu'une seule personne ne pouvait écrire contre moi l'article qui vient de paraître dans la *République française*, et que, cependant, je ne doute pas un instant que ce soit lui, M. Barrère, qui en est l'auteur. Il vient s'expliquer, mais je ne veux rien entendre. Nous nous quittons brouillés.

Plus tard, M. Camille Barrère me prouva que c'était Gambetta qui l'avait forcé à écrire cet article pour répondre à ma politique extérieure qui contredisait la sienne, et qu'il le lui avait dicté presque en entier.

La politique faite en accord parfait avec l'Angleterre en Égypte comme elle l'était à Tunis me désespérait. C'était pour moi la plus lamentable des duperies.

J'avais chaque jour de nouvelles preuves de l'influence de Bismarck sur l'esprit de Gambetta, le poussant vers l'Angleterre toujours perfide et vers Tunis, pour lui aliéner l'Italie dont il convoitait de plus en plus l'alliance.

Je trouvai un jour, après une longue conversation, le général Turr complètement d'accord avec moi sur les vues de Bismarck, et il me fournit les documents les plus précieux dans ma campagne entreprise et chaque jour plus acharnée contre le chancelier de fer.

Le général avait, lui, Hongrois, comme un grand nombre de ses compatriotes exilés de 1849, ennemis de l'Autriche, aidé Bismarck à triompher en 1866.

Comme général de Garibaldi, comme aide de camp de Victor-Emmanuel, comme Hongrois, le général Turr connaissait toutes les intrigues bismarckiennes et y avait été mêlé. Il savait par Andrassy, avec lequel il était intimement lié, tous les dessous de l'alliance austro-prussienne faite par lui, Andrassy, qui n'avait pas pardonné la répression russe de 1849 en Hongrie.

Bismarck, qui exécrait la Russie, était en accord complet avec Andrassy pour ruiner l'influence russe en Orient. Et chacun d'eux craignait par-dessus tout une entente de la Russie, de l'Italie et de la France.

Turr me répétait ce qu'il a écrit plusieurs fois depuis pour appuyer ma campagne :

« Le prince de Bismarck caresse la France pour la pousser à Tunis et pour arriver à engrener par là l'Italie dans une triple alliance. »

Il écrivait entre autres choses :

On peut dire que Bismarck a su hypnotiser à tour de rôle tous les souverains, tous les hommes d'État, toutes les nations et tous les partis ; certes, il a fait un grand bien à l'Allemagne et surtout à la Prusse, mais il créera une indébrouillable situation de l'Europe.

Autour de moi on blâme vivement notre ami

Andrieux de ses allures dictatoriales comme préfet de police. Le conseil municipal lui a demandé des comptes qu'il refuse de rendre. Vote de blâme contre lui qu'il annule de sa propre autorité, illégalement, prétend-on. Il fait saisir un numéro de *la Lanterne*. Ses relations avec le conseil municipal se tendent, et l'on se demande s'il ne sera pas bientôt forcé de donner sa démission. Andrieux est un crâne qui s'aligne volontiers. On ne peut oublier son courage en 1871 pendant les émeutes lyonnaises.

Cialdini, dont Cairoli a refusé définitivement la démission, part en congé, ne pouvant assister sans écœurement aux comédies qui se jouent autour de Gambetta à propos de Tunis. En allant au départ saluer Grévy, il le fait juge de toutes les intrigues de Bismarck au congrès de Berlin et depuis. Il lui dit ses craintes du triomphe de notre pire ennemi, son chagrin de prévoir que Tunis tombera à brève échéance dans les mains de la France, brisant les liens qui attachent si étroitement les deux nations latines.

Grévy sait tout ce qui s'est passé au congrès de Berlin. Il sait l'entente complète de Gambetta et de Bismarck. Il craint, comme Cialdini, que Bismarck n'ait, par Waddington, trafiqué avec l'Angleterre. C'est lui, Grévy, qui a obtenu de Cairoli que Cialdini ne soit pas remplacé !

Il se passe ceci que Waddington dit aux ambassadeurs, à Cialdini comme aux autres, ce que Grévy désire qu'il soit dit, et que, parallèlement, il obéit sans réserve à l'entourage de Gambetta dans la conduite des affaires de Tunis.

Après que Cialdini m'eut confié son entretien avec Grévy, j'allai voir M. le président de la République. La vieille amitié qui nous liait était souvent déliée par la politique. Cette fois il me dit que nous jugions de même et que nous avions les mêmes renseignements sur les affaires d'Égypte et de Tunis.

Comme je reprochais à Grévy de n'avoir pas appelé Gambetta au pouvoir et d'avoir créé par là une situation inextricable, il me répondit :

« Les *combinazioni* de Gambetta sont trop dangereuses pour la France, au dehors. Je les connais toutes. Le pouvoir lui permettrait, ayant encore tout son prestige, de les réaliser ; et ce serait aussi fou, l'entente officielle de Gambetta avec Bismarck, que ce qu'en 1871 il a fait contre lui à propos des élections législatives. Je déciderai seul du moment où je l'appellerai.

— Vous voulez le broyer ?

— Je veux le cerner ! Il a été un grand chef d'opposition, il ne sera jamais un homme de gouvernement. D'ailleurs, ma chère amie, vous le pensez vous-même. Croyez-moi, Gambetta n'a pas notre vieux sang français dans les veines ; son patriotisme n'a été qu'un patriotisme de tête, ajoutons-y, pour vous plaire, aussi de cœur, mais pas de sang !

« Et, reprit cruellement Grévy, il a pris son parti, tout comme moi que vous voudriez piler !

de la perte de l'Alsace-Lorraine. Il cache ses intrigues avec Bismarck. Il exploite à son profit ses actes insensés de défense nationale qui ont emballé les exaltés comme vous et nous ont empêchés d'avoir certaines conditions meilleures de l'Allemagne.

— Votre haine de Gambetta vous rend d'une injustice criante. Adam était de la même génération républicaine que vous, aussi pondéré que vous, aussi français *de sang* que vous, et son opinion était la mienne, absolument, sur la défense nationale, sur Gambetta.

— Adam était un paladin plus qu'un homme politique. Il aimait par-dessus tout les gestes qu'il jugeait courageux. Il était de la race de Carrel. Je suis de celle de Thiers, je n'ai pas le moindre amour de l'aventure nationale.

— Bourgeois, quoi, bourgeois utilitaire, sage, sans la crête gauloise. »

Grévy, qui était un vieux rabelaisien, répondait crûment lorsqu'il en avait l'occasion. Je la lui fournissais. Il s'en servit et me rappela qu'il avait mis, quoique inutilement, autrefois, sa crête, pour faire la cour à Juliette Lamber.

*
* *

Qu'on me permette d'anticiper une seule fois sur les événements.

Grévy devait, quelques mois après ma visite, me confier la délicate mission de persuader l'ambassadeur d'Italie de reprendre son poste à Paris, et j'allai à Rome pour aplanir, par des paroles de conciliation et des assurances de bonne entente, les difficultés qui empêchaient son retour.

En juin 1880, Cialdini était parti en congé à Pise; la situation diplomatique entre la France et l'Italie devenait chaque jour plus tendue.

Cialdini ne voulait pas revenir, et le roi Humbert refusait de nommer un autre ambassadeur.

Cialdini m'écrivait de Pise :

> Je serais de retour à Paris depuis deux mois si la crise hideuse qui nous déchire ne me retenait ici d'où je fais des courses fréquentes à Rome... Vous connaissez mes idées, jugez donc de ma douleur quand je vois venir inévitablement une rupture avec la France à cause de la politique qu'elle suit en Tunisie. C'est surtout pour cela que j'ai refusé dernièrement de reprendre l'ambassade à Paris.

J'arrivai à Pise, je vis Cialdini et parvins à vaincre ses résistances. A Rome, après une entrevue avec le roi Humbert, j'assistai à un dîner diplomatique où étaient présents le marquis de Noailles, Depretis, Cairoli, Gubernatis, Alfieri, et j'eus la bonne fortune de réussir dans la mission qui m'avait été confiée.

Voici la réponse du directeur de l'agence Havas à la lettre que je lui adressai pour lui faire savoir le succès de ma négociation :

Paris, 22 juin 80.

> Chère madame,
> Laissez-moi vous envoyer mes plus sincères félicitations. Je souffrais de voir l'Italie sans représentant auprès de nous. Ce sentiment était tellement unanime que le gouver-

nement a fait maints efforts pour obtenir la nomination d'un ambassadeur. Il n'a pas eu gain de cause. Vous avez réussi là où la diplomatie a échoué. Vous avez même réussi deux fois en décidant le même homme à prendre la place inoccupée, ce qui fait que son absence ne devient plus qu'un congé.

Et maintenant que je vous ai dit toute ma pensée sur votre triomphe, voulez-vous me permettre de vous narrer mon chagrin sur la façon dont vous me l'avez appris ? Car enfin, n'était le prix que j'attache à vos lettres, toujours si vivantes, j'eusse pour cette fois — pardon du blasphème — préféré un télégramme. Et alors voici ce que j'eusse fait :

Première dépêche publiée dans notre édition de onze heures du matin :

« Pise. Mme Edmond Adam vient d'arriver. Le général Cialdini, qui depuis plusieurs mois habite cette ville, lui a rendu visite. »

Seconde dépêche publiée dans notre édition de deux heures de l'après-midi :

« Pise. Le général Cialdini a définitivement accepté de revenir à Paris représenter le gouvernement italien. En conséquence son congé aura duré... mois. »

Tout le monde eût lu entre les lignes, et, permettez-moi de vous le dire et de différer d'opinion avec vous sur ce point, il était bon, il était juste, non pas de dire brutalement, mais de laisser comprendre ainsi votre action aussi bienfaisante que puissante.

Mais non ! la modestie l'a emporté et vous avez usé de la poste. Or, pendant ce temps, d'autres usaient du télégraphe, et, la veille du jour où j'ai reçu votre lettre, j'avais publié plusieurs télégrammes donnant des détails sur l'acceptation du général. Et les journaux faisaient leurs commentaires, la plupart sans se douter d'où venait cet heureux revirement. J'avoue moi-même mon ignorance à ce sujet.

Eh bien ! je le regrette, car, si votre nouvelle était venue trente-six heures plus tôt, je pouvais du même coup faire comprendre à demi-mot le service que vous avez rendu et que vous avez tort de vouloir dissimuler, et faire préparer au général un accueil digne de lui.

Vous excusez ma franchise, n'est-ce pas? Vous avez toujours eu pour moi tant de bienveillance que je me suis cru tout permis, même ces lignes!

Croyez, je vous prie, chère madame, à tous mes sentiments affectueusement dévoués.

Ed. Lebey.

Cialdini à peine rentré à Paris, les difficultés recommencèrent.

Au mois d'août, il retournait en congé à Pise et m'écrivait au départ :

Ma très chère amie,

Je pars ce soir, ayant pris un rendez-vous avec Cairoli au lac Majeur. J'ignore quand et si je reviendrai... Ma position à Paris devient de plus en plus insoutenable et humiliante, et par là impossible à garder.

En octobre, Cairoli envoie Farini se renseigner à Paris. Il interroge Gambetta, qui lui donne les plus grandes assurances sur nos intentions pacifiques à l'égard de Tunis.

Et, à la fin d'avril 1881, quelques jours avant notre entrée en campagne, Barthélemy Saint-Hilaire adresse à Cairoli une dépêche, affirmant au président du Conseil italien qu'il n'a aucunement à s'inquiéter de ce qui se passe à Tunis.

Cette dépêche, si Cairoli l'avait lue le jour où dans une séance de la Chambre il fut accusé d'imprévoyance, d'imbécillité, presque de trahison, c'était la guerre inévitable avec la France. Or, cette dépêche, il l'avait dans son portefeuille, mais il se tut par reconnaissance pour le passé.

Mon ami Angelo de Gubernatis, lui aussi, avait des assurances de Saint-Hilaire, lui aussi était reconnaissant du passé, mais n'ayant pas de situation officielle il protesta énergiquement dans la presse.

Avant de quitter Paris, Cialdini m'avait raconté sa dernière visite au prince de Hohenlohe :

« Je vous remercie, lui dit-il, de l'accord que vous avez préparé à Tunis entre la France et mon pays.

— Que voulez-vous dire ?

— Les Français vont à Tunis, et c'est vous qui les y envoyez. »

Le prince de Hohenlohe regarda autour de lui et répondit :

« Qu'ils aillent dans le Sahara et au diable ! »

*
* *

Les derniers jours de novembre, Raoul Duval, qui est un des meilleurs amis de Flaubert, comme lui Normand, vient me dire qu'il l'enlève au Vaudreuil, et que je devrais venir visiter, un dimanche, le bon géant et lui.

Raoul Duval ajoute :

« Il retravaille *d'arrache-main* à *Bouvard et Pécuchet*, et veut en achever un grand morceau avant de revenir à Paris. »

Je suis dans la joie, et pour rien au monde je

n'irais au Vaudreuil courir le risque de distraire mon grand ami.

Daudet, auprès duquel j'ai tant insisté et j'insiste encore pour qu'il collabore à *la Nouvelle Revue,* me répond :

Madame,

Ce qui me flatte, c'est d'être sur votre liste, de compter parmi ceux à qui vous trouvez quelque talent.

Ce qui m'effraie, c'est l'idée d'un concours quelconque à apporter. Quel concours? Que faudra-t-il faire? J'en ai froid dans les moelles d'avance.

Un mot qui me fixe et me rassure, je vous en prie.

Recevez, madame, l'assurance de mon grand respect et de ma sympathie littéraire.

ALPHONSE DAUDET.

Je viens d'avoir une grande émotion. Toussenel, me dit un ami, est très malade, et depuis longtemps il souffre d'une gêne extrême. Et je ne l'ai pas su, et je n'ai pas eu la joie de trouver un moyen de venir en aide à mon plus vieil ami!

L'auteur de *l'Esprit des Bêtes,* du *Monde des Oiseaux,* des *Juifs, rois de l'époque**, l'écrivain si original, l'esprit si français, le cœur si chevaleresque, si dévoué, Toussenel, mon vieux cher Toussenel, est dans la plus grande misère!

Je supplie l'ami qui vient m'avertir de m'aider à lui être utile.

Toussenel a soixante-quinze ans et 1.300 francs d'une pension littéraire!

---

* Volume publié en 1846.

J'ai raconté, dans un précédent volume, comment ma vieille amie, Mlle Beuque, qui tenait la librairie phalanstérienne, lui faisait croire que ses livres se vendaient, et se privait elle-même du nécessaire pour lui donner le peu qu'elle gagnait. Mais on m'avait dit qu'il vivait heureux chez un parent.

Je ne puis mieux faire que de reproduire le récit de l'ami de Toussenel :

Je prononçai un jour le nom de Mme Adam devant Toussenel ; je devais la voir dans la journée :

« Elle ! Elle ! s'écria-t-il tout à coup, vous allez la voir ? Oh ! dites-lui que je mourrai avec son image devant les yeux ; qu'elle fut une des passions de ma vie, et que ma dernière pensée aura été pour elle... »

Il joignait ses vieilles mains tremblantes, et il continua à mi-voix, comme se parlant à lui-même.

« Oh ! comme je l'ai aimée ! comme je l'admirais, elle ne s'en doutait seulement pas... Elle était si loin de moi, si jeune et si belle ! si riche et si fêtée !... Elle eut cependant beaucoup d'affection pour son vieux adorateur. Elle était bonne pour moi... Oh ! n'oubliez pas de lui dire que je meurs en lui baisant les mains... »

Lorsque je rapportai ces paroles à Mme Adam, elle en fut vivement émue :

« Mon vieux Toussenel, mon pauvre vieil ami ! Je le connais. Il est fier comme Cervantès, et le seul moyen de lui venir en aide est de lui proposer du travail. »

Le lendemain, quand j'arrivai chez Toussenel, il tenait une lettre à la main. Il en était tout réconforté.

« Elle me demande de lui envoyer quelque chose pour sa *Revue*, dit-il. Hélas ! elle ne sait donc pas où j'en suis ? Elle est toujours jeune et belle ; elle me voit avec les yeux d'autrefois. Elle ne se doute pas que je ne suis plus qu'un corps usé, une intelligence finie, qui s'en vont par lambeaux. Il vaut mieux qu'elle l'ignore ; cela l'attristerait... Et cependant c'est pour elle que j'ai tenté un dernier effort littéraire. Je voulais ajouter un corollaire à ma formule du Gerfaut, pour le lui dédier... »

On se souvient de la formule du Gerfaut, ce grand oiseau blanc chaussé d'éperons d'or, dont il a fait un magnifique symbole de force et d'amour, de génie et de beauté. « Le bonheur des individus et le rang des espèces sont en raison directe de l'autorité féminine et inverse de la masculine. » Telle est la règle fondamentale de cette théorie célèbre.

« Je n'ai même point écrit ce morceau, ajouta-t-il. Je le préparais depuis longtemps, et je l'ai là, presque tout entier. Tenez ! écrivez, écrivez... vous lui porterez cela : c'est pour elle que je l'ai fait... »

Il s'interrompit tout à coup :

« Non... à quoi bon ?... et puis, je ne peux plus... je ne peux plus !... »

On ne connaîtra jamais le corollaire de la formule du Gerfaut.

Je rencontre Charles de Lesseps à la gare du Nord. Nous causons. Il craint que les grands financiers, dont son père ne veut pas entendre parler et sans lesquels aujourd'hui il semble qu'une grande affaire ne puisse réussir, ne s'acharnent à détruire l'œuvre du Panama que M. de Lesseps compte faire sans eux.

« Nous ne sommes plus au temps du canal de Suez, » me dit Charles de Lesseps.

Il craint aussi que les Américains ne jouent pour le canal de Panama le jeu qu'ont joué les Anglais pour le canal de Suez.

Et nous nous demandons si les républicains

soutiendront une œuvre aussi colossale, comme a fait Napoléon III pour Suez.

Charles de Lesseps trouve l'idée de Panama tout aussi belle que celle du canal de Suez.

Certes, un jour ou l'autre, ce canal se fera. Le Pacifique et l'Atlantique s'ouvriront l'un à l'autre, mais il a peur que son père entreprenne un travail formidable avec les seules ressources de sa hardiesse, de son courage, de son mépris des difficultés.

Avec Charles de Lesseps je me demande si ce n'est pas assez d'une gloire, si le miracle de la chimère domptée se rencontre deux fois dans la vie d'un homme.

Ce canal de Panama serait l'une des plus hautes et des plus fécondes créations du génie français.

M. de Lesseps me donne foi en son œuvre lorsqu'il m'en parle, mais, comme Charles de Lesseps, moi qui ai vécu dans le monde des financiers, je juge qu'une grande affaire ne peut être lancée et soutenue que par eux; sans eux pas d'argent!

Une lettre de Flaubert, qui m'envoie des vers de Maupassant et me dit qu'ils orneront ma *Revue*. Il m'assure qu'il travaille *violemment*.

Flaubert me serre la main comme confrère, et me la baise comme ami.

Du général de Galliffet, à propos de l'un de ses articles que Wachter doit mettre au point :

Chère madame,

Le factum était parti pour Wachter. Je pense qu'il peut

laisser du mien et arrondir avec le sien qui ne vaudra jamais le vôtre, mais vous êtes souveraine maîtresse, et ce qui sera fait sera bien fait.

Si vous avez deux minutes, vous demanderez à Wachter de vous donner mon original, ce n'est qu'un brouillon.

L'effet produit chez le militaire sera considérable, soyez en convaincue. C'est pour ce motif que j'en parle en connaissance de cause. J'ai dit à Wachter que vous avez demandé du *corsé*. Je pense qu'il se maintiendra dans cette température.

Lisez toujours ma médiocre élucubration. Vous lui conseillerez de laisser ce qui vous *paraîtra* bon.

Je n'ai pas pu intituler : *Cavalerie opportuniste,* parce qu'il aurait fallu faire du technique, ce qui pourra être pour une autre fois.

Il ne faut pas laisser glisser le moindre compliment à mon adresse, ce serait mauvais. Il faut que cet article se résume en deux phrases :

Voici ce qui est.

Voici ce qui doit être.

Il faut secouer Gresley qui s'endort.

Votre respectueux.

GALLIFFET.

P.-S. — Le *Triboulet* m'empoigne sur toutes les coutures, il fait la suite des autres journaux M. Gambetta a sur ces questions la même indifférence que moi.

Deuxième lettre :

Tours, le lundi matin.

Chère madame,

Wachter m'écrit qu'il a eu l'honneur de vous voir et que vous avez eu la bonté de lui parler de moi, et lui celle de vous répondre à mon sujet. Il est entendu que vous ne me rendrez l'éditeur responsable *vis-à-vis de vous* que de ce que je vous aurai dit, parlant à **votre personne,** ainsi que disent **messieurs les huissiers.**

Très peu au courant des fluctuations de notre politique intérieure, je me suis exprimé avec une entière franchise devant vous et M. Le Faure, en présence de MM. Barthélemy et Wachter. La conversation était tombée sur le même sujet, j'ai dit que je ne croyais pas utile de diviser l'armée sur une question aussi grave et que, le gouvernement et ses inspirateurs ayant à choisir entre mécontenter une armée qui est fidèle et la réhabilitation de gens qui en présence de l'ennemi ont combattu ce même pouvoir, il me semblerait juste, honnête, intelligent, de ne pas hésiter.

Je crois fermement qu'en permettant à MM. X., Y., Z. d'arriver à gouverner la France on s'exposerait à la désorganisation de l'armée, que cela deviendrait la guerre civile et que nous en arriverions aux bandes.

Je souhaite de mal juger l'avenir, mais je me demande si en tous cas il est utile d'affronter les dangers qu'une politique ferme, et en même temps libérale, peut nous permettre d'éviter.

Ce que je dis dans un *coin* de Paris, je le pense et je le dis parce que je parle en homme privé, mais ici, et sur tout le territoire du 9ᵉ corps et en présence de *mes subordonnés, je ne dis jamais rien,* parce que mon opinion très arrêtée et toujours proclamée sur notre rôle est qu'un militaire doit obéir passivement au gouvernement et se retirer dans la vie privée dès qu'il entend ne pas obéir loyalement et absolument.

Actuellement, les craintes que j'ai exprimées ne sont pas l'expression d'une pensée isolée, puisque le gouvernement, ou tout au moins la majorité, déclare trouver intempestive la mesure que la *Marseillaise,* le *Rappel,* etc., etc., réclament à grands cris et en des termes qui ne laissent aucun doute sur leurs intentions ultérieures.

Je crois que l'opinion de quelques capitaines mécontents ne représente pas celle de l'armée.

Je crois, tout aussi fermement, que l'opinion d'un ou plusieurs généraux ne résume pas cette même opinion.

Mais ce qui m'a été répété tendrait à faire croire que l'armée ne verrait pas avec plaisir la réalisation de ce que nous craignons.

Veuillez me croire votre bien respectueux dévoué.

GALLIFFET.

Tours, lundi soir.

Chère madame,

Le *Gaulois* d'aujourd'hui vous est hospitalier. Je vous en fais mon compliment, mais comme vous allez être compromise!

Quand vous recevrez Wachter en correction, je vous demande d'adoucir ce qui vous paraîtrait dur à l'égard du ministre de la guerre.

Il faut le stimuler mais non l'irriter, c'est au moins inutile.

Que je voudrais donc que M. Gambetta, si amoureux quelquefois des choses de l'armée, sache et comprenne que je suis en mesure de faire de la cavalerie française une cavalerie de premier ordre. Qu'on me donne donc le pouvoir de le faire et qu'on n'attende pas que mes *aptitudes soient gelées par l'âge*. C'est le seul pronunciamento pour lequel j'ai du goût.

Procurez-vous le *Spectateur militaire* du 15 octobre, lisez la page 105, il y a du vrai dans ce qu'il dit, et je vous jure que je n'ai pas payé l'écrivain que je ne connais pas.

Je vous baise respectueusement la main.

GÉNÉRAL GALLIFFET.

Une lettre de Benedetta Léris, du 1ᵉʳ décembre, à propos de la nomination de Léris comme percepteur à Paris et d'un cautionnement à Paris.

Merci mille et mille fois, chère et bonne amie dévouée, du second bonheur que vous nous faites. Vous êtes bien la femme de grand cœur telle que je vous ai jugée. Vous nous aimez donc pour nous et non à cause de mon frère. Aussi nous vous le rendons, Alexandre et moi, en affection, en dévouement; votre prompte réponse à vous mettre à notre entière disposition nous arrache des larmes d'émotion. Aussi, tout en regrettant Nice, je suis heureuse de venir à Paris pour les enfants et pour la facilité que cela me procurera de vous voir de temps à autre. Ce sera pour moi les meilleures heures que je pourrai passer loin de ma famille, qui va être bien privée des grands et surtout des petits enfants. Ma joie est grande aussi d'apprendre par vous que le grand homme n'a pas levé sa large patte pour nous éloigner de sa cage.

Mon Léon ne travaille presque plus depuis qu'il est à Rouen, et cela m'inquiète.

Votre filleul Jules est un enfant extraordinaire de répliques, de gestes, de physionomie. Il me tarde que vous le voyiez. Mon Toto a bientôt quatorze mois. Il paraît aussi intelligent que les autres.

Encore merci et au revoir. Je vous embrasse et vous aime autant que tous.

Benedetta Léris.

Les lettres de Normandie se succèdent. Aujourd'hui en voici une de Flaubert:

2 décembre 79.

Et maintenant, seigneur, expliquons-nous tous deux, comme dit le père Hugo au père Éternel.

1° J'attends les épreuves de l'*élucubration* du bon Tourgueneff et les garderai par-devers moi le moins longtemps possible.

2° Pas d'impatience! Mes deux bonshommes sont loin d'être finis. Le premier volume sera terminé cet été, mais quand? Le second me demandera bien six mois, si toutefois je ne me sens pas moi-même fini avant l'œuvre*, car, depuis dix ans que j'y suis attelé, je commence à en avoir

---

* Je publiai *Bouvard et Pécuchet* non terminé. Flaubert mourut avant de l'avoir achevé.

assez. Donc, je *vous en prie*, n'annoncez rien. Il me sera impossible de vous remettre *tout* avant la fin de 1880.

3° Avez-vous reçu la *Vénus rustique* de Guy de Maupassant? Qu'en faites-vous? Il me semble que ces vers-là ne déshonoreront pas votre papier.

4° Comme vous êtes une personne considérable et qu'on dit que je suis de vos amis, on fait des bassesses auprès de moi. Je suis chargé de vous demander un article un peu en réclame pour un livre de jour de l'an déposé dans vos bureaux. Cela a pour titre : la *Princesse Méduse* par Daniel d'Arc, autrement Mme Régnier, éditée par Charpentier.

A vos genoux en vous baisant la main ou plutôt les mains.

Votre

GUSTAVE FLAUBERT.

De l'amiral Jauréguiberry.

J'avais écrit à l'amiral une lettre en faveur de M. de Brazza.

Madame,

Vous pouvez être certain que si je conserve le ministère de la marine, ce qui me paraît fort douteux, M. de Brazza trouvera ici aide et concours.

Toutes les entreprises ayant pour but de porter haut et ferme le drapeau de la France m'inspirent une véritable sympathie, et en Afrique nous avons fort à faire.

Voulez-vous me pardonner si je ne viens pas moi-même vous apporter ma réponse. Je suis très occupé et un peu souffrant.

Agréez, madame, l'expression de mes sentiments dévoués et respectueux.

JAURÉGUIBERRY.

Le 5 décembre on lit chez moi, où sont réunies les illustrations parisiennes de tous les milieux littéraires et artistiques et un certain nombre de nos amis politiques déjà protestataires, la *Moabite,* de Paul Déroulède.

Après avoir été reçue au Théâtre-Français et ajournée, la *Moabite* a été interdite par ordre de Jules Ferry.

O liberté! liberté! Ce ne sont plus les souliers de l'empereur que M. Ferry chausse, ce sont les savates.

La lutte du pouvoir civil contre l'esprit religieux est déchaînée. Aussi partout la révolte est-elle dans le cœur des vieux libéraux.

En quoi l'ordre public, la libre pensée, si chère à M. Jules Ferry qu'il ne la veut qu'à son profit, auraient-ils été en péril par quelques représentations de la *Moabite* de Déroulède?

La révolte du tribun Hélias, qui essaie d'affranchir le peuple des rites et des dogmes, a paru à M. Ferry le viser. La lutte entre Dieu et l'athéisme est, il est vrai, la lutte actuelle.

Le grand souffle religieux de Paul Déroulède a passé sur nous durant la lecture de la *Moabite.*

Mon salon est décidément tout transformé. Autrefois les discussions passionnées étaient purement politiques, aujourd'hui elles sont presque exclusivement littéraires.

Ces derniers temps Bastien Lepage a rompu des lances en faveur de Zola, avec une ardeur curieuse.

Je lui ai tenu tête, non sans emportement, et nous avons fort intéressé, nous a-t-on dit, notre auditoire.

Le réalisme, pour Bastien Lepage, est la doctrine d'art incomparable. C'est la vie sans choix, telle qu'elle est, mais c'est la vie.

Henner était là.

« On ne cesse de choisir, dit-il. L'homme n'est pas une brute. D'ailleurs il ne trouve rien de tout fait. Un peintre, pour faire sa palette, est obligé de tâtonner, de trier, de faire son choix de couleurs, de les mélanger avec art. »

On imagine, pour nous tous, ce qu'il y a à dire dans des querelles d'école, ce que disent Challemel, Spuller, Edmond Texier, Vacquerie, J.-J. Weiss, John Lemoinne, Edmond About, Hetzel, Gounod, Massenet, Guillaume, Benjamin Constant, Henner, Chapu, Bonnat, Bastien Lepage, Heilbuth, Guillaumet. Les belles joutes !

Flaubert m'amène Maupassant, auquel je m'attache vite malgré certain dédain qu'il a du « métier littéraire », comme il l'appelle.

« Je ne me laisserai pas rouler par les libraires, moi, me dit-il.

— Ni par les directrices de revue, » ajoutai-je en riant.

Maupassant trouve que son grand ami et maître s'est trop laissé dindonner; il a raison. C'est Maupassant qui m'apprend que *Madame Bovary* a été vendue 500 francs à Michel Lévy, pour dix ans !

Flaubert me raconte de quelle façon il faisait travailler Guy dans son enfance.

« Comme il voyait clairement les choses quand il voulait s'en donner la peine, je lui disais : « Re-

« garde-moi ça », et je l'obligeais à recommencer quand ce n'était pas au point. »

Maupassant nous quitte après que nous avons ébauché une entente pour un roman.

« Je l'aime beaucoup, me dit Flaubert. Ce sera un écrivain de race, mais c'est un sec. Il s'écarte de son cœur, de ses sentiments, de ses émotions. Ses muscles par contre l'intéressent exagérément. Au lieu de s'amuser, de bastringuer le dimanche avec les camarades, il canote tout seul.

« Il a, comme moi, le mépris de l'imbécillité de la masse, mais il a les préjugés de sa noblesse, et, avec son air paysan, il tient à son « de ».

Le reproche que Mme Sand faisait à Flaubert en 1872 d'être trop réaliste, Flaubert le fait à son tour à Maupassant en d'autres termes.

Quelle fortune pour l'esprit que ces causeries avec Flaubert, causeries qu'on n'oublie pas quoiqu'on les redise mal, car Flaubert a un accent, une façon d'être, de dire *en puissance* le moindre mot! Il a un geste qui ajoute à ce mot, le dessine et l'amplifie.

Hébrard, qui ne prend parti pour personne par scepticisme, n'a pas cessé de venir chez moi. Il est parfait pour la *Nouvelle Revue,* et je lui en ai beaucoup de gratitude.

Il m'écrit le 17 décembre :

Je ne vous ai pas dit avec quel plaisir j'acceptais votre invitation pour ce soir, c'est que j'avais toute ma diplomatie à mettre en œuvre pour rompre les liens dont je m'étais laissé charger il y a quelques jours. Rompre n'est pas vrai.

Je les ai dénoués à force de mensonges, « mensonges joyeux » comme disent les théologiens, mais n'avez-vous pas disposé de ma place? Si vous l'avez fait, ne vous imposez pas de treizième, je viendrai à votre gré, un autre jour.

Votre fidèle.

HÉBRARD.

La popularité de Gambetta diminue. En janvier, il n'obtient pour la présidence de la Chambre que juste les voix qu'il lui faut. Il y a quarante bulletins blancs.

La dislocation du ministère Waddington se fait peu à peu, et tout le monde déclare qu'il est temps enfin que Gambetta prenne le pouvoir. L'influence occulte irrite de plus en plus.

Grévy répète qu'il n'a, jusqu'à ce jour, que des ministres dirigés par M. Gambetta, lequel ne lui laisse aucune initiative.

Après des pourparlers dont pas un ne met en rapport direct Grévy et Gambetta, le ministère de Freycinet est constitué. M. de Freycinet passe des travaux publics aux affaires étrangères.

Le Royer a quitté la justice, se disant malade. Grévy lui offre le poste de procureur à la cour de cassation. Il refuse. Son seul désir, encore secret, mais que nous connaissions, Adam et moi, de longue date, c'est la présidence du Sénat.

Cazot lui succède comme ministre de la justice. Rien d'étonnant, Cazot étant un juriste, mais Mme Cazot ministresse, nous ne voyons pas très bien cela. Elle devient la tête de turc de Beust qui en raconte sur elle de stupéfiantes.

Magnin devient ministre des finances. Il avait ce rêve, espérant être conduit par là au poste de gouverneur de la Banque de France.

Farre est ministre de la guerre. Gambetta a enfin son aigle.

Grévy a dit, c'est le général Pittié qui me le répète :

« Cette fois encore, je ne choisis parmi les candidats ministériels que ceux qu'eût choisis M. Gambetta ; tant pis pour lui si j'use un à un les membres de son futur grand ministère. »

Lepère et Ferry restent. Ce sont les piliers de la politique anticléricale.

Les radicaux qui sont au courant de la sourde lutte de Gambetta et de Grévy ne cessent de dire à Gambetta :

« Pourquoi ne prenez-vous pas le pouvoir? C'est vous qui distribuez les portefeuilles. Gardez-en donc à la fin un pour vous ! »

Gambetta sincère ne pourrait que répondre :

« Grévy accepte tout de moi, excepté moi. »

Gambetta, alors même qu'il le voudrait aujourd'hui, n'est plus en force, comme au premier jour, pour s'imposer à Grévy. Il s'en plaint à moi :

« Mon grand ami, lui dis-je, la question est la même, mais le terrain sur lequel elle était posée s'est dérobé. Le jour de l'élection de Grévy, vous pouviez dire : « Donnant, donnant. » Vous avez, aujourd'hui, usé votre crédit à soutenir, à garantir des ministres qui se sont usés et ne seront plus jamais *neufs* avec vous. Brisson, l'un de ces jours, vous prendra même la Chambre. Vous êtes diminué. Fâchez-vous, si vous voulez, mais j'avais raison. Il eût fallu enfermer Grévy dans le silence du « tout ou rien ». Ah! je savais que vous aviez affaire à rusée partie. »

Je vais passer un mois à Bruyères. Ma vie, de loin comme de près, est tout entière absorbée par la *Nouvelle Revue*.

Depuis plusieurs semaines, la somme débordante de mes occupations ne me permet plus de prendre les notes journalières faites pour reproduire fidèlement le passé.

.*.

Je m'arrête ici à la fin de ce septième volume. Ce que j'écrirais maintenant ne serait plus qu'une évocation de souvenirs lointains et sans vie. N'ayant plus les autres, pour ainsi dire, en présence réelle comme je les ai eus jusqu'aujourd'hui dans mes notes prises sur l'heure, je serais tentée de parler trop de moi et d'en parler avec les expériences faites, par conséquent et malgré moi, sans les sincérités prises à leur source.

D'autres témoignages que le mien peuvent désormais suffire à raconter ma vie si elle en vaut la peine.

J'ai voulu moi-même, de mon vivant, dire ce que je devais dire, en prendre toute la responsabilité jusqu'au jour où je n'ai plus trouvé que dans l'âme de quelques rares amis la foi en la république athénienne, la passion de la revanche qui ne s'éteindra en moi que par la mort.

La *Nouvelle Revue,* qui a pris tant d'années de ma vie, se raconte d'elle-même. J'ai eu par elle une part de revanche, les victoires plus hâtives de jeunes écrivains qui ont honoré la France plus vite, sur un piédestal élevé pour eux.

Je demande à être jugée pour mon passé politique, sur les intimités que j'ai gardées, qui ont dès la première heure et finalement approuvé mes jugements et mes résolutions : MM. de Marcère, Raoul Duval, Duclerc, Spuller, Challemel-Lacour, qui, dix ans après notre brouille, m'a dit devant mon amie, Mme Parrocel, à Saint-Estève :

« C'est vous qui aviez raison. »

Je demande à être jugée en littérature sur les vieilles amitiés littéraires que j'ai su conquérir et conserver : celles de Jean Reynauld, de George Sand, de Mérimée, de Victor Hugo, de Flaubert, de Dumas fils, d'Edmond About, et à travers les aînés de mes fils intellectuels : Paul Bourget, Pierre Loti, Guy de Maupassant et tous ceux qui ont grandi à la *Nouvelle Revue.*

Parvenue à l'âge où l'on peut juger loyalement les années écoulées, je puis dire, sans crainte d'être démentie, qu'un sentiment unique a dominé ma vie : l'amour passionné de la Patrie française et la croyance intangible au relèvement national.

Abritée derrière l'histoire, je sais que l'Europe, qui n'a pu devenir ni gauloise, ni franque, ni romaine, ni slave, ne deviendra pas davantage pangermanique.

Dieu se plaît dans le jeu des races et leur donne les mouvements nécessaires aux équilibres continentaux.

Mes arrière-petits-enfants verront la France grande à nouveau d'une grandeur dont leur aïeule n'aura jamais douté.

INDEX DES NOMS

CONTENUS DANS LES SEPT VOLUMES*

Abattucci. V, 186.
Abdul-Azis. III, 137, 148, 149, 152.
About. II, 23, 24, 79, 176-180, 188-198, 209, 255, 259-264, 325, 332, 413; III, 19, 59, 85, 88, 183, 184, 252, 253, 256, 332, 424, 427; V, 72, 188, 222, 278, 279, 290-292, 403; VI, 23, 99, 374, 383; VII, 5, 6, 26, 54, 135-139, 145, 146, 154, 158, 159, 179, 185, 216, 217, 219, 234, 256, 258, 296, 310, 320, 321, 329, 359-361, 365, 414, 453, 458.
Abzac (général d'). VII, 166.
Ackermann (Mme). II, 109, 250-253, 278, 279.
Adam (Adolphe). IV, 316.
Adam (Edmond). II, 100, 158, 222-224, 235-240, 249, 266, 287, 321, 324, 326, 335-339, 360, 373, 378, 408, 419, 425, 442, 443, 448, 449; III, 5, 13, 18, 27, 34, 40, 48, 57-60, 66-70, 88, 89, 91, 99, 110-118, 134, 135, 141, 142, 148-152, 161, 180-187, 190, 193, 197-202, 205-208, 212, 216, 227, 231-234, 237, 244-251, 257-262, 267-273, 277-279, 282, 288-478; IV, V, VI, VII, passim.
Adam-Salomon. II, 109, 147, 148, 150, 154, 155, 295, 313.
Adam-Salomon (Mme). II, 147, 148, 295; III, 27.

Affre (Monseigneur). I, 320.
Agar (Mlle). III, 341.
Agaud. II, 405, 406.
Agoult (Comtesse d'). I, 370; II, 56-59, 67, 73-112, 118, 119, 131, 146, 156, 159, 161, 164-174, 182, 184, 185, 187, 200-204, 217, 219, 220, 223, 224, 236, 248-259, 265-281, 309, 312-341, 361, 370-376, 408, 414-419, 423, 425, 441, 448, 461-463; III, 18-25, 51-56, 79, 80, 90, 98-102, 123, 124, 131, 135-137, 143-145, 162, 166, 255, 265, 353, 377, 405, 428, 445, 453; V, 162, 190; VII, 90, 116, 169, 231, 232, 240.
Aguado. II, 299.
Albe (Duc d'). VI, 156.
Albert (Archiduc). III, 84; VI, 407.
Albert (Paul). III, 338; IV, 96.
Albert (Mme Paul). IV, 79, 96, 105.
Albrecht (Prince). VI, 442.
Alexandre Ier. III, 138; V, 32; VI, 236, 250, 267, 315, 443.
Alexandre II. III, 137-139, 148, 149, 152, 464; IV, 154; V, 32, 64, 280; VI, 207, 236, 241, 249, 250, 254, 267, 315, 402, 408, 443, 444; VII, 11, 12, 74, 176, 221, 303, 430.
Alexandre III. IV, 154; VI, 236, 272.
Alexis (Paul). III, 424.

---

* Cet index est l'œuvre d'amis dévoués dont l'aide incessante au cours de la rédaction de ces mémoires, du contrôle de mes notes, des dates, des faits, a été pour moi si précieuse. Que mes chers amis, M. et Mme K..., reçoivent ici l'assurance de ma plus profonde gratitude.

Alfieri. II, 20.
Alfieri (Marquis). III, 346; VII, 190, 208, 275, 276, 439.
Alheim (d'). VI, 55.
Alicot. VI, 325.
Allain-Targé. III, 190, 330; V, 27, 198, 214; VI, 73, 186, 187, 209, 253, 450, 452, 466; VII, 26, 53, 67, 70, 90, 149, 150, 290.
Alphand. VII, 102, 110.
Alphonsine (Mme). VI, 321.
Althon Shée (d'). II, 299; III, 369.
Ambert (Général). IV, 71.
Amédée de Savoie (Prince). IV, 133; V, 376.
Amélie (Reine). I, 244.
Amelot de Chaillou (Comtesse). III, 305.
Amigues (Jules). VI, 112.
Andlau (d'). VI, 327; VII, 3.
Andrassy (Comte). VI, 206-208, 404, 407, 441, 442; VII, 175, 176, 200, 201, 435.
André. II, 401, 403, 406, 426, 437, 438; III, 110, 181.
André (Alfred). V, 174; VI, 57.
André (Mlle). I, 198, 237, 279, 281-283, 302, 312-316, 340.
Andrieux. V, 7; VI, 336, 358, 401; VII, 150, 185, 270, 296, 307, 326, 436.
Angélique. II, 360, 381, 400, 402, 406, 437, 438.
Anselme. III, 366.
Antonelli (Cardinal). II, 189, 190.
Antonine (Mlle). III, 143.
Aoste (Duc d'). VII, 167.
Appert (Général). V, 326.
Apponyi (Comte). VII, 11.
Apponyi (Comtesse). VII, 11.
Arago (Emmanuel). I, 309; II, 71; III, 15; 27, 152; IV, 48, 109, 124, 188, 190, 201, 202, 343; V, 26, 154, 353; VI, 292, 327, 450, 451; VII, 14, 296.
Arago (Étienne). III, 5, 27, 248; IV, 40, 158, 172; VII, 373, 374.
Arc (Mme Daniel d') (Mme Régnier). VII, 451.

Arconati Visconti (Marquis). VI, 65, 172.
Arconati Visconti (Marquise). VI, 65, 172.
Arenberg (Prince d'). III, 148.
Arène (Emmanuel). VII, 154, 155, 234, 235, 281.
Arène (Paul). III, 105; VI, 55, 302.
Arlès-Dufour. II, 119-129, 141, 179, 230, 231, 233, 234, 249, 259, 275-280, 294, 333-342, 349, 350, 379, 380, 424, 425, 453, 454, 456; III, 7-9, 12, 27, 75, 134, 154, 155, 434-437, 445, 465, 466; IV, 214, 319, 349, 350; V, 1, 6, 20, 32, 34, 38-40, 42, 43, 48, 49, 52, 56, 57, 60-62, 68, 74, 88, 91, 92, 144, 235, 237-244, 247, 250, 256, 273, 360; VI, 194, 419.
Arlès-Dufour (Mme). II, 126, 277, 337, 379; III, 434-437; V, 6, 38, 46, 49, 57, 62, 88, 92, 235, 236, 240-243, 264; VI, 416.
Arlès-Dufour (Adélaïde) (Mme Chabrières). III, 466; V, 240, 241, 243.
Arlès-Dufour (Alphonse). IV, 79, 248, 249; V, 243.
Arlès-Dufour (Armand). III, 466; V, 243.
Arlès-Dufour (Gustave). III, 466; V, 243.
Arlès-Dufour (Mme Gustave). V, 235, 242.
Armand (Comte). III, 159.
Armengaud (Mme). II, 152.
Arnaud de l'Ariège. II, 46; IV, 129, 183; V, 208, 209, 369; VI, 421.
Arnaud de l'Ariège (Mme). V, 209, VI, 386, 387, 420, 421, 435, 445; VII, 28, 244, 245, 318.
Arnaud (Joseph). VII, 75, 244.
Arnaud (Commandant). V, 7; VI, 336.
Arnim (d'). V, 311, 338, 339; VI, 14, 15, 93, 94, 368, 369, 398, 399; VII, 12, 72.
Arnould. III, 280.
Arnould (Arthur). II, 72, 320,

326; III, 27, 360, 371; V, 94, 97, 99, 124, 137.
Arnould (Sophie). II, 55.
Arnould-Plessis (Mme). II, 61, 241; III, 58, 280, 281, 299; VI, 365.
Arpentigny (Capitaine d'). II, 96-98; III, 143.
Arthémise. I, 56 et *passim*.
Artigues (d'). III, 27, 130, 131, 142, 311; IV, 299; V, 250; VI, 12, 84, 362.
Assolant. II, 189, 262; III, 182, 183; V, 31; VI, 62.
Aubanel. II, 214, 216.
Auber. IV, 121.
Aubigné (Françoise d'). VI, 152.
Audiffret-Pasquier (Duc d'). V, 79, 281, 282, 309, 310, 352, 362; VI, 38, 40, 44, 226, 235, 280, 297, 397, 420, 462; VII, 3, 7, 52, 82, 94, 97, 166, 279.
Augier. II, 195, 196, 290, 384; III, 406; VI, 66, 353; VII, 135.
Augusta (Impératrice). III, 75, 154.
Auguste. III, 19.
Aumale (Duc d'). I, 244; II, 11, 12, 305, 306; III, 157, 458, 459, 480; IV, 345; V, 23, 32, 78, 79, 100, 150, 152, 194, 195, 213, 231, 234, 235, 318, 350, 387; VI, 12, 14, 20, 35, 36, 82, 250, 269, 383; VII, 94, 186, 218, 292, 312, 378.
Aurelle de Paladines (Général d'). V, 172, 177; VII, 106.
Axenfeld (Docteur). V, 360, 361, 370.
Aymard (Général). VII, 308.

Bacciochi (de). III, 305.
Bacciochi (Mme de). VII, 372.
Bach. II, 218.
Bade (Duc de). V, 38.
Badin (A.). IV, 166, 174, 177, 204; VII, 377.
Baignières. VII, 350.
Bakounine. II, 218; VII, 403.
Balahu. II, 83.
Ballu (Roger). VII, 351.
Balzac (Honoré de). I, 250-254; II, 200; VII, 343.
Bamberger (Louis). III, 328, 330,

448, 467; V, 70, 72; VI, 14; VII, 31, 76, 341.
Bancel. III, 356, 370, 403.
Banville (Théodore de). II, 55; III, 105; VII, 135.
Banville (Mme de). VII, 339.
Baragnon. V, 402; VI, 7, 8, 37.
Baraguey-d'Hilliers (Général). II, 176.
Barail (Général du). VI, 10, 20; VII, 308.
Barante (Baron de). VII, 11.
Barbereux (Pauline). II, 23-27, 79.
Barbès. II, 408; III, 8, 447, 450, 452, 453; V, 156.
Baron. II, 391.
Barra. IV, 82.
Barré. III, 80.
Barrère (Camille). VI, 73; VII, 174, 180, 327, 433, 434.
Barrier. III, 465.
Bartet (Julia). V, 322.
Barthe (Docteur). V, 380.
Barthélemy. VII, 448.
Bartholdi. V, 282; VII, 382.
Bartholoni. VI, 365.
Barbey d'Aurevilly. II, 297, 298; III, 55, 183; VI, 145, 195, 196.
Barbier (Auguste). I, 245; II, 90.
Barbier (Jules). II, 162; VI, 227, VII, 371.
Bardoux. V, 141, 161, 195, 282, 369; VI, 42, 64, 126, 234, 235, 287, 291, 383, 430, 447, 450, 451; VII, 100, 148, 149, 185, 248-253, 255, 256, 278, 349-351, 424.
Baret (Félix). VI, 387; VII, 354, 399.
Baret (Mme Félix). VI, 387; VII, 354.
Baretta (Blanche). V, 322.
Barni (Jules). III, 108.
Baroche. II, 64.
Barodet. V, 385, 390, 392, 394-396, 403; VI, 5, 33, 51, 200, 257.
Bassy. III, 258.
Bastide. II, 46, 365.
Bastien. VI, 107.
Bastien-Lepage (J.). VI, 123; VII, 168, 300, 452, 453.

Batbie. V, 152, 309, 350, 351, 353, 402, 405; VI, 301; VII, 94, 98, 148, 149.
Baudelaire. II, 50, 51; III, 105, 162, 410.
Baudet-Dulary. I, 342.
Baudin. III, 315-318, 328, 356; V, 260; VI, 446; VII, 43.
Baudry (Paul). II, 313; VI, 215, 216.
Baudry-d'Asson. VII, 109.
Bazaine. II, 11, 12, 175, 419; III, 38, 39, 50, 122, 130-132, 470, 473, 477; IV, 112, 137, 141, 144, 169, 223, 225, 236, 329; V, 16; VI, 20, 34, 35, 65, 96, 102, 143-145, 310, 327; VII, 12.
Bazaine (Mme). IV, 137, 138; VI, 145.
Bazard. II, 121-123, 351.
Bazard (Mme). II, 351, 352, 457.
Baze. VI, 152.
Beauchamp. VI, 98.
Beaumont (Mme de). VII, 97, 98.
Beaupré (Colonel de). VII, 253.
Beaupré (Mlle de). VII, 253, 254.
Beaurepaire (Général). IV, 258.
Beauvau (Princesse de). II, 299.
Béchard. III, 337.
Beckx, père. VI, 48.
Beethoven. II, 218, 342, 429; III, 216; V, 70.
Béhic (Armand). III, 7, 115; VII, 98.
Belcastel (de). V, 374.
Belgiojoso (Princesse de). II, 156, 157, 273, 299.
Bellanger (Mlle Marguerite). IV, 73.
Bellemare (Général de). IV, 151, 160; V, 385.
Bellemarre. VI, 8.
Bellet. III, 104-106.
Belosselski (Prince). VII, 10.
Benedeck (Général). III, 84.
Benedetti. II, 376; III, 92, 448, 449, 454, 455, 458, 461; VI, 92, 93.
Béranger. I, 96; II, 30, 31, 49, 61; III, 4; VI, 415.
Berardi. III, 51; VI, 126.
Bérenger. V. 152, 395.

Berezowski. III, 138, 149, 152; V, 154.
Bergeron (Émile Pagès). I, 42, III, 93, 94.
Bergier. IV, 284.
Bergier (Mme). VI, 416.
Berlioz. II, 212-222, 238, 239, 274, 275, 297, 301, 308, 309, 312, 322, 323, 428-431; III, 78-81, 93, 343, 344; VII, 262.
Bernard (Félix). V. 87.
Bernard (Martin). V, 111, 162, 292.
Bernhardt (Docteur). I, 46-48, 51, 358.
Bernhardt (Mlle Sarah). II, 378; III, 341; IV, 282; VI, 73, 332, 393.
Bernstoff (de). III, 129.
Berry (Duchesse de). III, 439.
Berryer. III, 201, 316, 318; VII, 11.
Bersot. VII. 182.
Bert (Paul). III, 64, 65, 96, 252, 324; V, 168, 209, 312, 313, 336; VI, 20, 73, 111, 119, 127-130, 188, 263, 281, 312, 363, 364; VII, 47, 48, 122, 153, 230, 236-238, 240, 317, 321, 334, 359, 361, 369, 390.
Bertani. VII, 215.
Berthaud. VI, 57.
Berthaut (Général). VI, 429, 432, 461.
Berthelot. VI, 119.
Berton. III, 143; IV, 207.
Beslay. VII, 326.
Bessat. V, 208.
Bethmont (Paul). IV, 126; VI, 466; VII, 83, 84, 296, 297.
Beulé. II, 436; V, 402, 405; VI, 3, 7, 10, 17, 21, 50, 59, 60, 115, 304.
Beuque (Mlle). II, 134-138, 142, 259, 366, 369; III, 38, 41, 43, 50, 465; V, 222, 250; VII, 444.
Beust (Comte de). III, 86, 87, 112, 123, 153, 155, 180, 339, 350, 375; VI, 407; VII, 211, 241-243, 258, 259, 269, 328, 329, 455.
Beyens (Baron de). II, 299; VII, 258.

Bibesco (Prince Georges). IV, 185, 189; VII, 31.
Bidauré (Martin). III, 402.
Bien (Jean de). I, 9.
Bienvenu. VI, 331.
Biesta. V, 118.
Billot (Général). IV, 274, 332; V, 75, 162, 163, 177, 205, 289; VI, 35, 64, 115, 116, 126, 187, 301, 357, 358, 425, 470, 471; VII, 21, 27, 49, 50, 70, 78, 138, 159, 177, 178, 185, 186, 241, 296, 311, 332, 367, 371, 378, 388, 411, 412.
Billot (Mme). VII, 411.
Billotte. VI, 98.
Bismarck (de). II, 52, 54, 433, 434, 451, 452, 460; III, 3, 4, 49, 50, 68-77, 81-89, 93, 95, 100, 112, 129, 137-140, 149, 152, 153, 156-159, 173, 179, 180, 189, 294, 328, 330, 331, 339, 340, 348-350, 385, 389, 399, 448, 454, 459, 461, 467; IV, 16, 75, 80, 111, 228, 234, 329, 330, 332, 335-337, 343; V, 15, 23, 27, 38-41, 43, 44, 68, 70-72, 76, 81, 111, 160, 163, 311, 337, 379, 380, 395; VI, 14-16, 84, 93, 94, 121, 124, 125, 152, 153, 157, 159, 163, 176, 184, 198, 204, 206, 207, 213, 236, 240, 241, 248, 252, 253, 266-270, 274, 275, 279, 368, 389-391, 396-408, 436-444, 458; VII, 12, 15, 29-33, 56, 70-73, 75, 76, 86, 87, 89-91, 108, 109, 111, 112, 122, 126, 127, 141, 156-165, 175-181, 187-191, 203-213, 221, 242, 243, 265, 266, 268, 276, 277, 282, 287, 304, 305, 314, 324, 355, 364, 380, 394-398, 419-422, 430, 431, 434-438.
Bismarck (Herbert de). VII, 91.
Bixio (Alexandre). II, 158, 159, 223, 224, 242, 247, 287, 347, 348, 374, 377, 381, 398, 425, 460; III, 27, 34, 59-64, 76, 77, 347.
Bixio (Maurice). IV, 263, 297.
Bixio (Nino). II, 242-247; III,

60, 347-351, 357, 421, 448; IV, 45; VI, 67, 68.
Bizet. VI, 234.
Blacas (de). VI, 49, 52-54, 60.
Blanc (Commandant). VI, 17.
Blanc (Charles). II, 412; III, 13, 27, 110, 363; IV, 138, 147, 240, 242, 294, 295; V, 179, 296; VI, 69, 372, 373, 426.
Blanc (Louis). I, 88, 257, 286, 291, 297, 319, 321, 322; II, 23, 91, 181, 223, 408, 412; III, 23, 44, 47, 227, 228, 363; IV, 91, 138, 140, 141, 147, 148, 162, 203, 207, 208, 211-213, 223, 241-244, 275, 293, 294, 327, 340, 343; V, 5, 37, 41, 42, 51, 53, 75, 86, 87, 89, 102, 110, 122, 151, 158, 162, 166, 179, 223, 267, 292, 293, 296, 346, 369, 375; VI, 5, 65, 91, 131, 173, 224, 270, 271, 284, 292, 329, 337, 357, 364, 368, 373, 394, 411, 426, 448, 450, 462, 464, 470; VII, 3, 14, 83, 173, 256, 290, 307, 326, 371, 391, 407.
Blanc (Mme Louis). VI, 173, 271, 364.
Blanche (Docteur). III, 137, 353.
Blangy. I, 37, 39.
Blanqui. I, 173; II, 121, 328-331; III, 359, 452, 453; IV, 75, 107, 108, 156, 157, 162, 164, 165, 169, 176, 185, 187, 196, 198, 203; V, 86, 324.
Blatier. I, 268, 335.
Blau (E.). VII, 425.
Bleichrœder. VII, 31.
Bloq (Charles). VI, 111.
Blondeau. I, 184, 185, 190-193, 196-201, 205, 219, 234, 235, 264, 271, 276, 281, 296, 299-301, 303, 306-308, 310, 318, 331, 332, 343, 356.
Bobéchon. IV, 76.
Bocher. V, 318; VI, 126, 226, 280, 286, 291; VII, 94.
Bocher (Mme). IV, 300.
Boileau. II, 164, 199, 262.
Boissières. V, 326.
Bonaparte (Princesse Pauline). VII, 275.

Bonaparte (Prince Pierre). III, 426, 437; V, 170, 199.
Bonheur (Raymond). II, 123.
Bonheur (Rosa). II, 123; III, 25.
Bonjean (Président). V, 124.
Bonnard (de). II, 29, 31, 78, 81, 132, 248.
Bonnat. II, 413; VI, 111, 123, 251, 378; VII, 167, 168, 405, 406, 453.
Borel (Général). VII, 100, 101, 185, 355.
Borghèse (Prince Paul). VII, 275.
Borgia (Lucrèce). III, 21.
Borie. III, 336.
Bornier (Henri). III, 291.
Borriglione. V, 24, 175, 192.
Bossuet. VI, 98.
Bouilhet. V, 218, 239.
Bourbaki (Général). IV, 253; V, 239, 347; VI, 357, 358; VII, 355.
Bourget (Paul). VI, 29; VII, 458.
Bourgoing. VI, 264.
Boutmy (Em.). V, 364.
Bouton. VII, 148, 149.
Boysset. V, 143, 288, 292; VI, 227, 228, 243, 252, 253, 337, 446, 450, 466; VII, 24, 78, 236, 256, 263, 296, 317.
Brachet. III, 110, 111, 119.
Brame. II, 419.
Brasme. VI, 174, 176.
Brasme (Mme). VI, 174, 177.
Brasseur (Mme Albert Le). VII, 340, 341.
Brazza (de). VI, 135, 265, 266; VII, 301, 451.
Bréa (Général). I, 320.
Bressant. III, 58, 146.
Breton (Jules). VII, 145.
Brézé (de). VI, 49, 50.
Bright (John). II, 230; III, 9; V, 273.
Brisbane (Albert). II, 133.
Brisson. I, VII; II, 365, 366, 368, 369; III, 5, 15, 28, 29, 33, 41, 248, 320-323, 359, 367, 399; IV, 78, 97; V, 89, 135, 183, 200, 252, 298, 369, 391; VI, 13, 37, 239, 244, 336; VII, 68, 83, 122, 131, 132, 229, 230, 262, 281, 294-296, 317, 327, 385, 386, 395, 422, 456.
Brisson (Mme). VII, 281, 385.
Broca (Docteur). V, 30; VII, 259.
Broglie (Albert, duc de). V, 63, 64, 150, 190, 196, 234, 235, 273, 308, 310, 344, 352, 359, 374, 376, 396, 398-400, 402, 405; VI, 3, 6, 10, 14, 23, 27, 34, 47, 52, 59-63, 81, 82, 86, 89, 99, 101, 106, 121, 123-126, 225, 233, 295, 296, 301, 313, 319, 321, 328, 349, 430, 461, 465; VII, 2, 4, 6, 7, 25, 46, 52, 66, 67, 83, 92, 94-96, 151, 180, 218, 314, 327, 390.
Broglie (Victor de). II, 409; III, 470; VI, 6.
Brohan (Madeleine). II, 28; VI, 332.
Brougham (Lord). II, 340, 356, 357.
Broye (Général). VII, 166.
Brune (Maréchal). VI, 333, 345.
Buchez. II, 121.
Büchner. II, 458; III, 81, 82, 83, 137, 397, 399, 400.
Budaille. III, 373.
Buette (Louis). VI, 316.
Buffenoir. VI, 417.
Buffet. II, 419; III, 408, 430, 438, 441; V, 386, 398, 400; VI, 132, 224, 234, 242, 264, 279, 287, 301, 303, 307, 317, 319, 321, 323, 328, 337, 349, 373, 430.
Bulow (Prince de). VII, 11, 207, 213.
Bulow (Cosima de). II, 84.
Bulow (Hans de). II, 84, 217-221, 236, 239.
Buloz. II, 156; III, 60, 226, 254, 260; V, 159, 187, 188, 193, 194; VI, 87; VII, 357.
Buloz (Mme). V, 188.
Buloz (Charles). VI, 86.
Burnside (Général). IV, 111, 113.
Burty (Ph.) II, 412, 413; III, 27; V, 180, 289, 291; VI, 123, 124, 234, 251, 364; VII, 312, 313.
Büsch (Docteur). VII, 113.
Busnach. VII, 288.
Busson-Duvivier. VI, 88.

Byron (Lord). VI, 179.

Cabarrus (Docteur). II. 248, 249, 321, 331, 333, 334, 336, 337, 339, 341, 351, 422.
Cabet. I, 291 ; V, 139.
Cadol (Édouard). III, 203, 272, 299, 300.
Cail. VI, 16.
Caillaux. VI, 461.
Cairoli. III, 345 ; VII, 124, 188, 189, 204-206, 208-211, 225, 232, 233, 271, 272, 274, 276, 280, 393, 394, 415, 416, 426-430, 436, 439, 441.
Cairoli (Mme Adélaïde). VII, 188.
Cairoli (Mme Elena). VII, 188, 189, 208, 209, 272, 393, 394, 416.
Calamatta. III, 205.
Caligula. VII, 192.
Calmann-Lévy. V, 159, 188 ; VI, 376.
Calmon. VI, 153, 154 ; VII, 11.
Calzado. VII, 423.
Cambriels (Général). IV, 84, 112, 288, 289 ; VI, 257.
Camoëns. I, 341.
Camp (du). II, 164, 413 ; III, 424 ; VI, 304 ; VII, 323.
Campenon (Général). VII, 39, 240.
Canrobert (Maréchal). II, 176 ; VI, 35, 83 ; VII, 40, 292.
Capponi. VII, 430.
Captier (le P.) V, 124.
Caraguel (Clément). II, 294 ; VI, 66.
Carayon-Latour (de). V, 370.
Carbonel (les). III, 111, 119.
Carné (de). VI, 373.
Carnot (Adolphe). II, 112.
Carnot (Hippolyte). II, 46, 47, 57, 71, 79, 86, 87, 93, 109, 110, 112, 113, 121-123, 129, 130, 223, 235, 241, 280-286, 288, 289, 316, 343, 365, 373, 408, 409, 414, 418 ; III, 27, 44, 123, 304, 355, 362, 367, 373 ; V, 161, 162, 301, 392 ; VI, 301.
Carnot (Mme Hyppolyte). II, 131 ; V, 301 ; VI, 31.
Carnot (Lazare). II, 130, 281.

Carnot (Sadi). II, 112, 113, 130, 281, 282 ; V, 162, 301.
Carpeaux. VI, 216.
Caro. III, 99 ; VII, 11, 23.
Carrel (Armand). II, 110, 121, 223 ; III, 46, 93, 135, 249 ; VI, 307, 474 ; VII, 4, 360, 438.
Carrel (Mme Armand). VII, 5.
Carsenac. VII, 347.
Carvajal. VII, 423.
Carvalho. II, 161, 212, 428 ; VI, 383, 384.
Carvalho (Mme). II, 161, 162 ; III, 80, 147 ; VI, 383, 384 ; VII, 415.
Casimir-Périer (A.-V.). V, 237, 255, 256, 394, 395 ; VI, 58, 133, 140, 146, 320, 321, 384, 397, 432.
Casimir-Périer (Mme A.-V.). VI, 31.
Cassagnac (Granier de). II, 79 ; III, 200 ; VI, 462 ; VII, 45.
Cassagnac (Paul de). III, 98 ; V, 297 ; VI, 16, 17, 172 ; VII, 29, 97, 109, 150, 348, 431.
Casse (Germain). III, 34 ; VII, 83.
Castagnary. II, 312, 313 ; III, 27, 333.
Castelar. III, 111, 293-297, 353, 389, 447, 448 ; V, 376 ; VI, 186, 187 ; VII, 304, 315, 328, 423.
Castelnau. V, 21.
Castiglione (Comtesse de). II, 156
Castres (de). IV, 94.
Cathelineau. V, 34.
Caubet. II, 366 ; III, 28-33.
Cauchois-Lemaire. III, 183.
Caussidière. I, 319, 321.
Caux (Marquis de). II, 299 ; III, 292, 305.
Cavaignac (Général). I, 327 ; II, 46, 47, 100, 101, 209, 235 ; III, 27, 60, 291, 309 ; VII, 360.
Cavaignac (Mme L.-E.). VI, 31.
Cavaignac (Godefroy). III, 291, 316, 468 ; IV, 76.
Cavalier (Pipe en bois). III, 58 V, 26 ; VII, 266.
Cavallotti. VII, 273, 274.
Cavour. II, 22, 92, 93, 158, 160, 229, 244, 315, 316, 377, 451 460 ; III, 60, 77, 159, 188, 346.

Cazenove de Pradine. VI, 106.
Cazot. VI, 256, 301; VII, 241, 455.
Cazot (Mme). VII, 455.
Celigny (de). III, 418.
Ceresole. VI, 392.
Cernuschi. III, 425, 440, 441, 477, 478; IV, 130, 131, 204, 205, 217, 239, 253, 254, 256, 257, 264, 283-285, 311, 313, 314; V, 5, 97, 99, 103, 109, 289; VI, 67, 296; VII, 9.
Cervantès. VI, 448; VII, 444.
César. I, 139; VI, 199; VII, 417.
Césena (de). II, 295.
Cessiat (Mlle Valentine de). II, 149; III, 104, 343.
Chabrières. V, 240, 241, 243; VII, 399, 414.
Challemel-Lacour. II, 91, 109, 182-185, 238-240, 262, 264, 285, 294, 295, 302, 308, 314, 315, 321, 326, 382, 448-450, 457; III, 5, 13, 15, 18, 24, 27, 31, 32, 43-46, 69, 70, 123, 142, 143, 310-328, 371; V, 7, 14, 15, 27, 168, 176, 181, 182, 198, 209, 214, 219, 236, 237, 250, 283, 286, 287, 289, 313, 369-372, 387, 391, 393; VI, 31, 72, 73, 105, 115, 141, 142, 147, 186-188, 195-197, 201-204, 209, 246, 254, 255, 259-263, 291, 303, 310-320, 327, 336, 359, 363, 378, 384-386, 435, 450-452, 466, 470; VII, 3, 16, 26, 50, 51, 70, 118, 182, 185, 187, 188, 227, 229, 230, 241, 258, 259, 270, 303, 323, 333-339, 358, 359, 414, 453, 458.
Chambord (Comte de). III, 118; V, 122, 166, 195, 237, 350, 366, 367, 376, 387, 406; VI, 14, 28, 32, 38-43, 48-62, 106, 138, 325, 373, 449; VII, 105.
Chambord (Comtesse de). VI, 28.
Champfleury. II, 12.
Changarnier (Général). II, 409; IV, 329; V, 195, 277, 300, 308, 311, 329, 330, 350, 359, 396, 401; VI, 43, 50, 117, 133, 301.
Chanzy (Général). IV, 274, 290, 292, 298, 300, 315, 327, 332; V, 15-17, 44, 76, 141, 172, 177, 264, 300, 332; VI, 27, 301, 428; VII, 24, 185, 271, 303, 304, 373, 380.
Chapu. VII, 145, 339, 453.
Chareton (Général). V, 125.
Charette. V, 34, 102; VI, 429.
Charlemagne (Général). VI, 1, 41.
Charlemagne. VI, 54.
Charles Ier. VI, 145.
Charles. I, 60, 77, 172, 183, 185, 186, 200, 201, 219, 234, 235, 264, 271, 296, 305, 310, 311, 362.
Charles (Edmond). II, 82, 96, 161, 162, 177, 178, 180, 240, 258, 259; III, 381; IV, 219; V, 218.
Charles-Quint. III, 74; VI, 156.
Charlotte (Impératrice). II, 452; III, 89, 92, 93.
Charnacé (de). II, 217, 218, 236, 296.
Charnacé (Comtesse de). II, 216, 222, 236, 238, 296; VII, 116.
Charpentier, peintre. II, 313, 314.
Charpentier (G). V, 94; VI, 66; VII, 323, 343, 431, 451.
Charras. II, 181, 408, 411; III, 45.
Charras (Mme). VI, 31, 112; VII, 254.
Charton (Édouard). II, 46, 121, 344, 346, 387, 425; V, 28; VI, 282.
Charton-Demeur (Mme). III, 80.
Chasseloup-Laubat. III, 115.
Chassin. III, 327.
Chateaubriand. VII, 135.
Chatrian II, 197, 198, 210.
Chaudey. IV, 116, 130, 131; V, 99, 103, 109, 122, 124, 181; VI, 296.
Chaudordy (de). VI, 67, 210; VII, 86, 266, 267.
Chauffour-Kestner. III, 23; VI, 112, 335, 354.
Chelmsford (Général). VII, 372.
Chenavard. II, 167, 322, 323; III, 80, 357; IV, 211, 213; V, 179, 180; VI, 311.
Chenevières. VII, 151.
Chenu (Docteur). IV, 81.
Cherbuliez. V, 188; VII, 301.

Cheremetieff (Comtesse). VI, 11.
Chesnelong. VI, 38, 39, 49, 54.
Chevalier de Saint-Louis. I, 113, 114, 262.
Chevandier de Valdrome. III, 408, 432.
Chevigné (de). VI, 49.
Chevreau. III, 408.
Chiris. VII, 70.
Choiseul (Comte de). III, 305; V, 141; VI, 43; VII, 3, 83, 227, 229, 240.
Chopin. II, 342; III, 196, 215, 265, 266.
Choudens. II, 162.
Christophle. V, 87, 141, 381; VI, 99, 199, 256, 264, 292.
Cialdini. III, 179, 463; VII, 172, 176, 177, 183, 188-191, 200, 209, 225, 228, 239, 242, 258, 259, 265-272, 417, 418, 426-430, 436-442.
Cicéron. II, 174; VI, 199.
Cinti-Damoreau (Mme). V, 247.
Cissey (Général de) V, 201, 394; VI, 125, 234, 299, 300.
Claremont (Colonel). IV, 236.
Claretie (Jules). III, 107, 327, 360; VI, 127.
Claude (des Vosges). V, 151; VII, 50.
Claude-Bernard. III, 64, 96, 252, 256, 324; V, 313; VII, 179, 237.
Clavel (Docteur). II, 366, 369; III, 28, 29, 33, 34, 82, 93, 99, 137, 396-399, 432; IV, 64, 84; V, 71, 72, 102, 103, 115, 118-123, 135, 137, 138, 252, 288, 289, 298; VI, 244, 336, 454, 458, 463, 464, 468, 472; VII, 32, 68, 102, 316, 317, 339, 385.
Clemenceau. IV, 136; V, 51, 86, 191; VI, 336; VII, 83, 85, 122, 229, 290, 295, 314, 326, 395, 422.
Clément d'Alexandrie. II, 174.
Clésinger. III, 195.
Clésinger (Mme). III, 193-198, 205, 346; VI, 374.
Clésinger (Jeanne). VI, 375.
Clotilde (Princesse). II, 132.

Clovis. III, 28, 29; V, 328
Cluseret. V, 97.
Cobden. II, 230, 233, 234; III, 7, 9; V, 237, 273.
Cochery. V, 289; VI, 43, 64, 126, 466; VII, 26, 67, 70, 171, 296, 302.
Cochin. II, 409.
Cochut (Mme A.). IV, 83, 92, 93, 116.
Coggia. VII, 168.
Coignet (Les). III, 41.
Coignet (Mme). II, 109.
Colani. V, 214; VII, 339, 408, 409, 414.
Collet (Louise). II, 273, 393, 394.
Collin (Paul). IV, 263, 297.
Colomb (Général de). VII, 21.
Colonna (Duchesse de). VI, 398.
Comte (Auguste). I, 362; II, 4, 5, 7, 9, 10, 22, 33, 39, 56, 111, 112, 114, 116, 121, 228, 310; VI, 227.
Conneau (Docteur). I, 193.
Considérant (Victor). I, 111, 170, 173, 278, 333, 342; II, 133; III, 38, 39, 50, 470.
Constant (Benjamin). II, 59, 125.
Constant (Benjamin), peintre, VII, 453.
Constantin (Grand-duc). VII, 419.
Contades-Gizeux (Marquis de). V, 297.
Conti. V, 50.
Coppée (François). III, 54, 105, 143, 341; V, 222; VI, 145, 371; VII, 135.
Coppée (Mme). VI, 145.
Coquelin (Constant). IV, 207; VI, 332, 362, 452, 453; VII, 117, 118, 235, 247-252, 255, 285, 286, 342.
Coquerel. IV, 117, 118.
Corbon. II, 46.
Corday (Charlotte). IV, 324.
Corneille. II, 195, 196.
Cornély. VII, 344.
Corot. II, 312.
Correnti. VII, 176, 208.
Corti (Comte). VII, 200, 201, 204, 205, 207-209.
Coucy (Blanche de). II, 3.

Couperent-Desbois. II, 284; III, 149.
Courbet. II, 143-145, 165, 169, 290, 313; VI, 191; VII, 116.
Courcelle-Seneuil. III, 327.
Courier (P.-L.). VI, 383.
Courval (de). II, 3.
Courvoisier. VI, 112.
Cousin. VI, 260.
Cousin (Victor). II, 32, 38, 39, 115, 227, 262, 346, 356, 392-397; III, 15, 16, 114, 376; V, 66; VII, 108, 287.
Cousin-Montauban (Général). II, 266; IV, 11, 25.
Crémieux. IV, 112.
Cresson. IV, 199, 201 202.
Crispi. III, 160; VI, 199; VII, 29, 30, 71, 124, 204, 207, 211, 221, 271, 272, 274, 394.
Crocé-Spinelli. VII, 238.
Croisette. VI, 332.
Crosnier. III, 290.
Cruvelli (Sophie). II, 163.
Cumont (de). V, 309; VI, 125, 325.
Cunéo d'Ornano. VII, 109.
Curé de Blérancourt (M. le). I, 83, 84, 288, 289.
Cuvillier-Fleury. IV, 44; V, 387.

Daguin. VI, 356.
Dahirel. VI, 13, 107.
Dalhousie (Lord). III, 419, 421.
Dall' Ongaro. II, 83, 156, 157, 273.
Dalloz. III, 338; VII, 132.
Dancourt. III, 204.
Dante. II, 41, 429.
Danton. I, 291; III, 227, 309.
Darboy (Monseigneur). V, 124, 181.
Darimon. II, 45-47, 62, 70, 409, 416, 417; III, 362.
Daru. III, 408, 430, 438, 441; VI, 120; VII, 98.
Darwin. II, 198; III, 398.
Dastre. VII, 237.
Daubigny. II, 312.
Daubrée. V, 284.
Daudet (Alphonse). III, 105, 117, 191, 310, V, 211, 357, 358; VI, 62, 146, 206, 378; VII, 90, 135, 262, 271, 342, 343, 443.
Daudet (Ernest). VII, 430, 431.
David d'Angers. III, 104.
David (Félicien). II, 121, 123, 124; IV, 121.
David (Jérôme). III, 83, 89, 359, 360, 367, 405; VII, 45, 90-92.
Davyl (Louis). VI, 205.
Decaisne. I, 81, 112, 265, 269.
Decaisne (Mme). I, 112, 113, 115, 262.
Descaisne (Émilienne). I, 112.
Decamps. I, 46.
Decazes (Duc). III, 149, 152; V, 338, 343, 352; VI, 28, 48, 60, 70, 83-85, 124, 125, 207, 208, 235, 240, 241, 248-250, 266, 269, 291, 320, 321, 335, 350, 351, 354, 356, 409, 460, 461, 466; VII, 33, 73, 88, 112, 126, 431.
Deck (Les). III, 58, 59; IV, 199
Déjazet. VII, 37.
Delacroix. III, 203, 267.
Delafosse (Jules). VII, 169.
Delaunay. III, 58, 146.
Delescluze. III, 258, 315, 317, 318, 397, 443; IV, 162, 169, 172, 180-183, 185, 187, 333; V, 96, 98, 110, 117; VI, 8.
Delessert (Mme). II, 164.
Deligny. VI, 111.
Délion (Anna). III, 280.
Delord (Taxile). VI, 457
Delprat. II, 71.
Demonbynes. IV, 157, 167, 179-181, 183-186, 204.
Denfert-Rochereau. V, 15, 125; VII, 53, 170.
Denormandie. V, 141, 174; VI, 57.
Dentu II, 82, 207, 294.
Depaul (Docteur). III, 176, 177, 178, 255.
Depoyre. V, 309.
Depretis. VII, 124, 189, 205, 209, 272, 276, 429, 439.
Deraisme (Maria). III, 90; VII, 169.
Deregnaucourt. V, 310; VI, 111.
Déroulède. V, 358; VI, 446; VII, 287, 409, 410, 452.

Déroulède (Mme). VI, 447.
Der Thann (Von). V, 71.
Descartes. II, 257.
Deschanel (Émile). II, 182; III, 376, 377; VII, 406, 407.
Deschanel (Paul). VI, 118.
Desonnaz. III, 248; IV, 215, 217; V, 344; VI, 68.
Desseilligny. V, 402.
Destrem (Jean). V, 373; VI, 20, 46, 97, 118.
Desvarannes. VI, 429, 430, 432.
Detaille (Édouard). III, 256; V, 290, 291; VI, 251, 378; VII, 145.
Détroyat. V, 307; VI, 141, 172; VII, 186.
Dickens. II, 209.
Diderot. VI, 206.
Didier (Charles). II, 141.
Didier (Henri). IV, 198, 207.
Didier (Mme Henri). IV, 69, 207.
Diéterle. III, 57.
Dietz-Monnin. V, 174.
Diez (Frédéric). II, 456.
Dinks. VII, 407.
Disraeli. III, 329; VII, 175, 176, 187, 190, 191, 221, 420, 423.
Dolfus (Charles). II, 305; VII, 323.
Dollfus (Jean). III, 7; V, 241, 250.
Dompierre d'Hornoy (Amiral). IV, 249; V, 402.
Donon. VI, 455; VII, 20.
Dorian. IV, 118, 122-124, 136, 158, 159, 162, 164, 168, 169, 171, 180-185, 191-193, 209-212, 218, 219, 222, 233, 234, 247, 288-290, 316-318, 327, 331, 336, 347, 348, 350; V, 3, 4, 10, 16, 35, 50, 75, 90, 161, 165, 166, 168, 386, 389; VI, 29, 30, 139, 193, 194, 471, 473; VII, 183.
Dorian (Mme). IV, 171, 192-194, 209, 219, 227, 231-233, 289, 302, 317, 327, 336, 341, 347-350; V, 4, 5, 35, 50, 110, 161, 364, 389; VI, 28, 30, 31, 112, 139, 468, 469, 471, 473.
Dorian (Charles). IV, 171, 172, 193, 194, 209, 211.

Dorval (Mme). V, 312.
Dosne (Mme). III, 395.
Dosne (Mlle). V, 339, 380; VI, 395-398, 413, 419, 427; VII, 141, 239.
Douai (Général). VII, 354.
Doudan (Ximenès). VI, 6.
Doyen de Chauny (M. le). I, 117, 202, 203, 207, 234-237, 241.
Dragomiroff (Général). VII, 15, 147.
Dreer (de). IV, 282.
Dréo. II, 71, 416; III, 27, 334, 336; IV, 140; V, 183; VII, 24.
Drouet (Mme). V, 292, 319; VI, 32, 109-111, 258; VII, 152.
Drouin. VI, 57.
Drouyn de Lhuys. II, 376, 378, 452; III, 81, 87, 88, 92, 95, 100.
Dubochet. V, 168; VI, 386, 392, 420, 435, 455; VII, 50, 75, 244.
Dubois (d'Angers). III, 418.
Dubost (Antonin). IV, 120.
Duchâtel (Comte). VII, 11.
Duchâtel (Mme). IV, 300.
Duclerc. II, 100, 223, 373; III, 5, 18, 27, 29, 30, 34, 46, 48, 99, 142, 152, 311, 317, 359, 372; IV, 65, 66, 299, 332, 340, 347; V, 26, 70, 86, 162, 166, 267; VI, 4, 37, 47, 53, 64, 81, 84, 123-126, 134, 138, 187, 207, 226, 235, 240, 249, 252, 253, 256, 269, 270, 280, 281, 291, 298-301, 325, 326, 351, 354, 363, 370, 378, 379, 383, 384, 394, 409, 410, 415, 416, 420-425, 429, 430, 434, 447, 450, 457, 466, 470; VII, 3, 54, 88, 89, 94-98, 121, 123, 138, 156, 176-178, 185, 186, 216-219, 226, 227, 241, 260, 263, 279, 284, 296, 297, 301, 332, 335, 363-365, 378, 387, 410, 431, 458.
Ducloux. IV, 114, 126, 132, 338.
Ducrot (Général). III, 156; IV, 71, 73, 234, 245-247, 250, 251, 261, 276, 289, 314, 315, 325; V, 146, 334, 335, 348; VI,

234, 425, 428, 466; VII, 82.
Dufaure. II, 449; III, 370; IV, 341; V, 63, 80, 81, 233, 244, 255, 256, 351, 352, 362, 389, 394, 398, 399; VI, 51, 81, 104, 199, 234, 235, 280, 287, 321, 355, 369, 384, 425, 426, 429, 432; VII, 82, 94, 100, 101, 254, 278, 280, 288-290, 293, 299, 302, 307, 308.
Dufey (Mme). I, 68-70, 198.
Dufour (Abbé). VII, 396, 397.
Dufour (Émile). VII, 397.
Dugué de la Fauconnerie. VI, 172.
Dulac (Le Père). VII, 348.
Dumas (Alexandre). II, 21, 42, 205; V, 73.
Dumas fils (Alexandre). II, 40, 65, 196, 204, 205, 442; III, 24, 162-166, 168, 430; V, 159, 160, 189, 368, 369; VI, 63, 314, 332, 454; VII, 135, 458.
Dumont. III, 257.
Dupanloup (Monseigneur). III, 256, 388, 389, 395, 397; V, 183, 184, 249, 321, 402; VI, 204, 263, 456.
Dupin (Président). VI, 152; VII, 11.
Dupont (Colonel). II, 130.
Dupont de Bussac. IV, 82.
Dupont de l'Eure. III, 364, 365, 366.
Dupont-White. II, 86, 109, 110, 112-119, 316, 317; V, 162.
Dupont-White (Mlle) (Mme Sadi Carnot). II, 112, 113.
Duprat (Pascal). II, 185, 187; V, 86.
Duprez. II, 61; VII, 415.
Dupuis. VI, 321.
Duran (Carolus). VII, 145.
Duquesnel. VII, 248, 250, 251, 255, 332, 351.
Durcand. V, 87.
Duruy. III, 14, 16, 17, 257, 376.
Duval. V, 97, 101.
Duval (Ferdinand). VII, 167.
Duval (Raoul). V, 132, 233, 338, 362, 400; VI, 3, 7-11, 291, 300, 335, 351, 354, 355, 364-369; VII, 3-5, 26, 49, 89, 90, 129, 137, 150, 151, 169, 170, 185, 260, 304, 326, 363, 364, 378, 390-392, 442, 458.
Duvernois. III, 72, 115, 355, 375, 393, 397; VI, 462.
Duvernoy. V, 338.
Duveyrier. II, 121.

Edmond. II, 35, 37, 67, 68, 73, 442; III, 391, 392, 394; V, 367.
Eichtal (d'). II, 121.
Élisabeth (Impératrice). II, 296.
Élisabeth (d'Angleterre). III, 10.
Enault (Louis). II, 311.
Enfantin (Le Père). II, 78, 119-126, 129, 141, 335, 343, 349, 350, 366, 456, 457; III, 42, 402.
Engelhard. VII, 382.
Ennery (d'). II, 209; V, 356, 357; VI, 89, 209, 317, 359; VII, 216, 217, 219.
Ennery (Mme d'). V, 357; VI, 89; VII, 216, 217, 219.
Erasme. VI, 179.
Erazzu (Mlle). II, 299.
Erckmann. II, 197, 198, 210.
Erlanger (Mme) (Mlle Lafitte). II, 155.
Ernoul. V, 351, 352, 401, 402, VI, 7, 8, 13.
Espée (de l'). V, 90, 94.
Espivent de la Villeboisnet V, 104; VI, 317.
Estancelin. III, 470; V, 100.
Étienne. VI, 435.
Étienne (Mlle). III, 305.
Eugénie (Impératrice). II, 60, 158, 159, 229, 296, 299, 353-355, 396, 419, 432, 442; III, 20, 56, 102, 124, 125, 151, 154, 155, 337, 340, 350, 352, 371, 395, 401, 468, 477; IV, 12, 20, 60, 242, 329; VI, 8, 143, 467; VII, 259, 372.
Euripide. I, 327; II, 19, 322.
Eusèbe. II, 174.

Fabre (Ferdinand). VII, 359.
Faidherbe (Général). IV, 289, 290, 327, 332, 338, 346; V, 16, 27, 184, 374; VI, 130.

Failly (Général de). III, 179, 184, 474.
Faisse. VII, 299.
Falguière. VII, 145.
Falk. VII, 422.
Falloux (de). I, 298.
Fantin-Latour. VI, 364.
Farini. VII, 184, 205-207, 441.
Farre (Général). VII, 270, 292, 311, 312, 355, 364, 370, 371, 456.
Faure. III, 24, 79, 147 ; VI, 362.
Fauvety. II, 31-39, 54, 68, 72, 76, 81, 108, 184, 235, 259, 294.
Fauvety (Mme). II, 34-40, 54-59, 65-67, 95, 235, 241, 242, 259, 274, 378. 441-443.
Favart (Mme). II, 95 ; III, 24, 146, 407 ; VI, 453.
Favier. VI, 282.
Favre (Jules). II, 65, 69, 70, 409, 417 ; III, 44, 83, 191, 248, 355, 369, 373, 381, 432, 461 ; IV, 28, 29, 39, 48, 49, 55, 74, 80, 91, 107, 112-118, 124, 138, 157, 179, 182, 183, 188, 190, 196-198, 210, 216, 228, 234-236, 315, 316, 328, 329, 336 ; V, 14-19, 24-29, 38, 52, 63, 64, 68, 69, 81, 163, 165, 167, 176, 177, 190, 202, 267, 269 ; VI, 144 ; VII, 46.
Faye. VI, 419, 420.
Félix (Dinah). III, 58.
Félix (Lia). II, 173, 308 ; III, 143.
Félix (Raphaël). III, 301, 302.
Feray d'Essonnes. V, 141, 152.
Ferrouillat. V, 385 ; VI, 328.
Ferry (Jules). II, 71, 102, 373, 416, 417 ; III, 15, 46, 153, 310, 361, 372, 425 ; IV, 27, 97, 144, 146, 177-188, 195-197, 204, 207, 208, 316, 321, 323, 348 ; V, 21, 153, 287, 288, 299, 403 ; VI, 123, 257, 260, 262, 311, 462, 466 ; VII, 14, 32, 39, 83, 122, 153, 174, 230, 302, 310, 315, 320, 321, 334, 337, 348, 355, 359-363, 369, 371, 383, 390, 422, 452, 456.
Fétis. III, 24.
Fétis (Mme). III, 24.

Feuillant (Xavier). V, 297 ; VI, 17 84.
Feuillet (Octave). II, 79 ; III, 182, 327.
Feydeau (Mme) (Mme Henry Fouquier). II, 152.
Fiorelli. VII, 192.
Fiorentino. II, 238.
Fizelière (Mme et Mlle de la). II, 152.
Fischer (Mme). II, 12.
Flameng (Léopold). II, 110.
Flandre (Comte de). III, 125.
Flaubert (Gustave). II, 51, 229, 273, 383, 384 ; III, 21, 106, 162-167, 252, 253, 285, 411-416, 456 ; V, 186-190, 218, 239, 250, 251, 301, 312, 345, 383, 384 ; VI, 66, 109, 111, 113, 145, 146, 263, 374, 375, 448 ; VII, 41, 233, 234, 261, 262, 320-323, 343, 358, 371, 376, 377, 400, 431, 442, 446, 450, 451, 453, 454, 458.
Fleury (Général). II, 299 ; III, 173, 429 ; V, 297 ; VI, 11 ; VII, 289.
Fleury (Mlle Nancy). III, 253.
Flocon. I, 311, 362 ; III, 23.
Flocon (Mme). V, 330.
Floquet. II, 71, 92-94, 365, 373, 416 ; III, 46, 85, 137-139 ; V, 95, 108, 147, 214 ; VI, 112, 254 ; VII, 54, 83.
Floquet (Mme). II, 311 ; V, 148 ; VII, 254.
Flourens. III, 256, 432, 443 ; IV, 102, 152, 156-159, 162, 163, 169, 172-178, 184, 187, 198, 203 ; V, 100, 102, 335
Forcade (Eugène). II, 325, 443, 445.
Forcade de la Roquette. III, 115, 330.
Fornier (Mme Estelle). II, 274.
Foucher de Careil. VII, 367.
Fould. II, 21, 327, 378 ; III, 17, 49, 180 ; IV, 340, 347.
Fourcand. VI, 85.
Fourcaud. VI, 64.
Fourichon (Amiral). IV, 84, 86, 112 ; V, 26 ; VI, 381, 414.
Fourrier. I, 170, 172, 291, 343 ;

II, 133-136, 139, 199, 275; III, 43.
Fourtou (de). V, 395, 396; VI, 67, 81, 125, 138, 430, 461, 465; VII, 2, 3, 6, 25-29, 36, 46, 52, 66, 67, 77, 82, 83, 94, 254, 258, 314, 390.
Fraisse. VII, 243.
France (Anatole). VII, 359.
Franchetti (Colonel). IV, 253, 254, 260.
Franciose (P. de). II, 271
Franclieu (de). VI, 107, 297.
François d'Assise (Don). VII, 167.
François-Joseph (Empereur). III, 84, 93, 112, 137, 155, 174; VI, 206, 207, 401, 404; VII, 112, 221.
Frappoli. III, 341, 342, 345, 373, 374, 474, 476; IV, 45; V, 140, 150.
Frary (Raoul). V, 161.
Frédéric (Impératrice). III, 400.
Frédéric III. V, 38; VII, 11.
Frédéric-Charles (Prince). IV, 298; V, 15; VI, 428, 442; VII, 11.
Frédéric-Guillaume IV. II, 53.
Frédérix. VI, 126, 127.
Freppel (Monseigneur). V, 174.
Freycinet (de). V, 27; VI, 115, 116, 187, 328, 357, 358, 447; VII, 100, 105, 106, 115, 116, 137, 139, 141-145, 157, 159, 161, 172, 176, 180, 182, 189, 229, 238, 241, 255, 256, 260, 291, 302, 307, 352, 366, 370, 378, 384, 455.
Freycinet (Mme de). VII, 176.
Fribourg. III, 34, 35.
Froissard (Général). VI, 35.
Frontin. IV, 166, 176-179, 184, 187.
Fustel de Coulanges. V, 337; VI, 296.

Gaiffe. III, 148; V, 70, 250, 289; VI, 249, 378; VII, 185.
Gaillard. III, 315.
Gaillard (Napoléon). IV, 130.
Gailly. V, 87.
Galigaï (Éléonore). II, 434; IV, 97.
Galitzine (Prince). III, 418.
Galles (Prince de). III, 125; VII, 15-17, 33, 146, 167, 187, 314.
Gallet (Louis). VI, 452.
Galliera (Mme de). IV, 300.
Galliffet (Général de). II, 299; III, 148; V, 102, 218, 342; VI, 257; VII, 4, 5, 49, 50, 185, 186, 227, 229, 230, 259, 260, 267, 270, 271, 307-311, 330, 331, 354, 355, 362-364, 367, 371, 378, 383-388, 394, 395, 400, 410, 416-418, 426, 446, 447, 449.
Galliffet (Marquise de). II, 155, 299; III, 305.
Galli-Marié (Mme). III, 379; VI, 234.
Gambetta. II, 229, 264, 365, 368, 373, 415; III, 21, 46, 91, 138, 309-313, 318-322, 355, 356, 360-364, 369-372, 376, 392-396, 404, 425, 438-443, 461, 476; IV, 26-29, 39-41, 75, 85-87, 96, 97, 105-108, 120, 211, 227, 228, 236, 237, 257, 272-276, 284, 286, 304, 308, 323, 332, 336-346; V, VI, VII, passim.
Gambetta, père. V, 232, 257-261, VI, 70, 71, 212, 230, 298, 301, 304, 349; VII, 93, 216, 319, 349, 367, 368.
Gambetta (Mme). V, 257, 259-261; VI, 70, 71, 212, 230, 298, 301, 304, 349, 434; VII, 21, 22, 74, 93, 216, 319, 349, 368.
Gambetta (Michel). V, 262.
Ganesco. III, 183.
Gareau. II, 64.
Garibaldi. II, 93, 161, 181, 226, 229, 242, 244-247, 372-374, 378; III, 9, 60, 156, 158-160, 174, 178, 179, 181, 184; IV, 112, 268; V, 24, 182; VI, 281, 322; VII, 198, 199, 208, 269, 435.
Garibaldi (Menotti). IV, 253.
Garnier. II, 75.
Garnier (Charles). VI, 215, 216.
Garnier (Joseph). VII, 129.
Garnier-Pagès. I, 309; II, 46, 71, 223, 386, 409, 416; III, 27,

32-34, 48, 334, 335, 368, 373; IV, 48, 109, 124, 183, 188, 190, 194, 195, 201-203, 343; V, 16, 26, 183, 341-343; VI, 302; VII, 24, 287.
Garnier-Pagès (Mme). III, 334; V, 341.
Garsignies (Monseigneur de). I, 241, 242.
Gatineau. VII, 254, 288.
Gaut (Mme). III, 55.
Gauthier (Capitaine). II, 134; IV, 304.
Gauthier (Jeanne). IV, 304.
Gauthier de Rumilly. V, 142.
Gautier (Mlle Judith). II, 308; III, 424.
Gautier (Théophile). II, 21, 196, 205, 238, 308; IV, 272; V, 71, 345, 346; VI, 196; VII, 342.
Gazagnaire. III, 420.
Gent (A.). VI, 339, 341.
Gentelet. V, 285.
Gentil. III, 72.
Gentil (Arthur). VII, 350.
Genton. III, 35.
George (Mlle). III, 303.
Georges Ier (de Grèce). VI, 405.
Germa (Colonel). IV, 290, 322, 328.
Germain (Henri). VI, 199.
Gérome. II, 164, 413.
Gervex. VII, 168.
Gibiat. III, 72.
Gilbert (Capitaine). VII, 410.
Gilbert Boucher. VI, 328.
Gill (André). IV, 232; V, 97, 239; VI, 251.
Gill (Pedro). VI, 108-110.
Gimbert (Docteur). V, 13, 247.
Gioia. VII, 264, 273, 415.
Giotto. II, 41.
Girard. VI, 131; VII, 167.
Girardin (Alexandre de). VII, 169.
Girardin (Mme Alexandre de). VII, 168.
Girardin (Émile de). II, 62, 78, 85, 99-105, 109, 110, 159, 180, 223, 226, 230-234, 248, 266, 281-289, 315, 325, 382, 385, 409, 410, 414-419, 431; III, 17, 18, 24, 46, 56, 69-75, 85, 93, 98-101, 107-109, 121, 135, 153, 249, 292, 304, 375, 393, 404, 415, 431, 439, 443, 469; V, 173, 174, 279, 338, 356; VI, 193, 363, 473; VII, 4-8, 13, 14, 23, 24, 45, 46, 52-59, 65, 69, 70, 76-79, 97, 99, 100, 106, 107, 133, 138-145, 157, 161-164, 168, 169, 185, 186, 190, 208, 209, 215-220, 229, 231, 240, 257-259, 263-265, 280, 284, 296, 303, 318, 322, 327, 332, 338-340, 348-353, 366, 370, 413, 418-423, 433.
Girardin (Mme de). II, 85; III, 166.
Girardin (Mlle de). III, 56.
Giraud. VII, 39.
Girerd. VII, 281.
Gladstone. III, 329; V, 69; VI, 283; VII, 46, 175, 418-421, 423.
Gladstone (Mme). VII, 418.
Glais-Bizoin. III, 107, 367; IV, 102.
Glatigny. III, 54, 105.
Glück. II, 212, 213, 222, 322, 323; III, 266.
Goblet (René). V, 175; VI, 50, 268, 269, 465; VII, 8, 9, 83, 303.
Godin. VI, 111.
Godin (Ambroise). I, 78, 86, 186.
Godin (Mme Camille). I, 78, 86, 186-194.
Gœthe. II, 429; III, 154.
Gogol. III, 412.
Gomez. II, 61.
Goncourt (Les). II, 55; III, 21, 22, 58, 59, 106, 162-167, 226, 327, 450; VII, 343.
Goncourt (Edmond de). II, 383; III, 162, 163, 166-168, 339, 450; VI, 146; VII, 261, 262.
Goncourt (Jules de). II, 55; III, 162, 166, 167, 450.
Gondinet. VI, 281.
Gontaut-Biron (de). V, 305; VI, 241; VII, 76, 113, 431.
Gorone (Général). III, 70, 77, 95.
Gortschakoff. III, 149; V, 64; VI, 249, 266, 272-275, 402, 408, 444; VII, 10, 33, 73, 176, 181, 191, 201, 305, 421.

Gosset (Alphonse). VII, 396.
Got. II, 24; IV, 166.
Goudchaux. II, 46, 47, 71, 100.
Goudchaux (Mme). IV, 69, 262.
Goudchaux (Charles). IV, 144, 168, 169.
Gougeard (Commandant). VII, 20, 21, 240.
Goulard (de). V, 256, 353, 367, 389, 395.
Gounod. II, 161, 162, 240; III, 129; VI, 227; VII, 301, 379, 453.
Gourko (Général). VII, 16, 17.
Grammont-Caderousse. II, 299.
Gramont (de). III, 441, 445, 448, 453-455, 459-461; V, 204, 205, 385; VI, 11; VII, 11, 329.
Granville (Lord). IV, 140.
Grenier (Édouard). II, 90, 103, 109, 242, 319.
Grenier, acteur. V, 254.
Greppo. III, 23; V, 111, 162.
Gresley (Général). VII, 292, 302, 310, 331, 355, 394, 417, 447.
Grévy (Albert). VII, 83.
Grévy (Mlle Alice). VII, 298, 299.
Grévy (Jules). II, 56, 57, 71, 79, 86-89, 100, 109, 223, 249, 275, 279, 280, 304, 371-375; III, 44, 261, 291, 355, 365; V, 28, 35, 46, 86, 166, 172, 195, 196, 291, 338, 362, 378, 383, 385, 386, 392, 393, 396, 403-406; VI, 12, 37, 51, 57, 59, 233, 295, 337, 355, 429, 462; VII, 3, 9, 44, 46, 54, 55, 69, 83, 84, 94-97, 106, 117, 166, 292-315, 337, 352, 370, 375, 376, 386-389, 395, 431-438, 455-457.
Grévy (Mme). VII, 176, 299.
Grosjean (Jules). V, 44, 45.
Grousset (Paschal). III, 333, 426; V, 96; VI, 96, 107.
Gubernatis. VII, 439, 442.
Guépin (Docteur). III, 367.
Guérin. III, 107.
Guéronnière (de la). II, 78, 227; III, 115, 292.
Guéroult. II, 78, 109, 121, 180, 181, 229, 410, 418; III, 85, 160, 191, 281, 377, 401, 402, 406-408, 422, 423; IV, 62, 142, 143, 148, 213, 214, 241, 248; V, 232.
Guéroult (Marguerite). III, 377; VI, 68.
Guéroult (Paul). IV, 143-296.
Guesde (Jules). VI, 331.
Gueymard (Mme). IV, 208.
Guibert (Monseigneur). V, 368; VII, 37, 289, 292, 337.
Guichard. VI, 435; VII, 78.
Guillaume Ier (de Prusse). II, 325, 460; III, 3, 4, 137, 140, 148, 152, 350, 384, 449, 455, 458, 459, 461, 475; IV, 115, 331; V, 163, 273, 311, 377; VI, 236, 250, 368, 389, 407; VII, 202, 430.
Guillaume le Taciturne. VI, 178.
Guillaume (Eugène). VII, 145, 453.
Guillaumet. II, 439, 440; III, 25; VI, 454; VII, 378, 379, 405, 453.
Guilloutet (Marquis de). III, 200, 201.
Guimont (Esther). VII, 56, 57.
Guiod (Général). IV, 160, 314, 315.
Guioth. II, 11, 12; V, 106; VI, 20, 35, 36; VII, 378.
Guistiniani (Docteur). VII, 234, 281.
Guizot I, 278, 279, 293; II, 262; III, 382, 425, 433; VI, 170, 250; VII, 108.
Gustave-Adolphe. VI, 441.
Guyot (Yves). VI, 331.
Guyot-Montpayroux. V, 338; VII, 18-20.

Hachette. VI, 110.
Haentjens. VI, 87, 88.
Halanzier. VII, 44, 425.
Halévy (J.). II, 105.
Halévy (Ludovic). VII, 140, 309.
Hamel (Ernest). II, 94; III, 27, 35.
Hamelincourt (d'). V, 202, 203.
Harcourt (Duchesse d'). VI, 11.
Harcourt (Comte d'). VI, 28; VII, 213, 271.
Harcourt (Comtesse d'). VII, 334.

Harpignies. II, 413.
Harrel. III, 303.
Harrisse. III, 263, 265, 269, 275, 279, 281.
Hartsen (Docteur). III, 399.
Hattot. VII, 382.
Hatzfeld (Comte de), III, 384.
Hauréau. II, 100; III, 46, 99, 303, 304, 372; IV, 61, 83, 95, 125, 176; V, 289, 292; VI, 429.
Haussmann. II, 410; III, 98, 125, 408, 426; VII, 45.
Haussonville (d'). II, 226, 329; IV, 95.
Havet (Ernest). VII, 378.
Havin. II, 45, 228, 408-410, 414, 418.
Hébert. III, 110; VI, 364.
Hébrard (Adrien). IV, 218; V, 220, 403; VI, 374; VII, 54, 258, 375, 430, 454, 455.
Hecht (Henri). VII, 245, 246.
Heckeren (Baron de). II, 254, 255, 419; III, 148, 151, 305, 306, 359.
Heilbuth. VII, 145, 453.
Heine (Armand). II, 443, 445.
Henckel de Donnersmark. V, 70, 71, 297, 298; VI, 15, 83-85, 269, 270; VII, 31, 33, 70-77, 88, 91, 108, 112, 126, 140, 141, 156, 161-163, 187.
Hennequin (Victor). II, 144.
Henner. II, 413; III, 25; V, 290, 291; VI, 123, 378; VII, 145, 453.
Hénon. II, 47, 62, 70, 418.
Henri IV. I, 93; III, 10, 12; VII, 125.
Herbette (Jules). VII, 180.
Heredia. III, 105; VII, 135.
Héricourt (Mme d'). II, 31-33, 55-59, 67, 68, 187.
Hérisson (Maurice d'). V, 297.
Hérodote. II, 174.
Hérold. II, 71; VII, 310.
Hersent (Mme). III, 305.
Hervé (Édouard). III, 85, 369, 370; VI, 23.
Herwegh. II, 239.
Hésiode. II, 172.
Hesse (Princesse Louise de). III, 400.

Hetzel (P.-J. Stahl). II, 75, 79, 159, 206-210, 224, 225, 234, 290-293, 320, 321, 325, 342, 347, 348, 374, 401, 425, 442-445, 449, 454, 457; III, 27, 48, 59, 92, 114-118, 120, 127, 149, 150, 179, 191, 216, 217, 291, 310, 325, 326, 339-342, 345, 370, 372, 387, 423-425, 434, 435, 459, 460, 468; V, 96, 186, 357; VI, 145, 146, 206, 291, 354, 355, 364, 377, 419; VII, 44, 68, 69, 89, 116, 117, 129-137, 185, 453.
Heugel. II, 2, 75.
Higuette. VI, 292.
Higuette (Mme). VI, 292.
Hippocrate. II, 110.
Hiram. II, 367, 368; III, 29, 41.
Hirsch (Mme). VI, 34.
Hoche (Général), IV, 268.
Hoche (Mlle). IV, 268.
Hocquigny (Mlle). IV, 73, 282.
Hoedel. VII, 254.
Hoff (Sergent). VII, 287.
Hohenlohe (Prince de). VI, 121, 152, 248; VII, 31, 71, 113, 442.
Hohenzollern (Prince Charles de). VI, 405.
Hohenzollern (Prince Léopold de). III, 447-449, 453, 455, 459; V, 71; VII, 329.
Holland (Lady). V, 64.
Homère. I, 89, 138, 180, 213, 229, 329-331; II, 19, 118, 172, 173, 341, 438; III, 8; VI, 215.
Houssaye (Arsène). VI, 196.
Houssaye (Henri). VII, 339, 350, 351.
Hübner (de). II, 160.
Huc (Le Père). II, 141.
Hugo (Abel). V, 296.
Hugo (Adèle). V, 296.
Hugo (Charles). III, 360; IV, 244; V, 72, 73.
Hugo (Mme Charles). IV, 244; VI, 205, 222, 258, 437.
Hugo (Eugène). V, 296.
Hugo (François). III, 360; IV, 244; V, 292, 319, 320; VI, 68, 71, 103.
Hugo (Georges). VI, 205, 271; VII, 80, 81.

Hugo (Mlle Jeanne). VI, 205, 271; VII, 80, 81.
Hugo (Victor). I, 248, 253, 254; II, 10, 130, 168, 181, 303, 374, 391, 396, 397, 408; III, 13, 23, 44, 47, 55, 56, 104-106, 146, 228, 360, 396, 410; IV, 41, 51, 53, 73, 137, 138, 157, 158, 189, 224, 227, 231, 236, 254, 255, 264, 267, 274, 275, 292-297, 319-322, 325, 333, 388, 391; VI, 5, 6, 31, 32, 51, 68, 71, 87, 91, 98-100, 109-115, 201, 205, 239, 257-259, 270, 271, 294, 304, 320, 325-328, 353, 368, 369, 421, 437, 447-449, 462, 472; VII, 8, 52, 78-81, 135, 152, 167, 168, 173, 255, 256, 290, 307, 326, 347, 367, 371, 450, 458.
Humbert Ier. III, 351; VI, 67; VII, 264, 272, 273, 280, 439.
Humbert. III, 35.
Humboldt (Guillaume de). II, 457.
Hume (Daniel-Douglas). II, 159; III, 391.
Hume (David). V, 294.
Hyacinthe (Père). III, 389; V, 325.

Ibos (Colonel). IV, 158.
Ignatieff (Comte). II, 265, 266; VII, 147.
Imbert. VII, 307.
Isabelle (Reine). III, 294.
Isambert. V, 168, 214, 394; VI, 72.
Ismaïl. III, 395; VII, 374.
Ivan (Docteur). II, 141, 230.

Janin (Jules). II, 21, 196, 205, 301; VI, 66.
Janssen. VI, 138.
Janvier de la Motte. VI, 10; VII, 45, 432.
Janzé (de). III, 370.
Jauréguiberry (Amiral). IV, 332; V, 16, 172, 177; VI, 325, 326, 351, 363, 394, 427-430, 433; VII, 77, 185, 291, 302, 310, 352, 366, 451.
Jaurès (Amiral). IV, 332.
Javal (Émile). V, 322.
Jeanne d'Arc. V, 328.

Jecker. II, 414, 419.
Joinville (Prince de). I, 244; III, 311; V, 24, 78, 79, 150, 152, 234.
Joly (Albert). V, 203; VI, 153, 154, 426.
Joncières (Victorien). VI, 364.
Jordan (Camille). II, 59.
Joubert. VI, 88.
Jouinot. V, 261; VI, 229.
Jouinot-Gambetta (Léon). V, 261; VI, 212, 229, 230, 298, 349; VII, 93, 450.
Jourdan (Charles). V, 40, 109, 110.
Jourdan (Louis). II, 78, 121, 177-180, 187, 191-196, 230, 231, 234, 259, 260, 263, 294, 295, 297, 298, 335, 336, 425; III, 27, 70, 108, 435; IV, 114, 115, 204, 214, 225-228, 238, 284, 318, 322, 350; V, 5, 40, 52, 103, 104, 109, 122, 180, 250, 289; VI, 296, 450; VII, 9, 185, 296.
Jourde. VI, 107; VII, 315.
Juarès. II, 452.

Kaempfen. VII, 359.
Kant. II, 32, 33.
Karr (Alphonse). II, 24-26, 41, 78, 128, 179.
Keller. V, 28, 29, 43, 116, 125.
Kératry (de). III, 157, 191, 392, 480; IV, 93, 116, 117, 120.
Kératry (Mme de). IV, 83, 92, 93, 109.
Kerdrel (de). V, 349, 350, 355; VI, 82, 107.
Kestner. II, 311; VI, 112, 455.
Kestner (Mme). VI, 31.
Kinck (Jean). III, 389.
Kinck (Mme). III, 390.
Kireieff (Général). VII, 418, 419.
Klapka. III, 156.
Kœchlin-Schwartz. V, 375; VI, 451; VII, 414.
Kœchlin-Schwartz (Mme). V, 375; VI, 451.
Kœnigsmarck (Aurore de). III, 267.
Kossuth. II, 91; III, 156.
Kotchoubey (Princesse). VII, 10.

Krantz. VI, 384; VII, 39, 102, 110
Krauss (Mme). VI, 362.
Kung (Général de). VI, 407.
Kurando. VI, 160-162.
Kuss. V, 44, 47.

Labaurie. VI, 17.
Labbé (Docteur). IV, 77, 78; VI, 370, 425.
Labienus. III, 19.
Labordère (Major). VII, 100.
Laboulaye. II, 411, 433; V, 174; VI, 51, 81, 224, 239, 256, 260.
La Bruyère. VII, 347.
Lacaze. VII, 376.
Lachaud. VI, 34, 36, 65.
Lachaud (Mme). IV, 82.
Lacombe (Louis). II, 309, 310, 311.
Lacretelle (Henri de). VII, 67.
Lacroix (Jules). II, 94, 95.
Lacroix (Sigismond). VI, 331.
Ladmirault (Général). V, 106, 254, 355, 374; VI, 247.
Lafayette. III, 311.
Lafayette (Édouard de). III, 371; V, 162, 166, 267, 268, 283, 289; VI, 122, 301, 328-330, 378, 457, 466; VII, 3, 296.
Lafayette (Oscar de). VI, 301, 466.
Lafenestre (Georges). III, 105; V, 222.
Lafitte (Pierre). II, 56, 114, 116; VI, 227, 228.
Lafontaine (Comte de). I, 213, 214, 215.
Lafontaime, acteur. III, 24, 58.
La Fontaine. II, 262; VI, 197.
Lafosse. I, 65, 343.
Lafosse (Mme), I, 343.
Lagache. VI, 88.
Lagé (Capitaine). III, 230.
Lagrange (Mme de). III, 79.
Lalanne. I, 299.
Lalo. VII, 424, 426.
Lalo (Mme). VII, 424.
La Marmora (Général). III, 77, 78.
Lamartine. I, 246, 254, 255, 309, 323; II, 10, 21, 90, 147-149, 214, 269, 275, 319; III, 21, 56, 67, 104, 120, 129, 130, 295, 309, 343, 437, 438; V, 31, 32; VI, 71, 186; VII, 135, 231.
Lamartine (Mme de). II, 150; III, 104.
Lamazière (Daniel). III, 452.
Lambert (Colonel). V, 230, 231; VII, 330.
Lambert. III, 107.
Lambert (Amédée). I, 200, 205.
Lambert (Eugène). III, 175, 178, 203, 273, 444; IV, 105-107.
Lambert (Mme Esther). III, 175-178, 255, 257, 444.
Lambert (Gustave). IV, 335.
Lambert (Jean-Louis). I, 37 et passim; II, 37 et passim; III, passim; IV, 278; V, 4, 31, 34, 48, 49, 51, 58-62, 67, 73, 83, 84, 128, 137, 147, 251, 252, 313, 367; VI, 57, 100, 101, 255, 329, 410, 417, 434; VII, 143, 249, 273, 381.
Lambert (Mme Olympe). I, 42 et passim; II, 37, 277, 291, 364, 445, 448, 458; III, 1, 2, 55, 76, 103, 111, 118, 126, 131-134, 212, 263; IV, 278; V, 48, 51, 128, 137.
Lambert-bey. II, 119, 120, 124, 230-233, 349.
Lambert de Sainte-Croix. V, 359.
Lambertye. II, 299.
Lambquin (Mme). III, 143.
Lambrecht. II, 419; V, 63, 212, 237.
Lamennais. III, 450; V, 139.
La Messine. I, 352-357, 361-368; II, 4, 6, 7, 14, 37, 41, 61, 81, 234, 294; III, 2, 96, 133.
La Messine (Alice). II, 2, 26, 27, 277, 290, 291, 333, 334, 341, 361, 379, 380, 385-392, 399-401, 405, 407, 425-427, 439-448; III, 1, 2, 6, 7, 96, 97, 103, 111, 118, 120, 126, 131, 133, 148, 161, 181, 186, 187, 191, 205, 216, 230-234, 250, 251, 267-269, 277, 298, 345, 364, 377, 382, 383, 407, 417, 418, 436, 439, 445, 447, 453, 463; IV, 8, 9, 45, 49, 54-56, 66, 70, 83, 92, 98, 108, 110,

115, 117, 120, 121, 125, 165, 176, 179, 181, 186, 220, 223, 224, 237, 248, 267, 268, 273, 276, 279, 280, 285, 296, 309, 311, 319; V, 4, 17-20, 31, 34-40, 47-52, 58-61, 67, 68, 72, 74, 84, 85, 88, 92, 127, 144, 147, 158, 206, 207, 246, 249, 280, 305, 313, 320-324, 341, 358, 365, 369, 372, **375**.
Lamoricière. II, 266
Landelle. IV, 229.
Landure. II, 154.
Lanfranc. III, 366.
Lanfrey. V, 141.
Langlois (Colonel). IV, 158, 314; V, 75, 86, 89, 102, 270, 271, 392, 393.
Lanneau (Commandant de). VI, 430.
Lannelongue (Docteur). VI, 425.
Lapommeraye. III, 424; IV, 224.
Larcy (de). V, 63, 359.
Lareinty (de). VII, 95.
Larnage (de). V, 294.
Larochefoucauld-Bisaccia. V, 309.
La Rochejaquelein. VII, 11.
Larrey. I, 32, 96.
Lasteyrie (Jules de). III, 311, 312, 367, 371; IV, 175, 176, 286; V, 28, 81, 123, 132, 143, 144, 152, 161-164, 195, 211, 212, 217, 218, 224, 229, 253, 264, 268, 275, 277, 308, 325, 332, 339, 360, 370, 391, 400; VI, 42, 43, 58, 126, 286, 291, 298-301, 425, 429, 447, 457, 459, 466, 470; VII, 3, 27, 114, 115, 185, 296, 310, 316.
Lasteyrie (Mme Jules de). VI, 429.
Lasteyrie (Louis de). V, 212; VI, 370, 383.
Lau (Marquis du). III, 148.
Launay (Commandant). VI, 21-24, 26.
Laurençon. VI, 466.
Laurens (J.-P.). V, 290; VI, 123, 455.
Laurent-Pichat. II, 46, 102, 294, 299, 326, 365, 373, 410; III, 27, 44-46, 69, 307-310, 393; IV, 73, 208; V, 49, 53, 54, 68, 120, 121, 267, 369; VI, 17, 37,

64, 65, 68, 69, 87, 109, 111, 187, 188, 299, 301, 323-325, 437, 450, 470; VII, 3, 41, 338.
Laurier (Clément). V, 183, 259, 335, 336.
Laussedat (Colonel). V, 115, 125; VII, 3.
La Vallière. V, 71.
Lavergne (de). VI, 226, 256, 286, 299.
Lavertujon. II, 411; IV, 265; V, 165.
Lavoix (Henri). II, 370.
Le Barbier de Tinan (Mme) III, 27, 244.
Lebey (Ed.). VII, 441.
Leblond. IV, 198; V, 151; VI, 64, 357, 444, 452, 455, 456; VII, 290.
Lebœuf (Maréchal). III, 140, 408, 444, 460.
Le Chevalier. VI, 37.
Leclère. II, 135.
Lecomte (Général). V, 76, 86, 191.
Leconte de Lisle. II, 10, 144; III, 54, 105, 106; V, 222; VI, 206, 369, 448, 449; VII, 135.
Lecoq. VI, 291.
Ledru-Rollin. I, 88, 245, 257, 277, 279, 291, 332, 333; II, 23, 45, 73, 91, 223, 322, 408; III, 13, 44, 47, 309, 403; IV, 162; V, 24, 30, 223, 267, 391; VI, 97, 99, 267, 462.
Le Faure. VII, 416, 448.
Lefèvre (Henri). V, 174, 175, 207, 224, 346; VI, 111; VII, 318, 319.
Le Flô (Général). IV, 122, 346; V, 26, 60, 63, 85; VI, 235, 236, 240, 241, 249, 266; VII, 191, 303, 380, 431.
Lefranc (Victor). III, 27, 317, 367; IV, 82, 299; V, 28, 63, 152, 255, 256, 268, 276, 278, 347-349, 353-355; VI, 233, 447; VII, 154.
Lefrançois. V, 92.
Legault (Marie). V, 322.
Legouvé. II, 21, 22, 344-349, 389-391, 425; III, 299, 425; IV, 281.

Legros. II, 212.
Leguerney. III, 364.
Lehon (Mme). II, 299.
Lemaître (Frédérick). II, 18, 19.
Lemerre. III, 104, 341.
Lemoinne (John). II, 320, 390; IV, 238, 239, 302; VI, 48; VII, 44, 50, 453.
Lemoyne (André). III, 54, 105.
Lenormand (Mlle). I, 7.
Léo (Mme André). III, 238.
Léon. IV, 233, 234.
Léopold II. III, 137.
Lepelletier (E.). VI, 331.
Lepère. V, 161, 164, 166, 289, 300, 369, 403-405; VI, 7, 50, 64, 105, 107, 127-129, 187, 188, 194, 242, 244, 252, 291, 430, 460, 466; VII, 26, 67, 83-85, 94, 185, 237, 238, 302, 326, 334, 359-361, 390, 456.
Lepetit. VI, 98.
Léris. VI, 229-231, 271, 298, 304, 314, 349; VII, 93, 216, 320, 357, 358, 368, 369, 449.
Léris (Mme). V, 257, 258, 261, 262; VI, 212, 229, 230, 271, 298, 301, 304, 314, 329, 349, 420; VII, 74, 75, 93, 130, 156, 160, 216, 318-320, 357, 358, 369, 449, 450.
Léris (Jules). VII, 74, 93, 450.
Lermina III, 440.
Leroux (Pierre). I, 88, 245, 291; II, 32, 73, 121, 199, 343; V, 156.
Leroy (Louis). VII, 399.
Le Royer. V, 7, 219, 220, 282-286, 289, 353, 362, 376, 385; VI, 10, 64, 256, 301, 336, 378, 425, 430, 447, 450, 452, 466, 470; VII, 50, 149, 302, 303, 307, 310, 455.
Le Senne (Camille). VII, 301.
Lesparre (Général de). V, 297.
Lespiau (Colonel). IV, 144, 146.
Lesseps (Charles de). V, 232; VII, 339, 445, 446.
Lesseps (Ferdinand de). II, 231-233, 248, 382; III, 395, 401, 402; V, 232; VII, 14, 157, 185, 263-265, 338, 339, 374, 384, 407, 408, 413, 445, 446.

Leuchtenberg (Duc de) III, 125
Lévy (Armand). V, 120.
Lévy-Crémieux. III, 91.
Lévy (Michel), II, 74, 205-208, 234, 237; III, 341; VII, 453.
Liadière (Mme). III, 305.
Libri. II, 398.
Liénard. I, 206, 207, 210-224, 264, 265
Liénard (Mme). I, 207, 210, 215.
Lieven (Mme de). VII. 10.
Lincoln (Mme). III, 22.
Liouville. II, 65, 100; IV, 243, 249.
Lisbonne. VII, 325.
Listz. II, 57, 58, 84-86, 203, 217, 221, 222, 239; III, 26, 101; 265.
Listz (Blandine) (Mme Émile Ollivier). II, 56-58, 84. 370, 371, 374, 375.
Listz (Daniel). II, 84.
Littré. II, 9, 39, 78, 86, 87, 93, 100, 109-119, 228, 234, 235, 265, 281, 305, 310, 316-319, 429; III, 23, 46, 256, 397; V, 86, 87, 267; VI, 119, 260-262, 301, 328, 466; VII, 158, 322, 390.
Littré (Mlle). II, 113.
Lockroy. V, 97, 108, 393; VI, 112, 368, 437; VII, 54, 83, 371, 375.
Loménie (de). VII, 256.
Lomon (Ch.). VI, 453; VII, 247-251, 255, 351.
Longuet. III, 19.
Lortet (Docteur). V, 242, 243.
Loti (Pierre). VII, 458.
Louis XI. I, 93, 95, 106, 108.
Louis XII. I, 93.
Louis XIII. I, 93, 95, 106.
Louis XIV. II, 320; III, 254; VI, 152, 179.
Louis XV. II, 320.
Louis XVI. V, 170.
Louis-Philippe. I, 95, 167, 194, 244-246, 276-279, 350; II, 122, 307; III, 93, 365, 470; V, 354.
Louis II de Bavière. VI, 152.
Louvet. V, 174.
Loyson (Hyacinthe). III, 389; V, 325.

Lucrèce. II, 455.
Luc et Lhar. I, 320.
Lullier. VI, 104.
Lusignan (Mme). VI, 19.
Luther. II, 298; VI, 397.
Luzet (Docteur). V, 319.

Maccio. VII, 325.
Macé (Jean). II, 325, 326; III, 331, 398, 399, 446; V, 299.
Machiavel. III, 320; VI, 465.
Mac-Mahon. II, 16, 64, 175, 176; III, 473, 474, 477; IV, 1; V, 138, 172, 173, 195, 269, 374, 402, 405; VI, 2, 3, 6, 15-19, 34, 38-40, 47-53, 58-62, 81, 102, 105, 106, 134, 138, 143, 145, 152, 156, 170, 193, 194, 214, 218, 219, 264, 279, 280, 325, 350, 352, 357, 373, 383, 423-425, 429, 456-462, 466; VII, 2, 7, 12, 13, 25, 31, 36, 42-45, 53, 55, 69, 70, 82, 85, 89, 91, 94-98, 100, 101, 112, 114, 117, 166, 186, 278, 279, 285, 288, 289, 292, 293, 306, 310, 315, 352.
Mac-Mahon (Maréchale de). VII, 95, 97, 289, 292.
Madié de Montjau. VI, 293, 337; VII, 83, 263.
Maffei. VII, 208.
Magnan (Maréchal). II, 367.
Magnard (Francis). VI, 359, 462; VII, 343, 344, 427, 428, 430, 431.
Magne. III, 425, 426; V, 402; VI, 125.
Magnin. III, 191; IV, 212, 317; V, 3, 4, 10, 387; VI, 115, 187, 300, 301; VII, 370, 456.
Magnin (Mme). VI, 115, 222.
Mahias. VI, 68.
Mahy (de). VII, 185.
Maigne. VI, 369.
Maillé (de). VI, 151.
Maistre (de). VI, 98.
Malaret (de). III, 21.
Maleville (Léon de). III, 311; V, 28, 30, 101, 140-142, 182, 195, 268, 378, 391; VI, 64, 139, 140, 300, 301, 466.
Malibran (La). II, 212.
Mallefille (Félicien) II, 65, 66; III, 203, 300, 325.
Malon. V, 51, 96.
Mancini. VII, 207.
Manet. III, 25; VI, 378; VII, 51, 52, 249.
Manteuffel (Maréchal de). V, 205; VI, 120, 121; VII, 397, 398.
Manzoni. VII, 273.
Marat. I, 174; II, 218; III, 15, 35; VI, 33.
Marcel. VI, 453.
Marcère (de). II, 11; V, 87, 106, 141, 161, 234, 310, 377, 378; VI, 59, 64, 101, 256, 291, 293, 335, 356, 366, 373, 378-384, 419, 420, 424-426, 430, 447, 456, 457, 462; VII, 1, 11, 3, 50, 83, 85, 100, 102, 137, 138, 167, 180, 185, 214, 215, 243, 250, 260, 278-280, 302, 313, 325, 326, 332, 337, 363, 366, 370, 399, 400, 458.
Marchal. II, 369, 370.
Maret (Henry). V, 192; VI, 331; VII, 375.
Marguerite. I, 129, et *passim*.
Marguerite de Navarre (Reine). IV, 61.
Maribert. I, 236-243, 278.
Marie. I, 309; II, 65, 409.
Marie (Gaston) (Daudet). III, 117.
Marivaux. II, 195.
Marmier (Xavier). III, 335; VII, 252.
Marnix. VI, 178.
Marrast. II, 223, 224; III, 365.
Marriott (Bertie). VII, 427, 428
Martel. V, 386, 388, 398; VI, 291, 297, 432; VII, 50.
Martin (Henri). II, 344, 345, 390, 409, 418, 425; III, 27; VII, 179, 252.
Martine. III, 300; V, 323.
Marx Karl. VII, 373.
Massa (Marquis de). II, 299; III, 148.
Massabie (Mlle). V, 257-260; VI, 349, 434; VII, 22, 155, 156, 160.
Massenet (J.). VI, 369, 452; VII, 332, 425, 453.
Massier (Clément). II, 359; III, 59.

Massol. II, 366, 367, 369; III, 28, 33, 41-43, 320, 399; V, 135; VI, 244, 245; VII, 102.
Massol, chanteur. II, 61.
Mathieu (Mme). III, 133.
Mathilde (Princesse). III, 58, 59, 125, 150, 337-339; VII, 169.
Maubant. III, 146; VI, 453.
Maupas (de). VII, 45.
Maupassant (de). VII, 261, 322, 446, 451-454, 458.
Maure (Docteur). II, 335-340, 348, 349, 352-361, 381, 382, 387, 392-394, 397, 411, 412, 427, 433, 438, 443, 444; III, 2-4, 19, 48, 68, 69, 114, 184, 193, 250, 335, 343, 412, 427, 430, 431, 436; V, 13, 24, 62-66, 77, 78, 132, 175, 192, 207, 229, 247-249, 337-341, 362; VI, 32, 33, 58, 59, 69, 81, 92-94, 113, 120, 285, 292, 300, 394-400, 412, 413, 420, 445; VII, 10, 108, 109, 287.
Maure (Mme). II, 392-394.
Mauro-Macchi. VII, 176, 207, 257, 258, 273, 274.
Maximilien (Empereur). II, 451, 452; III, 39, 50, 69, 89, 92, 112, 122, 130, 150-153, 470; VI, 143.
Mazade (de). VII, 212.
Mazarin. III, 320.
Mazzini. II, 61, 91, 93, 229; III, 158, 173, 477; V, 97, 140; VII, 206.
Meaux (de). V, 385; VI, 234.
Médicis (Marie de). II, 434; IV, 97.
Mège. III, 441.
Mégy. III, 433.
Mehemet-Ali. II, 232.
Méhul VI, 347.
Meilhac. VII, 140, 309.
Meillet (Léo). V, 134.
Meissonier. III, 255; VI, 311, 378, 454; VII, 132, 133, 256.
Méline. III, 20, 46; VI, 337, 432; VII, 67.
Méline, éditeur. II, 189.
Mélingue. III, 301-303.
Membrée (Edmond). II, 94.
Ménard (Louis). II, 83, 95, 167-174, 212-216, 319, 367; III, 47, 54, 104, 100, 327, 341; V, 161, 291, 292, 364; VI, 77, 369, 415; VII, 135, 241.
Ménard-Dorian. IV, 193, 194, 209, 211, 247; V, 3-5, 7, 46, 110; VI, 193, 194, 205, 257.
Ménard-Dorian (Mme). IV, 193, 209, 211, 231, 239, 247, 289, 347, 349; V, 46; VI, 193, 205, 222, 257.
Ménard-Dorian (Mlle Pauline). VI, 205.
Mendès (Catulle). III, 54, 424.
Mercié. VII, 145.
Mérimée. II, 79, 90, 158, 209, 229, 346, 347, 353-359, 381, 382, 385, 391-398, 411, 412, 433-436, 442, 460; III, 2-4, 14-20, 39, 48, 49, 55, 56, 59-63, 88, 113-116, 127, 128, 137-140, 150, 173, 179, 180, 184-190, 194, 209, 332, 336-344, 351, 352, 370, 387, 395, 408-413, 427, 431, 437, 459, 460, 468, 473, 478; V, 65, 66, 186, 188, 249; VI, 65, 68-70, 92, 206, 233; VII, 108, 287, 400, 458.
Merlin de Thionville. III, 244; IV, 79.
Mermet. VI, 362.
Mermillod (Monseigneur). VI, 456.
Mestrau. V, 282, 362; VI, 466; VII, 67.
Metaxas (Docteur). VII, 352, 354.
Metternich (Prince). III, 375; VII, 329.
Metternich (Mme de). II, 296-302, 354; III, 91, 148.
Meurice (Paul). III, 301, 360; V, 292; VI, 201.
Meurice (Mme Paul). VI, 201.
Meyer (Arthur). V, 297.
Meyerbeer. II, 44, 162, 163, 446; III, 23; VI, 215.
Mézières. II, 109; VII, 252, 341.
Michel. VI, 291.
Michel-Ange. III, 347; IV, 142; VI, 217.
Michel (Louise). VI, 97, 381.
Michel Chevalier. II, 121, 233, 234; III, 7; V, 273.

Michelet. II, 141-143, 266-272 ; III, 25, 30, 31, 227, 314, 327 ; V, 72 ; VI, 5, 89-91, 173, 296 ; VII, 412, 413.
Michelet (Mme). III, 31, 314 ; VI, 90 ; VII, 412, 413.
Michelet, fils. II, 269-271.
Michot. III, 80.
Miette. V, 257, 259 ; VII, 93, 131, 368.
Milan (Prince). VI, 152.
Millaud (Albert). V, 12-14, 30 ; VII, 146.
Millaud (Ed.). II, 284, 385, 390, 391 ; III, 72, 362 ; VI, 450 ; VII, 67.
Millet. II, 165, 312, 413 ; VI, 378.
Millière. IV, 187, 196, 198 ; V, 80.
Mirabeau. III, 295, 320.
Mirecourt (Jacquot, dit de). II, 107, 108.
Mirès. II, 139, 284, 291, 361.
Mistral. II, 214-216 ; III, 182.
Mitchell (Robert). VII, 90.
Molière. II, 196 ; VI, 448.
Mollens (Marquis de). VII, 427.
Moltke (de). III, 137, 140, 350 ; IV, 258, 259, 269, 298 ; VI, 240, 390, 391.
Mommsen. V, 39.
Monnier. VI, 340.
Montaignac (de). VI, 125, 322.
Montaigne. II, 51, 196 ; VII, 322.
Montalembert (de). II, 226, 229, 329.
Montanelli. II, 22.
Montès (Lola). VI, 152.
Monti (de). VI, 49.
Montjoyeux. II, 299.
Montpensier (Duchesse de). III, 311, 447 ; V, 253.
Morès (Marquis de). III, 419.
Morin (Frédéric). III, 5, 183, 248, 371, 372.
Morny (de). II, 34, 48, 64, 100, 228, 229, 284-286, 299, 365, 409, 414, 419 ; III, 17-19, 38, 39, 52, 61, 69, 117, 149, 293, 386, 427 ; VII, 12, 311, 386, 387.
Mortimer-Ternaux. II, 409.

Mourot. V, 192, 217, 218, 224-226, 267 ; VII, 328, 374, 376.
Moustier (de). III, 95, 128, 149, 154, 182, 330.
Mozart. II, 218 ; III, 81, 266 ; VI, 215, 222.
Muncakzy. V, 290.
Murat. III, 34.
Murat (Prince Achille). V, 297.
Murat (Princesse Achille). V, 297.
Murat (Prince J.). III, 148, 426.
Musset (Alfred de). II, 10, 29, 58-61, 156, 157, 195, 273, 291-293 ; III, 209, 217-219, 285 ; VII, 323.

Napoléon Ier. I, 95, 221, 245, 350 ; II, 130, 179, 181 ; III, 226, 320, 333 ; IV, 106, 125 ; VI, 165, 346, 362 ; VII, 417.
Napoléon (Prince Louis). I, 186-195, 221, 280, 281, 308, 321-323, 328, 332, 349, 352, 355, 358 ; II, 45, 69, 131, 156 ; III, 60, 311 ; V, 151, 353.
Napoléon III. II, 15, 50, 60-64, 78, 102, 131, 132, 156-160, 175, 178-181, 189-192, 226-231, 286, 287, 296-299, 302, 306, 327, 353, 373, 376, 377, 385, 396, 419, 434, 441, 451 ; III, 7, 11-20, 25, 27, 31, 39, 41, 49-52, 56, 59, 60, 68-74, 77, 78, 81, 85, 88, 89, 92, 93, 96, 102, 112, 115, 116, 122-125, 129, 139, 140, 148-160, 172-174, 179, 182, 188, 193, 294, 306-308, 322, 328-330, 333, 339, 340, 349, 350, 355, 365, 371-378, 385-388, 391, 393, 396, 397, 401, 405, 408, 423, 424, 427, 429-431, 436, 439, 442, 448, 458-460, 463, 464, 469, 473-478 ; IV, 1-4, 8, 9, 16-19, 28, 39-43, 73, 106, 115, 140, 141, 224, 226, 242, 243 ; V, 46, 64, 65, 157, 281, 308, 316, 338, 346, 366, 367, 387 ; VI, 2, 3, 16, 151, 165, 467 ; VII, 130, 172, 184, 221, 242, 263, 269, 329, 446.
Napoléon (Prince Jérôme). II, 15, 24, 60, 93, 109, 131, 156, 159,

176, 180, 190, 226, 229, 261, 286, 287, 305, 306, 317, 332, 374, 376; III, 8, 20, 61, 85, 88, 100, 125, 148, 188, 191, 208, 252, 280, 332, 333, 339, 375, 376, 379, 386, 405, 428, 454, 463; V, 346; VI, 3, 365, 375; VII, 431.
Napoléon (Prince Victor). VII, 432.
Nardi (Monseigneur). III, 297.
Naquet. VI, 253, 282-286, 322.
Naudin. III, 24.
Nefftzer. II, 45, 78, 85, 93, 99, 109, 161, 304-308, 315, 410, 413, 433-436, 445, 448-453, 460; III, 3-5, 27, 48, 49, 68-95, 123, 137, 140-143, 152-157, 160, 174, 181, 189-193, 294, 327, 331, 338, 341, 352, 357, 358, 389, 394, 395, 401, 439, 440, 443, 448, 449; IV, 143, 204, 210, 216, 217, 275; V, 90, 210, 220; VI, 89, 385; VII, 242, 323.
Nélaton. III, 255.
Nemours (Duc de). VI, 13.
Néron. VII, 192.
Nicolas I*r*. VII, 10.
Nicolas (Grand-duc). VII, 88, 99, 147.
Nicolini. III, 79, 304.
Niel (Maréchal). II, 176; III, 115, 153, 190, 191, 381, 385.
Niel. VII, 67, 171.
Niemann. II, 300.
Nieuwerkerke (de). III, 305.
Nigra. II, 159, 374; III, 76, 77, 100, 159, 182, 350, 375; VII, 269, 427, 429.
Nilsonn (Mlle). III, 80, 248.
Niquet. V, 21.
Nisard. III, 146.
Noailles (Marquis de). V, 288; VII, 275, 276, 439.
Noailles (Marquise de). V, 288; VI, 398, VII, 275.
Nobiling. VII, 254.
Noir (Victor). III, 426, 429, 430; V, 199, 393; VI, 285.
Novikoff (Mme de). VII, 418-422.
Nus (Eugène). II, 144.

O'Connell. II, 152, 153.
O'Connell (Mme). II, 146, 152-154.
Odilon-Barrot. I, 244, 245, 277, 279; III, 104, 367, 368, 425, 433, 443.
Offenbach. II, 105, 173; III, 422; VI, 205; VII, 355.
Olinde Rodrigues. II, 121-123.
Ollivier (Démosthène). II, 45, 47, 56.
Ollivier (Émile). II, 45-47, 56-58, 62, 65, 70, 71, 84, 85, 92, 100-102, 180, 286-289, 307, 371, 375, 408-411, 414-420, 448-451; III, 17-21, 33, 43, 45, 47, 61, 73, 100, 112-116, 120-123, 130, 153, 189, 200, 334, 353, 356, 360, 362, 367, 370-372, 375, 376, 381, 393, 397, 403-408, 423-425, 430-432, 436-439, 445, 461, 464, 469; IV, 107; VI, 186, 446; VII, 252, 253, 432.
Orange (Prince d'). III, 125.
Ordinaire (Dyonis). V, 214; VI, 320; VII, 18-20.
Orléans (Duc d'). I, 244.
Orléans (Duchesse d'). I, 244, 245, 279; III, 311.
Orléans (Princes d'). III, 148, 447, 469, 470, 479; V, 133, 150, 153, 194, 245, 387; VI, 38, 269; VII, 88, 94, 289, 371.
Orloff (Prince). VI, 83, 85, 124, 125, 241, 248, 249; VII, 12, 167.
Orphée. II, 104, 105, 172-174, 212-214; VI, 215.
Orsini. II, 61, 63, 65, 93, 132; IV, 93.
Osman-Pacha. VII, 16, 17, 41, 54, 88, 98, 99, 147.
Osmont (d'). III, 305.
Osmoy (Comte d'). VI, 123; VII, 67.
Oustinoff (d'). V, 76, 111, 127, 128, 133, 136; VI, 206, 207, 408.

Padoue (Duc de). VII, 45, 292.
Pagnerre. II, 223.

Pain (Olivier). VI, 107, 282, 382; VII, 254.
Païva ((Mme de). V, 70, 71, 297; VI, 84, 269; VII, 31, 70, 71, 88, 91, 108, 126, 140, 141, 162, 163.
Pajol (Général). V, 308, 346.
Palestrina. II, 213.
Palmestorn (Lord). II, 233, 234, 382.
Palmieri. VII, 196, 199.
Papillon de la Ferté, II, 11.
Papon. VII, 67.
Parceval (Mme de). II, 150.
Parent (Ulysse). IV, 92, 116.
Parfait (Noël). IV, 224, 283; VI, 80, 81.
Parfait (Paul). IV, 166, 174, 177, 204.
Paris (Comte de). I, 245; III, 430; V, 343, 350, 406; VI, 13, 40, 60.
Paris (Comtesse de). V, 343.
Paris (Gaston). II, 454, 455, 458, 460; III, 20, 27, 36, 46, 57, 59, 63, 64, 82, 101, 102, 110, 111, 417.
Paris (Mme Gaston). II, 459.
Paris (Paulin). II, 454; III, 37.
Pâris. VII, 139.
Parodi. VI, 393.
Parrocel. VI, 388.
Parrocel (Mme). VII, 458.
Parsy. VI, 157.
Pasca (Mme). VI, 251.
Pascal (Blaise). V, 292.
Pascal VI, 3, 4, 7, 357; VII, 432.
Pascal Duprat. I, 320.
Pasdeloup. II, 87; IV, 148.
Passy (Louis). VI, 234, 313.
Patti (Mme Adelina). II, 385; III, 79, 90, 292, 304, 305.
Patureau (Joseph). III, 254.
Peel (Robert). II, 283.
Pélissier. II, 16.
Pelletan (Camille). VII, 375.
Pelletan (Eugène). II, 46, 79, 81, 226, 289, 294, 320, 321, 327-329, 335, 336, 372, 373, 417, 418, 421, 422, 425, 431-433; III, 13, 23, 27, 29, 34, 44, 67-70, 153, 200-203, 247, 310-313, 371, 373, 397, 403, 404, 426, 434, 444, 449; IV, 48, 73, 108, 109, 124, 138, 144, 188, 210-212, 224, 225, 247, 343; V, 16, 26, 220, 289, 312, 325; VI, 192, 327, 422; VII, 35, 36, 52, 53, 110, 111, 170, 185, 262 263.
Peltereau. IV, 231, 232.
Pène (de). III, 183, 275; VI, 172.
Péphau. VI, 181.
Pepoli (Marquis). VII, 204, 207.
Péreire (Émile). II, 121, 125.
Pergolèse. III, 216, 300.
Perin (Georges). VI, 109-111, 242-244, 257, 282, 283, 450; VII, 67, 149.
Perkins (Miss). III, 182.
Perlié (Docteur). VI, 96.
Perrens. VII, 339.
Perrin (Émile). III, 147; V, 321; VII, 431.
Perrinette. II, 402, 406, 437; III, 181.
Perron. V, 213.
Persigny. II, 327, 377, 378, 410, 419; III, 69, 116, 371, 375, 376, 379, 426.
Peruzzi. II, 92.
Pessard (Hector). III, 107, 183; VII, 50, 254, 365.
Petit. IV, 262, 263.
Petrucelli della Gatina. III, 85.
Peyrat. II, 78, 229, 308, 316, 448-452; III, 4, 5, 15, 18, 27-30, 32-35, 44, 46, 69, 71, 83-85, 99, 108, 142, 143, 160, 248, 254, 315, 318, 323, 336, 389, 395, 439; IV, 48, 72, 113, 114, 141, 142, 202-206, 214, 215, 274, 281, 284, 317, 350; V, 5, 70, 87, 89, 95, 102, 107, 143, 162, 209, 216, 217, 229, 231, 250, 255, 264, 271, 272, 343, 344, 369; VI, 62, 65, 69, 80, 81, 116, 172, 300, 328, 378, 380, 422, 456, 470; VII, 9, 54, 70, 106, 263, 316, 317, 356.
Peyrat (Georges). IV, 72.
Peyrouton. III, 315.
Phidias. II, 318.
Philippart. VII, 18-20, 139.
Philis (Adalbert). II, 92, 93, 373; III, 21; VII, 432.

Pianori. IV, 93.
Picard (Arthur). VII, 129, 130.
Picard (Ernest). I, 294; II, 65, 69, 70, 414, 417; III, 44, 258, 306, 372, 425, 432; IV, 107-111, 124, 153, 157, 170, 187-192, 197-199, 207-210, 216, 228, 243, 257, 275, 320-326, 343, 348; V, 25, 26, 29, 63, 94, 99, 146, 234, 394; VI, 457.
Piccini. II, 323.
Piccon. VI, 113.
Pichegru. VI, 18.
Pie IX. II, 189, 227, 228, 373, 376; III, 179, 184, 188, 189, 340, 350; VI, 455.
Piegut. VII, 131, 132.
Pieri. II, 61.
Pierreclos (Comtesse de). II, 148-150, 273-275, 295-298, 303, 314, 315, 408, 420, 425-433, 442, 448; III, 21, 22, 27, 98, 101-104, 108, 109, 120, 121, 124, 129, 130, 135, 142, 147, 343, 351, 428-430, 436-439, 443; IV, 278; V, 31, 32, 70, 94, 190, 250, 279, 332, 341, 368, 369; VI, 63, 65, 192, 193, 205, 281, 304, 327, 351, 385.
Pietri. III, 390; IV, 11, 30, 34, 109, 112, 117, 143.
Pietri (Mme). IV, 117, 199.
Pinard. II, 51; III, 185, 316.
Pinard (Directeur du Comptoir d'Escompte). III, 336; V, 87, 88, 115, 118.
Pinard (Mlle Marguerite). V, 88.
Pittié (Général). VII, 387, 388, 394, 433, 456.
Place (Henri). VI, 97.
Planet. III, 199, 202-207, 216, 231-234, 237, 244, 269, 272, 275, 278, 415, 452, 453; VII, 223, 224.
Platon. II, 174, 318; VI, 139.
Plauchut (Edmond). III, 206, 207, 216, 231-234, 237, 243, 263-272, 278, 279, 283, 298, 377, 452, 453, 462, 463, 469, 472; IV, 281-284, 322; V, 18, 238, 323.
Plauchut (Colonel). VI, 412.

Plauchut (Lieutenant). IV, 57, 58, 254-256, 262.
Plauchut (Mlle Marie). VI, 208.
Plichon. II, 419; III, 441.
Ploeuc (de). V, 174.
Poilly (Baronne de). III, 305.
Poncy. III, 230.
Poniatowska (Princesse). II, 299, III, 305.
Poniatowski (Comte). III, 139.
Ponsard. II, 258.
Ponsin (Docteur). VI, 12.
Ponson du Terrail. III, 56.
Pontmartin. II, 395.
Popelin (Claudius). II, 40-42.
Portalis. IV, 112, 117; V, 391, 394.
Portefin (Mme). VII, 398.
Potain (Docteur). V, 360, 361, 370; VI, 375.
Pothuau (Amiral) V, 28, 63, 394; VI, 301, 363, 466; VII, 25, 27, 39, 100, 180, 185, 278, 302.
Potier (Commandant). IV, 307.
Potter (Paul). VI, 180, 191.
Pouchet (Georges). IV, 120, 157, 158, 164-169, 173-177, 187, 204; VI, 370; VII, 407.
Pouchet (James). IV, 174, 177.
Pouchkine. III, 306, 412.
Poujade. VI, 342.
Poulet (Marius). VI, 411.
Poulot. IV, 121, 150.
Pourtalès (Comte de). III, 305, VI, 57, 154.
Pourtalès (Comtesse de). II, 299, 305.
Pouyer-Quertier. V, 160; VII, 95, 98.
Prax Paris. VI, 57; VII, 45.
Pressensé (de). V, 174.
Prévost-Paradol. II, 189, 226, 254-256, 262, 295, 324, 325, 370, 409, 415-418, 457; III, 85, 90, 310, 367, 424, 433, 445, 469.
Prim (Général). III, 68, 294, 447, 448; VII, 417.
Prince Impérial. II, 27, 159; III, 125; IV, 65, 226, 329; V, 366, 367; VI, 2, 37, 43, 102, 143; VII, 28, 289, 292, 329, 330, 336, 371-373, 431.

Privé. V, 21.
Proth (Mario). II, 81.
Protot. III, 35, 433.
Proudhon. I, 88; 173, 174, 177, 245, 278, 291, 370; II, 5, 33, 45-48, 62, 66, 68, 72-80, 102, 108, 143, 179, 184-187, 193, 202, 223, 256, 257, 293, 294, 297, 367, 377, 378, 410; III, 8, 327.
Proust (Antonin). V, 214; VI, 78, 362, 378; VII, 51, 83, 240, 249, 251, 345, 346, 388, 424.
Puvis de Chavannes. II, 412; III, 25; V, 396; VI, 123.
Pyat (Félix). III, 359, 403; IV, 148, 162, 187, 196, 222; V, 51.

Quatrelles. III, 117.
Quentin. III, 315-317, 329.
Quinet. II, 91, 101, 181, 272, 383; III, 23, 30, 31, 44, 47, 85, 101, 181, 314; V, 53, 107, 110, 223, 267, 324; VI, 89-91, 173, 237-239; VII, 256, 413.
Quinet (Mme). III, 31; VII, 412, 413.
Quiniou. V, 281.

Rabelais. II, 51, 196, 455; III, 203; VI, 75; VII, 322.
Rachel. II, 19-21, 34, 59, 173, 313, 338, 378.
Racine. I, 336; II, 19, 196; III, 230.
Radetzki. IV, 334.
Radowitz (de). VI, 241, 248.
Raimbeaux. III, 138, 139.
Raincourt. I, 6, 21-23, 27.
Raincourt (Mme) (arrière-grand'mère). I, 23, 133, 179, 354.
Raincourt (Mme Anastasie). I, 124, 133-136, 140-144, 178, 248, 250, 323.
Raincourt (Mme Constance). I, 124, 136, 140-144, 150, 153, 176, 178, 248, 251, 323, 363.
Raincourt (Mlle Pélagie) (Mme Pierre Seron). I, passim 1-26.
Raincourt (Mlle Sophie) I, 8, 124, 137-140, 143-151, 154, 176-180, 247-252, 255, 323, 324; II, 9, 10, 16, 341.

Raincourt (d'Abbeville). I, 120.
Raincourt (d'Amiens). I, 208.
Raincourt (de Saint-Quentin). I, 178, 208.
Rambaud. VI, 67; VII, 304, 373.
Rambuteau (M. de). II, 148, 149.
Rameau. VI, 85, 124, 154; VII, 44, 328.
Rameau (Jean). II, 218.
Rampont. IV, 122, 220, 222, 271; V, 95.
Ranc. III, 15, 20, 35, 44, 46, 183, 292, 317, 333, 359; IV, 92, 116; V, 26, 27, 51, 86, 92, 99, 110, 165, 168, 191, 214, 233, 234, 313, 390-393; VI, 4-9, 16, 17, 31, 33, 37, 73, 97, 177, 190, 255; VII, 26, 47, 48, 122, 174, 230, 273, 328, 330, 340, 363.
Ranc, père. VI, 72.
Randon. III, 115.
Ranvier. VI, 380, 381, 414.
Raphaël. III, 197.
Raspail. III, 369, 392; V, 353, 357; VI, 368, 369; VII, 130.
Rastoul. V, 372.
Rastoul (Mme). V, 372.
Ratazzi. III, 159, 160, 178.
Ratier. VI, 461, 466.
Ratisbonne (Louis). II, 11; VI, 205.
Récamier (Mme). II, 17.
Regnard (A.). III, 82.
Regnard. VI, 154.
Regnault Saint-Jean-d'Angély. II, 176.
Regnault (Henri). IV, 334.
Régnier. III, 24; V, 322.
Régnier (Mathurin). VI, 154.
Reims (de). II, 305, 306; III, 27, 73, 142, 148, 149, 152, 157, 311, 372, 447, 458; IV, 65, 299, 307; V, 78, 100, 164, 289, 387; VI, 12, 48, 49, 83-85, 249, 269, 270, 447; VII, 31, 33, 88, 156.
Reinach (Joseph). VII, 32, 51, 52, 67, 249, 338, 417.
Rembrandt. III, 197; VI, 178, 191.
Rémusat (Charles de). VII, 173.
Rémusat (Mme Charles de). VII, 171.
Rémusat (Paul de). V, 28, 162,

166, 190, 332, 339, 388-394;
VI, 5, 33, 43, 51, 122, 256,
336; VII, 3, 67, 114, 154, 171,
173, 185, 296, 335, 336.
Rémusat (Mme Pierre de). VI, 425.
Renan. II, 91, 109, 262, 316, 317,
420, 421; III, 99, 127, 168,
252, 253, 332, 371, 372, 471;
VI, 397; VII, 179, 341, 358.
Renan (Mlle). VII, 341.
Renard (Félix). V, 141.
Renaud (Marie) (Mme Rochefort).
V, 347; VI, 11.
Renault (Léon). VI, 466; VII, 11,
83, 161, 185, 296, 369.
Renneville (Comte de). VI, 11.
Renneville (Mme de). VI, 11.
Renouard. V, 174; VI, 373.
Renoult. V, 137.
Renouvier. II, 31-33, 38, 39, 68,
69, 81, 116, 235, 241, 280-283,
335, 336, 368, 421; V, 364.
Ressmann. VII, 239.
Rey. II, 141.
Reybaud (Mme Charles). II, 141,
230-232.
Reyer. II, 308; VII, 371.
Reynald. III, 143.
Reynaud (Jean). II, 32, 46, 121-
123, 235, 241, 249, 335-353,
359-361, 371, 373, 382-392,
398-407, 417-427, 447, 454,
457, 463; III, 2, 64, 264, 284,
318, 425, 426; VI, 91, 138, 139;
VII, 108, 179, 458.
Reynaud (Mme Jean). II, 335, 339-
349, 360, 361, 371-373, 386,
406, 407, 421-425, 447, 457;
III, 425.
Reynauld (Léonce). IV, 312.
Riballier. II, 2, 3.
Ribera. II, 413.
Ribes. VI, 467.
Ribot. VI, 235; VII, 369, 399.
Ricard. V, 142, 282, 377-378;
VI, 287, 292, 356, 357, 366,
373.
Ricard (Xavier de). III, 54.
Richard (Georges). VII, 288.
Richard (Maurice). III, 408, 428.
Richebourg. II, 30, 31, 41, 49;
VI, 414, 415.
Richelieu (Cardinal). I, 93, 108.

Richelieu (Duc de). VI, 125.
Richepin. V, 239.
Ricord (Docteur). VII, 11.
Rienzi. III, 320; VII, 395.
Rigault (Raoul). III, 34; IV, 173,
174; V, 117, 203; VII, 407.
Rigault de Genouilly. III, 115,
408.
Risler. VI, 112.
Ristich. VI, 163.
Ristori (Mme). II, 20-22, 156, 242,
346.
Ritter. II, 294.
Rivet. V, 101, 152, 194-196.
Robert-Fleury. III, 25.
Robert-Fleury (Tony). III, 25.
Robert (Léopold). VII, 194.
Robespierre. I, 88, 107, 111, 291,
II, 93; III, 15, 227, 320, 323;
V, 293; VI, 91.
Robin (Docteur). III, 252; VI,
119, 328; VII, 157-159, 240.
Roche (Raoul). III, 205.
Rocheboüet (Général). VII, 94,
327.
Rochebrune. IV, 335.
Rochefort. II, 209; III, 127, 257,
258, 291, 293, 360, 365-370,
376, 395, 397, 403, 404, 426,
429-434, 443; IV, 40-42, 48,
73, 83, 107-111, 119, 124, 127,
148, 151, 152, 170, 171, 211-
213, 216, 242, 274, 288, 338,
341, 349, 350; V, 1-4, 11, 28,
51, 56-60, 68, 74, 90-93, 110,
114, 120, 123, 126-132, 136,
144, 153, 165, 169, 170, 178-
181, 192, 193, 197-208, 217,
218, 224-227, 231, 255, 265,
266, 280, 285, 286, 298, 306,
313-315, 333, 335, 345, 347,
353-355, 366, 372, 373, 397;
VI, 4, 5, 11, 12, 17-24, 45, 68,
70, 94, 101-103, 107-114, 118,
135-140, 144, 171, 224, 225,
247, 248, 281-285, 299, 318-
323, 331, 381, 383, 414, 452;
VII, 66, 251-255, 308, 328, 374,
376.
Rochefort (Émilie). V, 199, 225.
Rochefort (Henri, fils). V, 57, 131,
199, 225, 298; VI, 20-23, 140,
144, 323.

Rochefort (Noémie). V, 57, 131, 199, 225, 298; VI, 18-25, 135, 137, 172, 323; VII, 253.
Rochefort (Octave). IV, 118, 151, 349; V, 1-11, 21, 28, 36, 42, 49, 55-57, 60, 68, 74, 92, 114, 120, 123, 126, 127, 131, 136, 144, 153, 154, 171, 179, 181, 199, 206, 207, 225, 246, 272, 280, 348, 355; VI, 18, 21-24, 70, 103, 144, 145, 248, 323.
Rochefoucauld (de la), VI, 134.
Rochette (de la). VI, 297, 357.
Rogat. VI, 89.
Rogeard. III, 18-20.
Roger. III, 301-303.
Roger (Mme). III, 302.
Roger (du Nord). VII, 331.
Rollinat. III, 326.
Ronchaud (Louis de). II, 83-85, 94, 95, 103, 106, 109, 110, 118, 119, 164-170, 173, 203, 204, 212, 223-225, 237, 240, 248, 254, 255, 258, 280-289, 295, 297, 302, 315-321, 328, 329, 336, 361, 375, 410-413, 418, 421, 425, 428, 429, 441, 448; III, 25, 47, 79, 102, 108, 123, 135, 142, 255, 310, 352, 353, 405, 445, 469; V, 94, 161, 180, 190, 250, 289-292, 364; VI, 77, 123, 124, 193, 251, 363, 364, 369, 454, 470; VII, 116, 167, 215, 230, 232, 241, 298, 299, 339, 373, 374, 413.
Rosati (Mme). VI, 209.
Rosati (Jules). VI, 208, 209, 411.
Rossel. V, 97, 117, 134, 354.
Rossi. II, 20,
Rothschild (Les). II, 299.
Rothschild (Mme James). IV, 300-302.
Rouget de Lisle. IV, 36.
Rouher. II, 412, 420, 427, 433; III, 8, 16, 61, 87, 116, 120-123, 154, 182, 188-190, 306, 308, 337, 375-380, 426, 461; V, 186, 205, 281, 282, 376, 394, 400, 405; VI, 37, 43, 83, 131, 232, 264, 446; VII, 28, 29, 45, 53, 56-60, 68, 96, 289-292.
Rouher (Mme). III, 380.

Roumanille. II, 216.
Rousseau (J.-J.). I, 256; III, 226; V, 293-296; VII, 173.
Rousseau (Th.). II, 153, 169.
Rousset. IV, 210, 211.
Roustan. VII, 325.
Rouvier. V, 198, 391; VI, 73, 334; VII, 241, 290.
Royer (Mlle Clémence). II, 109, 185-187, 256, 257, 314, 362; III, 51, 423.
Rubens. III, 197.
Rudio. II, 61.

Sagan (Duc de). III, 384, 385.
Sagan (Prince de). III, 148.
Sagan (Princesse de). II, 299.
Saïd. II, 232.
Sainte-Aldegonde. I, 29, 114; IV, 59.
Sainte-Beuve. II, 201, 209, 395, 396, 455; III, 19, 36, 37, 126, 127, 150, 168, 252, 253, 256, 327, 332, 337-339, 412.
Sainte-Croix (de). VI, 132.
Saint-Genest. VII, 227.
Saint-Hilaire (Barthélemy). II, 100; III, 114, 335, 433; V, 28, 30, 63, 64, 77, 132, 133, 166, 177, 179, 190, 192, 201, 206, 207, 226, 228, 231, 268, 276, 280, 305, 306, 315, 321, 326, 327, 338, 339, 347, 348, 374, 377-382, 395, 401; VI, 1, 154, 248, 301, 370, 394-398, 441, 442.
Saint-Just. I, 81, 88, 106, 107, 110, 113-115, 272, 291; III, 15, 32; V, 293; VI, 76, 91, 263.
Saint-Marc Girardin. III, 433; V, 309, 344, 382; VI, 27; VII, 408.
Saint Paul. I, 260.
Saint-Pierre (Bernardin de). I, 256; III, 226.
Saint-René Taillandier. III, 415.
Saint-Saëns. VII, 96, 409.
Saint-Simon. II, 121, 199.
Saint-Vallier (de). V, 204.
Saint-Victor (Paul de). II, 83, 88, 95, 167-173, 196, 205, 212-216, 301, 302, 308, 318, 413; III,

27, 29, 33, 47, 121, 182, 415, 471; V, 94, 161, 180, 190, 215, 291, 292, 345, 364; VI, 78, 251, 252, 362, 369; VII, 232, 241, 318, 339.
Saisset (Amiral). IV, 232, 312, 335.
Salisbury (Marquis de). VII, 181, 201, 204, 209, 213, 221.
Salles. VI, 411.
Salmeron. VII, 328.
Salomon. III, 29.
Sand (Aurore). III, 187, 205, 229, 245, 259, 267-269, 332; V, 323; VI, 312, 369, 372; VII, 111.
Sand (Gabrielle). VI, 369, 372; VII, 111.
Sand (Mme George). I, 248 249, 253, 254, 291, 370; II, 48, 58, 59, 67, 73-83, 96-99, 141, 200-207, 225, 249, 252, 253, 291-293, 313, 357-359, 369, 383, 384, 440, 441, 454, 463; III, 106, 107, 131, 143-147, 151, 161-169, 172-180, 185-187, 193-248, 253-303, 325, 326, 332, 333, 337, 372, 377-381, 411-416, 435, 444-464, 468, 469, 472; IV, 45, 106, 311; V, 17-20, 36, 38, 113, 156-159, 188, 189, 193, 215, 218, 219, 238, 239, 250-253, 256, 275, 301-306, 312, 313, 322, 326, 345, 365, 366, 384; VI, 66, 74, 85, 86, 100, 113, 114, 193, 263, 276, 295, 302, 312, 365; VI, 369-376, 385, 467; VII, 34, 35, 42, 111, 135, 233, 322, 323, 454, 458.
Sand (Lina). III, 228, 245-247, 259, 266, 267, 272, 273, 278, 332, 413, 444, 451-453, 463, 478, 479; V, 20, 250, 251, 326, 365; VI, 113, 302, 372, 374; VII, 34, 111, 223.
Sand (Maurice). III, 196-216, 221, 222, 228-247, 259, 262, 267-282, 288, 290, 299, 332, 413, 414, 444, 451-455, 464; IV, 76, 106, 107; V, 20, 238, 250, 251, 365; VI, 302, 372, 411, 412; VII, 34-36, 41, 42, 54, 111, 223-225, 399.

Sandeau. VI, 66.
Sandow (Comte). II, 302.
Sant'Onofrio (Marquis de). VII, 204, 205, 233.
Sarcey. II, 180, 188-198, 204, 205, 259-264, 290, 384; III, 85, 183, 184, 192, 291, 333. V, 279, 292, 368; VII, 179, 256, 359, 361, 365.
Sardou. II, 378; III, 346; V, 254; VI, 205; VII, 431.
Sasse (Marie). III, 24.
Saussier (Général). V, 355; VII, 270, 410.
Sauvage. V, 388.
Savart. III, 381.
Savonarole. I, 141.
Saxe (Maurice de). II, 59; III, 204, 267.
Say (Léon). V, 141, 153, 190, 401; VI, 43, 44, 51, 199, 356, 427, 432; VII, 39, 100, 139, 152, 278, 302, 310, 320, 352, 358.
Saxe-Weimar (Charles-Auguste de). III, 154.
Sayn-Wittgenstein (Princesse). II, 239.
Shakespeare. II, 195, 429.
Scheffer (Ary). II, 40.
Scherer. II, 109, 433; V, 141.
Scheurer-Kestner. II, 328; III, 46; V, 28, 168, 176, 214, 277, 278, 289; VI, 44, 64, 109, 112, 115, 126, 129, 187, 286, 301, 310, 451; VII, 26.
Scheurer-Kestner (Mlle). VI, 222, 451.
Schmitz (Général). IV, 169, 281, 309, 314, 315.
Schneider. III, 125, 397; IV, 26, 27.
Schneider (Hortense). III, 128.
Schœlcher. II, 91, 181, 223; III, 13, 23, 44, 47, 228, 363, 467; IV, 158, 296; V, 5, 41, 73, 75, 95, 104, 108, 109, 121, 122, 143, 162, 180, 203, 267, 283, 286, 289, 292, 296, 369, 387; VI, 122, 157, 257, 301, 450, 470; VII, 3, 78, 263, 390, 391.
Scholl (Aurélien). II, 49, 75, 205,

209, 301; III, 98, 182, 183; VII, 135.
Schopenhauer. VII, 318.
Schumann. II, 218.
Scribe. II, 21, 195.
Séchan. II, 439; III, 57, 59, 65-68, 417, 421, 434, 462; VI, 454; VII, 377, 378.
Séchan (Mme). IV, 44.
Sedie (Delle). III, 79, 304.
Sée (Professeur). III, 157.
Segond (Auguste). III, 439.
Segond (Mme Auguste). III, 439; V, 84.
Segond (Mlle Claudie). VI, 369.
Segond (Paul). III, 439; V, 84, 85, 313, 322-326, 335; VI, 208, 410, 430, 464.
Segond (Mme Paul). VI, 100, 101, 208, 217, 369, 410, 412, 417, 419.
Segond (Mlle Pauline). VI, 100, 101, 113, 217, 369, 410, 419; VII, 79.
Ségur d'Aguessau (Monseigneur de). III, 127.
Ségurane. V, 192.
Seillard (Baron). III, 68.
Sella. III, 190.
Sénart. VI, 153, 154.
Sénèque. VII, 51.
Seron (Le conventionnel). II, 82.
Seron (Mlle Olympe) (Mme Olympe Lambert). I, 34-41.
Seron (Pierre). I, 9-27, 32.
Seron (Mme Pierre). I, 28 et passim.
Seron (Théophile). I, 15, 17.
Serrano (Général). III, 294, 297; VI, 159, 186.
Siegfried. IV, 237.
Silvela. III, 389.
Silvestre (Armand). III, 105, 416; VI, 196.
Simon (Jules). II, 46, 71, 121, 181, 321-326, 365, 408-411, 418; III, 44, 153, 191, 357, 358, 367, 373, 376, 377, 433, 434; IV, 48, 82, 109, 124, 179, 183, 188, 343; V, 16, 26, 63, 94, 172, 176, 191, 252, 287, 298, 299, 389, 395; VI, 33, 45, 48, 57, 81, 140, 147, 193, 286, 299-301, 424, 427-432, 455-459; VII, 369.
Simon (Mme Jules). IV, 288; VI, 437.
Simonet. IV, 145.
Sismondi. I, 141.
Skobeleff (Général). VII, 17, 41, 54, 99, 147, 260.
Smithson (Harriet). II, 274.
Solms (Princesse de). II, 299.
Sonis (de). VI, 429.
Sophocle. I, 327.
Sorin (Élie). I, 188.
Soufflot. II, 447.
Sourd. VI, 8.
Spuller (Auguste). VII, 102-104.
Spuller (Eugène). II, 264, 411; III, 46, 91, 92, 183, 360; V, 26, 161-164, 168, 176, 181, 182, 209, 210, 214, 219, 223, 250, 289, 312, 313, 325, 332, 345, 369, 387, 393; VI, 10, 20, 31, 70-79, 91, 98, 115, 116, 119, 120, 127-130, 141, 142, 177, 180, 186-189, 192, 208-216, 222, 223, 233, 234, 246, 261-263, 302, 303, 310-312, 316-319, 337, 354, 359, 360, 374, 378, 380, 386, 435, 450, 460-470; VII, 3, 14, 15, 20, 23-26, 47-50, 54-57, 70-76, 85, 87, 90, 95, 102, 105, 111, 113, 118, 121, 128, 138-144, 156, 160-166, 171, 180, 185-188, 229, 241, 258, 284, 296, 305, 306, 330, 339, 366, 369, 375, 378, 383, 384, 389, 395, 405, 414, 417, 453.
Staël (Mme de). I, 249, 253, 254, II, 59, 121, 358; III, 166; VII, 187.
Stendhal. II, 117, 398.
Stern (Daniel). Voir Agoult (Mme d').
Stoffel (Colonel). V, 393.
Stranzani (Philippe). VII, 257.
Stuard Mill. II, 111-116, 127.
Sue (Eugène). I, 252, 253, 255.
Suède (Roi de). III, 137.
Suleïman Pacha. VII, 17.
Sully. III, 10.
Sully Prudhomme. III, 36, 37, 46, 105, 417; VI, 294.

Syvel. VII, 238.
Szarwady. III, 9, 76, 77, 111, 112, 155, 173, 180, 336, 339, 340, 374, 375, 448; V, 290.
Szarwady (Mme) (Wilhelmine Klauss). III, 194, 215, 216, 248.

Tacite. VI, 174.
Tailhand. VI, 125, 196.
Taillade. VI, 246.
Taine. II, 38, 39, 115, 116, 189, 261-264; III, 46, 47, 182, 327; V, 231; VI, 65, 296; VII, 179, 256, 320, 358, 361, 365.
Talabot. II, 121.
Talhouët (de). III, 408, 428; IV, 329.
Talleyrand (M. de). II, 232; VI, 157.
Tallien (Mme). II, 248.
Talma. VI, 362, 453; VII, 235.
Talma (Capitaine). III, 230-234, 237-240.
Tamisier (Général). IV, 63, 126, 127, 158, 182, 185.
Tarbé des Sablons. III, 183, 275.
Tardieu (Docteur). III, 437.
Target. V, 399-401.
Taride. II, 77, 78, 82.
Tarnier (Docteur). III, 255.
Tavernier. I, 326, 339.
Teisserenc de Bort. V, 63, 268; VI, 122, 123, 355, 360, 384, 432; VII, 27, 50, 100, 110, 166, 185, 234, 235, 278, 296, 303.
Teissier du Mottet (Mme). II, 152.
Tenaille-Saligny. V, 146, 315, 316; VI, 203.
Ténot (E.). III, 292, 293.
Testelin. V, 282-286, 289; VI, 109, 111, 155, 156, 187, 235, 300, 301, 398, 450; VII, 27, 50, 67, 70, 185, 260, 317, 329, 356.
Texier (Edmond). II, 89-93, 151, 157, 178, 179, 186, 187, 209, 295-299, 302, 315, 408, 440, 442, 448; III, 27, 52, 57-59, 66-70, 91, 110, 120, 124, 148, 180, 183, 402, 423-425, 434; IV, 223; V, 94, 180, 190; VI, 127, 296; VII, 296, 301, 453.

Thérésa. III, 90, 91, 147.
Theuriet. III, 105; V, 222; VII, 90, 168, 359, 361, 415.
Thibaldi. V, 335.
Thierry. III, 146.
Thiers. I, 246; II, 48, 70, 100, 160, 161, 175, 226, 242, 331, 335, 336, 355, 378, 409-412, 418, 419, 427, 432, 433, 449; III, 2-4, 40, 45, 60, 61, 69, 70, 73, 74, 88, 89, 116, 122, 123, 153, 160, 182, 188, 189, 193, 201, 260, 261, 296-298, 304-307, 311, 315, 316, 320, 322, 330, 341, 342, 346, 352, 357, 360, 367-370, 378-382, 395, 403, 405, 408, 425, 427, 430, 431, 434, 440, 444, 448, 449, 461, 462, 469, 470, 477, 478; IV, 61, 65, 86, 133, 154, 211, 235; V, 24-26, 29, 30, 38, 41, 43, 50-54, 62-70, 77-86, 91, 95, 100-102, 109-119, 123-132, 136, 140-143, 146, 150-158, 166-178, 182-186, 190, 194-196, 200-202, 205-208, 213, 215, 220, 221, 228-238, 242-250, 254-257, 268, 269, 276, 280-288, 300-315, 320-326, 332, 337-343, 349-355, 362, 363, 368, 374-406; VI, 1, 2, 5, 10-12, 15, 19, 27, 28, 32-34, 37, 41-48, 56-59, 64-69, 93, 94, 98, 106, 113-116, 120-124, 138, 139, 146, 147, 153, 154, 164, 175, 194, 199, 202, 203, 226, 234, 248-250, 256, 257, 268, 269, 282, 285, 286, 292, 295, 301, 302, 307, 312, 313, 319, 328, 349-351, 356-359, 367, 394-400, 412-420, 427, 429, 432, 442, 444, 462, 463, 468, 473; VII, 2-14, 24, 33-46, 50, 55, 69, 101, 108, 109, 115, 179, 210, 215, 228, 239, 244, 256, 287, 306, 360, 417, 438.
Thiers (Mme). V, 339, 380; VI, 203, 394-398, 412-414, 419, 427; VII, 36, 141, 176, 210, 228, 239, 243.
Thomas (Ambroise). III, 248.
Thomas (Charles). IV, 107, 215.
Thomas (Mme Charles). IV, 69.

Thomas (Clément). II, 181; III, 46; IV, 313; V, 76, 86, 191.
Thomas (Émile). I, 297, 299, 308.
Thomas (du *National*). II, 100; VII, 224.
Thomson. V, 214.
Thouvenel. II, 374-377.
Thuillier (Mlle). VI, 467.
Tirard. V, 86, 102; VI, 122, 123; VII, 14, 24, 83, 296.
Tolain. III, 34; V, 121, 269-271; VI, 284, 328, 445.
Tollemache Sinclair. III, 418-421.
Tolstoï (Comte). VI, 152; VII, 403.
Topete (Amiral). III, 294.
Totleben (Général). VII, 54.
Touchard (Amiral). VII, 134.
Tour d'Auvergne (de la). III, 388.
Tourangin. V, 256.
Tourgueneff. III, 185, 222, 412; V, 326; VI, 113, 114, 146, 375, 447, 448; VII, 320, 373, 400-403, 450.
Toussenel. I, 170, 291; II, 78, 105, 107, 132, 133, 137-145, 259, 266, 267, 290, 313, 364, 425, 448, 451, 453; III, 27, 39-44, 50, 90, 335, 470; V, 222, 223, 250; VII, 345, 443, 444.
Treilhard (Comte). II, 418.
Trélat. I, 298, 299, 305-307; IV, 145; V, 363; VI, 464, 468-470.
Tribert. II, 90, 103, 106-110, 115-118, 224, 281, 317; V, 190.
Trinquet. V, 197.
Tripier (Général). IV, 324, 325.
Trochu (Général). IV, 6, 63-65, 73, 88, 89, 96-102, 107-111, 114, 123-128, 132-137, 150-156, 160, 164, 167-170, 175, 177, 185, 188, 189, 195-199, 203, 209-213, 227-230, 235, 241, 247-251, 254, 268, 273, 276, 283, 285, 289-296, 305, 309, 312-316, 324, 327, 332, 333, 338, 346; V, 16, 68, 171, 176, 177, 180, 202, 203, 267, 277, 334, 335, 348; VI, 120, 133, 166, 323, 428.
Trochu (Mme). IV, 130.
Troplong. III, 252.

Troppmann. III, 390, 430.
Troubetzkoï (Prince) VII, 12.
Troubetzkoï (Princesse Lise). V, 288; VI, 11, 271-276, 398, 468; VII, 9-12, 33, 421.
Troyon. II, 169.
Turcan. VII, 168.
Turquet. III, 330; VII, 350, 351.
Türr (Général). III, 9, 11, 77, 155, 156, 336, 339, 340, 349, 350, 374, 375; VII, 242, 269, 434, 435.

Uchard (Mario). II, 28
Ugalde (Mme). II, 28, 40, 161.
Ulbach (Louis) (Ferragus). II, 274; III, 27, 98, 402; V, 21, 22, 31, 72, 173; VI, 65, 127.
Ulman. VII, 372.

Vacherot. II, 46, 91, 109, 255; III, 321, 322; IV, 125; VI, 301.
Vacquerie. II, 167, 182, 303, 428, III, 360, 396; V, 292, 319-322, 325, 332, 333; VI, 109-111, 304; VII, 315, 453.
Vaillant. V, 92.
Valcourt (de). III, 111.
Valentin (Général). V, 129, 153.
Valette (de la). II, 376, 377; III, 95, 330, 386.
Vallès (Jules). II, 72, 453; III, 361, 367; V, 97; VII, 300.
Vallombrosa (Duc de). II, 391; III, 419, 421.
Vandal. III, 118.
Van Dyck. III, 198, 348.
Vanssay (de). VI, 49.
Varambon. VI, 358.
Varnbühler (de). V, 204.
Varnier. I, 81.
Varus. III, 19.
Vatrin (Mme). II, 2, 10.
Vaucorbeil. VII, 424, 425.
Vautrain. V, 236, 238, 255.
Vaux (Clotilde de). II, 5, 6, 8, 9.
Velasquez. VI, 378.
Ventavon (de). VI, 224.
Vercingétorix. I, 139.
Verger. II, 28.
Verlé. VII, 396.
Vermorel. II, 328, 373, 390; III, 440; V, 124.

Verne (Jules). II, 210.
Vernet (Horace). IV, 41.
Véron (Pierre). IV, 219.
Veuillot (Louis). II, 177-180, 193, 298; III, 182; VI, 54; VII, 316.
Viala. IV, 82.
Viardot. VI, 448.
Viardot (Mme) (Pauline Garcia). II, 212-214, 321, 322; V, 326; VI, 448.
Victoire (Sœur). I, 97.
Victor-Emmanuel. II, 22, 93, 132, 156, 160, 164, 175, 241, 299, 377; III, 77, 156, 159, 160, 173, 339, 351, 374, 375, 463; IV, 133, 154; V, 182; VII, 122-125, 130, 172, 269, 435.
Victoria (Reine). III, 400; IV, 62, 154.
Viet (Mme). I, 261, 262.
Vignon (Mme Claude) VI, 127.
Vigny (Alfred de). VI, 206.
Vilain XIV (Vicomte de). III, 221.
Vilbort. II, 161, 180, 188-194, 205, 237, 264, 294, 308, 362, 425; III, 50, 85.
Vilbort (Mme). II, 82, 161, 162, 176, 177, 180, 187, 191, 206, 207, 217, 237-239, 258, 259, 279, 304, 308, 331, 332, 335, 361, 362, 384, 425; III, 50.
Ville (Georges). III, 52, 53.
Villemain. II, 226, 262.
Villemain (Mlle). III, 190.
Villemessant. III, 257; VI, 112, 462; VII, 343, 344.
Villette (Colonel). VI, 145.
Villemot. II, 205, 443-445.
Villiers de l'Isle-Adam. III, 105.
Vinci (Léonard de). III, 347.
Vinoy (Général). IV, 289, 314-322, 326, 340; V, 16, 81, 171, 348.
Viollet-le-Duc. VI, 384; VII, 382.
Virgile. I, 138, 139, 180, 429; III, 212.
Visconti Venosta (Marquis). VII, 190.
Vitet. V, 195, 196, 309.
Vitu. V, 277.
Vivien. III, 317.
Voillemier (Docteur) III, 71, 75, 263-265; VI, 82.

Voisin. VII, 77, 95.
Voltaire. II, 24, 196, 229; III, 321; V, 293-296; VI, 183; VII, 173.

Wachter. VII, 400, 446-449.
Waddington. V, 395; VI, 199, 356, 383, 384, 423, 432; VII, 100, 101, 112, 127, °175, 179-183, 190, 191, 206, 209-213, 217, 220, 221, 265, 267, 276, 278, 302, 306, 310, 324, 346, 352, 370, 426, 436, 455.
Wagner. II, 217-222, 236-240, 296, 297, 301, 302, 309, 332; V, 39.
Wailly (Léon de). II, 370.
Waldeck-Rousseau. VII, 340, 341.
Waleska (Comtesse). II, 299.
Walewski (Comte). III, 69, 116, 125, 427.
Wallon. VI, 224, 300; VII, 7.
Walter Scott. I, 342.
Warrens (Mme de). V, 294.
Washburne. IV, 269, 286.
Washington. IV, 64, 212; VI, 325.
Weill (Alexandre). II, 41-43, 52, 53, 146, 162, 163, 446; III, 23, 24, 27; VI, 215.
Weill (Mme Alexandre). II, 43, 44, 162.
Weiss (J.-J.). II, 189, 226; III, 183, 322, 329; V, 339; VII, 256, 453.
Welten (Miss). VI, 144.
Wittersheim. VII, 131.
Wittghenstein (Princesse). III, 26.
Wolf (Albert). VI, 462.
Wurtemberg (Reine de). III, 137.

Yvon. II, 313.

Zafiropoulos. V, 198.
Zichy (Prince). VII, 167.
Zola. II, 211, 264; III, 212, 424; V, 358; VI, 146, 377, 378, 393; VII, 51, 52, 134, 135, 249, 261, 262, 288, 343, 376, 377, 409, 452.
Zorilla (Ruiz). III, 297; VII, 328, 329, 423.

Paris. — Imprimerie A. LEMERRE, 6, rue des Bergers.

www.ingramcontent.com/pod-product-compliance
Lightning Source LLC
Chambersburg PA
CBHW050608230426
43670CB00009B/1322